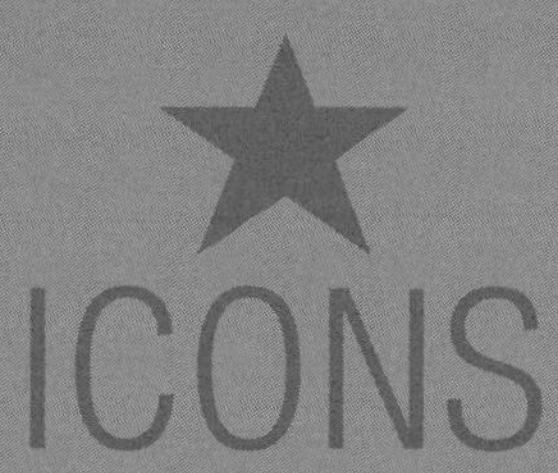

ICONS

ARTE DE HOY

ARTE DE HOY

EDITORES **BURKHARD RIEMSCHNEIDER UTA GROSENICK** AUTORES *LARS BANG LARSEN*
CHRISTOPH BLASE YILMAZ DZIEWIOR JEAN-MICHEL RIBETTES RAIMAR STANGE SUSANNE TITZ
JAN VERWOERT ASTRID WEGE

TASCHEN

KÖLN LONDON MADRID NEW YORK PARIS TOKYO

CONTENTS *CONTENIDO*

«Arte de hoy» ofrece una visión de conjunto sobre los principales artistas del momento actual. Aquí se presentan 87 artistas, en un total de 192 páginas y con más de 300 reproducciones. Siete autores, familiarizados con la obra completa del respectivo artista, se han ocupado de elaborar una breve introducción a cada uno de ellos.

Cuando, en «Arte de hoy», hablamos de arte contemporáneo o actual, nos estamos refiriendo a artistas cuya obra completa —salvo escasas excepciones— data de los últimos veinte años, por lo que todavía se encuentra sometida a una evolución. Los más jóvenes entre los artistas que presentamos apenas llevan unos pocos años en el mundo de las exposiciones.

Todos los artistas provienen del mundo occidental: habría sido poco menos que imposible hacer una selección mundial; por tanto, no incluimos a representantes de otras culturas.

El prisma bajo el que contemplamos la creación artística de las últimas dos décadas no es el de una retrospectiva; el objetivo mira hacia adelante, al nuevo milenio. «Arte de hoy» no pretende ser una exposición histórica de los años ochenta y noventa, sino mostrar las variadas influencias que estas décadas siguen teniendo. Al enfrentarse a posiciones anteriores, los artistas de esta última década han creado un nuevo vocabulario artístico. Deseamos proporcionar al lector una cierta idea de lo que podría suceder en el mundo del arte durante los próximos diez años.

Una publicación como ésta no puede crear ni manipular tendencias en el arte; éste no puede ni debe ser su objetivo. Lo que nosotros nos proponemos es presentar posiciones ya existentes —por muy recientes que sean— y en este contexto desempeñan un papel crucial las galerías, que hoy en día asumen una función de promotores de las nuevas tendencias. Las corrientes que describimos buscan su público y, por lo tanto, su mercado…, lo que no debe perderse de vista.

Al plantearnos el enfoque de «Arte de hoy», nos preguntábamos cómo traducir adecuadamente en un libro un arte como el actual, que se encuentra sometido a cambios continuos. Gran parte de la dificultad que

comporta el hacerlo se debe a las limitaciones que impone un libro: el movimiento, el sonido, el carácter
de multimedia y la interacción sólo se pueden reproducir estáticamente, fuera de su ambiente.
Un principio fundamental de esta publicación ha sido renunciar desde un principio a emitir juicios de valor
y a hacer clasificaciones, lo que estaría justificado al tratar épocas de la historia del arte ya concluidas,
que pueden considerarse «terminadas».
Por último, nos decidimos a hacer una obra de consulta, en forma de manual, en el que se presenta a
los artistas por separado y alfabéticamente. Para hacerlo nos dejamos convencer por los siguientes
argumentos:
        – Una presentación lineal —e incluso quizá cronológica— no haría justicia a la vitalidad del arte
actual y a los problemas que se plantean simultáneamente en el mundo del arte.
        – El arte de los últimos veinte años es una yuxtaposición de las más diversas posiciones en
pie de igualdad; el campo de actividad artística se ha ampliado a nuevas áreas: el diseño, los medios
de comunicación, la publicidad, la arquitectura, el cine, el teatro, la danza y la música. Algunos artistas
persiguen estrategias sociales; para unos, el artista se convierte en transmisor de la comunicación,
en trabajador social, en una especie de taumaturgo, mientras que otros niegan que el arte tenga una
función social y adoptan la postura de la autonomía artística.
        – «Arte de hoy» desea ser la guía de una exposición imaginaria, en la que cada artista dispone del
mismo espacio y en la que la concatenación entre ellos se debe al azar, al orden alfabético de sus
nombres.
Los trabajos seleccionados para esta exposición imaginaria muestran las actitudes y los aspectos más
destacados de cada uno de los artistas. La selección se hizo tras consultar a los mismos artistas y a sus
galerías. La maquetación trata cada trabajo como una unidad en sí misma e intenta aproximarse de modo
diferenciado a la personalidad de cada artista. «Arte de hoy» contiene diversas informaciones: los trabajos

PREFACE *PRÓLOGO*

reproducidos, un comentario breve, unas palabras textuales y un retrato del artista —si éste lo desea—, una selección de exposiciones y referencias bibliográficas. El glosario que incluimos al final del libro, recoge palabras claves, conceptos y términos técnicos y explica su significado.

Inevitablemente, la selección es subjetiva, aunque nos hayamos esforzado por dirigir una mirada objetiva al arte internacional; no obstante, estamos convencidos de que la suma de las presentaciones individuales proporciona un panorama representativo de la creatividad artística actual, que ayudará a quienes empleen esta guía a formarse una idea del arte al comienzo del nuevo milenio.

Deseamos expresar nuestro agradecimiento, en primer lugar, a los artistas; sin su ayuda habría sido imposible realizar un proyecto de tal complejidad. Además, deseamos dar las gracias a Andy Disl, que se ha ocupado del diseño gráfico de esta obra, y a todos los colaboradores de Taschen por su participación en el proyecto, en particular a Yvonne Havertz y a Nina Schmidt (departamento editorial), a Ute Wachendorf (producción), y a los autores Lars Bang Larsen, Christoph Blase, Yilmaz Dziewior, Jean-Michel Ribettes, Raimar Stange, Susanne Titz, Jan Verwoert y Astrid Wege.

Asimismo deseamos agradecer a todas las galerías, los museos, las instituciones expositoras y los particulares, la ayuda que nos han dispensado, proporcionándonos un material extraordinario y prestándonos valiosos consejos y ayudas.

Uta Grosenick y Burkhard Riemschneider

ARTISTS

FRANZ ACKERMANN

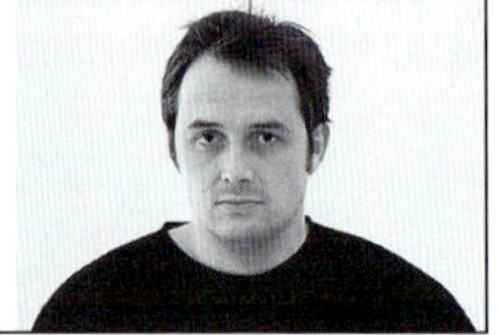

1963 Neumarkt St. Veit, Alemania / reside y trabaja en Berlín, Alemania

«Lo que se trata de transmitir no son las minucias de los caminos y medios andados, sino una especie de informe de viaje destilado, que se alimenta del recuerdo y de la experiencia actual»

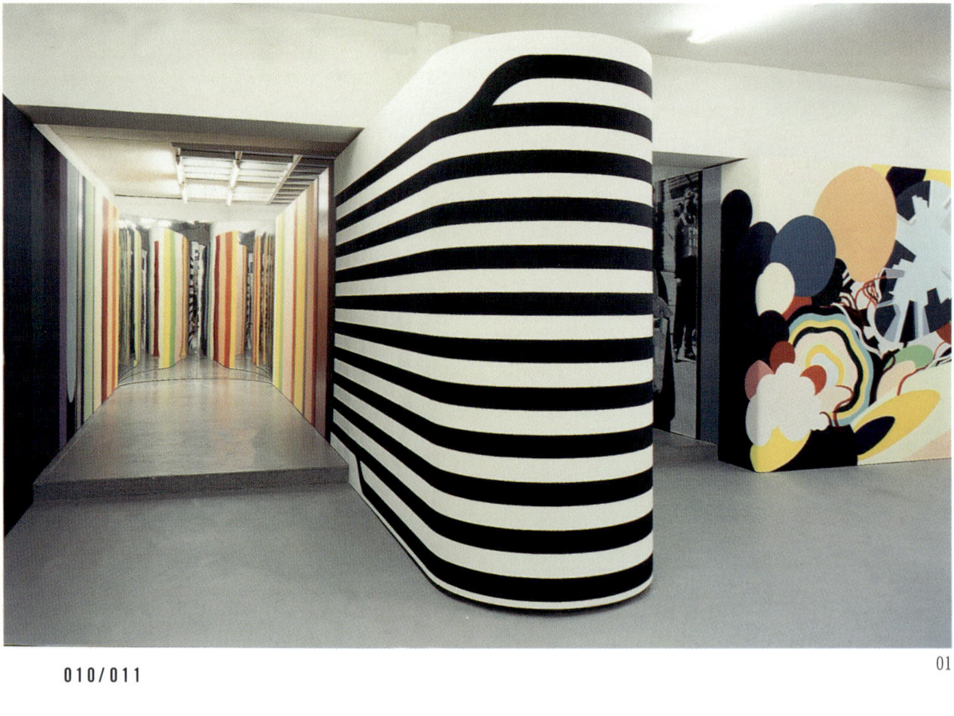

Franz Ackermann demuestra que el arte no sólo puede enfrentarse con el presente en la fotografía, en el cine, en el arte conceptual o en la instalación, sino también en la pintura. En cuadros de gran tamaño, que llegan a dominar el espacio completo, opera con estructuras, colores, formas, ilusiones y clichés cargados de asociaciones, para sugerir la percepción del mundo exterior. El momento fundamental en la obra de Ackermann es el viaje. El enfoque de su pintura lo desarrolló en los primeros años noventa, durante una estancia de un año en Hong Kong; luego viajó a Asia, a América del Sur y a Australia. Al principio trabajó en «mental maps», pequeñas acuarelas de tamaño de bolsillo; muestran que a Ackermann no le interesaba reproducir, sino aprehender mentalmente esas culturas. De vuelta al taller, trasladó a cuadros los dibujos cartografiados, en proyecciones estalladas. Desde 1997, Ackermann trabaja cada vez más con pinturas globales: las imágenes individuales se unen con líneas en la pared, o se colocan directamente sobre la pared, hasta formar un panorama espacial, que semeja una película sin fin. En 1998 llevó a cabo el proyecto «Songline», un módulo espacial portátil que rodea completamente al observador y que lo encierra en sí mismo. Se incluyen también fotografías publicitarias sobre viajes y de prensa, además de espejos, que retienen las sugerencias de experiencia del mundo a través de los medios de comunicación y la problemática de tal experiencia. Estas nuevas coordenadas de la percepción, su dimensión fascinante y crítica, estaban presentes desde un principio en la perspectiva de Ackermann. Ahora se someten a duros enfrentamientos espaciales, políticos y visuales, que requieren observaciones reflexivas.   S.T.

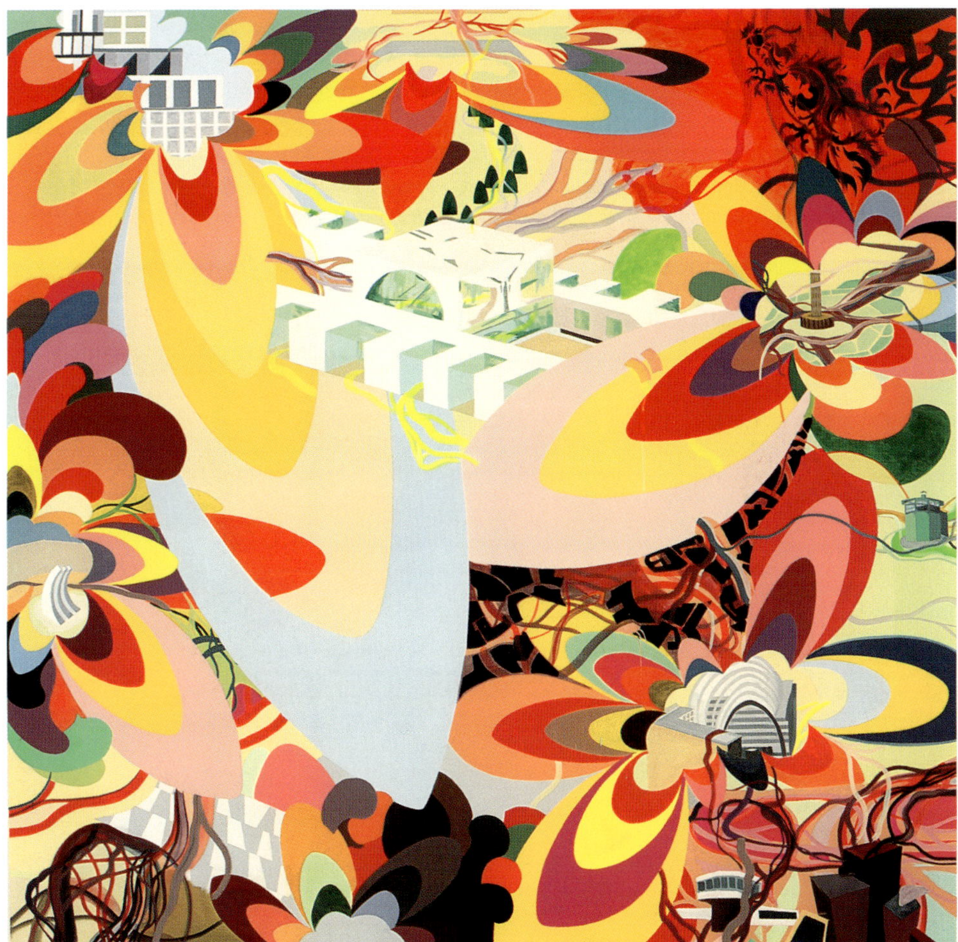

EIJA-LIISA AHTILA

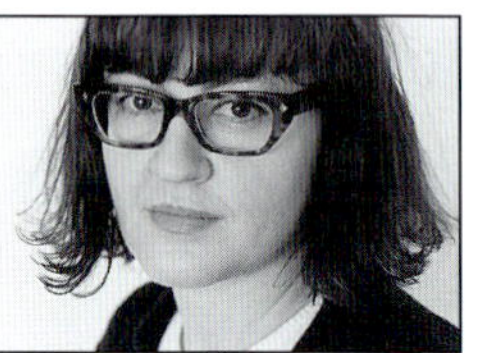

1959 Hämeenlinna, Finlandia / reside y trabaja en Helsinki, Finlandia

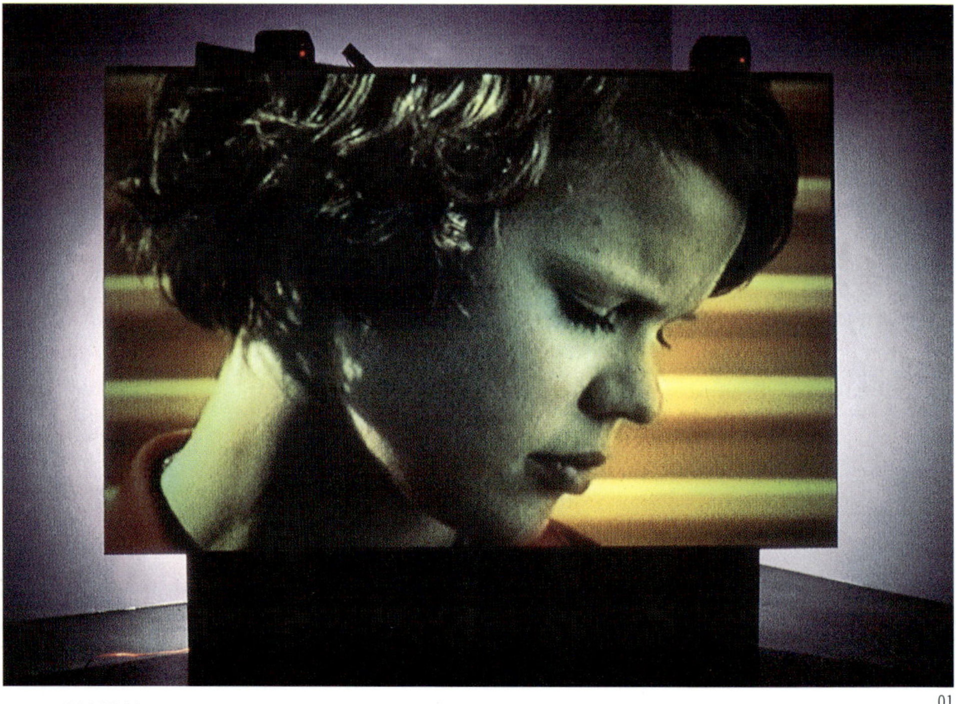

Desde mediados de los años noventa, Eija-Liisa Ahtila participa en festivales internacionales de cine, al mismo tiempo que está presente en los medios artísticos. Desde un principio procuró, conscientemente, presentar sus películas y vídeos en diferentes contextos: las versiones en 35 mm se proyectan en cines; con el mismo material monta —a través de proyectores de vídeo— instalaciones espaciales en un contexto artístico. Se han proyectado tres historias cortas, de 90 segundos, tanto en exposiciones de arte, en monitores que parecían haberse dejado incidentalmente sobre unas mesas, como en televisión, entre anuncios publicitarios. El tema de sus obras son siempre las «relaciones», las relaciones entre las generaciones, entre los sexos y consigo mismo. Sus historias, que transcurren frecuentemente paralelas en imágenes divididas varias veces, producen la impresión de ser auténticos reportajes. Aunque los diálogos se basan en experiencias e investigaciones de Ahtila, son representados por actrices, como si fueran narraciones ficticias. El sonido reproduce el original, en finlandés, con subtítulos en inglés. En su obra más conocida hasta el momento «If 6 was 9», 1995, unas chicas jóvenes narran sus experiencias. «What should you do, when every cool guy offers you his body», se dice, mientras se pueden ver tres fotogramas simultáneos: en el central, la chica está tocando el piano; en el de la derecha, sonríe como flirteando; en el de la izquierda hojea aburrida una revista. Ahtila hace que las muchachas narren sus vivencias, positivas y negativas, en un tono ni escandalizado ni tímido, sino completamente equilibrado: así podrían hablar de baloncesto o de piano. El mundo está lleno de información. Antes de que uno adquiera sus propias experiencias, ya se las han trasmitido otros. ¿Por qué excitarse al hablar de ello?   C. B.

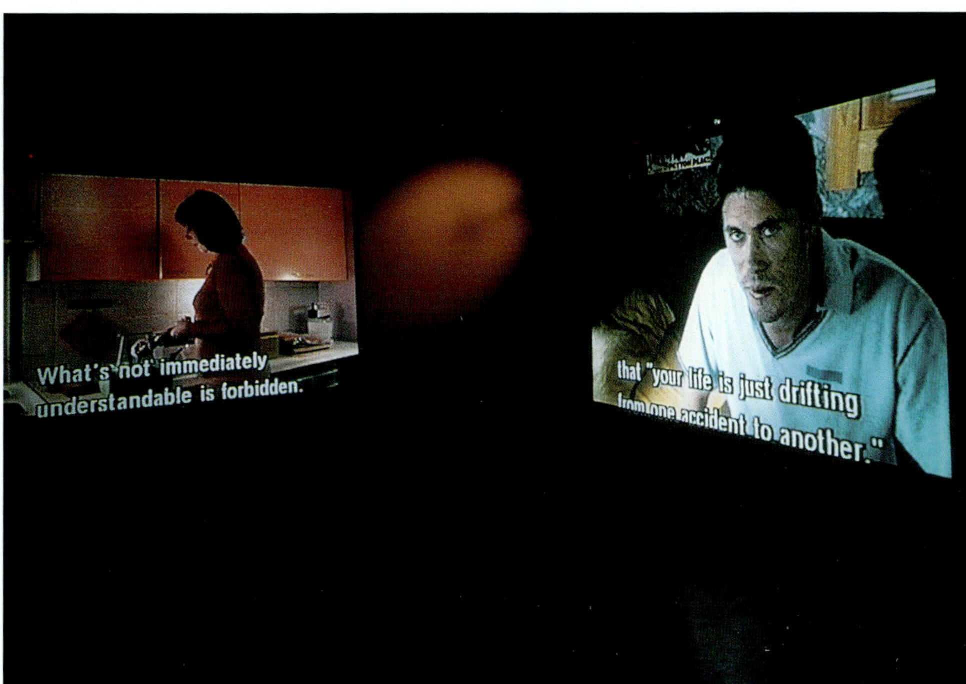

KAI ALTHOFF

1966 Colonia, Alemania / reside y trabaja en Colonia

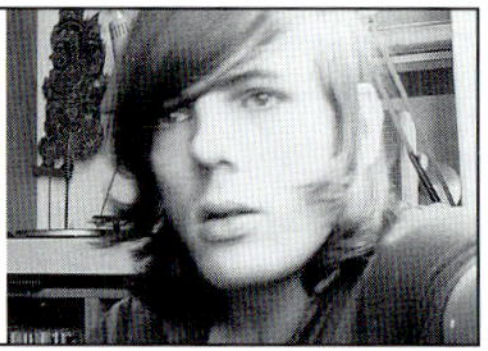

La primera exposición de Kai Althoff, celebrada en 1991, tuvo carácter de happening y se tituló «Eine Gruppe von Befreundeten trifft sich in einem Ladenlokal auf dem Friesenwall, Köln, um Masken herzustellen» (Un grupo de amigos se reúne en una tienda del Friesenwall de Colonia, para hacer unas máscaras). Muchas de sus instalaciones, dibujos, vídeos, collages y performances despiertan recuerdos de la infancia y de la juventud, p. ej. pinta con rotuladores, modela figuras de arcilla o esculturas en cartón, también para su instalación «Modern wird lahmgelegt», 1995. En un breve texto que acompaña este trabajo, Althoff presenta dos figuras en forma de estrellas del cine de los años treinta, a los que observa —a través de una ventana— una tercera: un miembro de los tropas paramilitares nazis. Sus textos proporcionan referencias a sus asociaciones, con lo que facilitan la interpretación de las obras expuestas. Con la artista Cosima von Bonin, Althoff ha llevado a cabo performances cuyos elementos y decorados se emplearon después como objetos de exposición. Para Althoff es tan importante su pertenencia al grupo de música «Workshop», como la colaboración con von Bonin. Althoff diseña las cubiertas de los CD y de los discos; a veces, en los textos del grupo aparecen nombres ficticios de sus exposiciones. A pesar de ocasionales reminiscencias de los años setenta, ni sus obras ni las canciones de «Workshop» pueden clasificarse dentro de una corriente precisa de estilo. En las dos áreas, Althoff conjura mundos autónomos, en los que se funden sus recuerdos y sus invenciones.

Y. D.

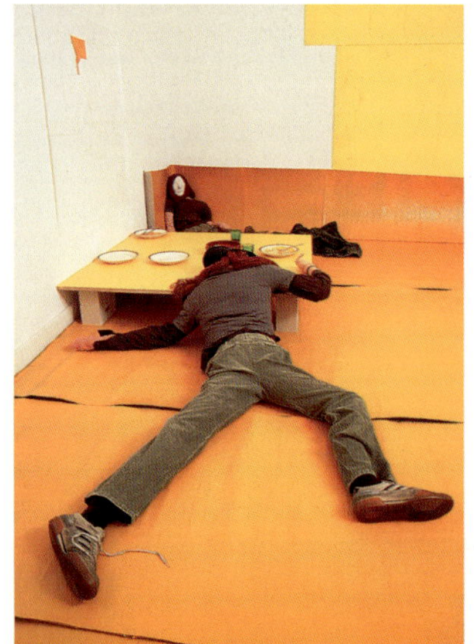

01 REFLUX LUX, 1998 (detalles). Vistas de la instalación, Galerie NEU, Berlín, Alemania, 1998. **02 UWE: AUF GUTEN RAT FOLGT MISSETAT,** 1993. Lápiz de color sobre papel, aprox. 30 x 20 cm.

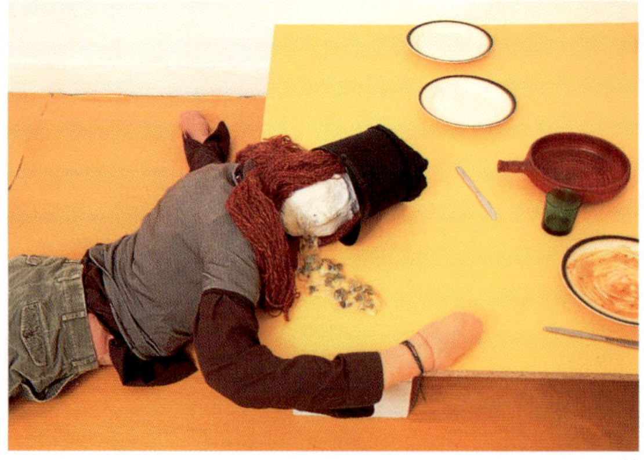

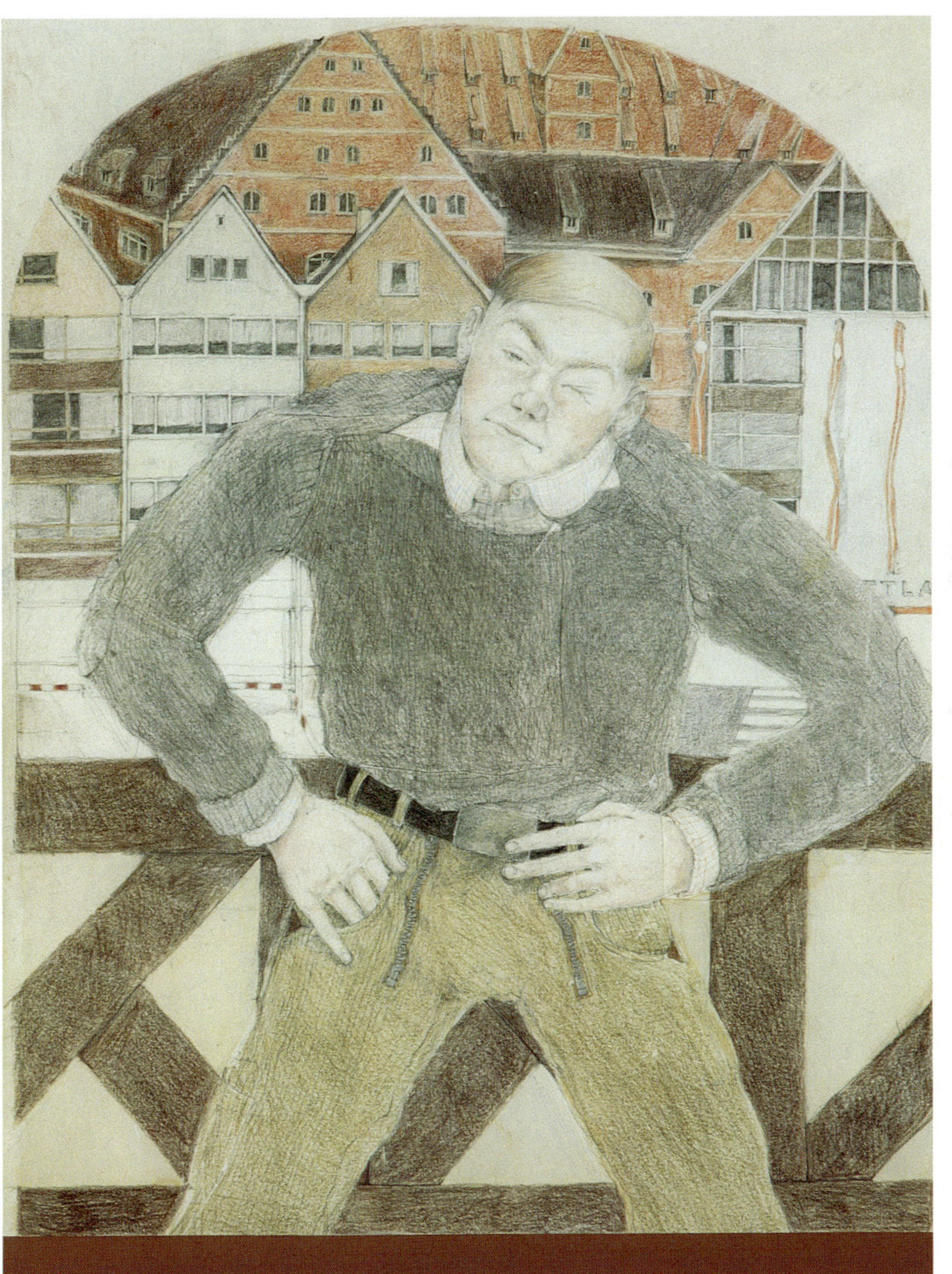

NOBUYOSHI ARAKI

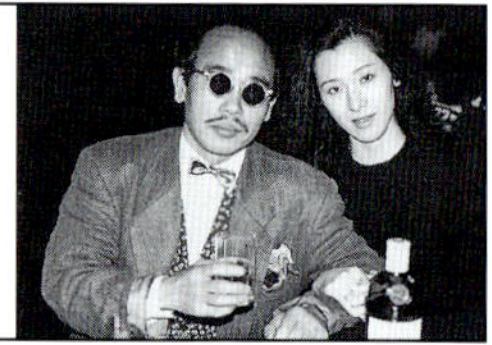

1940 Tokio, Japón / reside y trabaja en Tokio

«Yo no afirmo que mis fotos sean verdaderas...»

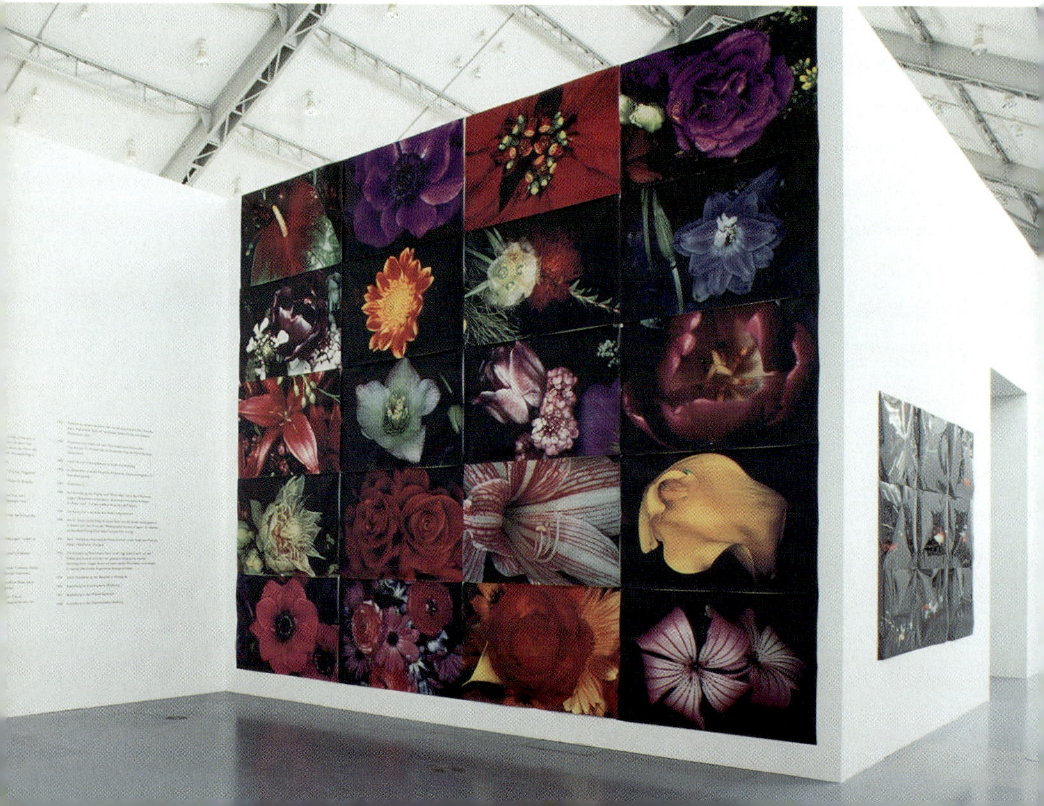

En 25 años, Araki ha publicado unos cien álbumes de fotografías, que compone como el montaje de una película, con un encadenamiento de imágenes irreconciliables. «Un viaje sentimental», 1971, le hizo famoso: la obra muestra, sin énfasis ni grandilocuencia, a su mujer Yoko durante el viaje de novios, sentada en el tren, en la habitación de un hotel, desnuda sobre la cama, un paisaje insignificante, las calles vulgares de la ciudad, el andén de una estación provinciana, Yoko durmiendo, en un orgasmo, una sucesión de momentos banales, de situaciones íntimas y de días que pasan. Con la muerte de su mujer en 1990, a la que dedica un nuevo álbum, la revelación de su vida privada alcanza el punto álgido. Después con un ritmo fenomenal, Araki fotografía a mujeres jóvenes, prostitutas y estudiantes, vestidas o desnudas, colgadas del techo o lanzadas al suelo, con las manos atadas o las piernas abiertas, exhibiendo el órgano sexual o durante el acto sexual. Esas imágenes, que se han convertido en el emblema de su obra, presentan a mujeres que, a pesar de estar a la merced de otros, a pesar de las ataduras y de los dolores consentidos, se mantienen intocables: desempeñan un papel, parecen ser algo, mientras que su mirada —casi siempre serena— desafía al observador. Al mismo tiempo, todos los días y a cada instante, Araki fotografía su vida, con fervorosa regularidad. El gesto, a la vez trivial y vital, del fotógrafo sólo desea revelar la naturaleza íntima y banal del tiempo que pasa: el significado esencial de su arte se identifica realmente con la duración de la vida real.

J.-M. R.

02

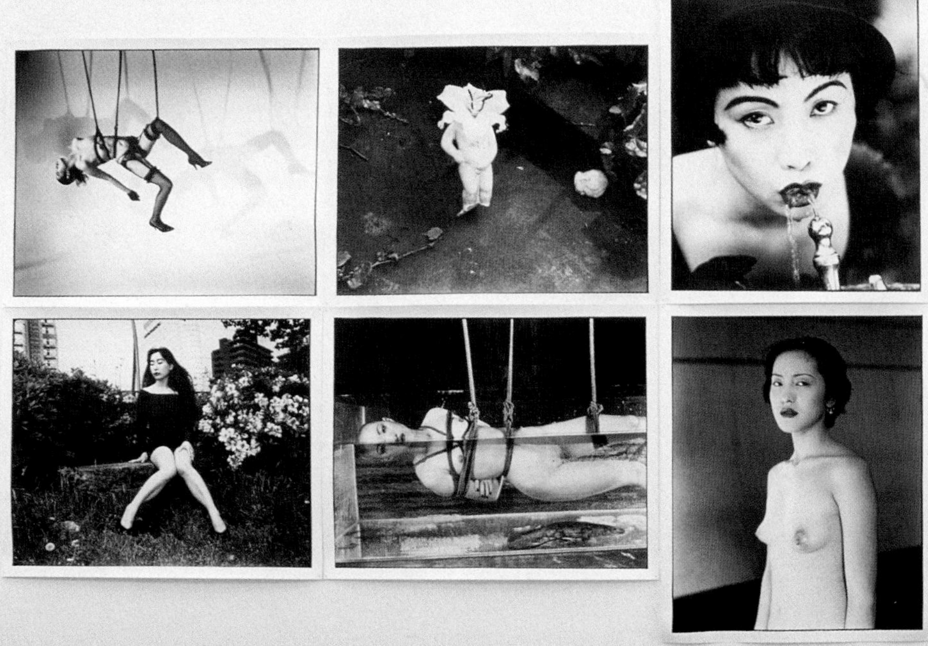

MATTHEW BARNEY

1967 San Francisco (California), EE UU / reside y trabaja en Nueva York, EE UU

«Para mí, las formas no tienen realmente vida hasta que no han sido ‹digeridas› a través de la estructura narrativa»

Barney representa ficciones atemporales en forma de instalaciones de objetos híbridos, performances filmadas, sin público, y sobre todo vídeos barrocos, de emocionante virtuosidad visual, poblados de desnudos mutantes, de objetos de uso corriente, «esculturas» de silicona, viscosidades en plástico autolubricante y formas blancas no identificadas de material sintético, bólidos bramando, elegantes androides y sátiros de piel rojiza. Las tres películas de la serie «Cremaster» —que constará finalmente de cinco— forman sin duda alguna la expresión más rica de ese antinaturalismo dandi que se presenta como metáfora desconcertante del aparato físico y, al mismo tiempo, también como una exploración de la psicología; el tema del «orificio cerrado» funciona como un leitmotiv: «El círculo herméticamente cerrado se forma de manera definitiva cuando se es capaz de apretar la cabeza contra el trasero». «Cremaster 4» de 1994 (42'), «Cremaster 1» de 1995 (40') y «Cremaster 5» de 1998 (54'): en estas ficciones sin diálogo, donde Barney se disfraza para asumir diferentes papeles, los protagonistas se presentan como expresiones de dualidades irresolutas, impulsos en competición, energías poliformes. Cada una de esas películas forma una línea simétrica a la que describe al movimiento interior de los músculos cremáster en el cuerpo masculino: con los movimientos reflejos de esos músculos de la suspensión, el aparato genital masculino controla la temperatura de los testículos y, en caso de frío —o de miedo— los retrae al interior del cuerpo.

J.-M. R.

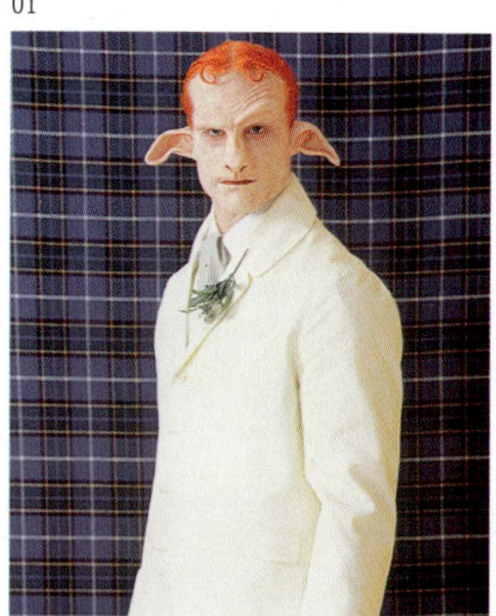

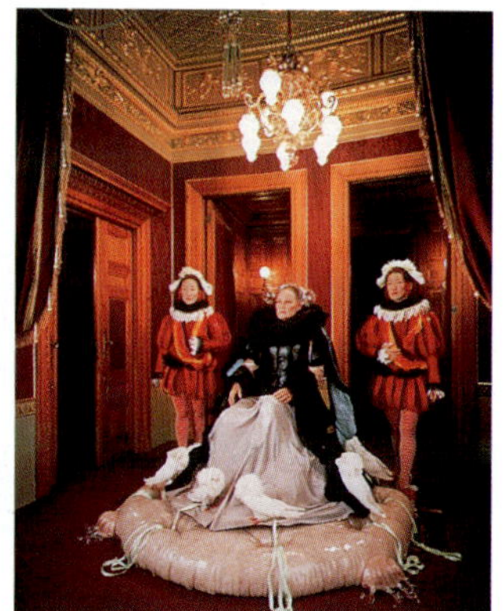

01 CREMASTER 4, 1994. Fotograma de la producción. **02 CREMASTER 5,** 1997. Fotograma de la producción. **03 THE EHRICH WEISS SUITE,** 1997 (detalle). Acrílico, plástico protésico, vivak, vidrio pyrex, plástico lubricado internamente, plata de ley, c-prints y grabado en gelatina de plata con marco acrílico, grafito, acrílico y vaselina sobre papel con marco acrílico y de plástico protésico, palomas jacobinas.

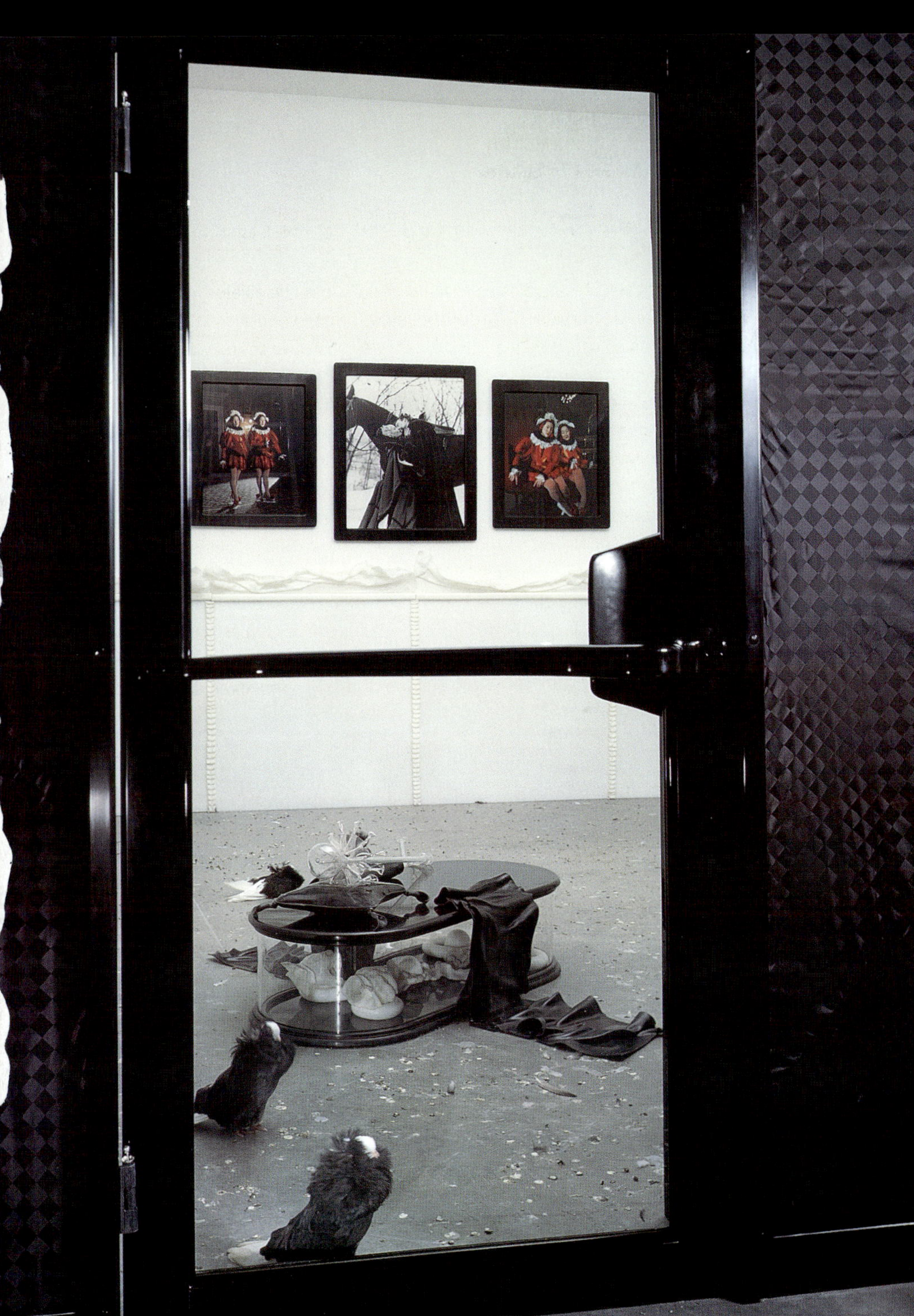

VANESSA BEECROFT

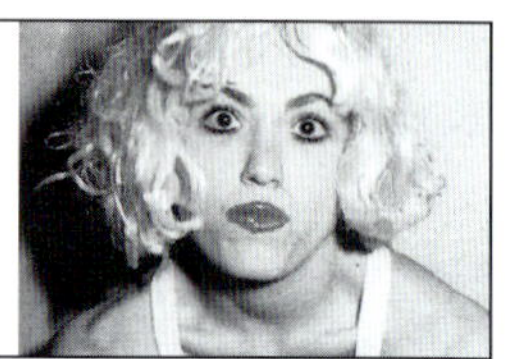

1969 Génova, Italia / reside y trabaja en Nueva York, EE UU

«Me interesa la diferencia entre lo que había previsto y lo que realmente sucede»

Desde mediados de los años noventa, Vanessa Beecroft hace aparecer en sus acciones a chicas ligeras de ropa; últimamente, ya no llevan nada; en las performances que organiza Beecroft se sitúan en una posición prefijada, no hablan, se mueven poco y se exponen —principalmente, durante la inauguración de una exposición— al público, como si fueran obras de arte vivas. Lo que queda son instantáneas y vídeos; como dice Beecroft, «lo que a mí menos me interesa». Incluso la documentación vive de la idea de que uno podría haber estado presente; muy acorde con la cultura del happening propia de finales del siglo XX, se ofrece algo que los medios son incapaces de trasmitir. Y, sin embargo, Vanessa Beecroft alude a imágenes que se conocen por los medios. Sus conjuntos de chicas y mujeres silenciosas recuerdan, a veces, a Pippi Calzaslargas, en ocasiones a las frías fotos de Helmut Newton, a desfiles de moda, pero también a escenas de cine y de teatro. En la mayoría de los casos, las mujeres están vestidas y maquilladas idénticamente: su individualidad parece desvanecerse. En unas ocasiones parecen vulnerables; en otras, respetablemente fuertes. El ambiente oscila entre la ruptura de tabúes e ideales clásicos de belleza, entre la provocación erótica y el encanto de las maniquíes de escaparate desnudas. Como ni los modelos ni el público muestran apenas sentimientos, no está claro qué sucede en la imaginación de cada uno. Tampoco se habla de ello. Cada uno ha tenido una idea, una emoción, pero la guarda para sí mismo.

C. B.

01 PERFORMANCE-DETAILS, Stedelijk Van Abbemuseum, Eindhoven, Holanda, 1996. **02 PERFORMANCE-DETAILS,** Deitch Projects, Nueva York, EE UU, 1996.

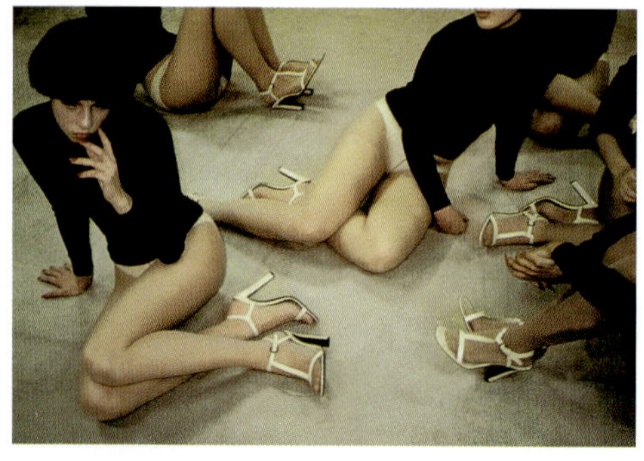

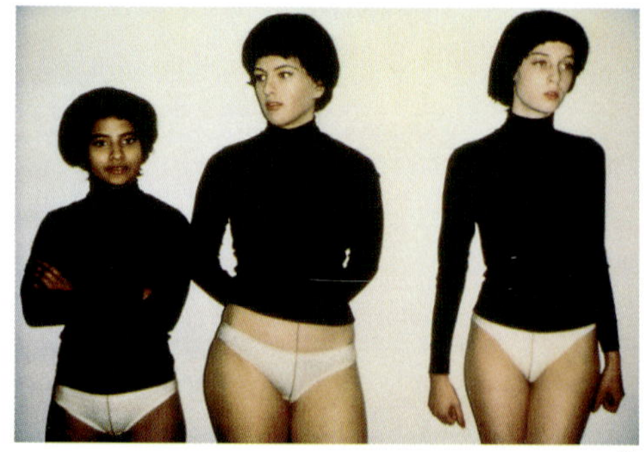

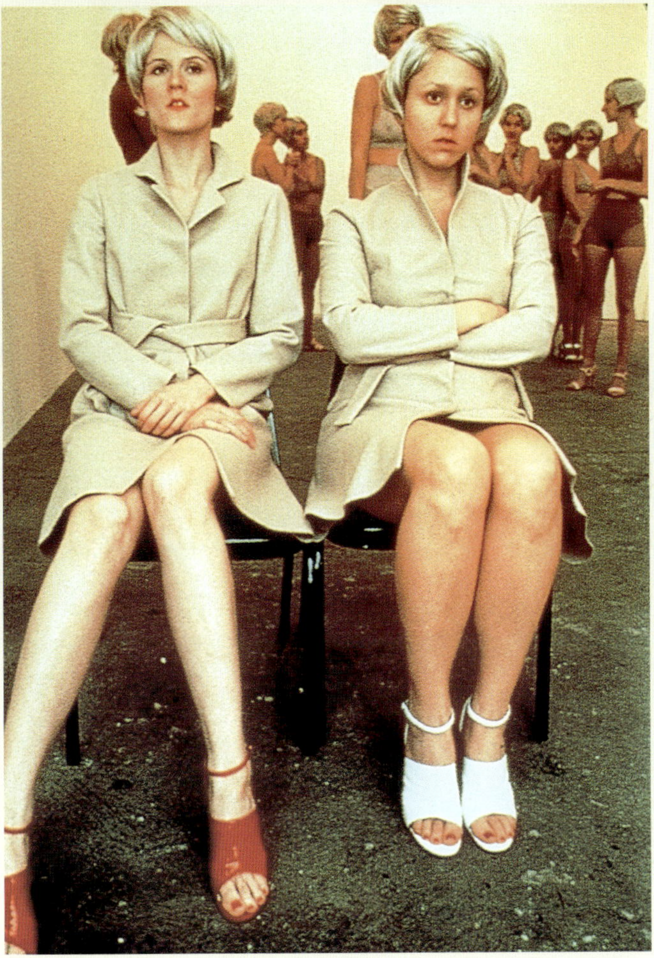

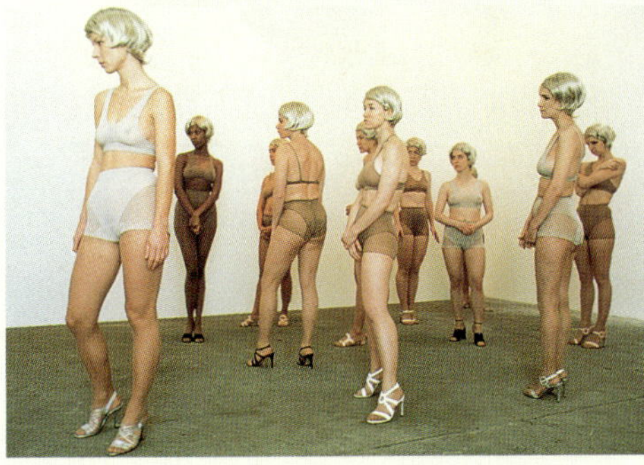

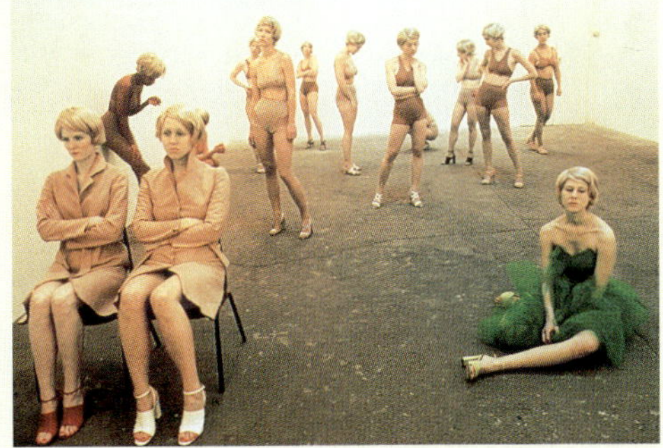

COSIMA VON BONIN

1962 Mombasa (Kenia) / reside y trabaja en Colonia, Alemania

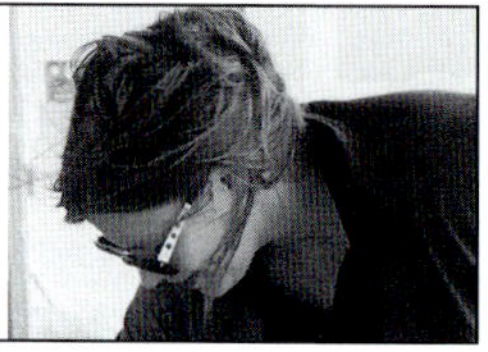

Los trabajos de Cosima von Bonin tienen su origen en las tensiones creativas entre los fines privados, subjetivos, y las referencias sociales. Con sus instalaciones, objetos, películas y vídeos trata, entre otras cosas, el contexto discursivo y las influencias exteriores decisivas para la génesis de sus obras. Entre éstas, y además de sus propias experiencias, hay que citar a otros artistas y a su entorno social inmediato. Este método de trabajo se pudo observar ya en su primera exposición (1990), en la que presentó globos que llevaban escritos los nombres, las fechas de nacimiento y las fechas de la primera exposición de los artistas que participaron en la legendaria «When Attitudes Become Form», 1969, de Harald Szeemann. De este modo, la cuestión «primera exposición» se entiende como un punto de partida biográfico, en relación con la más reciente historia del arte. Frecuentemente, von Bonin utiliza sus propias exposiciones para presentar trabajos de sus amigos y colegas. De esta forma, sienta las bases para acontecimientos sociales como conciertos, veladas de cine, coloquios y exposiciones. Con este gesto cuestiona los mecanismos del arte en sí mismo y tiende un puente entre las artes plásticas y otras áreas artísticas. Von Bonin ha organizado varias performances con Kai Althoff cuyos elementos y decorados se emplearon después como objetos de exposición. Sus más recientes instalaciones (p. ej. «León en un bosque bonsai», 1997) suelen causar la impresión de una tramoya teatral, enriquecida con metáforas privadas; a pesar de las múltiples referencias, se resisten a una explicación racional y a una clasificación que pretenda acapararlas.

Y. D.

01 INSTALLATION VIEW, Villa Arson, Niza, Francia, 1997. **02 HAST DU HEUTE ZEIT – ICH ABER NICHT.** Vista de la instalación, Künstlerhaus Stuttgart, Stuttgart, Alemania, 1995 (con Kai Althoff). **03 «LÖWE IM BONSAIWALD»** (detalles), vistas de la instalación, Galerie Christian Nagel, Colonia, Alemania, 1997.

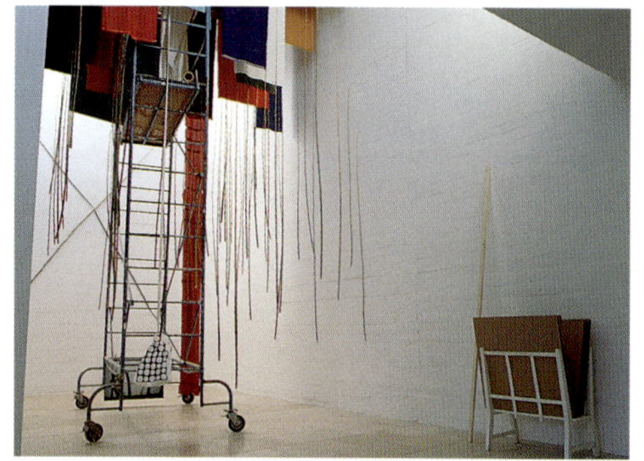

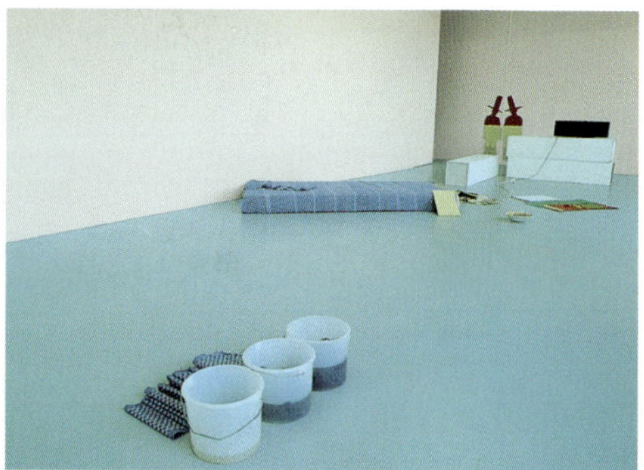

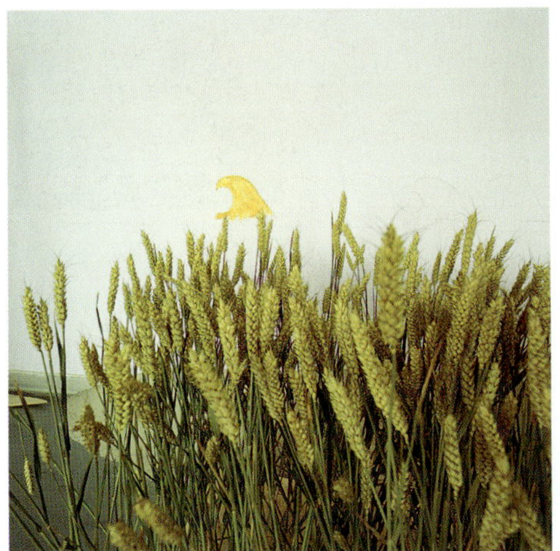
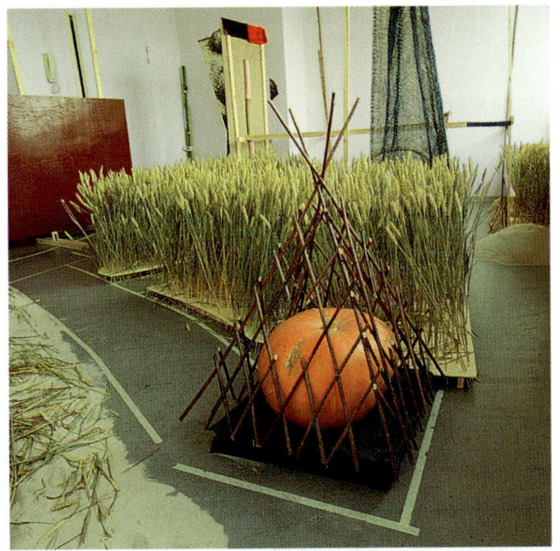
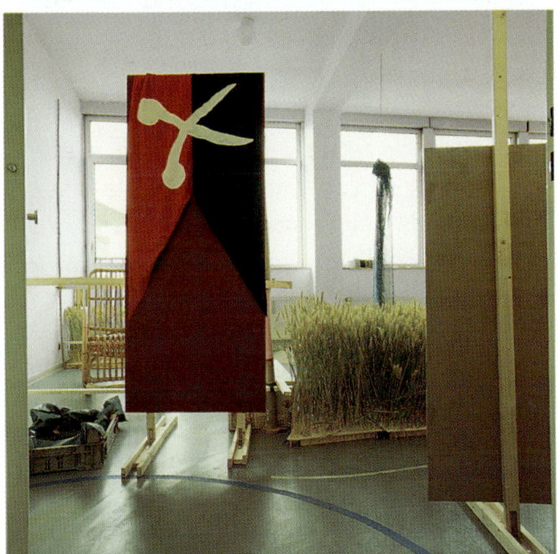
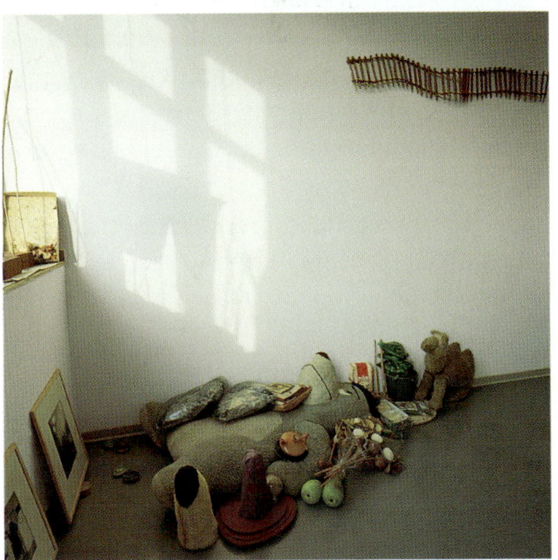

ANGELA BULLOCH

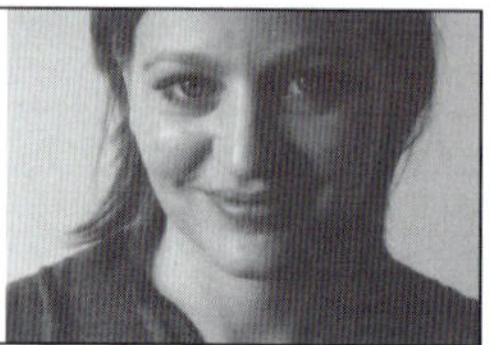

1966 Fort Frances, Canadá / reside y trabaja en Londres, Inglaterra

«La observadora es una colaboradora, en el sentido de que define, experimenta y piensa con sus propias categorías»

Las grandes esferas luminosas de color funcionan como si fueran señales. Instintivamente uno intenta comprender el sistema según el cual se encienden y se apagan y su sentido. Algunas de esas instalaciones luminosas están controladas por sensores de movimientos, otras por música y algunas obedecen a su propio ritmo. El observador se siente expuesto a un estímulo, al que responde con un reflejo, ya sea dirigiendo su mirada en un determinado momento a una determinada esfera, o bien repitiendo su movimiento para poner nuevamente en marcha el mecanismo. Este principio de recompensa por una pequeña acción es una característica típica de los trabajos de Angela Bulloch. Frecuentemente, no hay más que sentarse en un banco para que comiencen a oírse ruidos, para que una máquina de pintar empiece a dibujar en la pared, o para que se inicie un juego de ordenador. Otras instalaciones funcionan con contactos disimulados en el suelo, mientras que unos cojines grandes simplemente invitan a sentarse y descansar un rato. Por el contrario, en el suelo y en la pared se pueden ver frases con reglas de comportamiento para diferentes ámbitos de la vida, que parecen estar fuera de todo contexto. Sin embargo, son precisamente las «Rules Series» las que muestran que Bulloch siempre se interesa por los sistemas que dirigen el comportamiento humano. Un mundo complejo necesita reglas para funcionar. No obstante, esas reglas han de probar que tienen sentido en un ambiente de tolerancia y racionalidad. Es la respuesta a un ideal social lo que Angela Bulloch crea una y otra vez en sus instalaciones; de ese modo, representa en un contexto artístico algo que frecuentemente se malogra en la vida normal.

C.B.

01 MAT LIGHT (GREEN, RED, BLUE), 1997. Vista de la instalación, «Superstructure», Migros Museum für Gegenwartskunst Zürich, Zürich, Suiza, 1998. **02 BETAVILLE, 1994.**

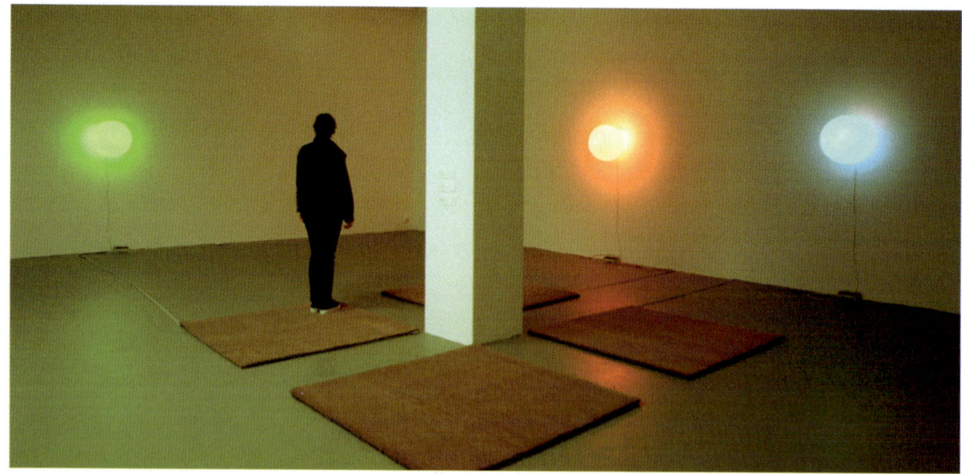

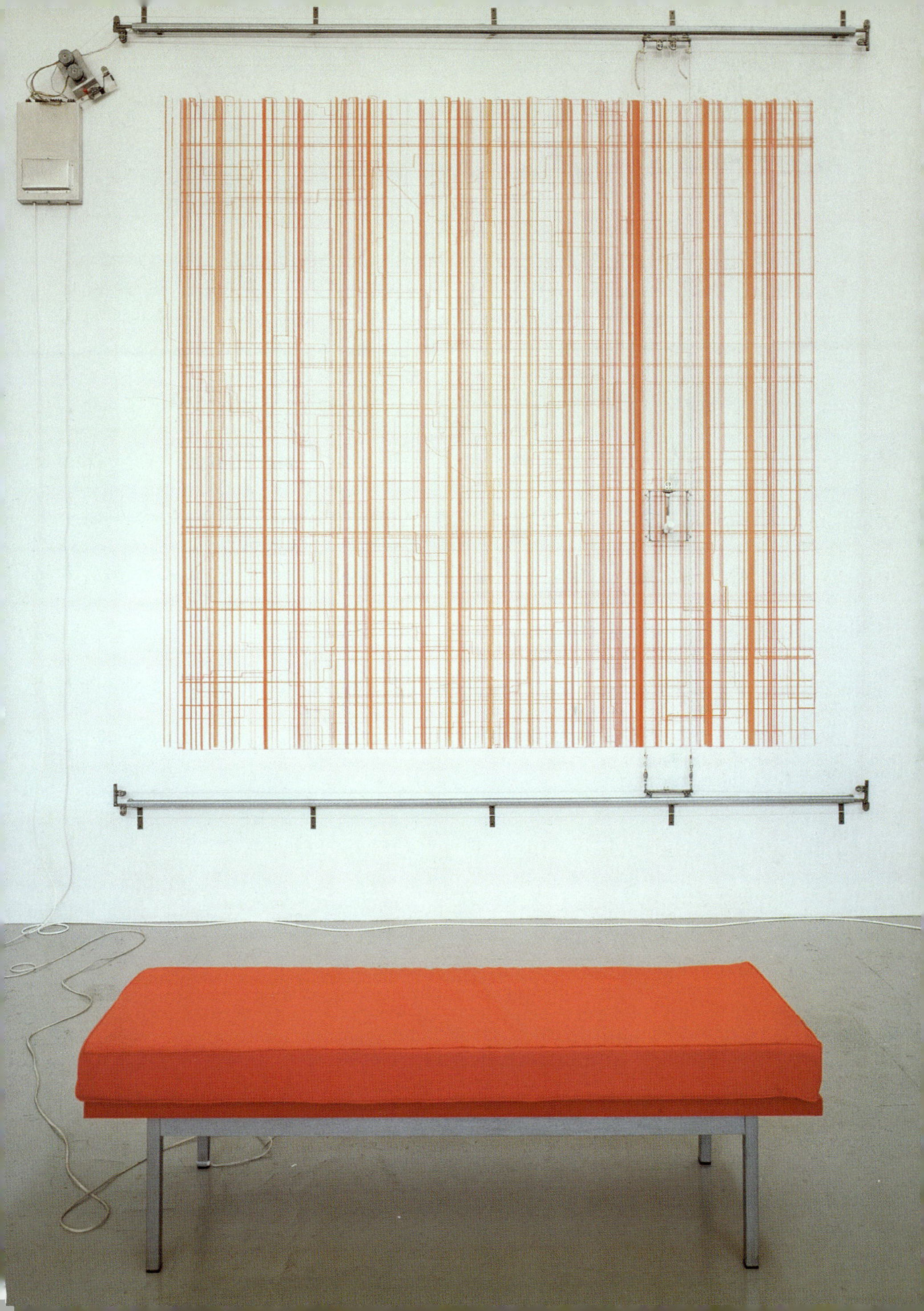

MAURIZIO CATTELAN

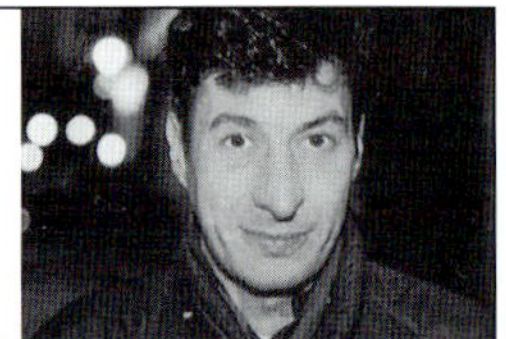

1960 Padua, Italia / reside y trabaja en Nueva York, EE UU
«Creo que la situación que realmente le desequilibra a uno es la interior: cuanto más se dedica mi obra a lo exterior tanto más —creo yo— hablo de mis problemas y de mi vida interior»

Con sus trabajos, Maurizio Cattelan consigue trastocar las reglas del juego en el ambiente del arte, para comentar, irónica y críticamente, materias socialmente controvertidas, de un modo subversivo y humorístico. Los temas de sus obras —con un matiz en ocasiones intervencionista— pueden ser tanto las tendencias racistas en Italia o la influencia de la mafia, como cuestiones intrínsecas al arte. Al saber aprovechar para su trabajo las condiciones del sistema del arte, su método suele ser denominado parasitario. Frecuentemente, Cattelan emplea símbolos de huida de la exposición, en forma de sábanas anudadas unas a otras o de un agujero cavado en el suelo de la sala. Sus retratos han de interpretarse en este contexto: los encarga a un dibujante de la policía, que los delinea siguiendo las descripciones que le va dando de sus amigos y familiares; conscientemente tienen un aire de cartel de busca y captura. Cattelan sabe presentar con métodos sencillos sus objeciones contra las condiciones de una exposición. La Secesión Vienesa le invitó a montar una exposición en un sótano; instaló entonces dos bicicletas con las que dos vigilantes —en el momento de entrar algún visitante— generaban la exigua energía necesaria para una bombilla de 15 vatios. De este modo, Cattelan no sólo expresaba su opinión sobre las salas, de techos bajos y sin ventanas, del sótano, sino que también ponía al visitante en una situación embarazosa, pues los vigilantes sólo pedaleaban para accionar la dinamo cuando alguien entraba. De este modo, Cattelan simbolizaba de modo convincente las jerarquías y las relaciones de dependencia en el mundo del arte. Y.D.

01 LITTLE SPERMS, 1997. Látex pintado, 10 x 5 x 5 cm (cada uno). **02 LOVE LASTS FOREVER, 1997.** Esqueletos, 210 x 120 x 60 cm. Vista de la instalación, escultura. Projekte in Münster 1997, Münster, Alemania, 1997.

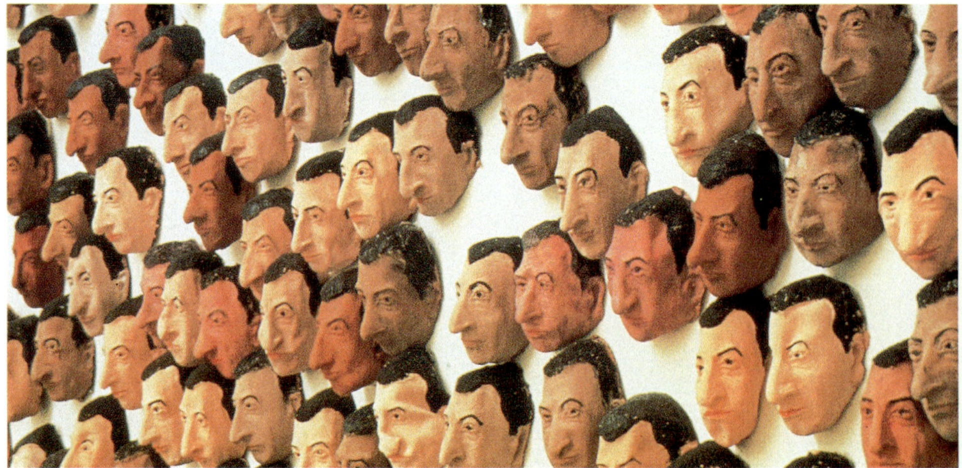

01

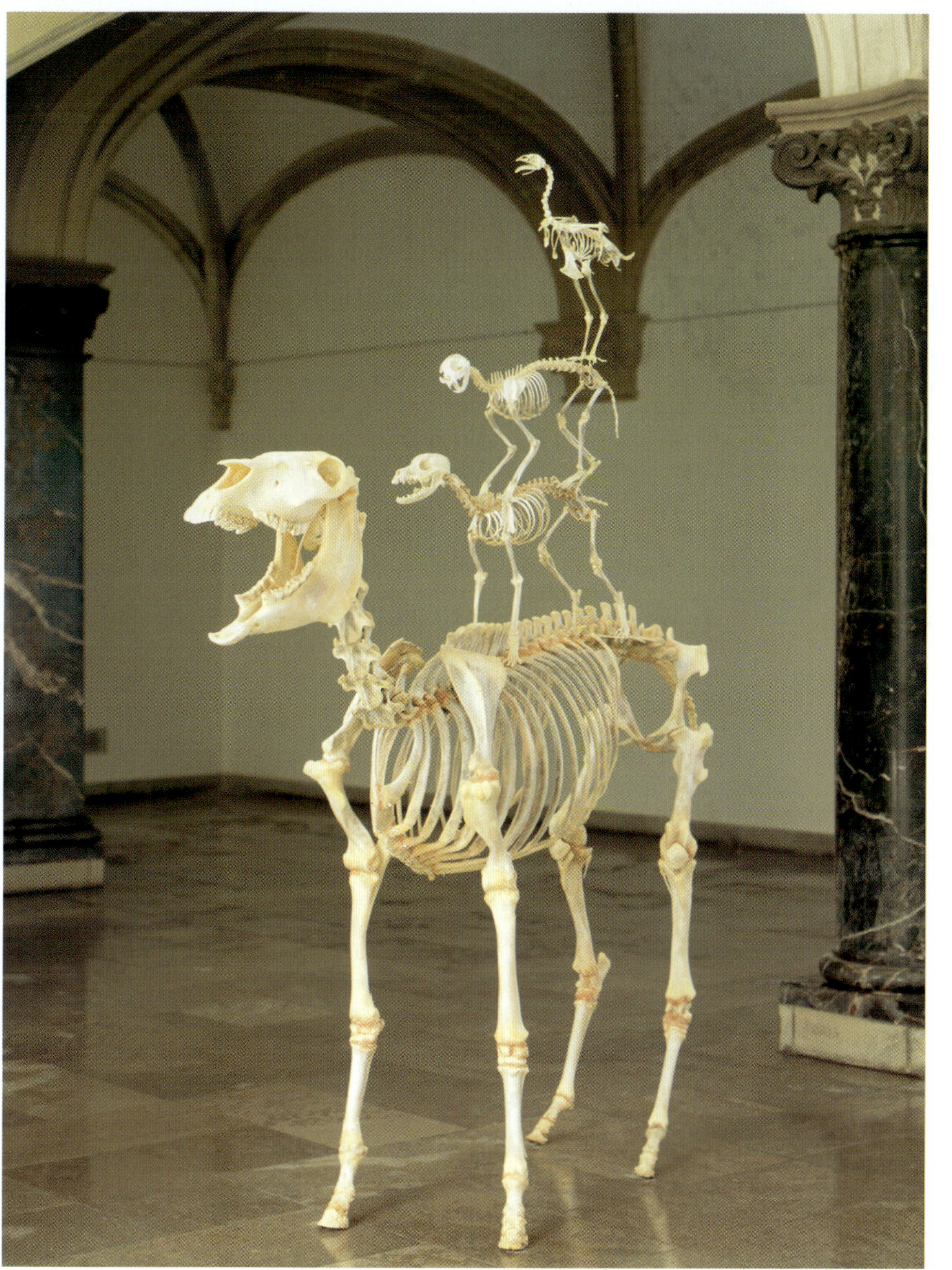

JAKE & DINOS CHAPMAN

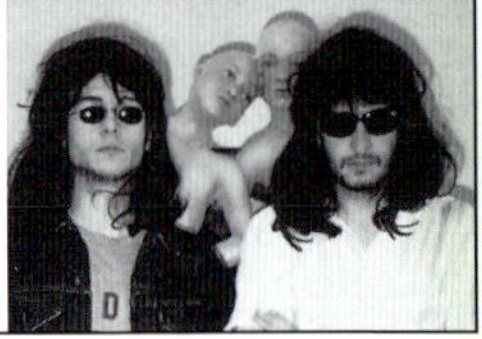

Jake Chapman **1962** Londres, Inglaterra. Dinos Chapman **1966** Cheltenham, Inglaterra
Ambos residen y trabajan en Londres

«Somos oxímoros escopofiliacos que hieren los ojos… Somos artistas»

Las figuras erróneamente realistas que los hermanos Chapman modelan, en tamaño natural, con resina sintética y fibra de vidrio son hermafroditas que acumulan todas las anomalías genéticas imaginables y que multiplican las más absurdas variaciones de brazos, piernas, cabezas y troncos; sus elementos de unión son anos, vaginas o penes erectos, que ocupan el lugar de la nariz, las orejas o la boca («Fuck-face», 1994, «Cock-shitter», 1997, etc.). Esta proliferación biológica fantástica desconcierta y ejerce una inconfesable fascinación. La misma multiplicación de sus órganos sexuales excluye estos cuerpos jóvenes de todo principio de procreación. Esas criaturas —productos de una convulsión interna, de una infracción o de una obscenidad, exultante e irónica— no son seres clonados, sino combinaciones biológicas únicas, que se niega a su reproducción. Con esa aproximación a los seres humanos, los artistas no pretenden glorificar la anomalía: su arte es un juego puramente combinatorio, que intenta hacer una infinidad de variaciones, no con geometrías abstractas como un Sol LeWitt o un Carl Andre, a quienes los dos hermanos gustan de referirse, sino con partes del cuerpo humano. La dimensión verdaderamente trágica de la obra afecta al cinismo de la ambición explícita de conseguir un «valor cultural nulo»: el arte pretende únicamente producir una estética de la inercia, de la indiferencia, del desinterés.   J.-M. R.

01 ZYGOTIC ACCELERATION, BIOGENETIC, DE-SUBLIMATED LIBIDINAL MODEL (ENLARGED X 1000), 1996. Fibra de vidrio, resina, pintura, cabello artificial. **02 FOREHEAD,** 1997. Fibra de vidrio, resina, pintura, cabello artificial, zapatos, 135 x 60 x 45 cm.
03 TRAGIC ANATOMIES, 1996 (detalle). Vista de la instalación, «Chapmanworld», Institute of Contemporary Arts, Londres, Inglaterra, 1996.

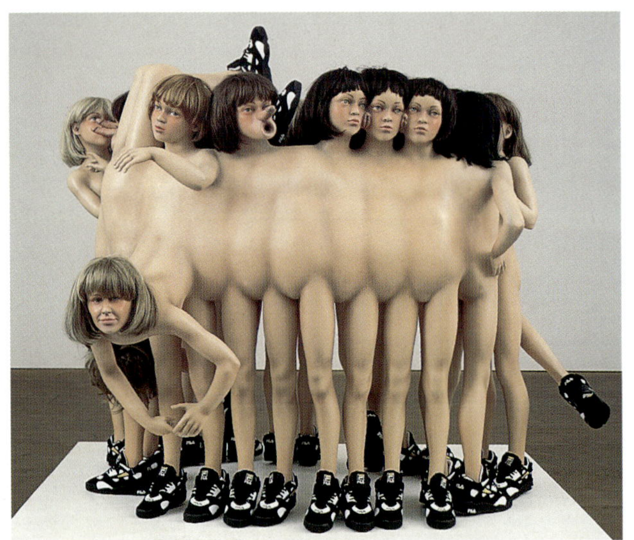

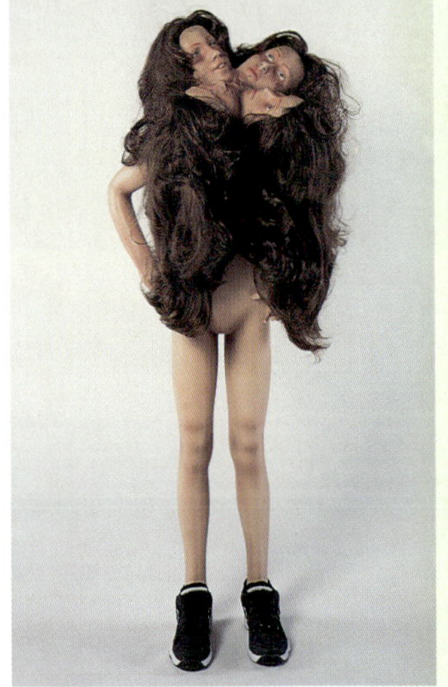

01

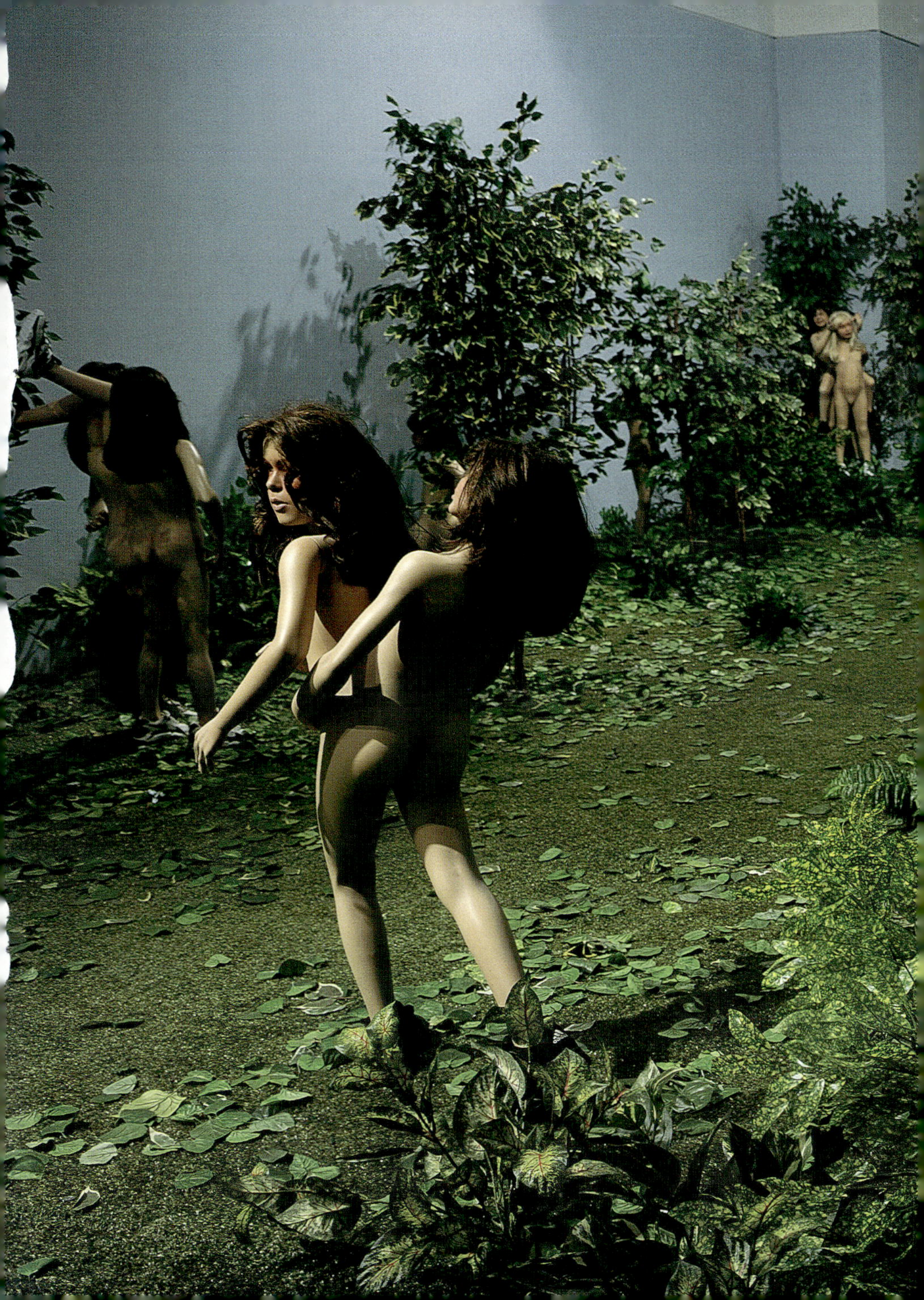

JOHN CURRIN

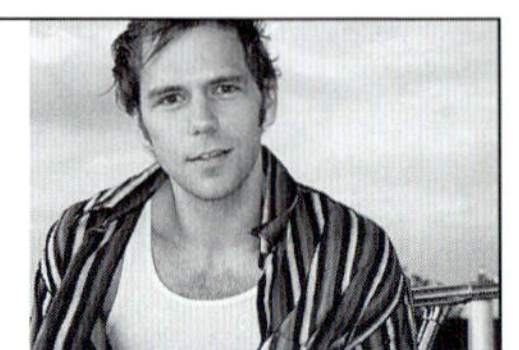

1962 Boulder (Colorado), EE UU / reside y trabaja en Nueva York, EE UU

«La vida se me presenta en los siguientes términos: mirar a las mujeres, mirar al cielo, mirar a cualquier cosa»

Entre los primeros cuadros de John Currin se cuentan los retratos de muchachas que hizo a partir de las fotos que se encontraban en un anuario de la high-school. Currin pintó las pupilas de las chicas en forma de disco completamente negro; de ese modo, sus miradas tenían una expresión embotada y vacía. Más tarde, Currin pintó una serie de mujeres entradas en años, llamativamente esbeltas, vestidas con ropa muy ceñida y posando en una postura típica de modelo. Currin no pretende exponerlas a una mirada irónica; lo que le interesa es una observación analítica. En sus cuadros de parejas, las jóvenes miran respetuosamente a hombres vestidos de colores llamativos y con poco gusto. También en este caso, sus obras testimonian que Currin no se interesa tanto por la representación de una personalidad individual como por la búsqueda de clichés. En una serie, de la que forma parte, por ejemplo, «The Bra Shop», 1997), Currin pintó mujeres con senos enormes; en estos cuadros subrayó el busto y las manos con pinceladas pastosas. En sus cuadros, Currin se limita prácticamente a un realismo casi caricaturesco. Para hacerlo, recoge posturas del cuerpo de una obra de Botticelli o pinta el cielo con el estilo de un cuadro rococó. Además puede apreciarse, asimismo, su acentuado interés por la larga tradición de la pintura, a la que intenta incorporarse con sus obras.

Y. D.

01 THE NEW GUY; AUTUMN LOVERS; NUDE; BLONDE NUDE; NUDE WITH BLACK SHOES; THE OLD GUY, todos de 1994 (de izquierda a derecha). Óleo sobre lienzo. Vista de la instalación, Galerie Jennifer Flay, París, Francia, 1994. **02 ANN-CHARLOTTE, 1996.** Óleo sobre lienzo, 122 x 97 cm.

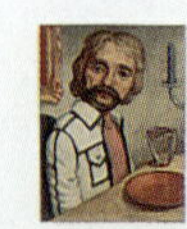
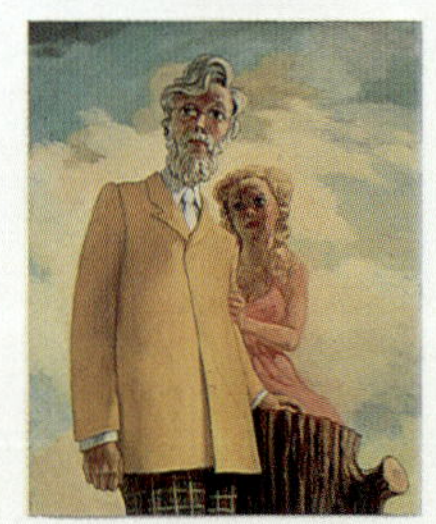
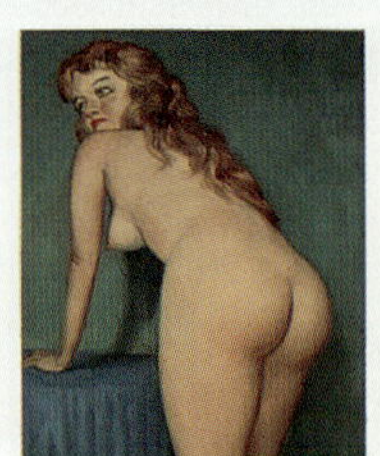
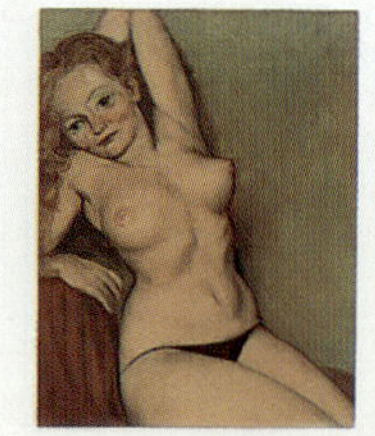
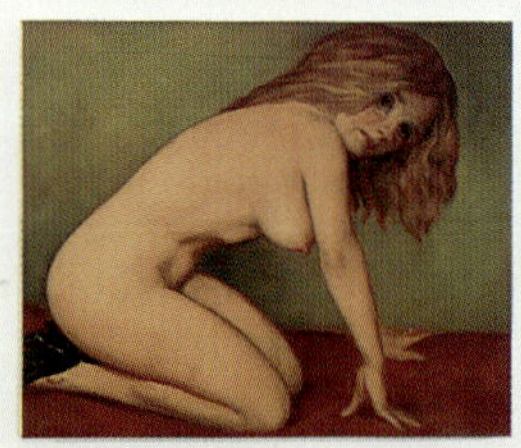
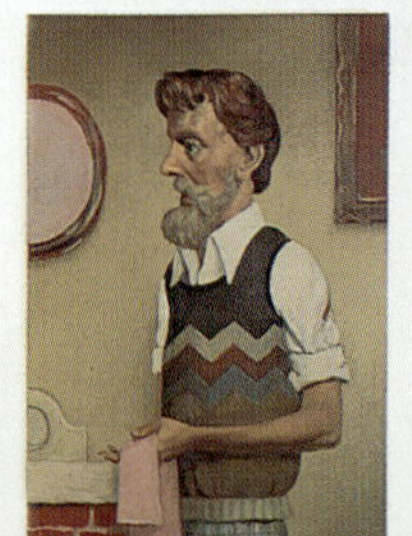

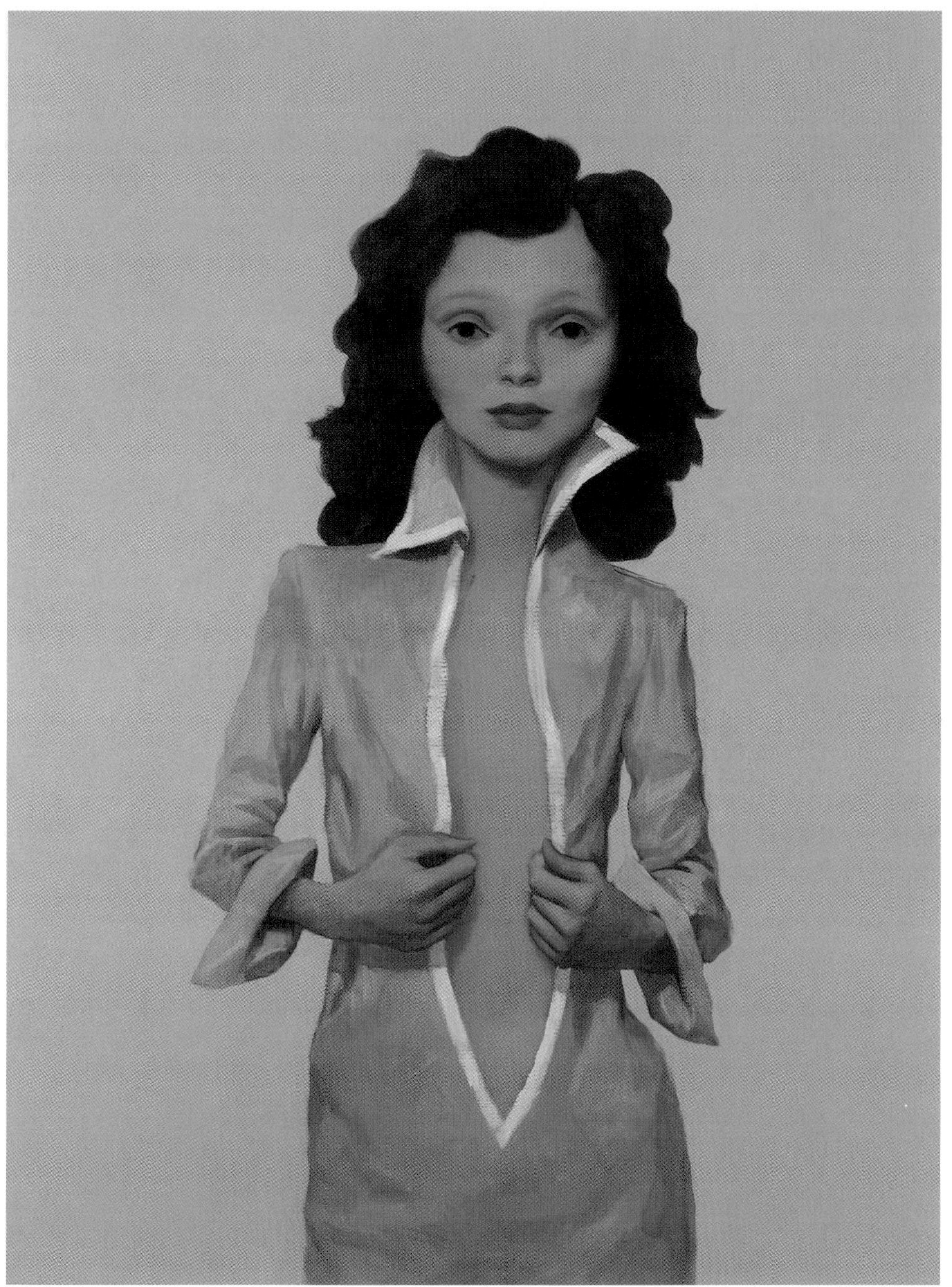

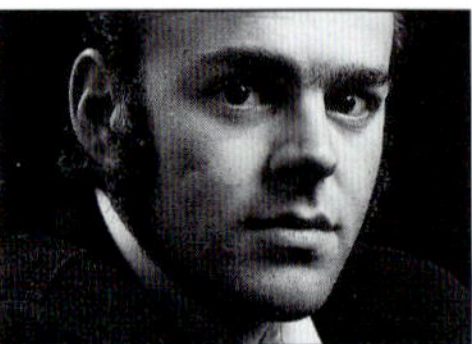

WIM DELVOYE

1965 Wervik, Bélgica / reside y trabaja en Gante (Bélgica) y Londres (Inglaterra)

«Yo soy un tenista que juega a los dos lados de la red; y sospecho que esto puede decirse de todo lo que he hecho siempre»

El arte de Delvoye, a través de las formas de expresión más eclécticas, parece tener como primera ambición provocar la risa: una portería de fútbol con una vidriera por red, otra de porcelana, una hormigonera tallada en madera y un suelo de baldosines decorado con motivos fecales, una bombona de gas o una sierra circular de porcelana de Delft, una fuente en forma de ángel girando y orinando al viento, planchas adornadas con escudos, un urinario con una foto enmarcada del rey de Bélgica… Estos objetos —y esto puede decirse de los más ordinarios, más manidos y más antiestéticos entre ellos— funcionan del mismo modo que un ingenio. Tienen en común recurrir a la gran tradición artesanal para rechazar, a fin de cuentas, la evolución del gusto directamente ligada a las prácticas denigrantes de los barrios modernos. Este arte intenta conciliar el gusto que sienten por el kitsch las clases medias con un humor popular. Se opone a todos los tabúes vanguardistas, enemigos sistemáticos del buen hacer, del trabajo manual y de toda connivencia estética con los gustos de la pequeña burguesía. El artista se apoya en sólidas certidumbres católicas para afirmar —contra la teología protestante— el predominio de la imagen y la riqueza barroca del ornamento. El arte, el buen gusto y la estética son para él, sencillamente, indicios de la decadencia de una civilización, fracasada y envejecida. Este flamenco se considera en primer lugar un artista «étnico» que explora las bases de su propia cultura, un artista que querría embellecer la vida cotidiana con una decoración placentera en un país donde no se implante nunca la modernidad.
J.-M.R.

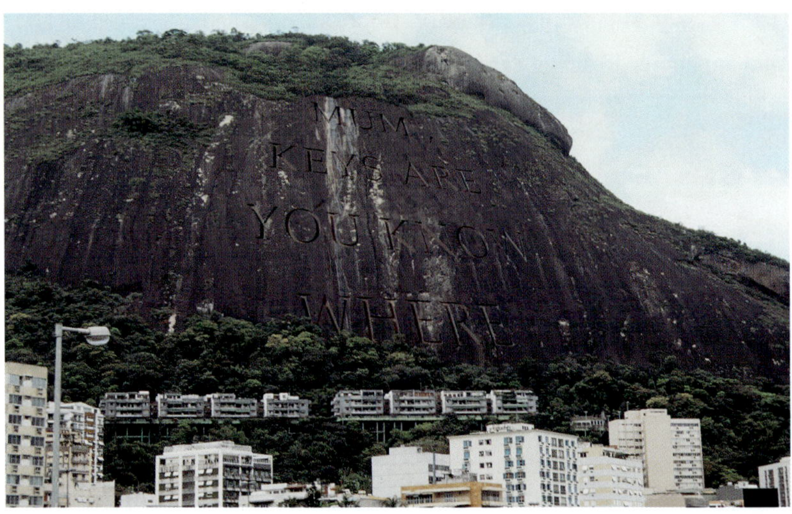

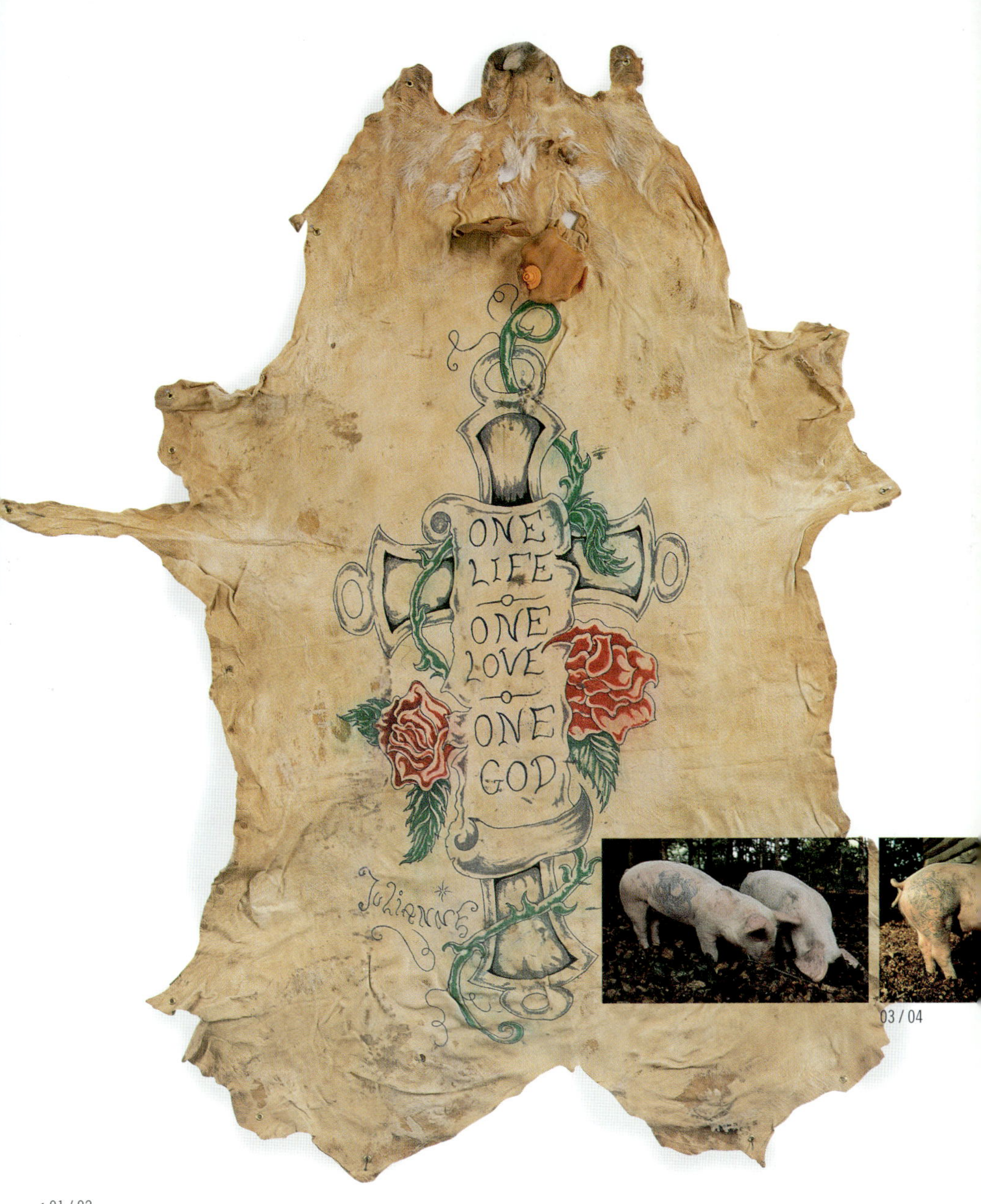

03 / 04

◀ 01 / 02

01 MUM, KEYS ARE ..., 1996. Impresión láser con chorro de tinta sobre lienzo, 300 x 400 cm. **02 TATTOOED PIG SKIN (JULIANNE),** 1995.
Piel de cerdo tatuada, aprox. 150 x 110 cm. **03 / 04 PIGS,** 1994–1997 (detalles). 4 cerdos vivos con tatuajes. Vista de la instalación, Open Air
Museum of Sculpture Middelheim, Amberes, Bélgica, 1997.

THOMAS DEMAND

1964 Múnich, Alemania / reside y trabaja en Berlín (Alemania) y Londres (Inglaterra)

«Pienso que fotografiar no es tanto representar como crear sus objetos»

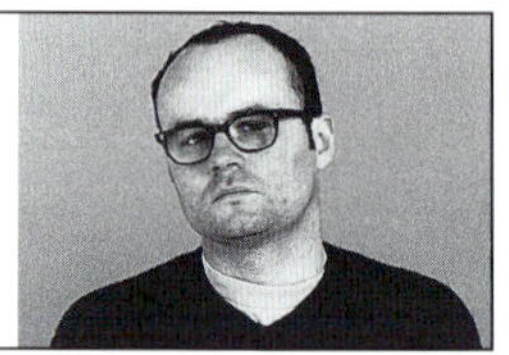

Fotos: trampas visuales. Las tomas que Thomas Demand hace de una oficina, de una escalera o de un puente sobre una autopista no cumplen lo que hacían esperar. No muestran un mundo real, sino objetos de papel y de cartón. Son estructuras sin dimensiones reconocibles que causan una primera impresión auténtica —por estar meticulosamente ensambladas—, pero que expresan todo el efecto de una falsificación: limpieza, impecabilidad, vacío de figuras humanas, pero también de signos y de lenguaje. Las cajas de cartón apiladas no tienen ningún texto escrito; las hojas que aparecen sobre la mesa están vacías. El mensaje de estos motivos que Demand monta para fotografiarlos y que nunca presenta en exposiciones, no se pueden reducir a un común denominador. Las fotos impresionan por las composiciones abstractas de colores y formas: soluciones perfectas de la fotografía. Denuncian la estética gris y sorda de la oficina moderna: el escritorio, el archivo, el pasillo… fácilmente reconocibles. Por último, la cita es tan conocida que se plantea la cuestión de un documento auténtico, de un modelo real. Los originales realmente existen y Demand los selecciona muy conscientemente entre fotografías documentales históricas, políticas y criminológicas. Y, sin embargo, desde hace unos cuantos años se niega a revelar sus fuentes. Son lugares biográficos («Ecke», 1996), escenarios plagados de historia («Archiv», 1995) y de crimen («Flur», 1995); ese conocimiento —según Demand— sólo reduciría las posibilidades de interpretación. S. T.

01 STUDIO (STUDIO), 1997. C-print, diasec, 184 x 355 cm. **02 SPRUNGTURM (DIVING BOARD),** 1994. 150 x 120 cm.

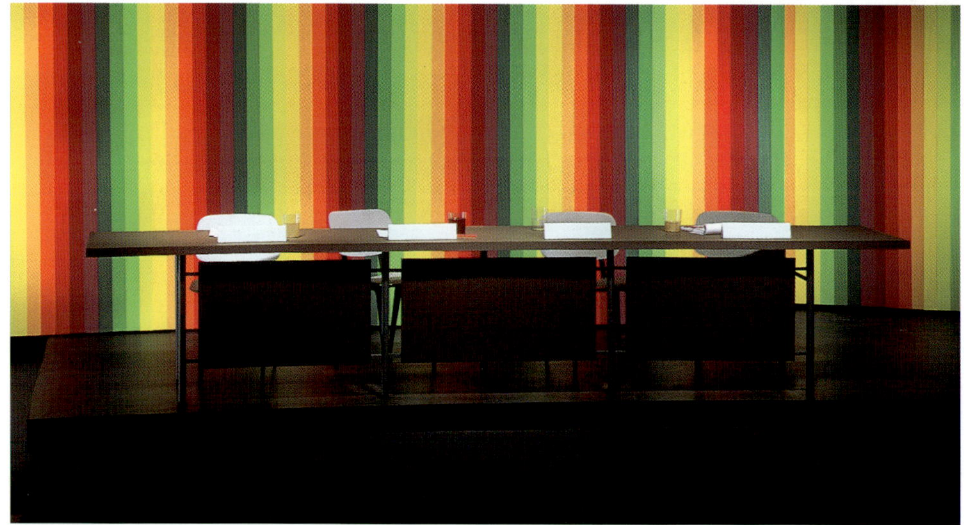

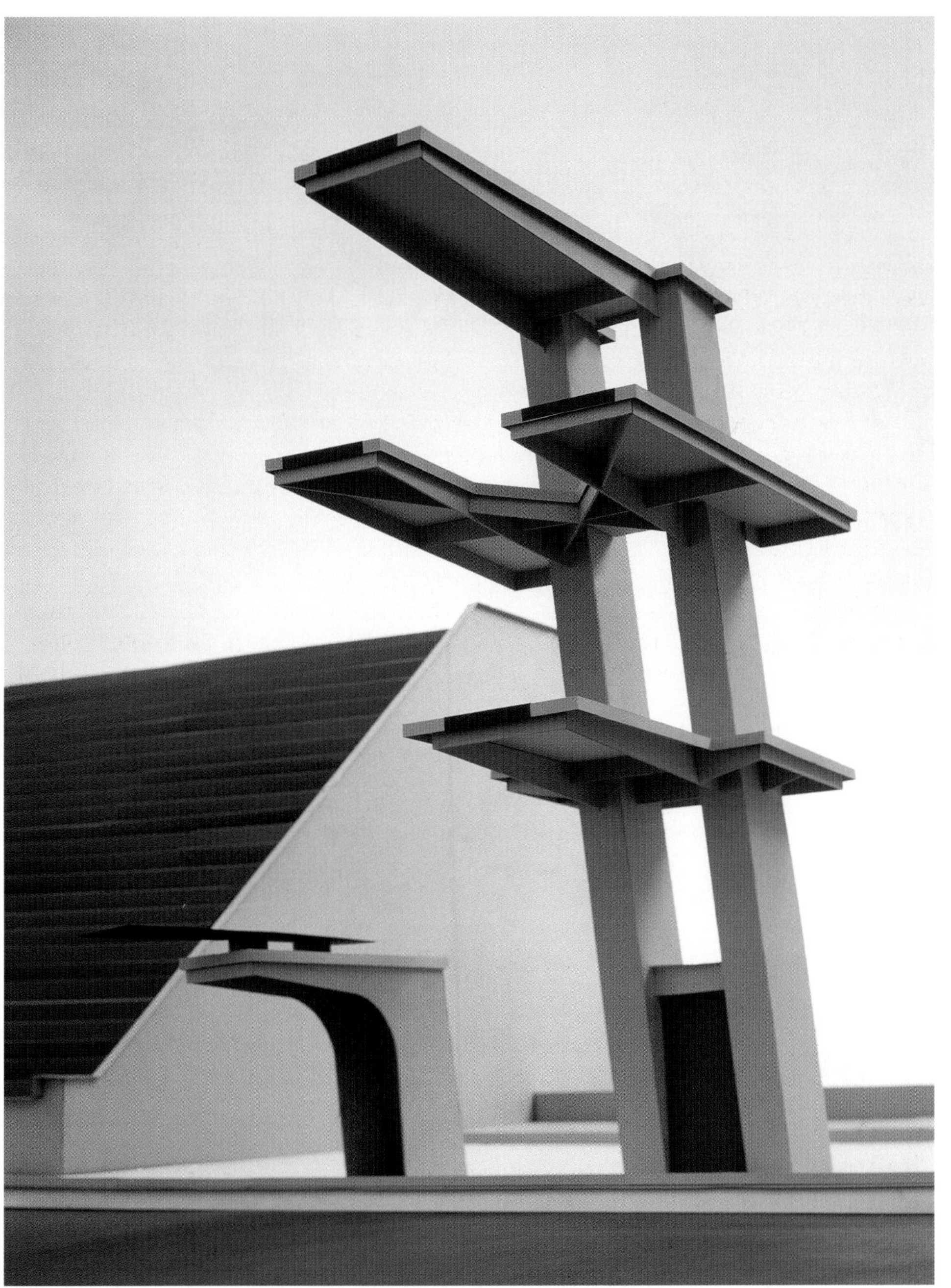

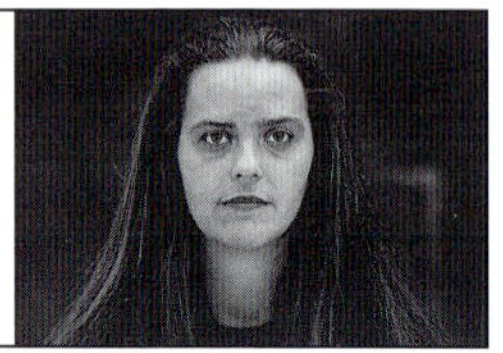

1959 Sittard, Holanda / reside y trabaja en Ámsterdam, Holanda

«No me interesan qué piensan las personas de sí mismas. Deseo mostrar una determinada intensidad, una determinada tensión, que está presente en ellos»

Rineke Dijkstra retrata a adolescentes y a jóvenes de su país natal, y también de Polonia, de Inglaterra, de Portugal y de Estados Unidos. Las series de esta fotógrafa profesional fueron adquiriendo una forma cada vez más artística a comienzos de los noventa; son mucho más que una documentación social. Así sucedió por primera vez en la serie «Beaches», 1992–1996: adolescentes en la playa; aparecían en diferentes lugares, pero siempre con la misma postura frente al mar. Con su inseguridad, fácilmente legible en sus rostros y cuerpos, se acercan al observador hasta tal punto que éste puede describir atributos característicos como la ropa o el peinado; sin embargo, el misterio individual se mantiene. Mediante la selección de los representados y la indicación de las poblaciones donde viven, Dijkstra plantea preguntas sobre la identidad, pero no las responde, ni en el caso de las muchachas que aparecen en una discoteca inglesa y los estudiantes que parecen estar enfrente de ellas, ni en la yuxtaposición de dos fotos consecutivas de la misma mujer. Las fotografías eluden la relación directa entre foto y persona; Dijkstra las lleva a una perspectiva de la distancia. Con la selección de las personas busca plasmar, sin embargo, un momento especial, que guía la mirada. Todas las personas que fotografía —adolescentes, jóvenes toreros o mujeres que acaban de dar a luz— son seres individuales y frágiles, en una fase de transición; con su inseguridad o su pose, con su vestimenta y su piel reflejan esa situación. Al emplear un nuevo medio, el vídeo, Dijkstra crea una imagen doble: la grabación de varios minutos fijos ante la cámara origina una cierta autenticidad, que al ser contemplada, se transforma en un profundo retrato del comportamiento.

S.T.

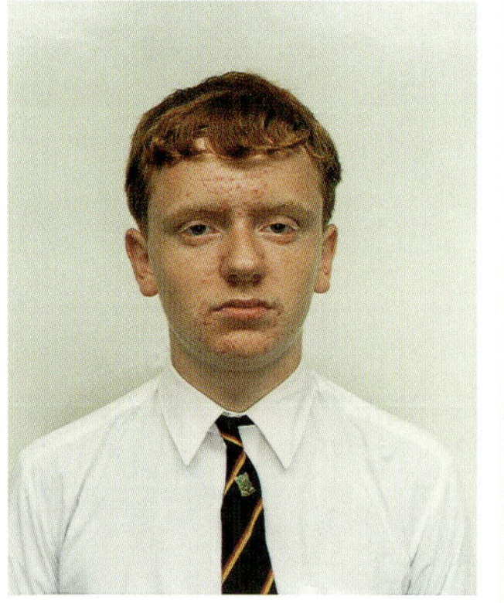
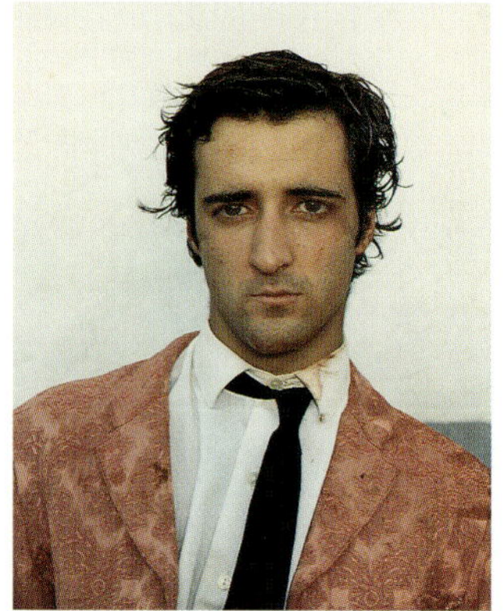
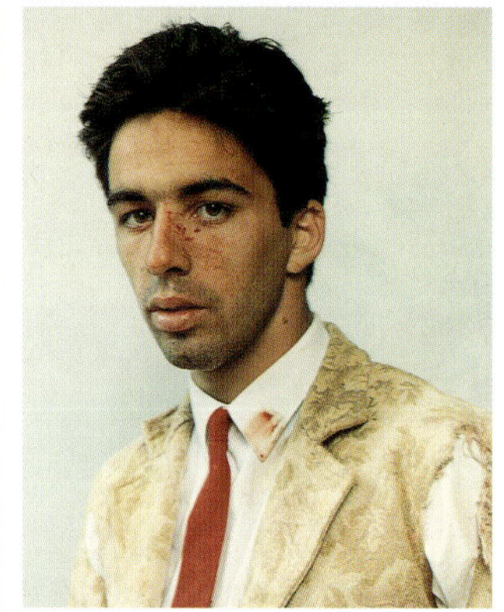

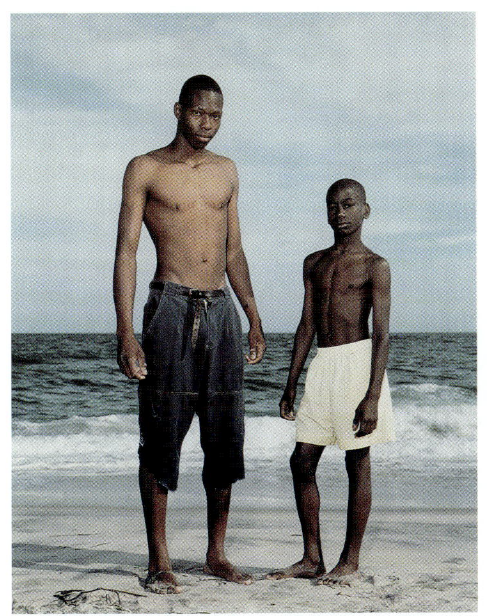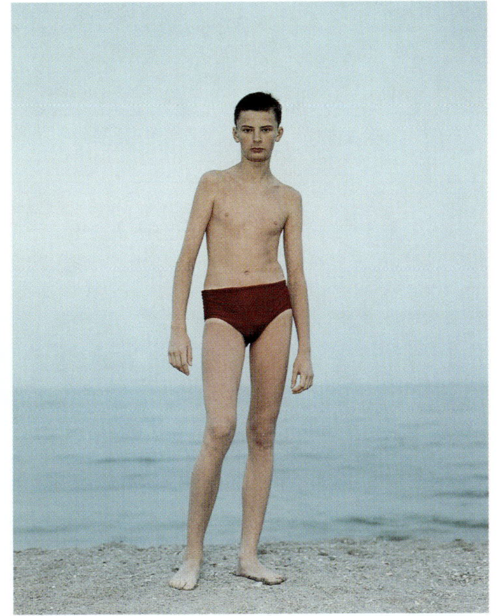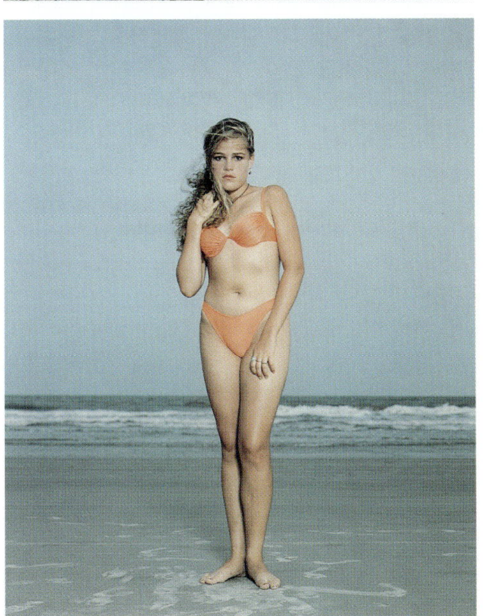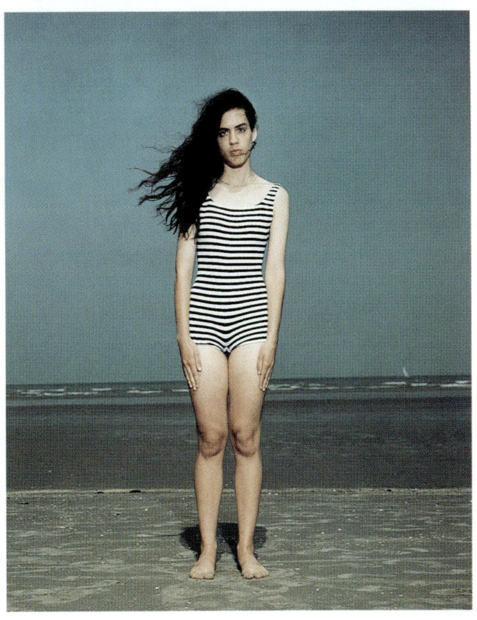

01 THE NUGENT, R.C. HIGH SCHOOL, LIVERPOOL, ENGLAND, NOVEMBER 11, 1994. 02 MONTEMOR, PORTUGAL, MAY 1, 1994. 03 VILLA FRANCA, PORTUGAL, MAY 8, 1994. 04 LONG ISLAND, N.Y., U.S.A., JULY 1, 1993. 05 ODESSA, UKRAINE, AUGUST 4, 1993. 06 HILTON HEAD ISLAND, S.C., U.S.A., JUNE 24, 1992. 07 DE PANNE, BELGIUM, AUGUST 7, 1992.

MARK DION

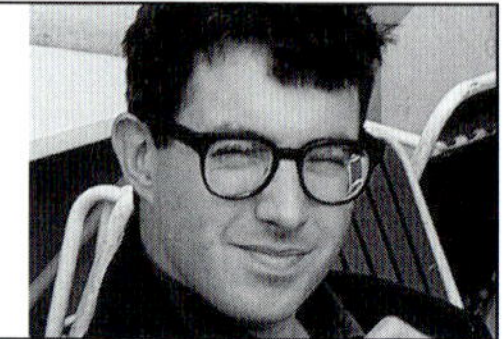

1961 New Bedford (Massachusetts), EE UU / reside en Beach Lake (Pensilvania)
«La taxonomía, es decir la clasificación del mundo natural, es un sistema de orden impuesto por el hombre; no es un reflejo natural de la naturaleza. Sus categorías se aplican activamente y contienen suposiciones, valores y asociaciones de la sociedad humana»

Según Mark Dion, la «naturaleza» es una categoría cultural. Como expresa su retrato del investigador de la naturaleza Georges Cuvier («Taxonomy of Non-endangered Species», 1990), es la proyección de ideas humanas. Dion se aproxima, desde diversas perspectivas, a la cuestión de la representación de la naturaleza. Para ello, suele referirse temática y formalmente a aquel periodo de finales del siglo XVII y comienzos del XVIII, en el que el orden subjetivo que reinaba en los «gabinetes de curiosidades» y las «galerías de prodigios» dejó paso al orden racional del museo. Los procesos (científicos) de la nominación y de la categorización son siempre también actos de control… con lo que siguen a la ideología dominante de su tiempo. Mientras que trabajos como «Extinction Series, Black Rhino with Head», 1989, reconocieron la amenaza al medio ambiente y a la variedad de especies como consecuencia del colonialismo y de la industrialización, las instalaciones de Dion, desde comienzos de los años noventa, reflejan la política de la representación, sobre todo dentro del museo. En el papel del investigador de la naturaleza y de investigador de campo, Dion trata esos temas en trabajos como «On Tropical Nature», 1991, «A Meter of Meadow», 1995, o «A Tale of Two Seas: An Account of Stephan Dillemuth's and Mark Dion's Journey Along the Shores of the North Sea and Baltic Sea and What They Found There», 1996. Con una irónica exageración, Dion presenta los procesos de recolección, catalogación, presentación y archivo… reduciendo así al absurdo los sistemas habituales de clasificación.

A.W.

01 THE DEPARTMENT OF MARINE ANIMAL IDENTIFICATION OF THE CITY OF NEW YORK (CHINATOWN DIVISION), 1992. Instalación de materiales diversos. Vista del proceso, American Fine Arts, Nueva York, 1992. **02 THE LIBRARY FOR THE BIRDS OF ANTWERP,** 1993. 18 Pinzones africanos, árbol, azulejos de cerámica, libros, fotografías, jaulas, cepos para pájaros, contenedores químicos, rata y serpiente conservadas en líquido, casquillos de escopeta, hacha, redes, grabados Audubon, nidos de pájaro, fruta de cera, selección de objetos. Vista de la instalación, «On taking a normal situation», Museum van Hedendaagse Kunst, Amberes, Bélgica, 1993. **03 POLAR BEARS AND TOUCANS (FROM AMAZONAS TO SVALBARD),** 1991. Oso polar disecado de juguete, radiocasete ‹Sony Sports›, casete grabada en territorio amazónico de Venezuela, tina, brea, embalaje, cable eléctrico de color naranja, 231 x 112 x 75 cm.

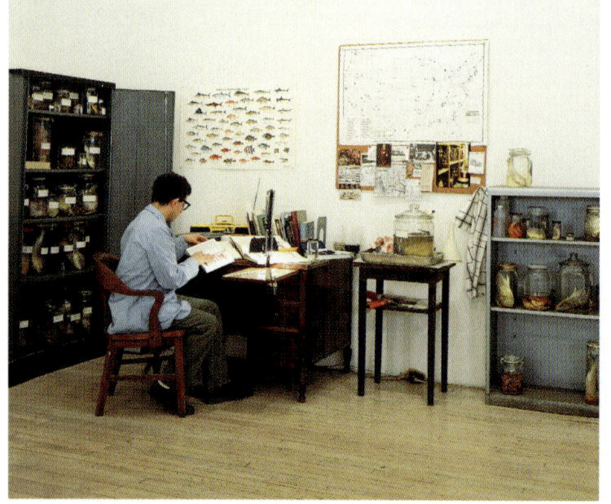

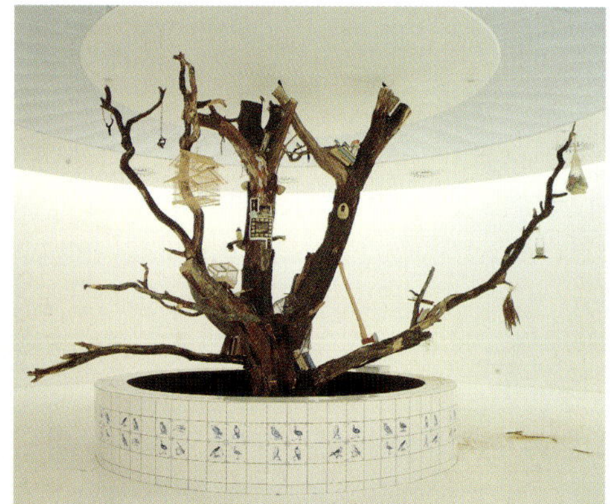

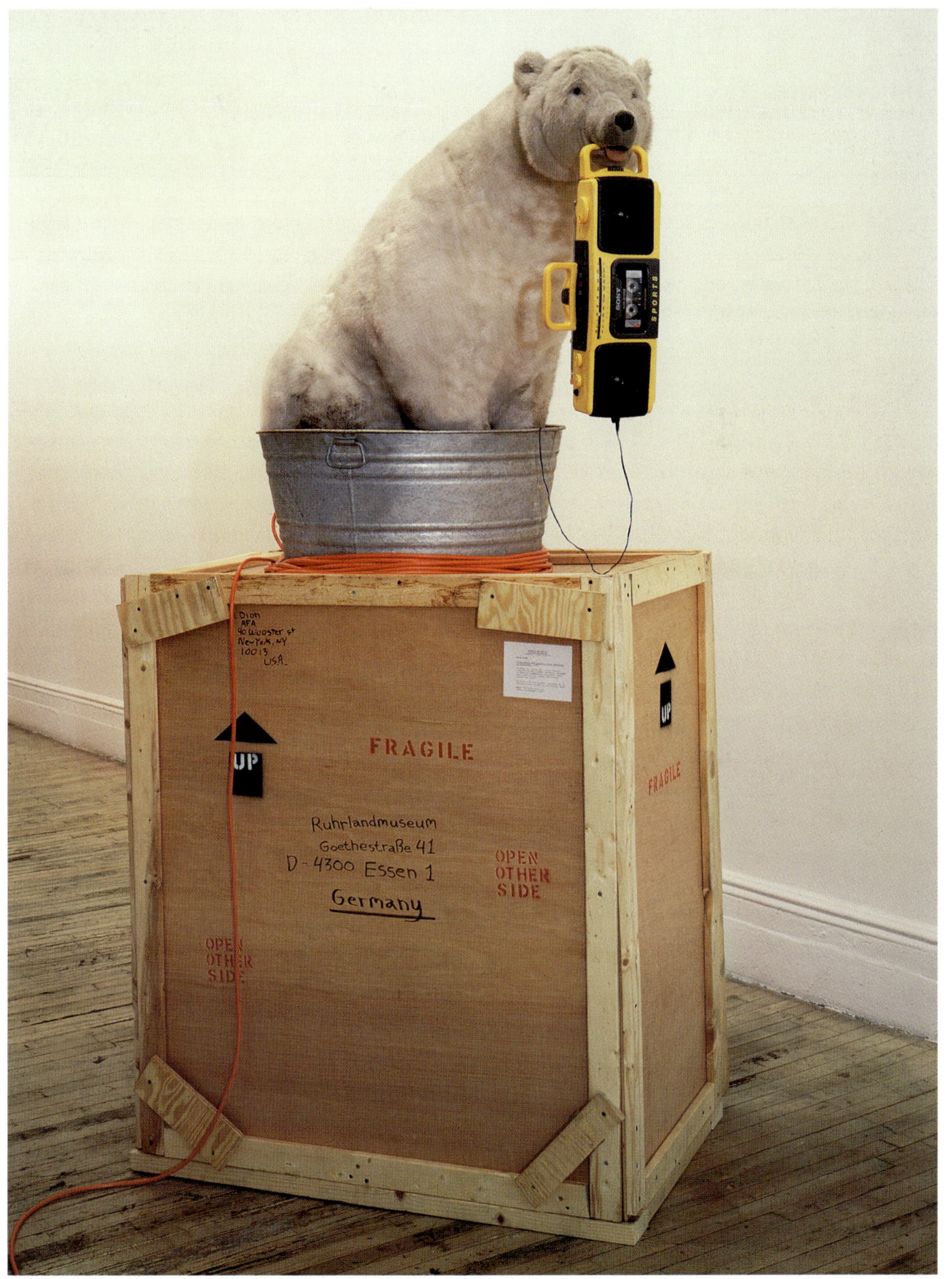

SONY
SPORTS
Dion
AFA
40 Wooster St
New York, NY
10013
USA
FRAGILE
UP
UP
Ruhrlandmuseum
Goethestraße 41
D - 4300 Essen 1
Germany
FRAGILE
OPEN
OTHER
SIDE
OPEN
OTHER
SIDE

KEITH EDMIER

1967 Chicago (Illinois), EE UU / reside y trabaja en Nueva York, EE UU

«El proceso es siempre una especie de apoyo. Intento hacer cosas que me hagan sentir mejor»

El escultor norteamericano Keith Edmier no apuesta por el minimalismo ni por la abstracción, sino por la fuerza narrativa de contraposiciones, al parecer reconocibles. Edmier, que antes de comenzar su carrera artística fue experto de efectos especiales para el cine, aprovecha las experiencias allí obtenidas para crear sus imágenes y metáforas, que presenta de un modo en ocasiones hiperrealista, en ocasiones biomorfo y surrealista. El artista se niega conscientemente a dar una interpretación inequívoca de sus esculturas, con sentido. Un aspecto central de sus trabajos es la superación de vivencias traumáticas de su niñez. Por ejemplo, «Sirene», 1995 —un poste de plata con dos megáfonos amarillos, sobredimensionados, de resina sintética— alude a la sirena de una empresa que atormentó a Keith Edmier durante su niñez en Chicago. Además, ese título hace referencia a las aventuras de Ulises con el canto, cautivador pero mortal, de las sirenas. Surge así toda una red de referencias, que introduce —con una estrategia típicamente postmoderna— los elementos biográficos de la escultura en hilos narrativos históricos y mitológicos. En la escultura «Jill Peters» (1997/98) se pueden reconocer también diferentes modelos: esa figura blanca de cera, de tamaño natural, probablemente representa a la estudiante de una High School norteamericana. Pero con sus pantalones cortos y el jersey de cuello de cisne, imita también a un conocido sex symbol de los años setenta. Estamos de nuevo ante una simbiosis enigmática de diferentes mitos de la vida ordinaria. «Jill Peters», que podría haber salido de un desconcertante sueño diurno, tiene además un toque de erotismo sublimado… un elemento igualmente típico en la obra de Edmier. R.S.

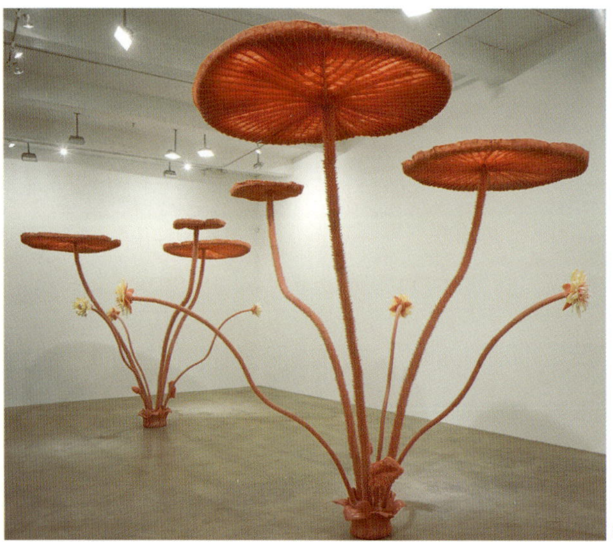

01 VICTORIA REGIA (SECOND NIGHT BLOOM) & VICTORIA REGIA (FIRST NIGHT BLOOM), 1998. Resina de poliéster, goma de silicona, acrílico, poliuretano, polen, acero, 284 x 325 x 338 cm (cada uno). **02 SUNFLOWER,** 1996. Acrílico y polímero, 333 x 107 x 66 cm. Vista de la instalación, University of South Florida Contemporary Art Museum, Tampa (Florida), EE UU, 1997.

01

02 ▶

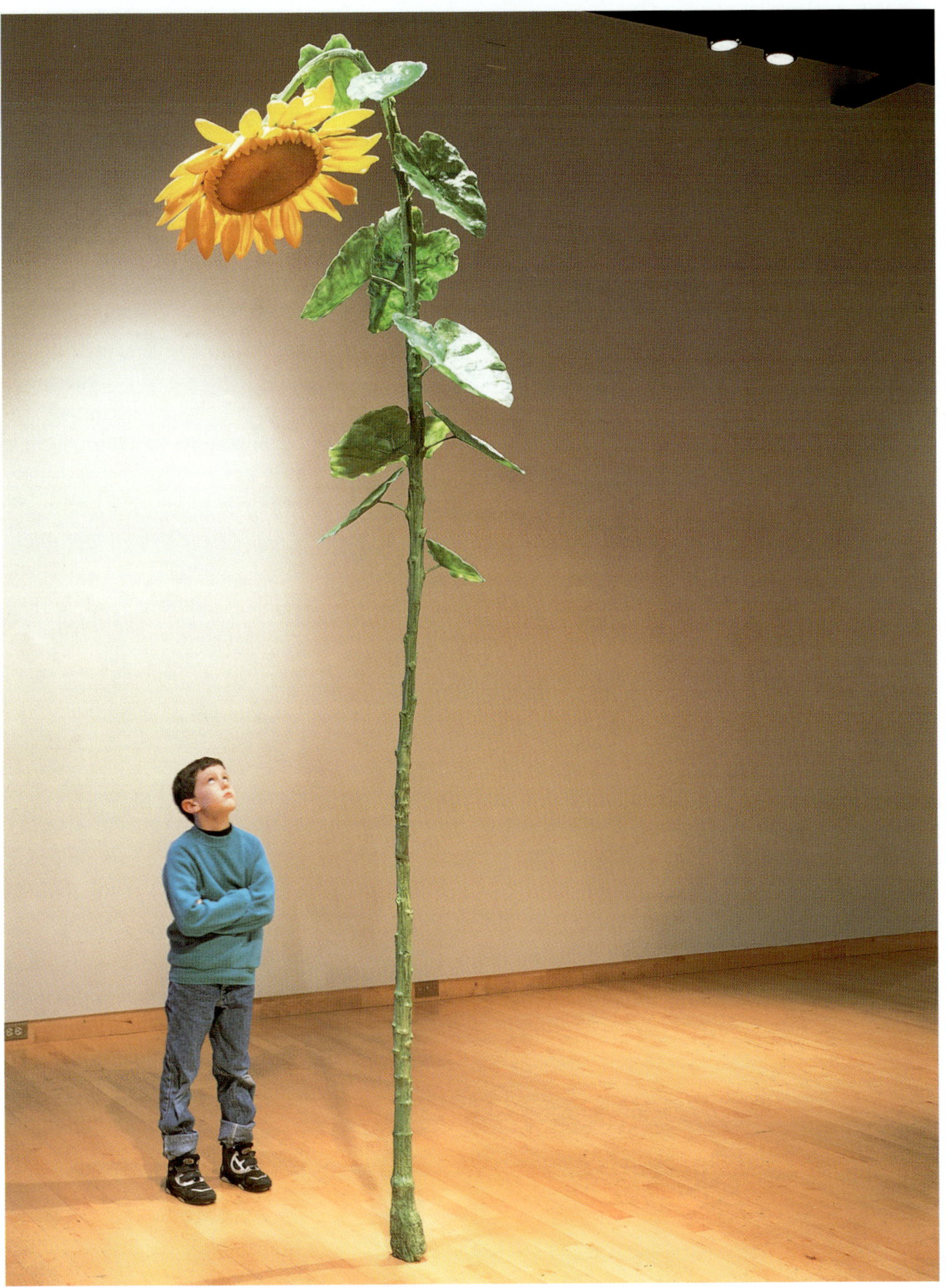

OLAFUR ELIASSON

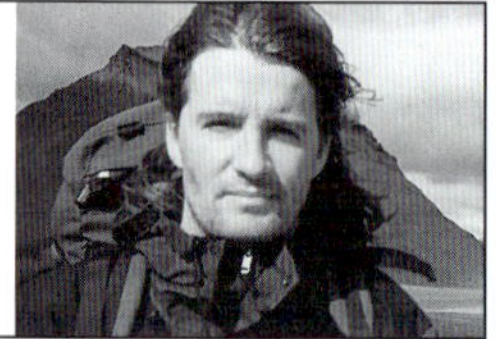

1967 Copenhague, Dinamarca / reside y trabaja en Berlín, Alemania

«Para mí, una idea o visión romántica expresa una especie de fe en el mérito de hacer arte hoy en día, con un contenido optimista y anti-apocalíptico»

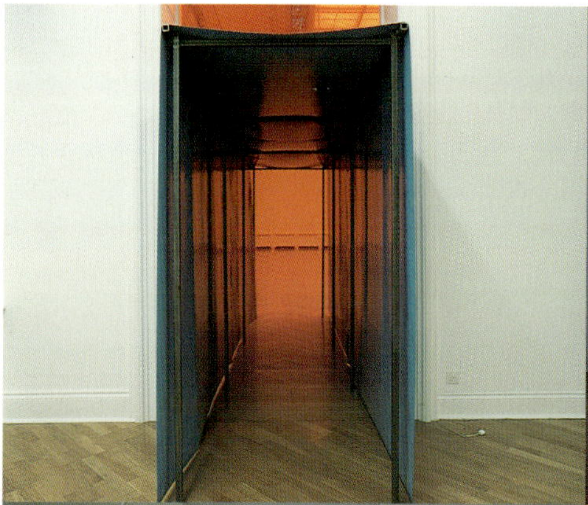

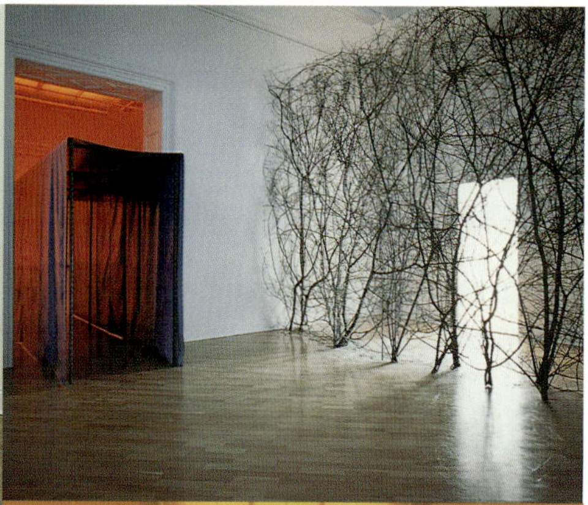

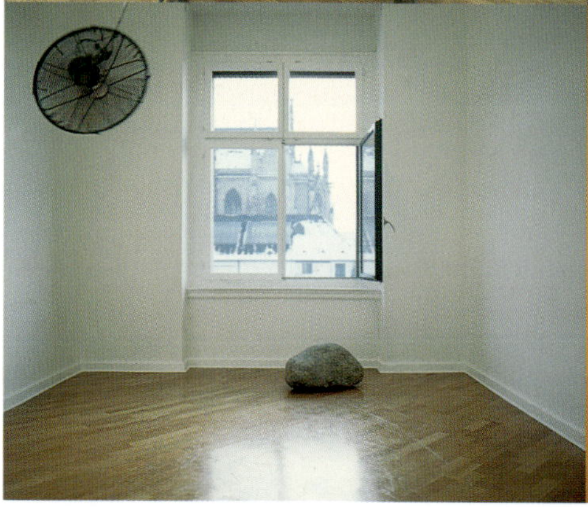

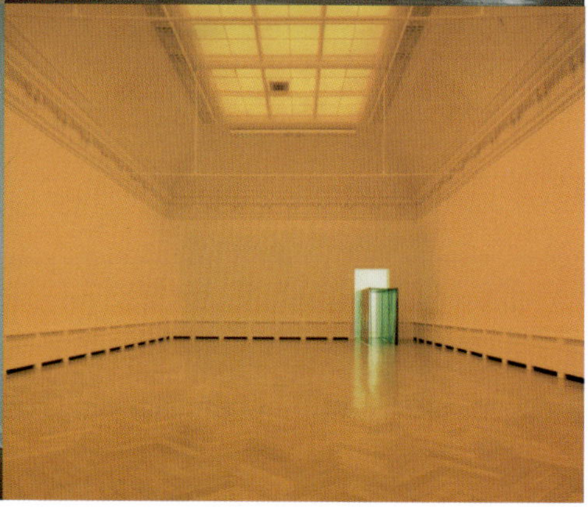

El trabajo «Beauty» de Olafur Eliasson, 1993, consta de una manguera perforada, de la que gotea agua. El artista la ilumina de tal modo que el observador —desde determinados ángulos— puede reconocer un arco iris. En esta primera instalación se pueden observar ya algunos elementos fundamentales de la obra de Eliasson, como la presentación o bien la imitación de fenómenos naturales en un contexto artístico al tiempo que revela la técnica empleada. En sus obras, ésta suele ser fácil de descubrir, sin que se reduzca así su impresionante efecto sublime. A Eliasson no le interesa principalmente la diferencia entre naturaleza y máquina, sino la relación consciente del observador con los dos ámbitos. Lo efímero que pueden ser los resultados de sus aparatos se pone de manifiesto cuando proyecta luz estroboscópica a una fuente de agua, haciendo surgir así la impresión de que el agua se hiela en el aire, ingrávida, durante unos segundos. Pero, en sus trabajos, Eliasson no se limita a fenómenos ópticos. En su instalación «The Curious Garden» (Kunsthalle de Basilea, 1997) baña una gran sala vacía en una luz amarilla. De este modo no se pueden percibir otros colores, por su diferente longitud de onda específica. Un estrecho pasillo, una especie de galería cubierta por un toldo azul, lleva a una pequeña sala en la que se halla un endrino. En la sala posterior a ésta, una ventana abierta y un ventilador que cuelga del techo proporcionan aire fresco. Una y otra vez Eliasson utiliza los elementos: luz, frío, calor, humedad y viento, para provocar en el espectador una alternancia de reflexiones racionales y sentimientos espontáneos.   Y. D.

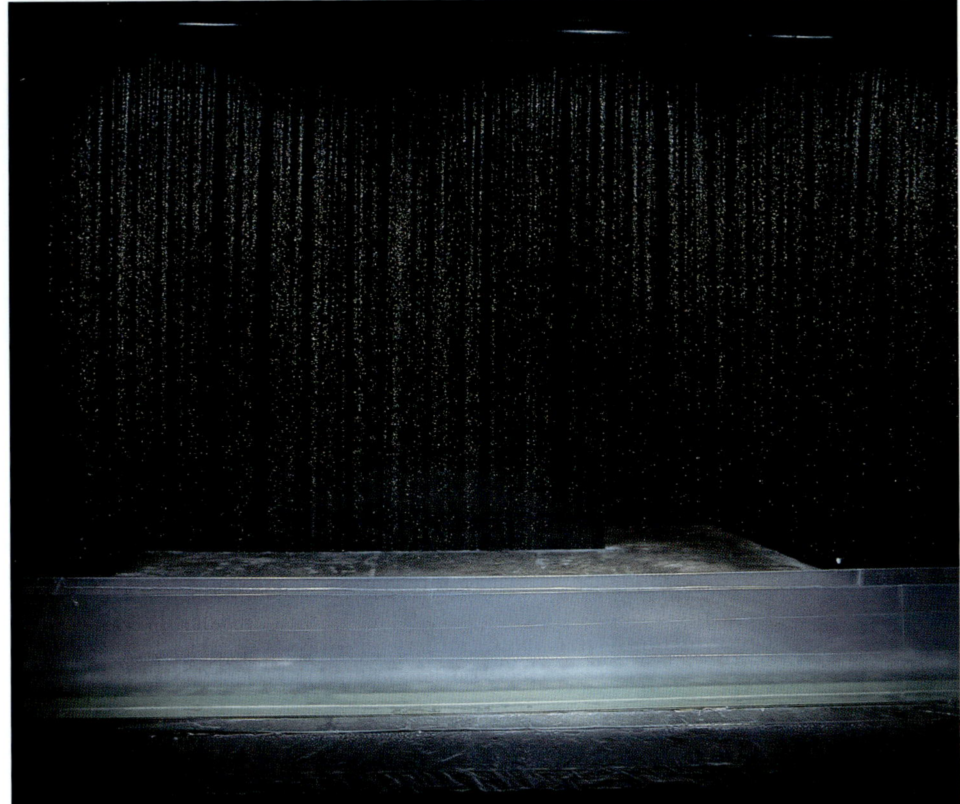

TRACEY EMIN

1963 Londres / reside y trabaja en Londres, Inglaterra

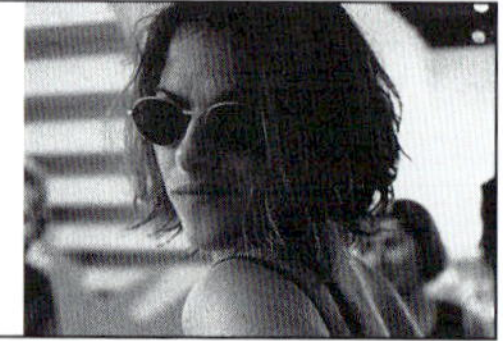

«Yo no puedo continuar viviendo con todas estas cosas dentro de mí»

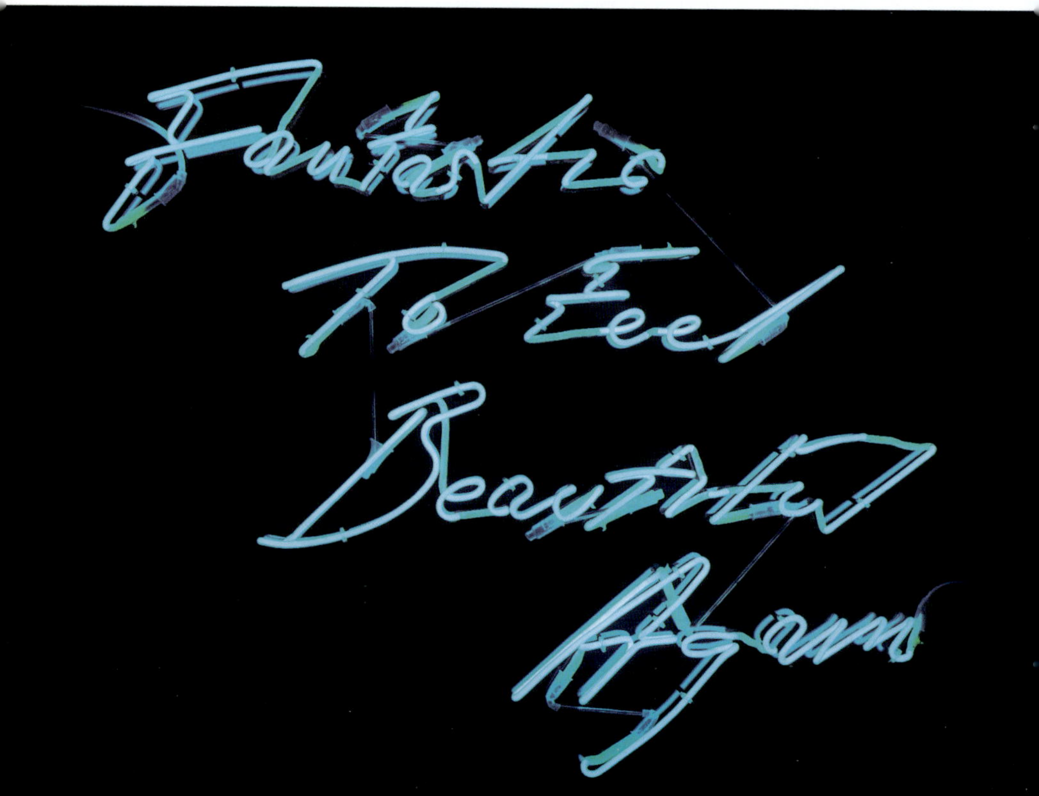

«Happy as an adolescent girl – I wish»: hubiera sido bonito tener una infancia feliz. Pero, como no fue así, Tracey Emin vierte en sus obras toda su rabia, su dolor y su yo herido. Con dureza e inmediatez presenta los datos de su historia: la pérdida de la virginidad a los 13 años, una violación («Exploration of the Soul», 1993) o los nombres de todas las personas con las que ha ido a la cama («Everybody I Ever Slept With», 1963–1995). Los reunió en el interior de una tienda de campaña —calor de hogar y desasosiego al mismo tiempo—, como símbolos de vivencias cariñosas, apasionadas y dolorosas. Los recuerdos son la materia; su superación intelectual proporciona las formas: bordó sobre tela, o pegó sobre cojines —maniacamente— nombres, palabras y textos completos. Esas obras, pero también los vídeos de Emin —sus viajes de recuerdo a los escenarios de su adolescencia— sacan a la luz una función del arte, olvidada durante mucho tiempo, tan repentinamente que afecta muy de cerca. Como Emin misma ha dicho, es de carácter espiritual. «Exorcism Of the Last Painting I Ever Made» fue el nombre de una exposición una fuente de agua, haciendo surgir así la impresión de que el agua se hiela en el aire, ingrávida, durante unos segundos. Pero, en sus trabajos, Eliasson no se limita a fenómenos ópticos. En su instalación «The Curious Garden» (Kunsthalle de Basilea, 1997) baña una gran sala vacía en una luz amarilla. De este modo no se pueden percibir otros colores, por su diferente longitud de onda específica. Un estrecho pasillo, una especie de galería cubierta por un toldo azul, lleva a una pequeña sala en la que se halla un endrino. En la sala posterior a ésta, una ventana abierta y un ventilador que cuelga del techo proporcionan aire fresco. Una y otra vez Eliasson utiliza los elementos: luz, frío, calor, humedad y viento, para provocar en el espectador una alternancia de reflexiones racionales y sentimientos espontáneos. Y. D.

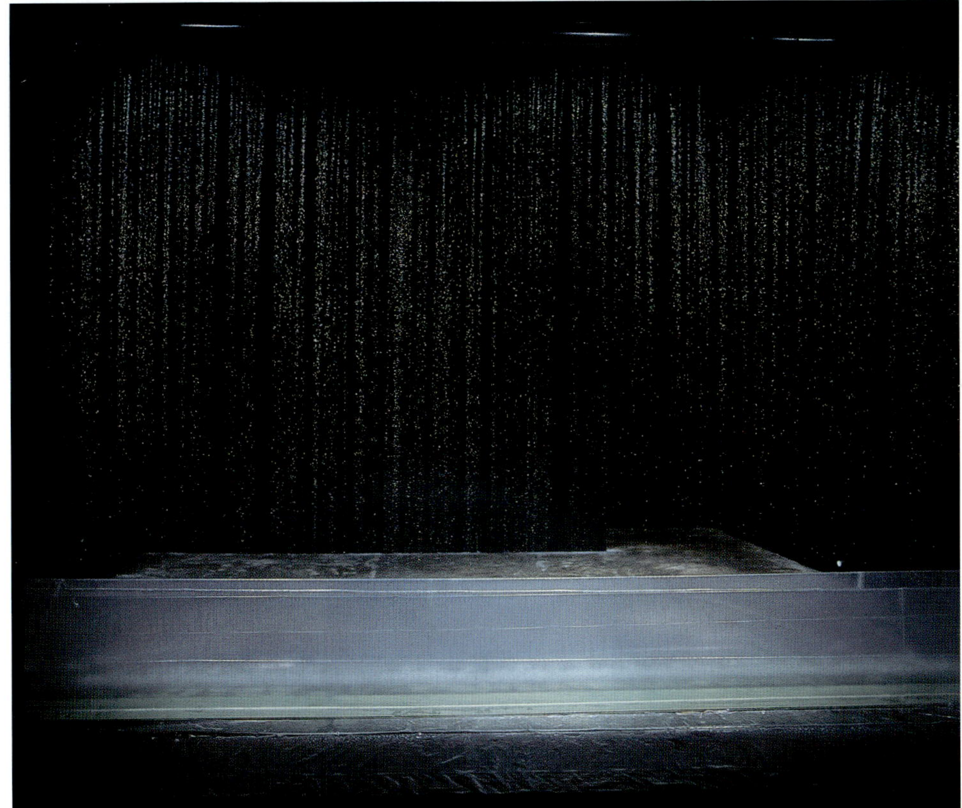

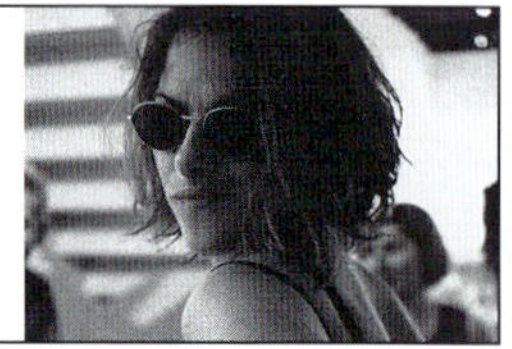

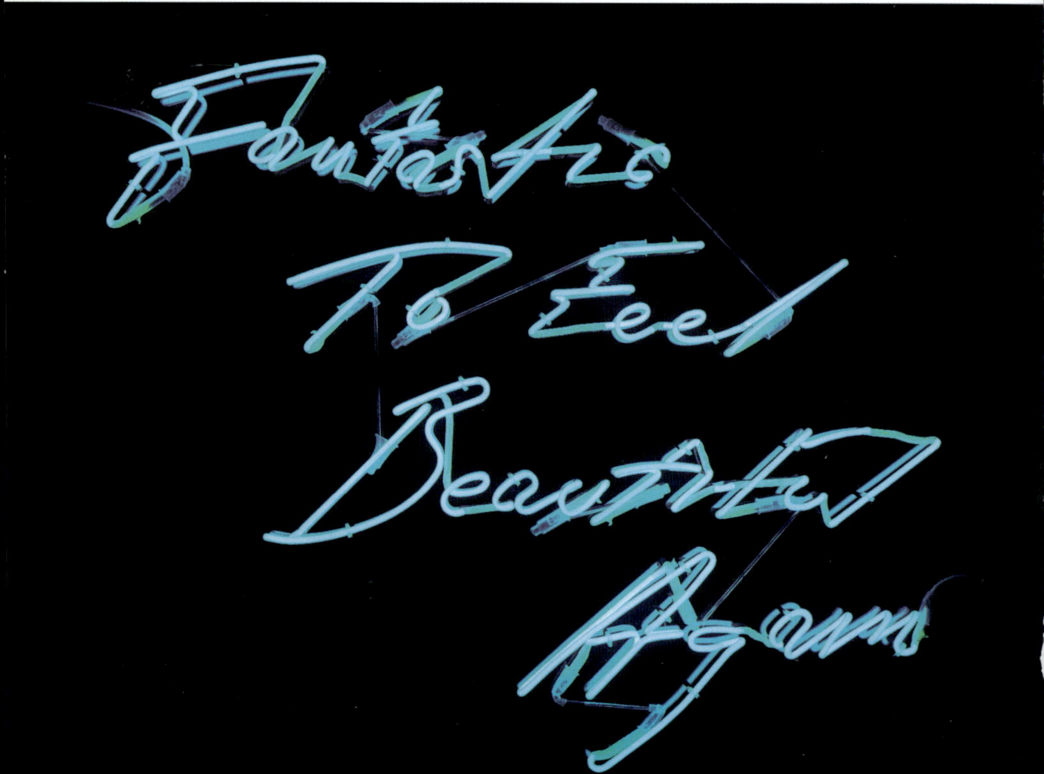

«Happy as an adolescent girl – I wish»: hubiera sido bonito tener una infancia feliz. Pero, como no fue así, Tracey Emin vierte en sus obras toda su rabia, su dolor y su yo herido. Con dureza e inmediatez presenta los datos de su historia: la pérdida de la virginidad a los 13 años, una violación («Exploration of the Soul», 1993) o los nombres de todas las personas con las que ha ido a la cama («Everybody I Ever Slept With», 1963–1995). Los reunió en el interior de una tienda de campaña —calor de hogar y desasosiego al mismo tiempo—, como símbolos de vivencias cariñosas, apasionadas y dolorosas. Los recuerdos son la materia; su superación intelectual proporciona las formas: bordó sobre tela, o pegó sobre cojines —maniacamente— nombres, palabras y textos completos. Esas obras, pero también los vídeos de Emin —sus viajes de recuerdo a los escenarios de su adolescencia— sacan a la luz una función del arte, olvidada durante mucho tiempo, tan repentinamente que afecta muy de cerca. Como Emin misma ha dicho, es de carácter espiritual. «Exorcism Of the Last Painting I Ever Made» fue el nombre de una exposición presentada en su estudio: bocetos, cuadros, textos y trastos ordinarios, fotos, recuerdos, un radiocasete, libros, una cama y cuerdas de donde cuelga ropa interior. Durante la inauguración, Emin estaba sentada en la cama; en vídeo presentó una performance exaltada de pintura, un exorcismo con pintura y un cuerpo desnudo. El exhibicionismo de Emin no es embarazoso, sino provocador y constructivo: plantea la cuestión del significado actual del arte de un modo memorablemente intenso.   S. T.

01 FANTASTIC TO FEEL BEAUTIFUL AGAIN, 1997. Neón, 107 x 127 x 10 cm.
02 EVERYONE I HAVE EVER SLEPT WITH 1963–1995, 1995.
Tienda de campaña con aplicaciones, colchón y luz, 122 x 245 x 215 cm.

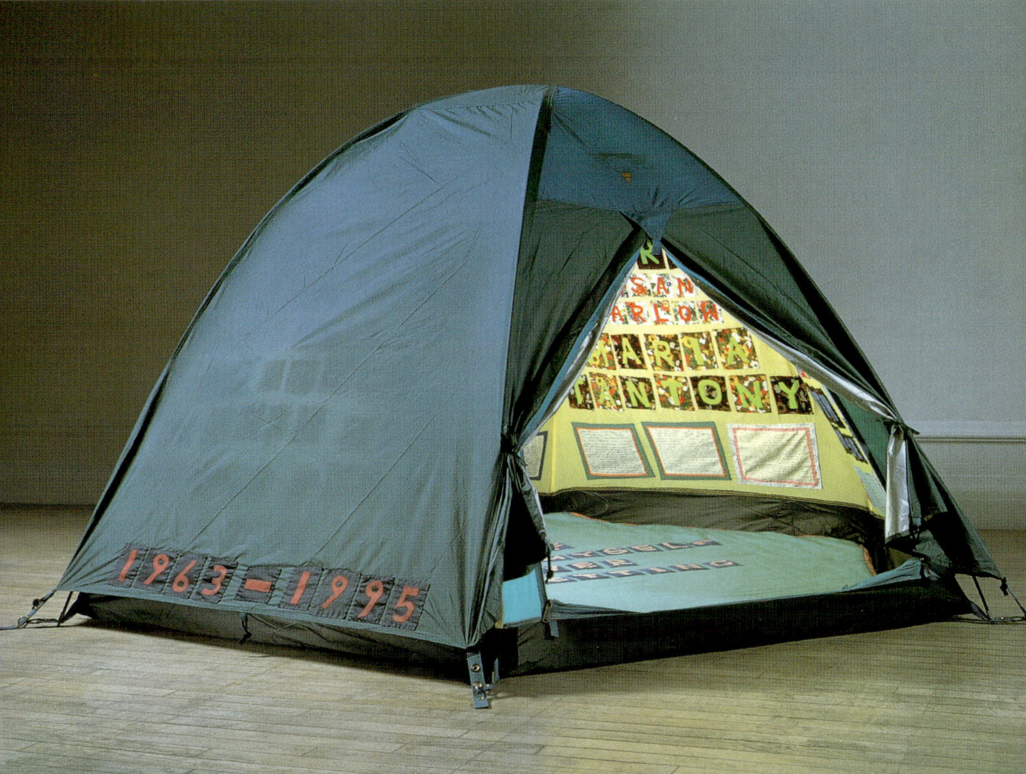

SYLVIE FLEURY

1961 Ginebra, Suiza / reside y trabaja en Ginebra

«Muestro las cosas como son. De este modo expongo también los instrumentos y
los mecanismos que las hacen ser como son»

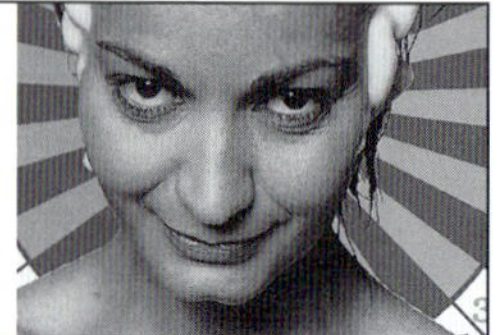

Sylvie Fleury es una persona de excepcional elegancia. Siempre usa ropa de calidad; irradia así un
lujo que sólo se conoce por las revistas de moda. Y con la misma naturalidad presenta los atributos de
ese mundo del lujo como sus obras de arte. Decora colecciones completas de calzado de señora, expone
las bolsas de las boutiques más elegantes, trabaja con escritura de anuncios luminosos, con lemas publicitarios de carísimas cremas hidratantes o construye inmensos cohetes a Venus cubiertos de una piel
vellosa. Su aspecto y sus trabajos podrían hacer pensar que Fleury no guarda distancia alguna con el deslumbrante mundo del consumismo; se evade así de la opinión generalizada de que los artistas han de
tener, por principio, una postura crítica frente a la sociedad de consumo. De este modo, antes o después,
se plantea la pregunta de si es realmente ingenua o si hay algo más detrás de todo esto. Justo en ese
momento produce efecto su sutil provocación. Sylvie Fleury transporta los complementos más apetecibles
al contexto artístico como productos que siguen siendo deseables; produce así la impresión de que los

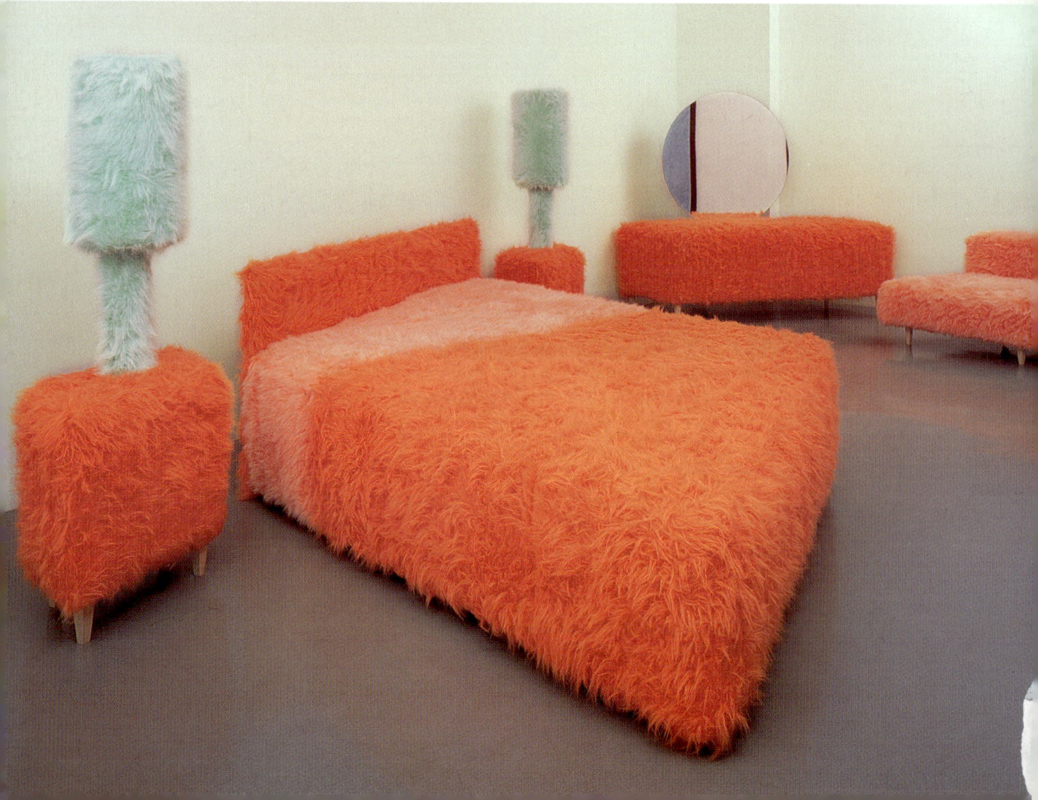

perfumes de Chanel se encuentran al mismo nivel que las obras de arte. En comparación con el cosmos de los objetos de lujo, el mercado del arte es bastante pequeño, pero si se tiene en cuenta el mundo de Fleury, parece que las estructuras que deciden sobre el éxito o el fracaso son muy parecidas.   C. B.

◄ 01 / 02

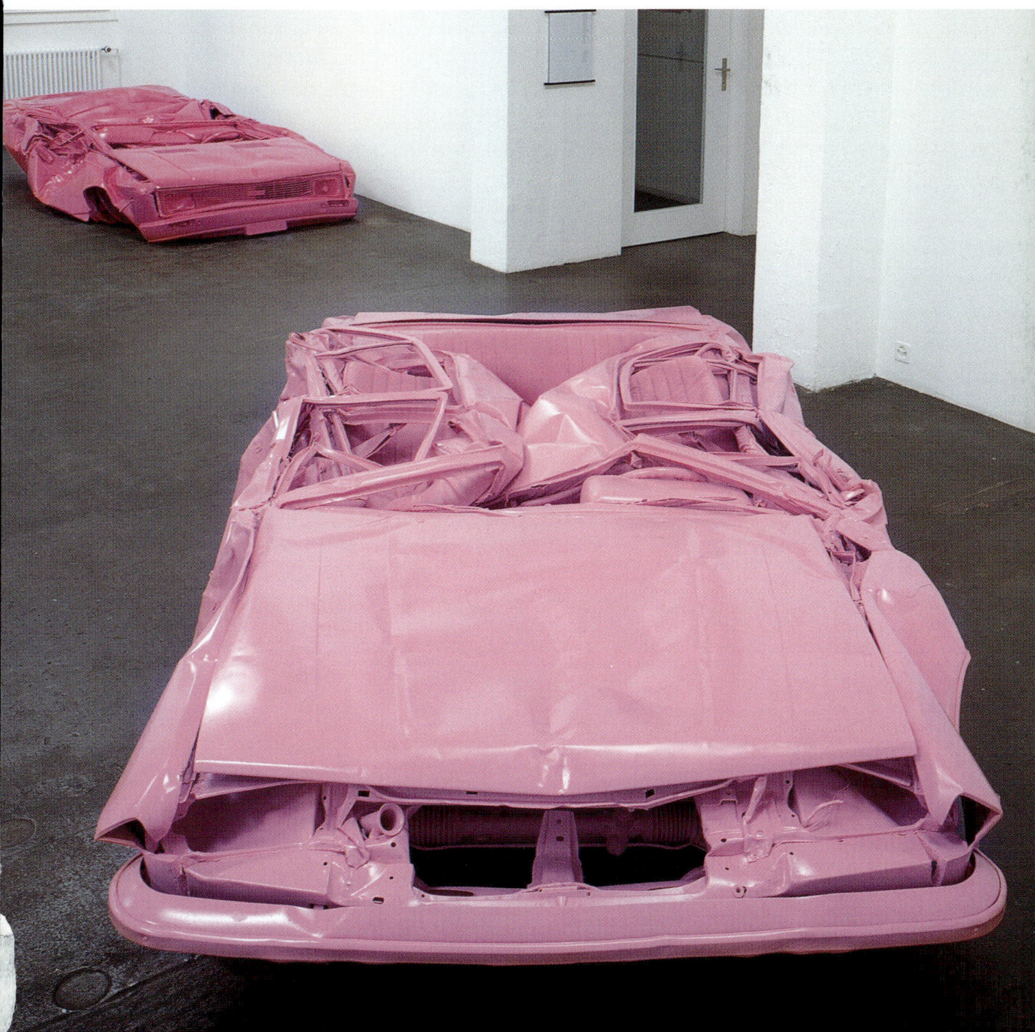

GÜNTHER FÖRG

1952 Füssen, Alemania / reside y trabaja en Areuse, Suiza

«Lo que a mí me gusta es reaccionar a las cosas»

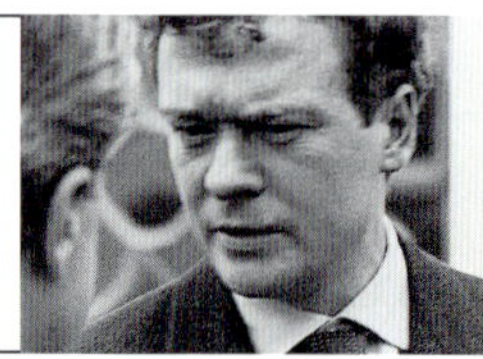

Günther Förg, pintor, fotógrafo y escultor, se mueve a cámara rápida por el proyecto de la modernidad artística, mientras lo somete a una revisión. Piet Mondrian, la Bauhaus y la vanguardia rusa de comienzos de siglo, pero también Barnett Newman, Jean Fautrier y el legendario director de cine Jean-Luc Godard son, en cierto modo, los «antecesores» de su arte, que se presenta frecuentemente muy denso, en forma de instalaciones. Esta estrategia artística del recurso consciente se puso de manifiesto, por ejemplo, en una de sus primeras exposiciones importantes, que se celebró en 1987 en el Museum Haus Lange de Krefeld. Förg tradujo pinturas murales monocromas, que en su coloración parecían un eco de la casa Wittgenstein de Viena, a la arquitectura de Mies van der Rohe. El resultado fue un diálogo controvertido entre los dos principios arquitectónicos. También en su pintura, Günther Förg cita modelos del arte moderno clásico, por ejemplo en sus numerosos cuadros de rejas de los años noventa que, entre otros, recuerdan los cuadros neoyorquinos del Mondrian tardío; pero, en su traducción «coloquial», rápida y casi chapucera, ridiculiza su autoridad nunca puesta en duda. Ese enfoque crítico, incluso se acentúa en numerosos trabajos fotográficos de Förg, por ejemplo en su serie «Arquitectura de Moscú 1923–1941», 1995: fotografió la arquitectura vanguardista moscovita —ya bastante entrada en años— pasando de largo, como si le fuera indiferente. Dejó el enfoque casi al azar; en ocasiones, los contornos eran poco nítidos: de ese modo, esas treinta fotos narran el fracaso de una utopía. Sin embargo, como es característico de Günther Förg, son de una belleza llamativa. Las esculturas de bronce del artista, con su tratamiento de la superficie casual-gestual, también revelan el momento efímero que ha hecho a Förg merecedor del título «Paseante de la modernidad».

R. S.

01 UNTITLED (BLEIBILD), 1986. Acrílico, lámina de plomo, madera, 3 paneles, 120 x 90 x 4 cm (cada uno).
02 WANDMALEREI, 1991. Instalación permanente, Museum für Moderne Kunst, Fráncfort del Meno, Alemania

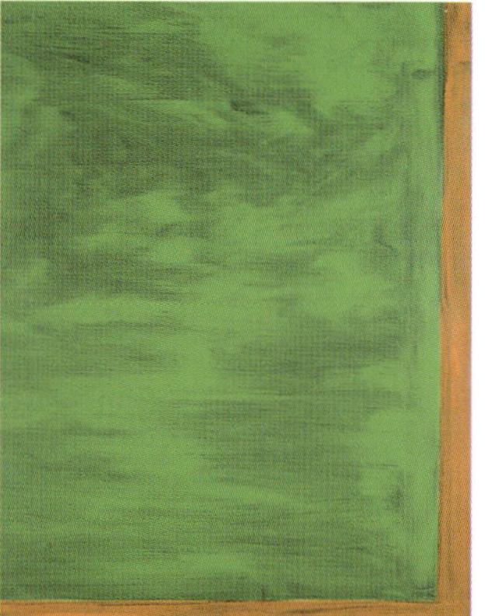

01

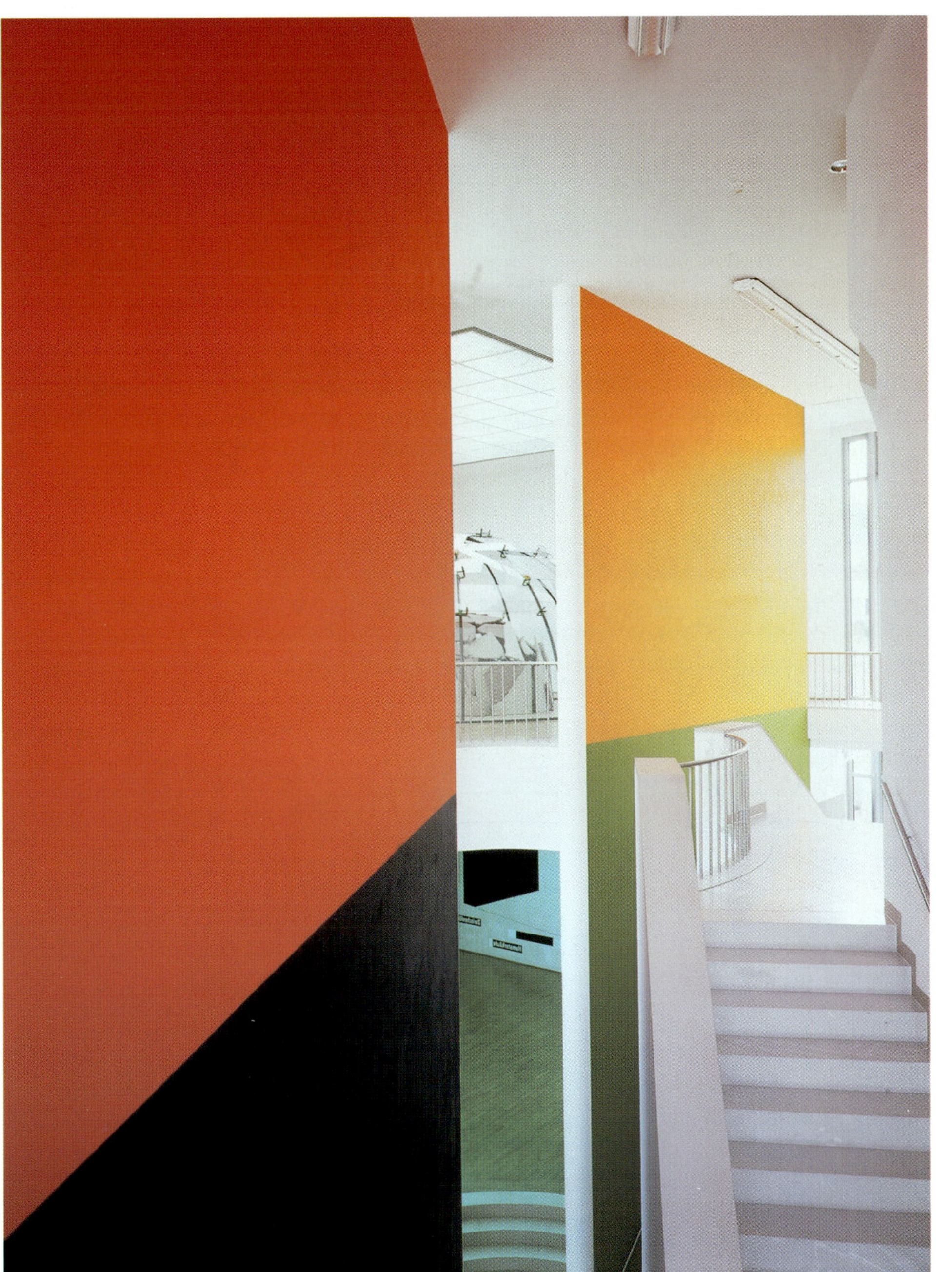

KATHARINA FRITSCH

1956 Essen, Alemania / reside y trabaja en Düsseldorf, Alemania

«El público debería ser cualquier persona que pudiera ver mis imágenes. Pienso, además, que cualquiera puede comprenderlas»

En el siglo pasado se denominó obras de arte a muchos objetos de uso común. Pero esta postura no tiene absolutamente nada que ver con Katharina Fritsch —por mucho que lo parezca a primera vista—. «Die Vasen» (Los jarrones, 1979, 1984, 1987), «Die Kerzenständer» (Los candeleros, 1985), «Der grüne Elefant» (El elefante verde, 1987) y «Die gelbe Madonna» (La Virgen amarilla, 1987), «Die große Tischgesellschaft« (La gran sobremesa, 1988) y «Der Rattenkönig» (El rey de las ratas, 1993), todavía mayor, son objetos muy especiales. Cada detalle, desde el ángulo más pequeño hasta el tono exacto de color, fue sometido a examen por su ojo artístico hasta que tuvo la impresión de haber alcanzado un estado ideal, insuperable. De todo esto resulta un proceso de producción muy complicado, por lo que en los años ochenta hizo muy pocas obras; sin embargo, el mundo del arte las esperó siempre con avidez. Los trabajos de Katharina Fritsch guardan siempre el difícil equilibrio entre la singularidad y la arbitrariedad. Al cuidar la apariencia escultural de las cosas, éstas adquieren un aura de ser tan únicas como necesarias. Katharina Fritsch reduce sus esculturas a las formas mínimas para ser reconocidas, sin caer en ningún momento en la abstracción. No quiere que ningún aspecto de su obra dé pie a discutir si hubiera sido posible hacerlo de otro modo. Comenzó con objetos, pero con la «Sobremesa», Fritsch amplió sus interés a situaciones comunicativas y, con la escultura «El rey de las ratas» —con la cola anudada— lo trasladó también al ámbito de las fábulas. Como la perfección de sus trabajos suele producir un fuerte contraste con las salas de exposición, con ocasión de la Bienal de 1995 incluso proyectó en el pabellón alemán la maqueta de un museo ideal.

C.B.

01 RATTENKÖNIG (EL REY DE LAS RATAS). Vista de la instalación, Dia Center for the Arts, Nueva York, 1993/94.
02 TISCHGESELLSCHAFT (COMENSALES), 1988. Poliéster, madera, algodón, pintura, 1,4 x 16 x 1,75 m.

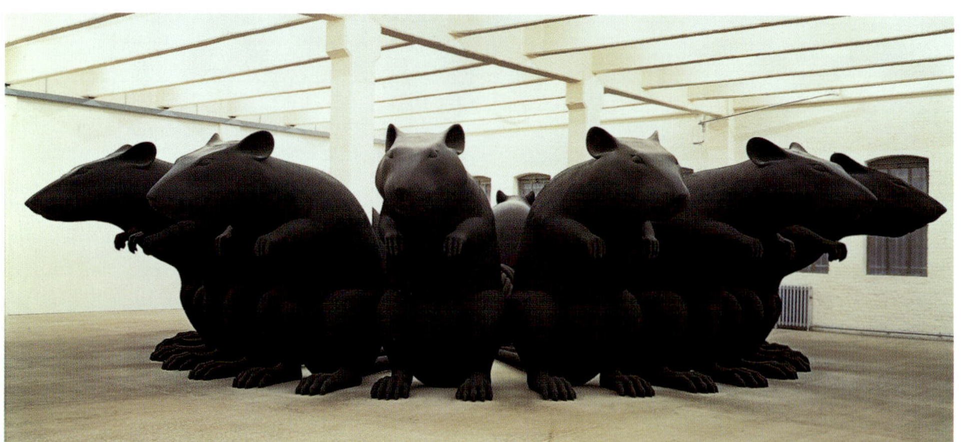

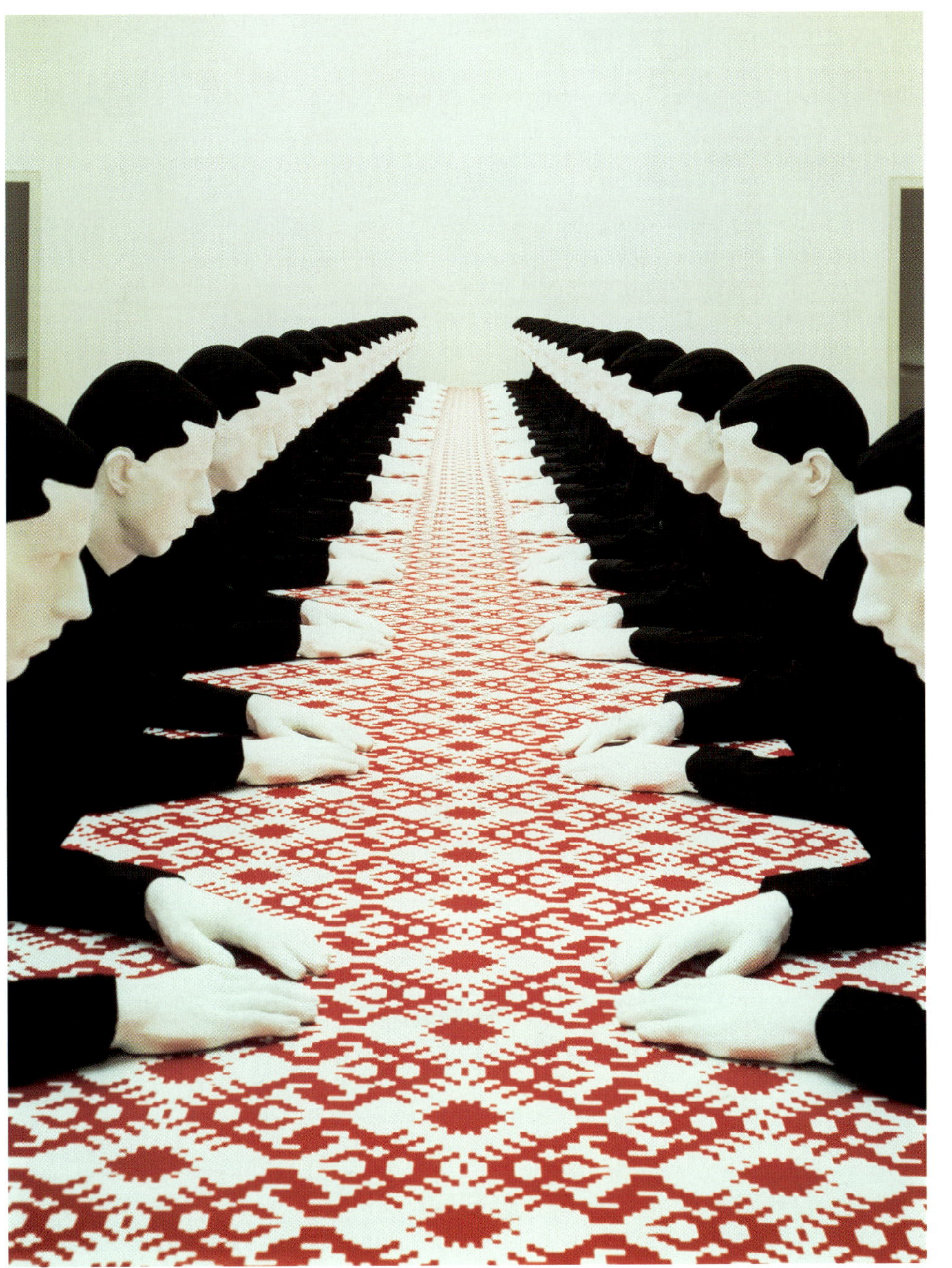

ISA GENZKEN

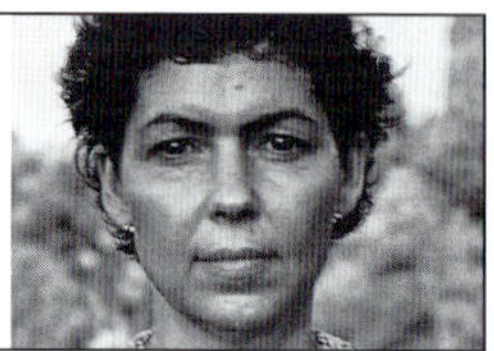

1948 Bad Oldesloe, Alemania / reside y trabaja en Berlín, Alemania

«… una escultura, aunque presente elementos arquitectónicos, sigue siendo una escultura»

La reivindicación de autonomía artística y la integración de referencias personales, sociales e institucionales son los polos entre los que se mueve la obra de Isa Genzken. Sus esculturas siguen el constructivismo ruso, al igual que el arte minimal y conceptual, y se definen por su interrelación con el espacio circundante. Así abre sus «Ellipsoiden», 1976–1982, e «Hyperbolos», 1979–1983 haciendo un corte en la forma cerrada. Las esculturas de yeso (1985/86), las de hormigón sobre soportes de tubo de acero (desde 1986) y sus trabajos en exteriores representan la transición entre espacio interior y exterior. Recuerdan maquetas de arquitectura o, como en «ABC», 1987, imitan modelos arquitectónicos: el observador ve secciones del espacio urbano o, en «Fenster» (Ventanas, 1990), de la galería. La elección del material tiene una importancia decisiva: después del hormigón, Genzken emplea desde 1991 resina epoxi translúcida, que permite ver la estructura portante. El interés de Genzken por las estructuras caracteriza también trabajos como las radiografías de su cabeza («X-Ray», 1991 o las fotografías de oídos humanos: «Ohren», 1980). Estos, al igual que las «Weltempfänger» (Receptor de emisoras de todo el mundo, 1982–1987), pueden leerse como metáforas del intercambio y de la comunicación. En 1994, Genzken varió esos motivos con sutil ironía: la colocación de dos columnas rotativas, que recuerdan lámparas, «Haube I (Frau)» y «Haube II (Mann)» y la réplica de la ventana de la galería simbolizan tanto autorreferencia como apertura al exterior. En sus «Estelas», 1998, Genzken combina de modo similar las referencias personales y el lenguaje formal abstracto: en una trama de madera conglomerada, de mármol, de espejo y de metal introdujo fotos de una estancia en Nueva York y de su estudio berlinés. A.W.

01 METLIFE, 1996. Vista de la instalación, Generali Foundation, Viena, Austria, 1996. **02 ROSE,** 1997. Acero inoxidable, laca, altura 8 m. Escultura permanente, Feria de Leipzig, Alemania.

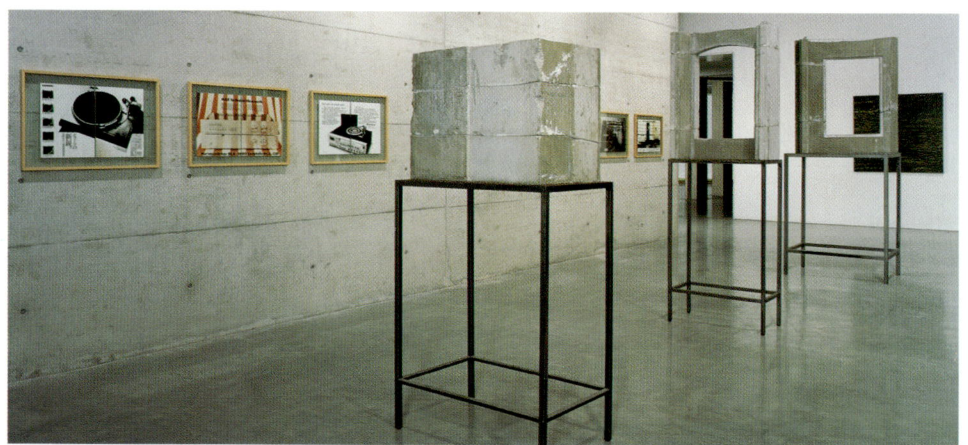

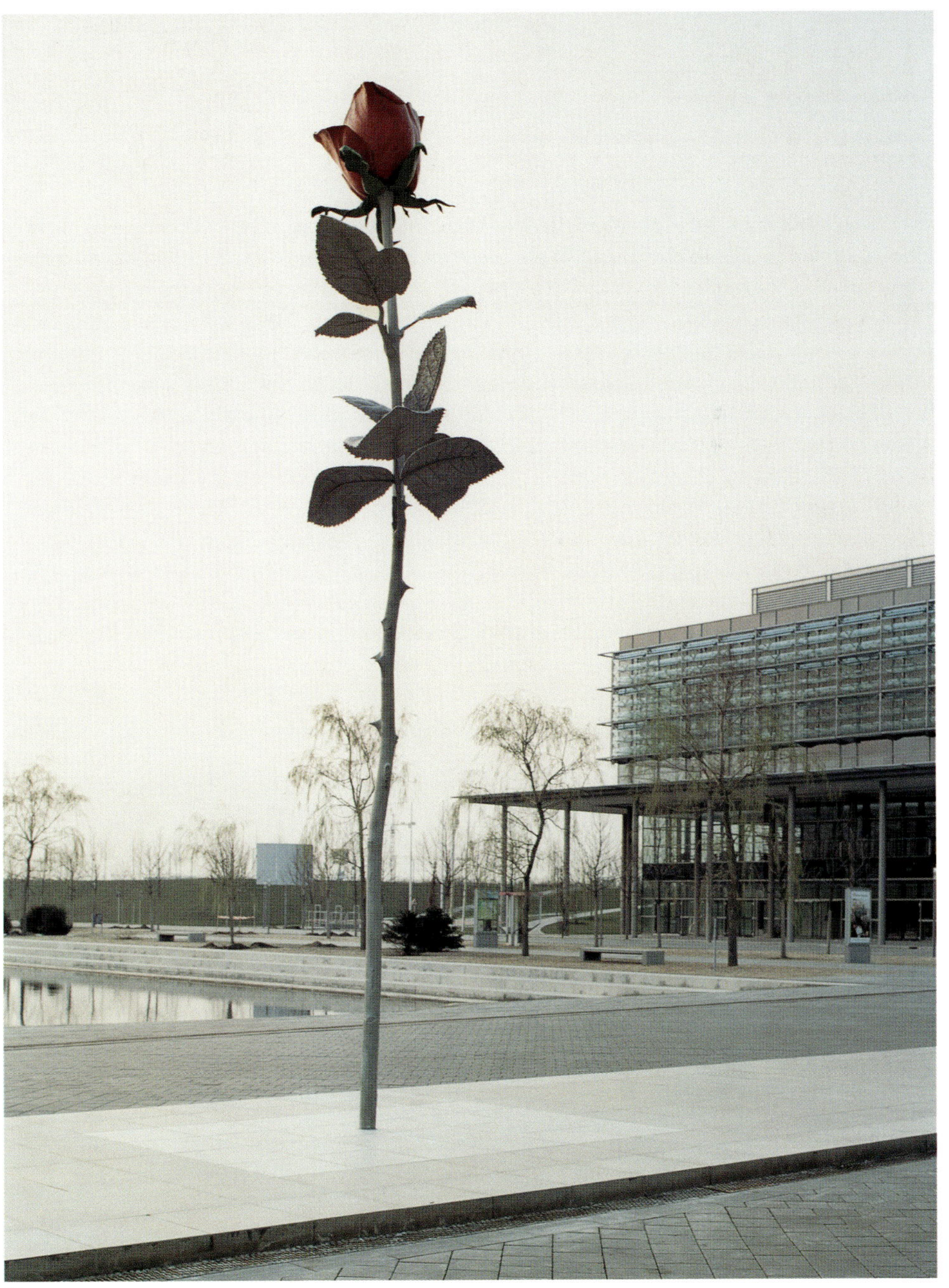

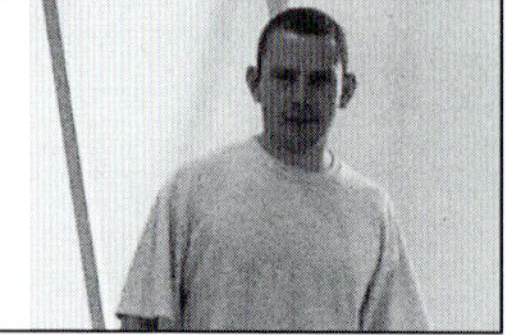

LIAM GILLICK

1964 Aylesbury, Inglaterra / reside y trabaja en Londres (Inglaterra) y Nueva York (EE UU)
«Deseo cultivar… un área de fluidez, que podría incluir elementos de estética poética, informativa y pura, pero todo ello envuelto en una interrelación constante entre actividad y análisis»

Fue uno de los artistas más interesantes de de finales del siglo pasado y, al mismo tiempo, uno de los más difíciles de comprender. Liam Gillik produce obras que parecen inacabadas, en cuanto al contenido y a la presentación. Además de los objetos también existen películas, guiones u obras de teatro, relacionadas unas con otras. El observador ha de saber mucho, o estar dispuesto a pensar mucho. Esa reivindicación, en sí desvergonzada, deja de serlo por el hecho mismo de que la exigencia excesiva forma parte del concepto. Gillik representa la variedad de ese mundo entre realidad y utopía. Trata a McNamara, el ministro norteamericano de defensa en los años de la guerra de Vietnam; hace aparecer en un musical a Erasmus Darwin —hermano de Charles Darwin, el autor de la teoría de la evolución de las especies—, dando saltos temporales entre 1810 y 1997 o presenta biombos de colores con el aspecto de muebles de diseño, pero que llevan como título «Discussion Island Development Screen». Así se suministran materias e informaciones en parte reales, en parte ficticias. Nunca se ofrecen soluciones o conocimientos definitivos. De este modo, Gillick refleja el hecho de que todos los procesos de decisión siempre son subjetivos, dependiendo de los conocimientos de que se disponga y de los intereses que se tengan. Su plazo de caducidad comienza inmediatamente; cualquier nueva evaluación, con nuevas informaciones —indepen-

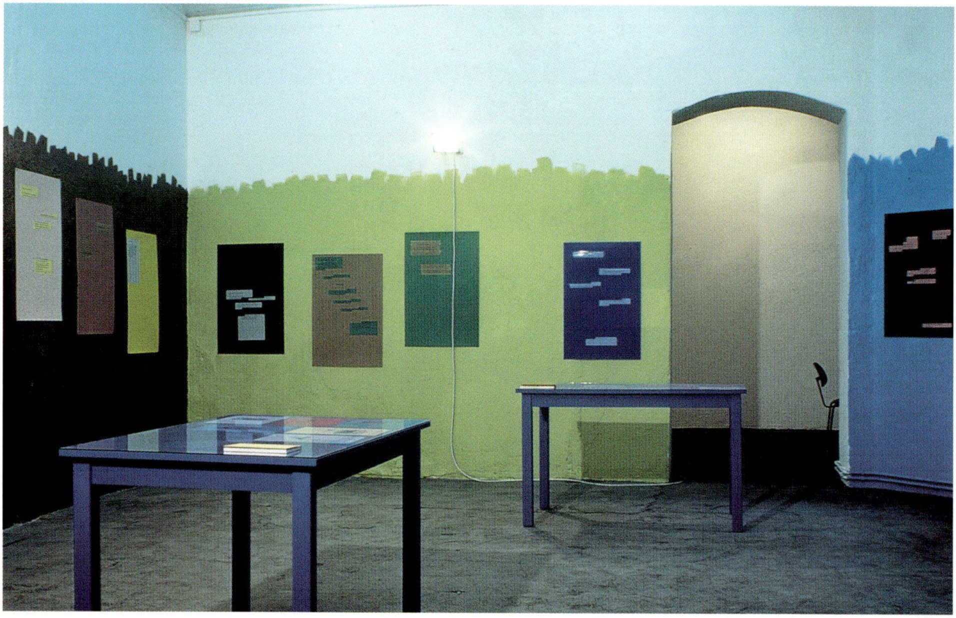

01 ERASMUS IS LATE IN BERLIN DRAWING TABLES, 1996 (primer plano). 2 mesas azul / grises, impresiones por láser sobre papel en color, vidrio, ejemplares de «Erasmus is Late», variables. **ERASMUS IS LATE IN BERLIN INFORMATION ROOM,** 1996 (fondo). Paredes marrón arcilla, verde lima y azul celeste, focos halógenos, 12 cartones con material de collage, 4 páginas con textos en alemán, variables. Vista de la instalación, «Erasmus is Late in Berlin ‹versus› The What If? Scenario», Schipper & Krome, Berlín, Alemania, 1996.
02 DISCUSSION ISLAND RESIGNATION PLATFORM, 1997. Reborde de aluminio, plexiglás, accesorios, 360 x 240 cm.

dientemente de que sean correctas o falsas— puede producir otras decisiones, que resultan ser más o menos racionales. Los trabajos de Gillick funcionan del mismo modo: nunca se terminan; están sometidos a un continuo cambio. Su vigencia es de muy corta duración, pero en esos momentos dan exactamente con los sentimientos de los observadores.   C.B.

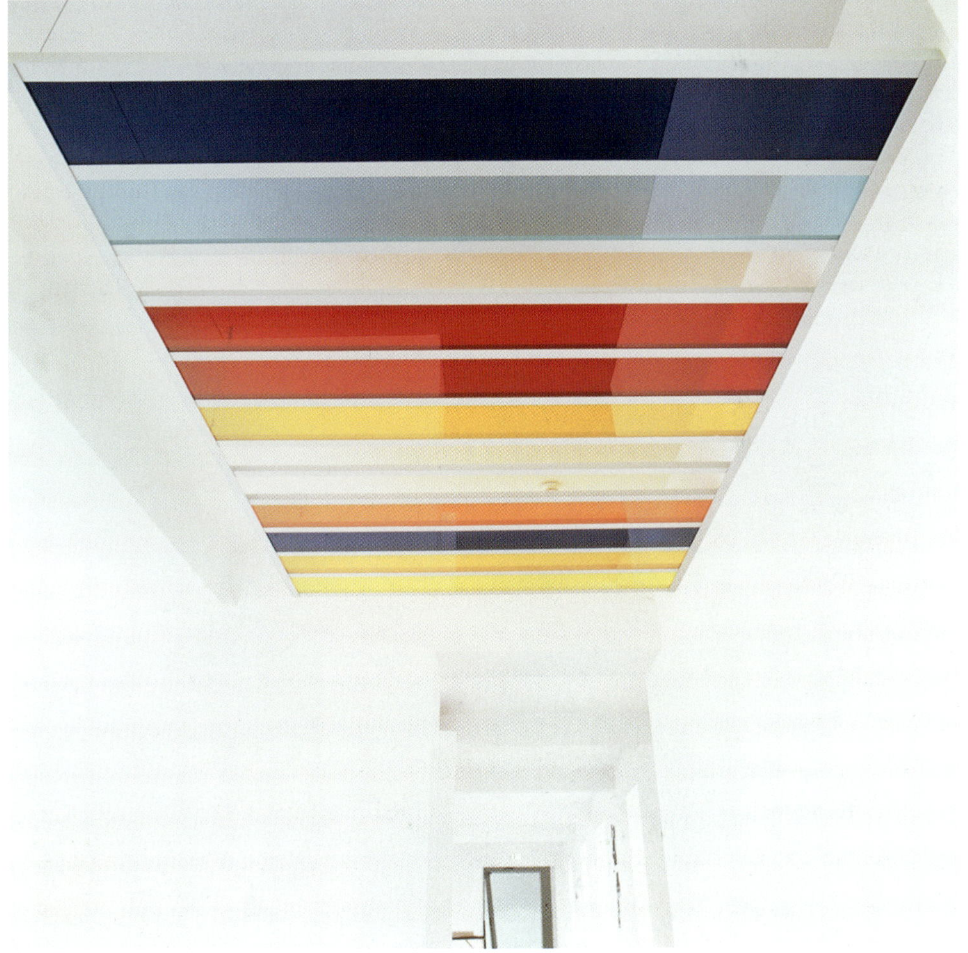

NAN GOLDIN

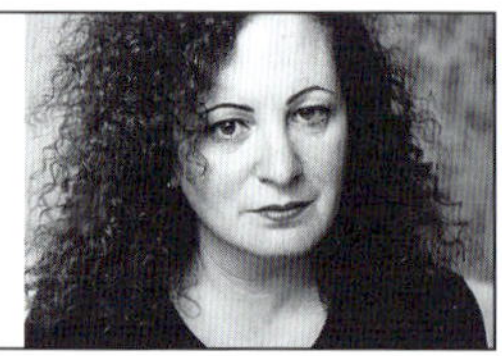

1953 Washington, D. C., EE UU / reside y trabaja en Nueva York, EE UU

«Mi obra procede de la instantánea. Es la forma de la fotografía que más cerca está del amor»

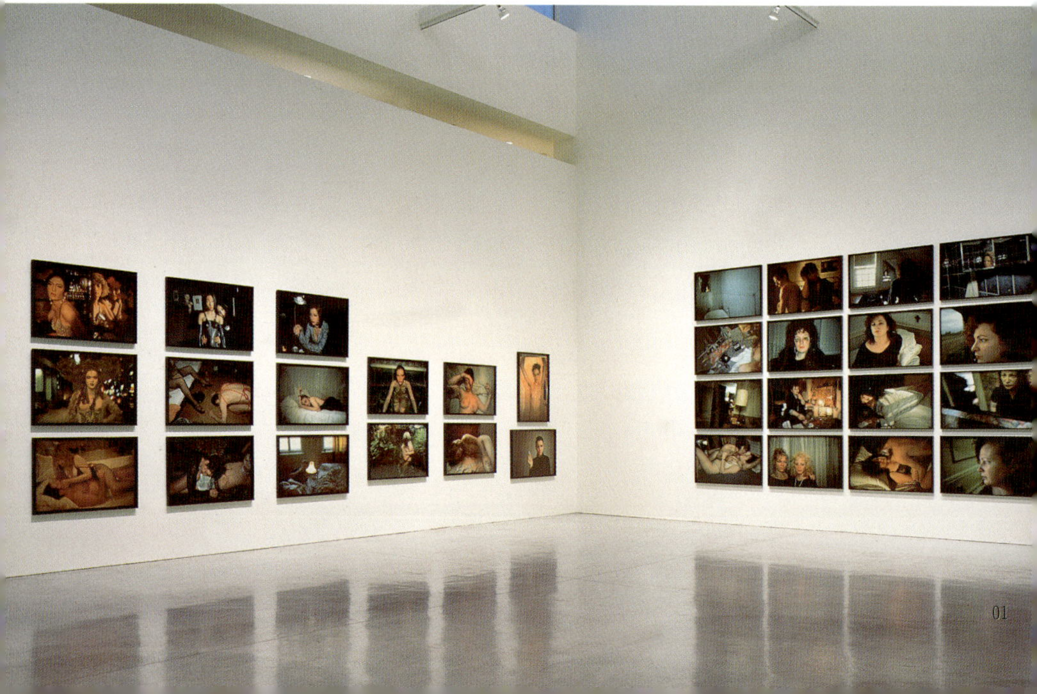

Nan Goldin probablemente fuera la fotógrafa más popular en los años noventa. En los últimos treinta años, ha creado algo así como su «diario visual», en el que con sensibilidad levanta el acta de su mundo, sobre todo de sus amigos y amantes, de sus viajes a Europa y Asia, y de las crisis de sus relaciones. Goldin ha creado un panorama íntimo de la condición humana en las postrimerías del siglo XX, no sólo con sus fotografías, sino también con sus series de diapositivas y música, como «The Ballad of Sexual Dependency», 1981–1996, o con su filme «I'll Be Your Mirrow», 1995. Para ello dirige su mirada una y otra vez, a áreas de la vida en las que las relaciones de las personas con el amor, la sexualidad y la división de papeles son tan intensas como abiertas: lesbianas y homosexuales y el mundo, al parecer brillante, de los transvestidos. Ella misma vive en ese mundo, por lo que pone las fotos en escena sin indiscreción voyeurista. Nan Goldin trabaja frecuentemente con series; a muchos de sus «protagonistas» los ha fotografiado durante más de veinte años. Para hacer justicia a la complejidad de una condición humana que oscila entre el anhelo y el fracaso, confía en la «acumulación de retratos como representación de una persona» (Goldin). La carpeta «Portofolio Cookie Mueller», 1976, es un ejemplo significativo: en 17 fotos, Goldin deja constancia de su relación con la estrella de diversas películas de John Waters: desde los primeros encuentros hasta el entierro de la amiga, fallecida de sida. Publicó hasta lo más íntimo, sin respetar los límites impuestos por el pudor o por los tabúes sociales. Nan Goldin sabe que los que sondean nuevas posibilidades de la convivencia humana son precisamente los que están más sujetos a la disciplina y a la vigilancia social. La única posibilidad es una huida hacia adelante, a las candilejas públicas. R. S.

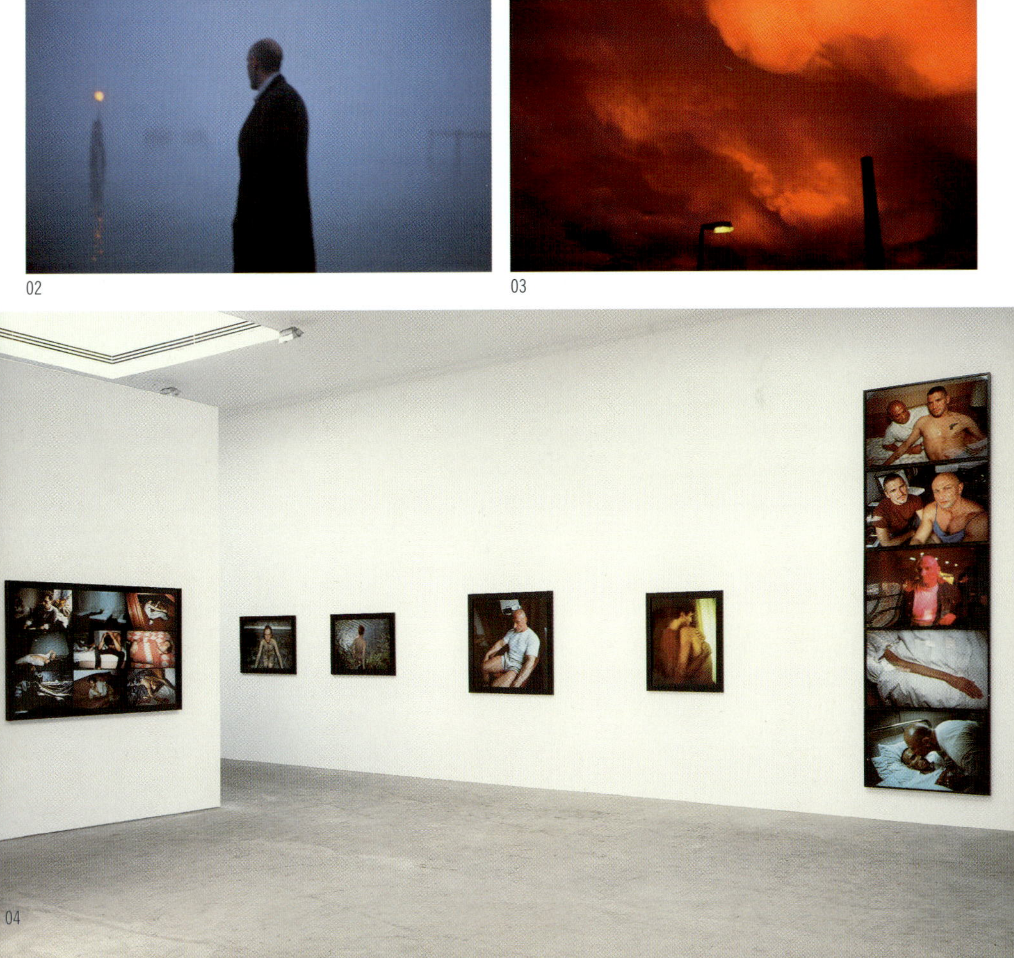

02

03

04

FELIX GONZALEZ-TORRES

1957 Güaimaro, Cuba – **1996** Miami (Florida), EE UU / residió y trabajó en Nueva York, EE UU

«Suelo considerarme un director de teatro que intenta transmitir algunas ideas, reinterpretando la división de papeles: autor, público y director»

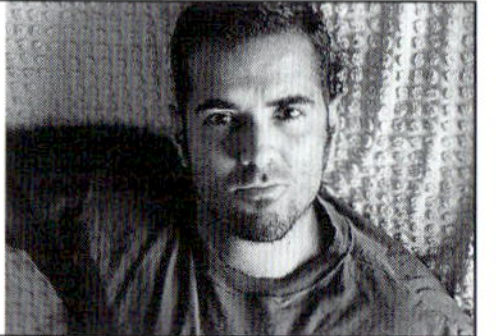

En sus obras, Felix Gonzalez-Torres aúna sutilmente experiencias personales y reflexiones sobre la teoría artística con posturas políticas. En no pocas ocasiones refleja en ellas aspectos de su situación específica, la de un artista homosexual procedente de Cuba, sin caer por ello en clichés. Sus papeles apilados y sus instalaciones de caramelos presentan una clara referencia al arte conceptual y minimal de los sesenta. Con su llamada a los visitantes de la exposición a que se lleven una hoja de papel o un caramelo, esos trabajos niegan la reivindicación de arte autónomo, característica del arte minimal. Y cuestionan el carácter único de la obra de arte. Gonzalez-Torres otorga a cosas tan cotidianas como bombillas o dulces, sólo con su selección y disposición, un aura poética que también define las reproducciones de sus carteles y puzzles. Imágenes equívocas como huellas en las dunas o dos pájaros que cruzan el cielo nublado, aguzan la conciencia de lo efímero o del miedo por la pérdida de un ser querido… un tema fundamental, no sólo en la era del sida. La imagen íntima de una cama que se acaba de abandonar, que Gonzalez-Torres pegó en diversos muros poco después de la muerte de su compañero, expresa su dolor. Además, Gonzalez-Torres transporta de este modo lo privado a lo público, llamando la atención sobre la importancia de cuestiones importantes como la enfermedad, la muerte, el amor y la pérdida.   Y. D.

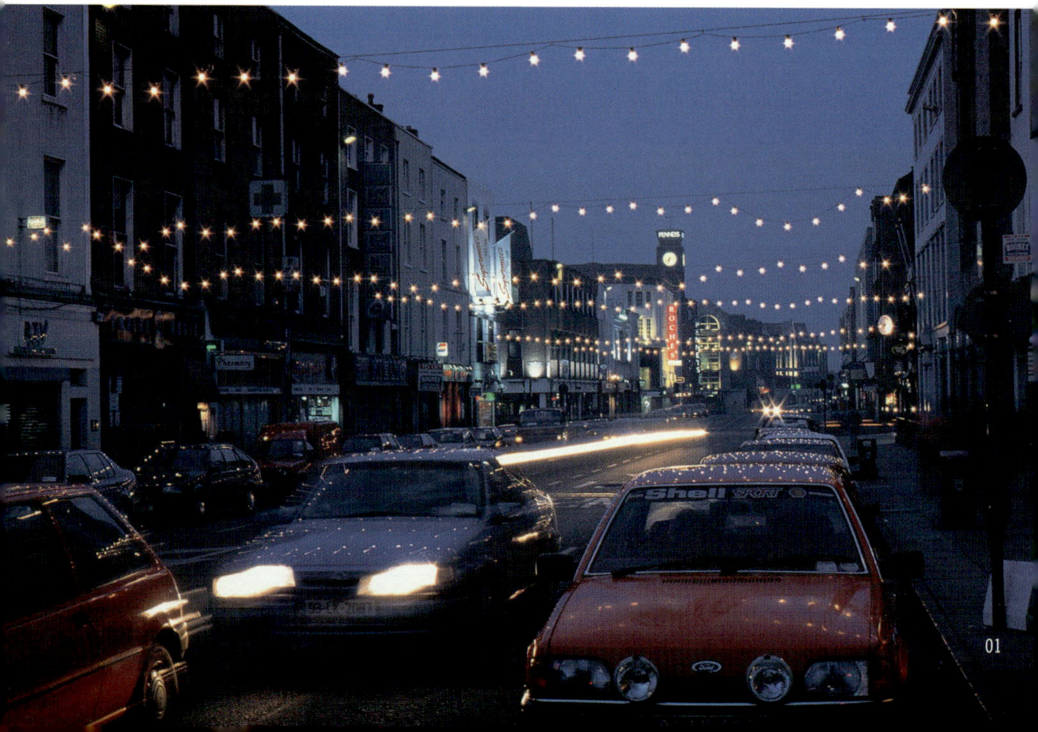

01 UNTITLED (AMERICA), 1994/95. Bombillas de 15 vatios, portalámparas de goma, cuerdas de prolongación; 12 partes, cada una de ellas de 18,8 m de longitud y 7,4 m de cuerda adicional. Vista de la instalación, Limerick City, Irlanda, 1996. **02 UNTITLED,** 1991. Cartelera, dimensiones variables. Vista de la instalación «Projects 34: Félix González-Torres», The Museum of Modern Art, Nueva York, EE UU, 1992. **03 UNTITLED (ROSS),** 1991. Caramelos envueltos en celofán de varios colores, surtido ilimitado, peso ideal: 80 kg, dimensiones variables. Instalada en la residencia de Karen & Andy Stillpass. **04 UNTITLED (FOR STOCKHOLM),** 1992 (primer plano). Bombillas de 15 vatios, portalámparas de porcelana, cuerdas de prolongación, dimensiones variables; 12 partes, cada una de ellas de 18,6 m de longitud y 6,1 m de cuerda adicional. **UNTITLED,** 1989–1995 (fondo). Pintura sobre pared, dimensiones variables. Vista de la instalación, Kunstmuseum St. Gallen, St. Gallen, Suiza, 1997.

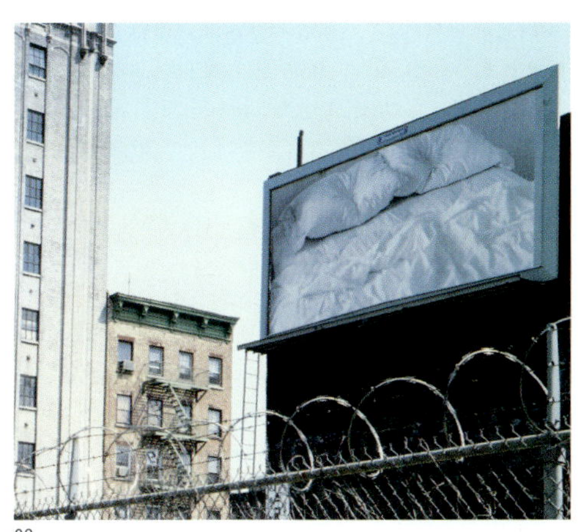

02

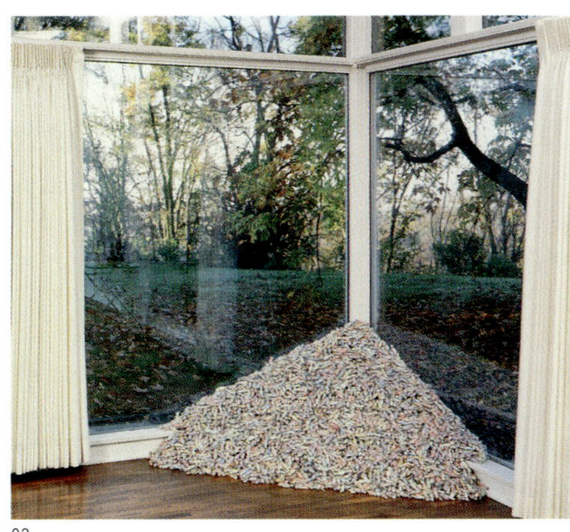

03

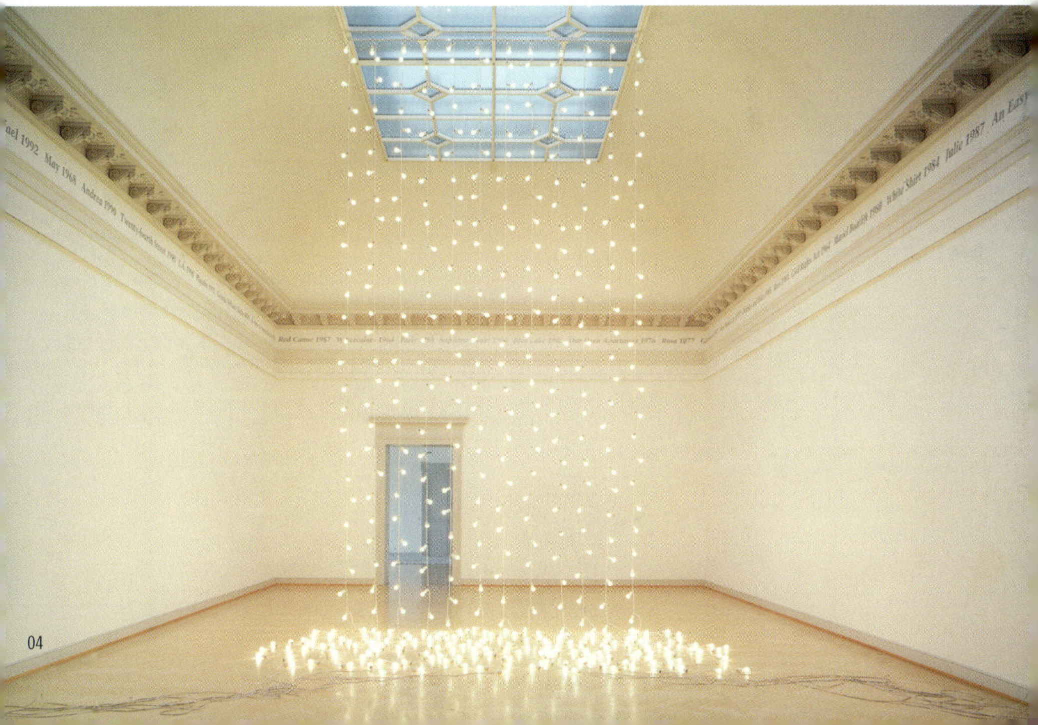

04

DOUGLAS GORDON

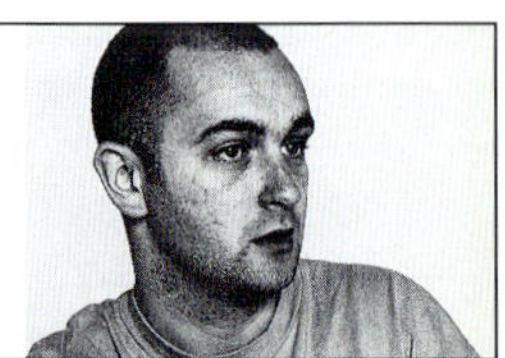

1966 Glasgow / reside y trabaja en Glasgow (Escocia) y Colonia (Alemania)

«El artista, en el papel de ‹conquistador›, puede estar contento de quedarse en un segundo plano; si todo sale bien, puede desempeñar un papel anónimo en la ecuación»

El vídeo de Douglas Gordon impresiona por su lentitud. Una y otra vez se dobla un dedo a cámara lenta, como si disparara un revólver; una y otra vez se deja caer un hombre en toda su longitud, o dos psiquiatras intentan tranquilizar a una persona tendida en la cama. Frecuentemente, Gordon emplea para sus trabajos fragmentos de películas médicas de comienzos del siglo XX. En esa época no se había descubierto aún el film como espectáculo; se destacaba la posibilidad de utilizarlo para la documentación científica. Con el paso del tiempo, cada segundo parece adquirir un nuevo significado, como si a cámara lenta se pudiera descubrir lo olvidado. Al mismo tiempo, Gordon se defiende de la aceleración de los videoclips actuales. Cuando presenta «Psicosis» a un velocidad tan lenta que este célebre film de Hitchcock dura 24 horas, lo hace para que las imágenes se introduzcan furtivamente en la conciencia del observador. Poco tiempo después uno cree haber visto ya esas imágenes, u otras similares. Gordon utiliza material capaz de despertar el recuerdo que, con su propia lentitud, distrae la atención de sí, centrándola en otras cuestiones: ¿Cuándo he visto esas imágenes?, ¿dónde?, ¿con quién? ¿Puedo doblar también yo el dedo así? En un principio similar, del recuerdo absolutamente personal, se basa una serie de grandes palabras; no es otra cosa que los nombres de las personas que Douglas Gordon conoce. De 1.440 nombres en su primera presentación (1990), la «List of Names» creció a 2.756 en el año 1996; al igual que la vida de Douglas Gordon se continúa… a cámara lenta.

C.B.

01 TWENTY FOUR HOUR PSYCHO, 1993 (detalle). Videoinstalación, vídeo de 24 horas. **02 TWENTY FOUR HOUR PSYCHO,** 1993. Videoinstalación, tranvía, Glasgow, Escocia, 1993. **03 A DIVIDED SELF II,** 1996. Videoinstalación, dimensiones variables. Vista de la instalación, «The Turner Prize 1996», Tate Gallery, Londres, Inglaterra, 1996/97. **04 REMOTE VIEWING 13.05.94 (HORROR MOVIE),** 1995. Pared pintada en pantone 485A; tamaño pantalla, 400 x 300 cm. Videoinstalación, «Wild Walls», Stedelijk Museum, Amsterdam, Holanda, 1995.

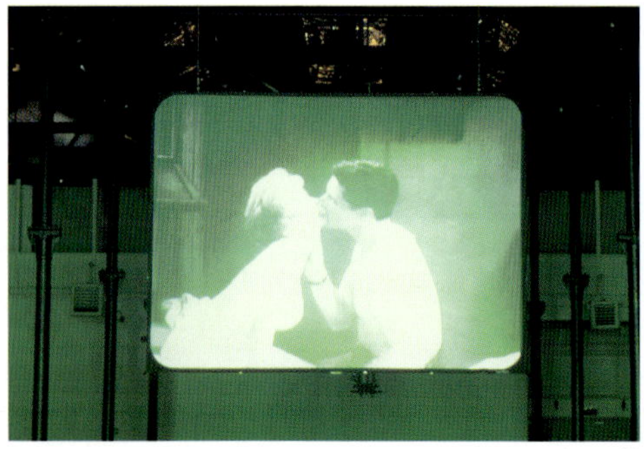

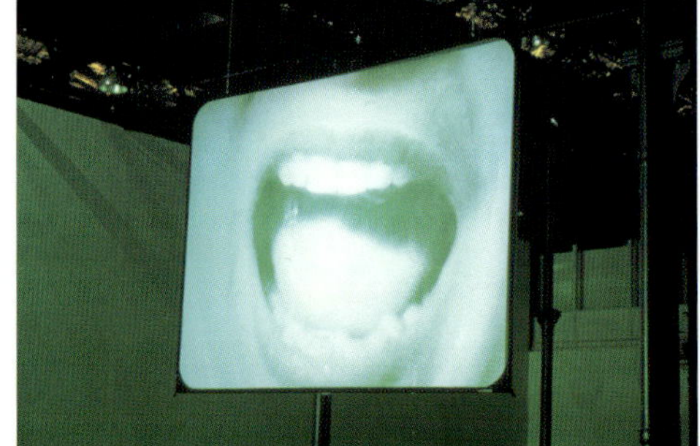

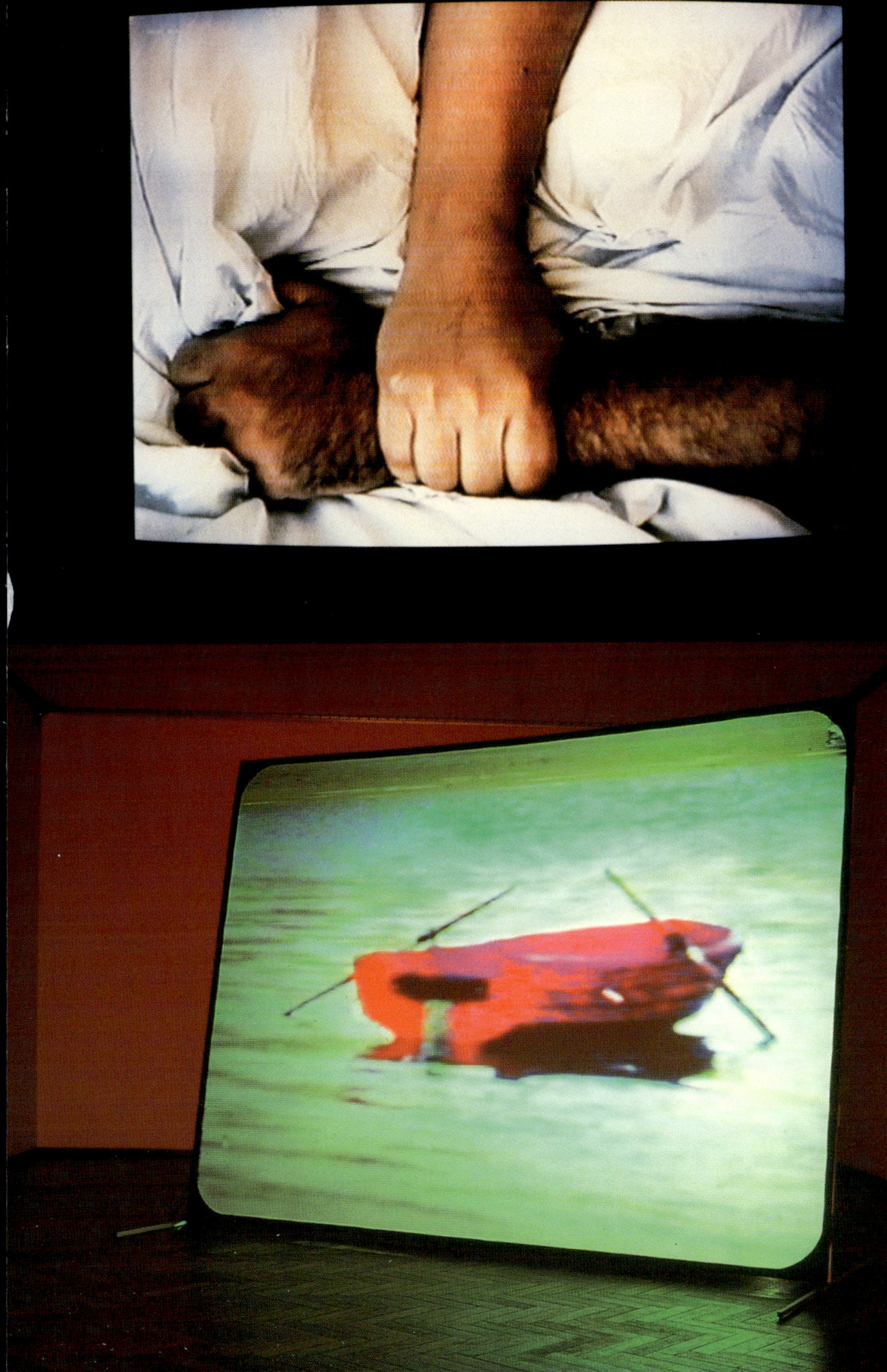

ANDREAS GURSKY

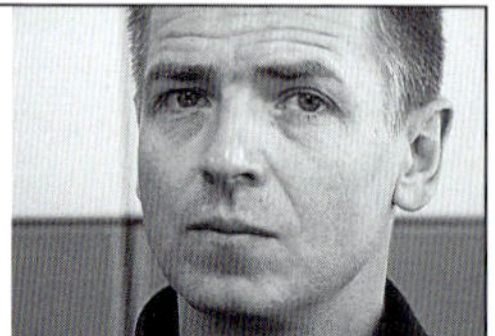

1955 Leipzig, Alemania / reside y trabaja en Düsseldorf, Alemania

«Al parecer, existe un lenguaje común de lo inconsciente, que todas las personas entienden…»

Las fotografías de paisajes urbanos de Andreas Gursky, las concentraciones humanas, naves de fábricas, autopistas o campos deportivos combinan el enfoque documental de la escuela de Bernd y Hilla Becher con un uso realmente pictórico del color. Tomadas con la perspectiva de un lugar elevado, sus panoramas —nítidos hasta los más mínimos detalles— captan situaciones de la vida diaria. Sus obras de los años 1984 a 1988 presentan a personas durante las actividades de ocio, en la mayoría de los casos en áreas recreativas cercanas a las ciudades. Aquí está ya el germen del tema central de sus tableaux posteriores, de gran tamaño: la relación entre el ser humano y las estructuras organizativas de su entorno. Las composiciones de Gursky desplazan a un segundo plano al individuo: en «Angler, Mülheim» (Pescador de Mülheim), 1989, es una figura diminuta; en «Börse, Tokyo» (Bolsa de Tokio), 1990, o en «May Day», 1997, se pierde entre la masa de corredores de bolsa o de asistentes a un concierto, o desaparece casi completamente tras los sistemas de orden de las plantas de producción industrial o de anónimos conjuntos arquitectónicos. Con su representación frontal, la estructura reticular de «Paris, Montparnasse», 1993, recuerda no sólo las alineaciones seriales del arte minimal o las tablas de color de Gerhard Richter, sino también el «all over» de Jackson Pollock, un aspecto que Gursky pone de relieve en sus cuadros «Sin título», 1993. La oscilación entre la concreción de lo representado y la composición estética de «imágenes recordadas», como dijo una vez Gursky, es característico de su trabajo. Sus inventarios fotográficos se convierten en símbolos de la civilización occidental.

A. W.

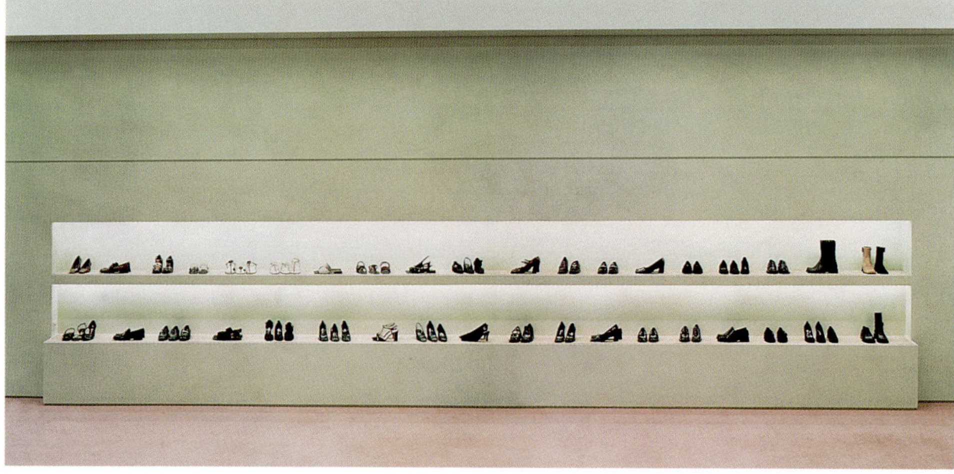

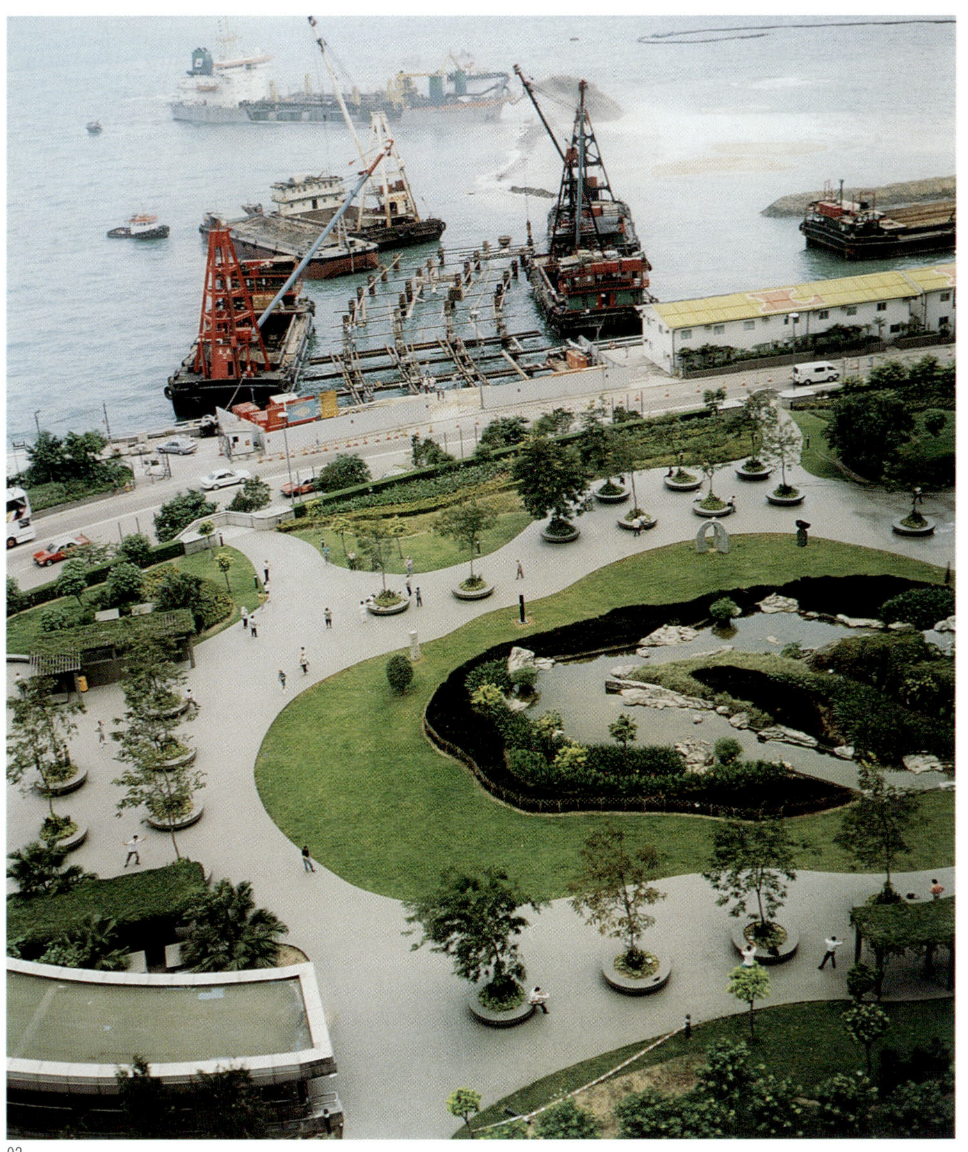

01 PRADA I, 1996. Materiales diversos, 135 x 226 cm.
02 HONG KONG, GRAND HYATT PARK, 1994. Materiales diversos, 210 x 175 cm.

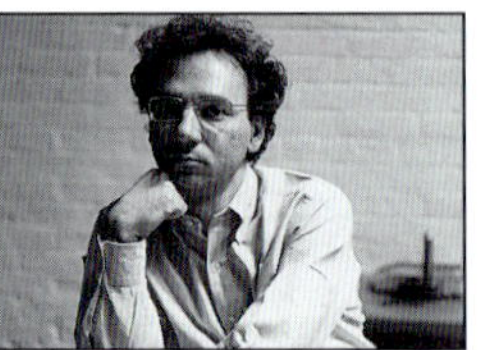

PETER HALLEY

1953 Nueva York, EE UU / reside y trabaja en Nueva York

«Una pintura no puede representar tópicos ni aspectos sociales transitorios.
Ha de tratar de lo absolutamente esencial»

La Universidad inició a Peter Halley en el situacionismo que teorizaba Guy Debord, en el estructuralismo elaborado por Jacques Lacan, Claude Lévi-Strauss, Roland Barthes y Michel Foucault y en el postestructuralismo de Jean Baudrillard y Jacques Derrida. Entre 1984 y 1987, Halley fue uno de los directores de la «International Gallery with a Monument», que había fundado con Bickerton, Koons y Vaisman, y de la cual surgió el grupo Neo-Geo. Sus grandes composiciones «neo-geométricas» —que se caracterizan por emplear colores fluorescentes (Day-Glo) y un revoque sintético (Roll-a-Tex)— eran una crítica «simulacionista» de Mondrian, Albers, Stella o Judd. Este arte denuncia tanto el capitalismo como las utopías revolucionarias de los años setenta, intenta desmitificar los presupuestos «capitalistas» de la abstracción gestual y del arte conceptual, y pretende rechazar la división del trabajo y la separación social. El artista no tiene otro recurso que refutar el propio compromiso de su arte con las ideas izquierdistas de la «contracultura», comprometido él mismo por su propio idealismo: «Mientras que Smithson impuso al paisaje industrial devastado los símbolos de una geometría ideal, yo —por el contrario— deseo ayudar al mundo ideal del arte geométrico a que encuentre la vía del paisaje social», manifestó en 1981. Con su geometría «diagramática» —esquemas de circuitos integrados, dibujos de estructuras celulares, planos de autopistas o de pistas de aterrizaje— Halley quiere mostrar que la abstracción, lejos de ser un puro efecto autorreferencial, expresa la importancia de los modelos matemáticos que, desde comienzos de este siglo, se ha impuesto en todas las áreas científicas.

J.-M. R.

01 (((0))), 1993. Acrílico, acrílico Day-Glo, Roll-a-Tex sobre lienzo, 238 x 230 cm. **02 POWDER,** 1995. Acrílico, acrílico Day-Glo, Roll-a-Tex sobre lienzo, 234 x 318 cm. **03 OVERTIME,** 1997. Acrílico Day-Glo y acrílico metálico, acrílico, Roll-a-Tex sobre lienzo, 236 x 183 cm.

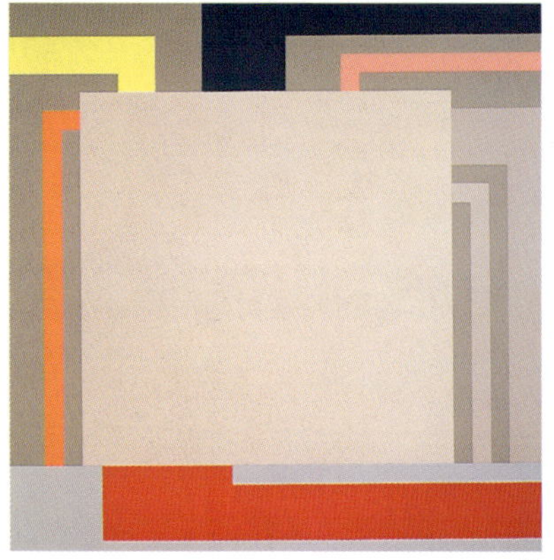

01

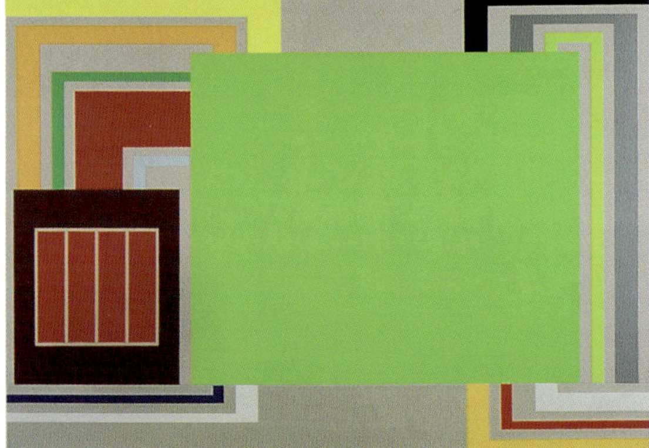

02

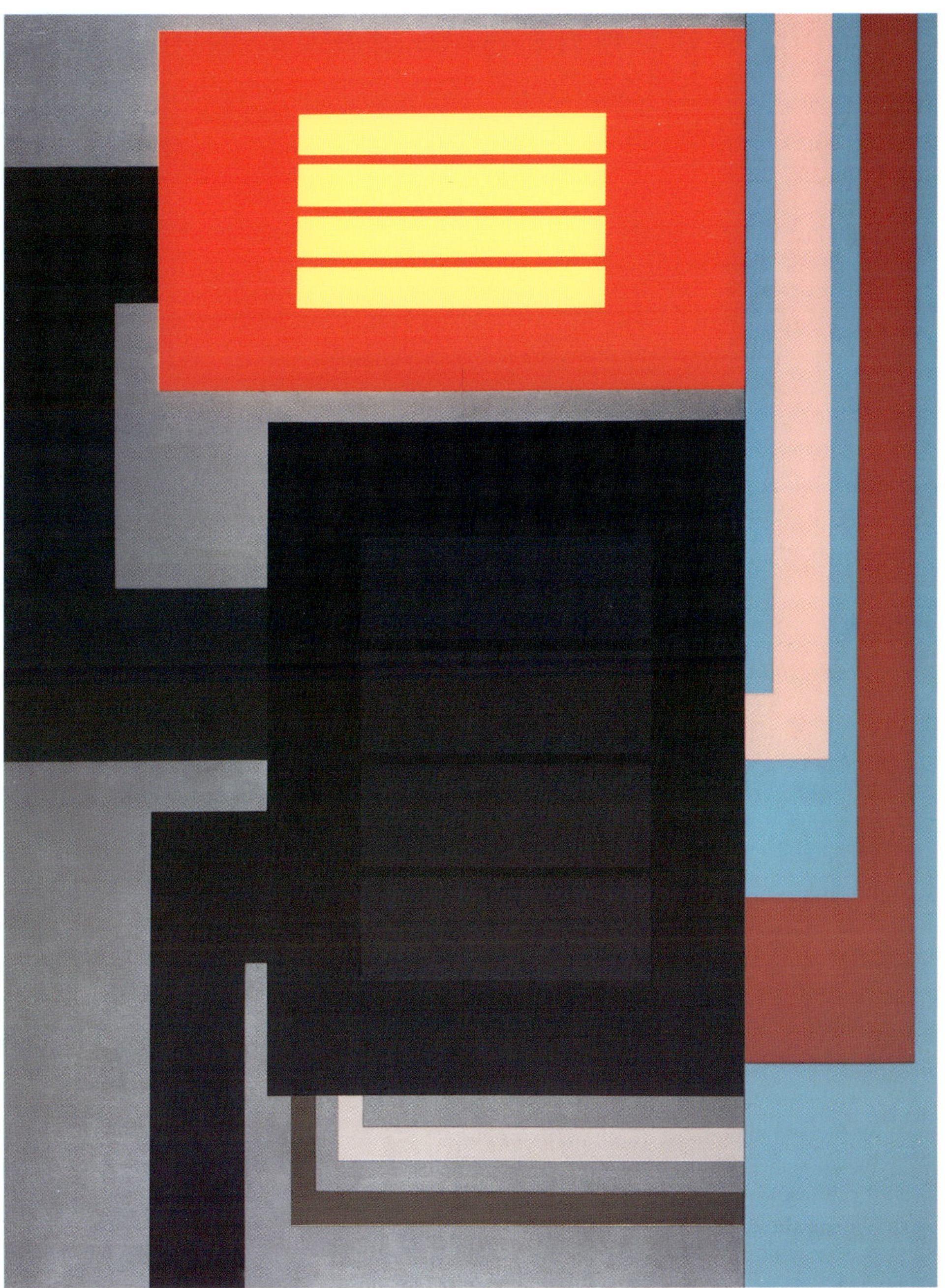

GEORG HEROLD

1947 Jena, Alemania / reside y trabaja en Colonia, Alemania

«Algunos prefieren Quark-Xpress; otros, lienzo»

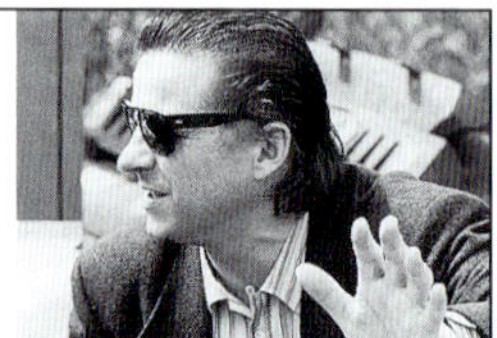

Al crear sus cuadros, esculturas e instalaciones, Georg Herold renuncia conscientemente a técnicas elaboradas, perfeccionistas, en pro de materiales heterogéneos, extraños a la tradición artística (p. ej. vigas, ladrillos, caviar, alambre). En su obra trata tanto aspectos de la historia del arte («Dürerhase», La liebre de Durero, 1984) como sociales («No-No/No AIDS— No Heros», 1990) y también políticos («RAF», 1990). El modo específico de tratar el lenguaje se pone de manifiesto no sólo en la elección de sus títulos, sino que también se deduce de un glosario en el que lleva trabajando desde hace casi veinte años y que amplía y pone al día continuamente; en sus catálogos publica regularmente la última versión. En algunos de sus objetos, Herold alude de diferentes formas a los trabajos de otros artistas; por ejemplo en su casa compuesta de tubos de neón titulada «Cyber-Merz», 1995, se refiere tanto al alemán Gerhard Merz y al italiano Mario Merz como a la casa Merz de Kurt Schwitters. Con esas remisiones, Herold no sólo posi-

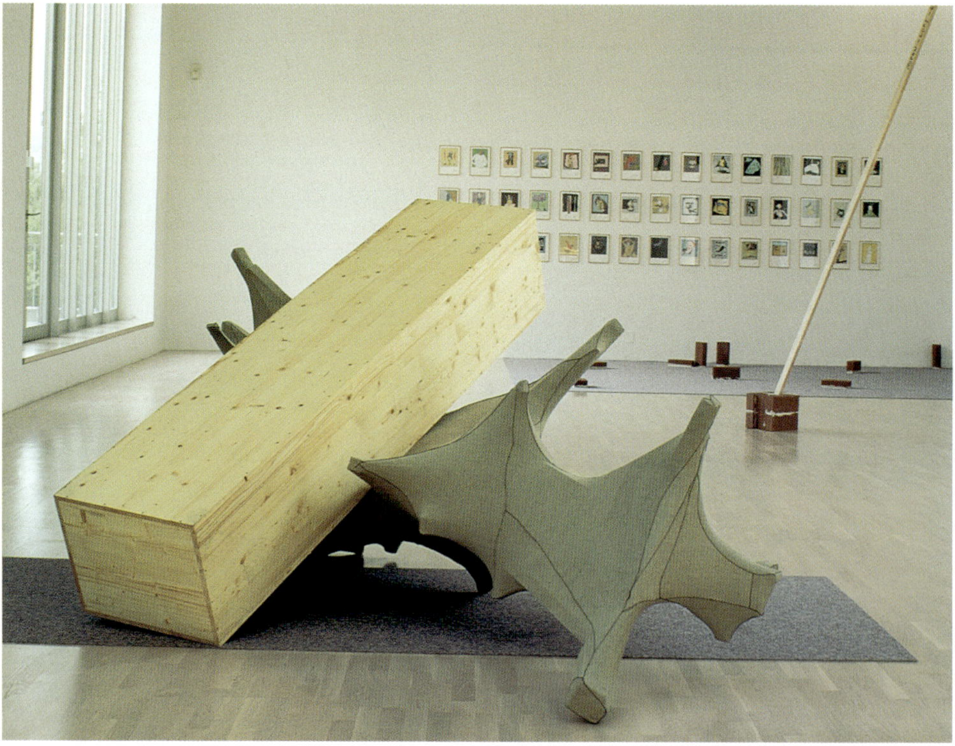

""

ciona su propio trabajo, sino que cuestiona —de un característico modo irónico— la forma de crear estilos en el sistema y en el mercado del arte. Frecuentemente, Herold integra en sus trabajos conocimientos científicos, titulares políticos y aspectos sociales y culturales, elementos que presenta al modo dadaísta. Otro aspecto presente en toda su obra es la historia alemana; nacido en la República Democrática y emigrado a Occidente en 1973, Herold la evoca una y otra vez.   Y.D.

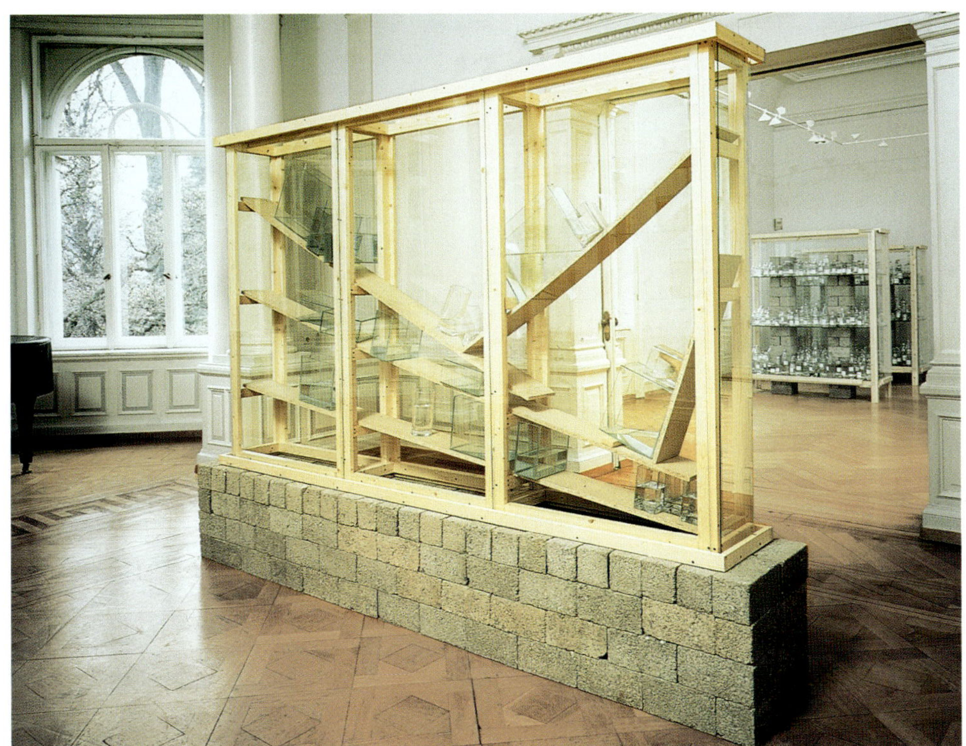

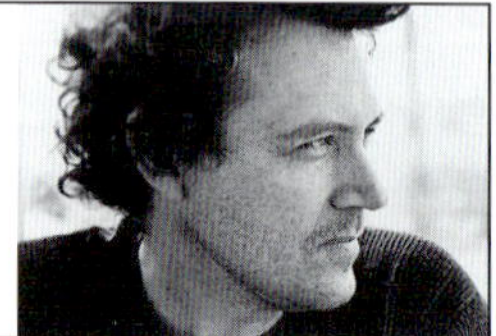

GARY HILL

1951 Santa Mónica (California), EE UU / reside y trabaja en Seattle (Washington), EE UU

«De todo lo que es visible existe una copia, que está oculta»

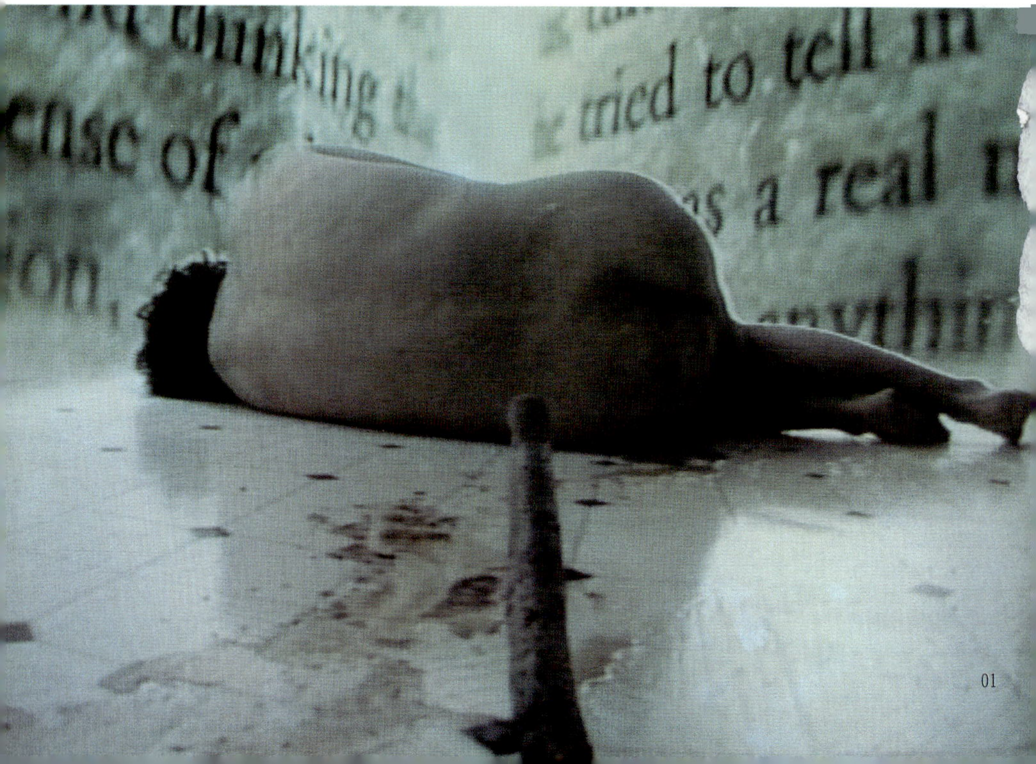

La mayoría de los vídeos, obras de arte, de Gary Hill muestran a personas que causan una impresión tan real que uno podría creer que se encuentran con él, en la misma habitación. Hill es el artista que mejor sabe crear presencia física con la ayuda de las tecnologías modernas. Por ejemplo, en «Tall Ships», 1992, el observador —al traspasar una sala oblonga— tiene la sensación, una y otra vez, de que las personas proyectadas en las paredes de la izquierda y de la derecha se dirigen en cualquier momento a él, en tanto en que se acerca, y que se vuelven, cuando él se aleja. Más directo aún, y por eso todavía más inquietante, es el contacto con el frente de trabajadores, de tamaño natural, en «Viewer», 1996: en una línea se encuentran 17 hombres de todas la razas, mudos; de vez en cuando se mueven ligeramente, como si fueran a ponerse a andar. También cuando Hill hizo que una niña leyera un pasaje de «Observaciones sobre el color» de Wittgenstein (1994) o cuando, en «Circular Breathing», 1994, presentó la respiración, primero impetuosa, luego más tranquila, en cinco superficies de proyección, causó la sensación de una experiencia corporal directa. Los espectadores reaccionaron identificándose con la acción: sufrían

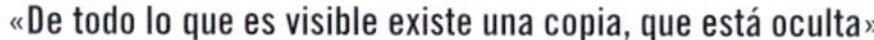

con la niña, que leía las frases pero no las entendía, y estaban tentados a adaptar la propia respiración a las secuencias. Gary Hill narra pequeños momentos, encuentros entre personas, en las que los unos casi se olvidan de que los otros son puramente virtuales.

C.B.

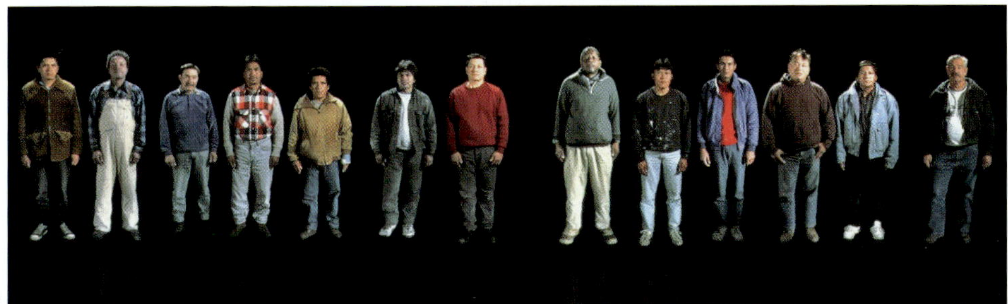

02

CANDIDA HÖFER

1944 Eberswalde, Alemania / reside y trabaja en Colonia, Alemania

«En los espacios busco la semejanza… lo que me atrae es lo distinto que resulta ser la semejanza»

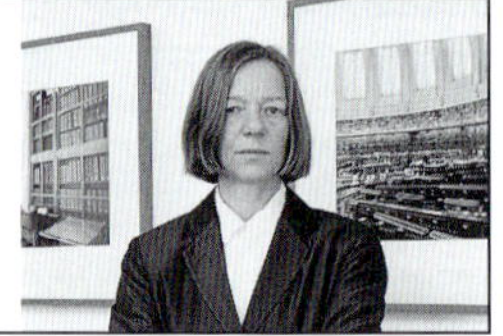

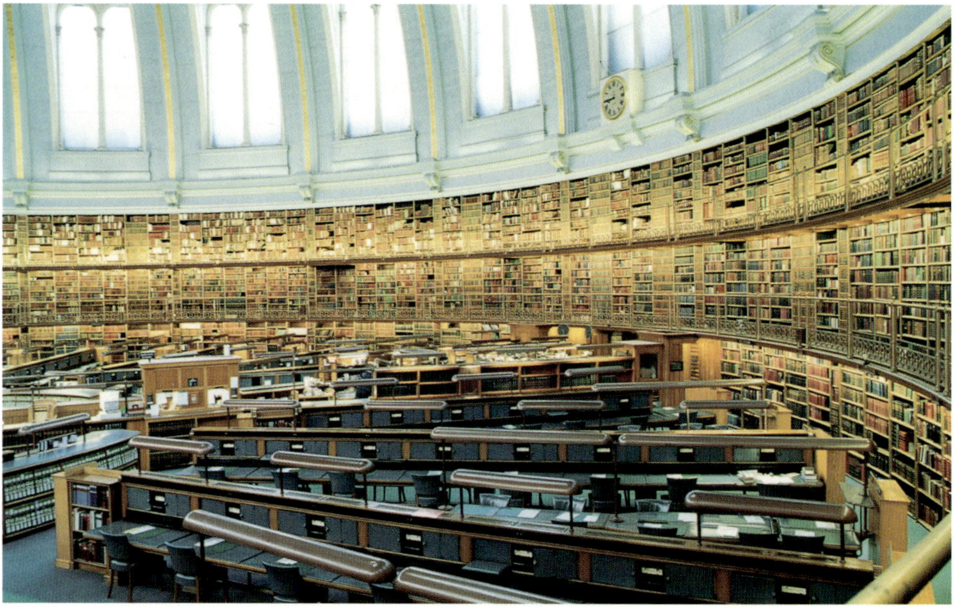

Candida Höfer se dio a conocer con sus fotografías en color de espacios (interiores) públicos y semipúblicos. Discípula de Bernd Becher, se dedica a ese género desde 1979; a partir de 1990 lo completa con sus «Jardines zoológicos». Trabaja siempre con el mismo método: con una cámara fácilmente manejable, en la mayoría de los casos sin trípode, con un objetivo ligero de gran angular y, exclusivamente, con la iluminación existente. Por regla general, sus fotos tienen el formato 38 x 38 cm ó 38 x 57 cm. A pesar de que sigue siempre los mismos principios, sus fotografías se diferencian de la serialidad de las «tipologías» industriales de Becher; la posición de la cámara, y con ella también la composición de la foto, queda definida por la particularidad del espacio. Höfer evita estructurar la imagen de un modo centralizado; la mirada se desliza por lugares aparentemente secundarios. Los espacios de Höfer —salas de espera, vestíbulos de hotel, aulas de universidad, bibliotecas, museos— son lugares públicos, en los que las personas están a merced de las miradas, como los animales de un zoológico. Son lugares de transición, pero también de conservación. En no pocas ocasiones se pueden observar huellas del uso actual, pero que no perturban la instalación serial-funcional de esos espacios, desiertos en la mayoría de los casos. En sus trabajos se superponen diferentes niveles temporales: el momento en que se construyó la arquitectura, el presente en el que se utiliza y el momento de la toma. De ese modo se pone de manifiesto una concepción poco ortodoxa de la historia: ésta no es definitiva, sino que cambia con la perspectiva elegida. La apertura compositiva de Höfer es, por tanto, más que un principio estilístico: se opone al deseo de orden y de dominación, frecuente en la arquitectura y en el interiorismo.   A. W.

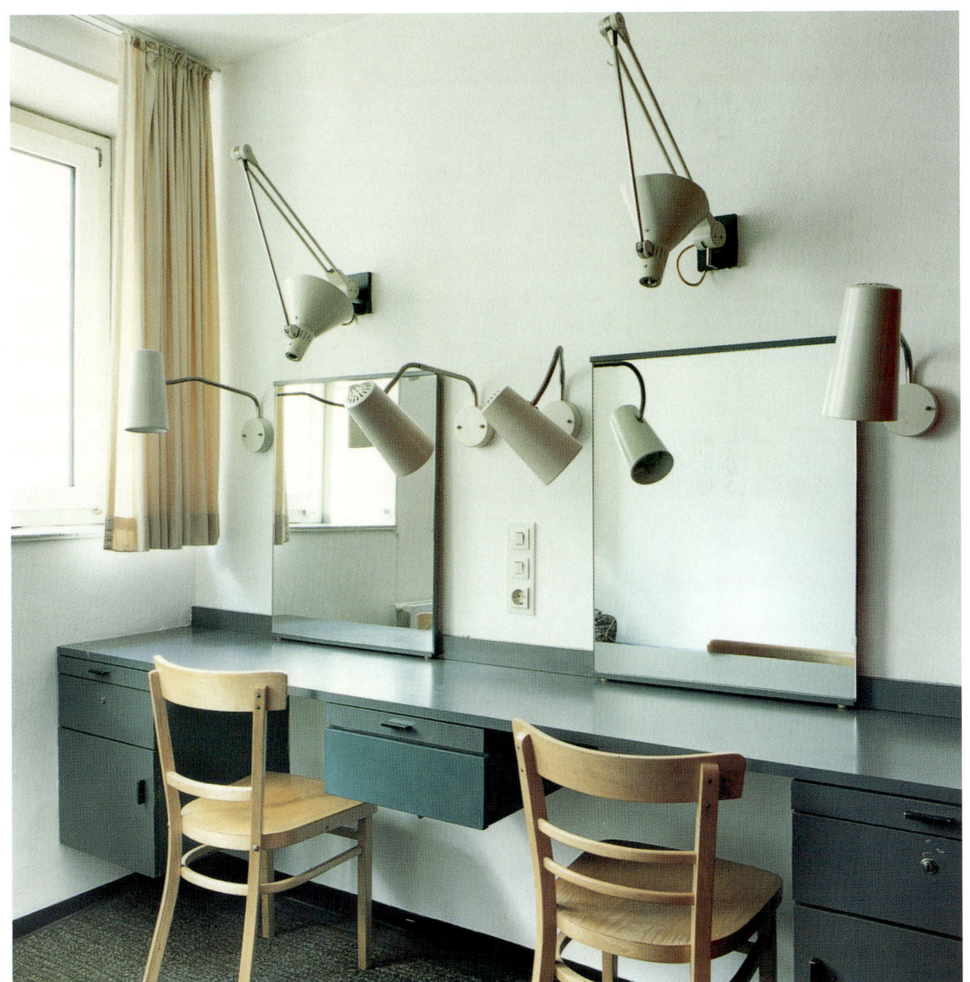

CARSTEN HÖLLER

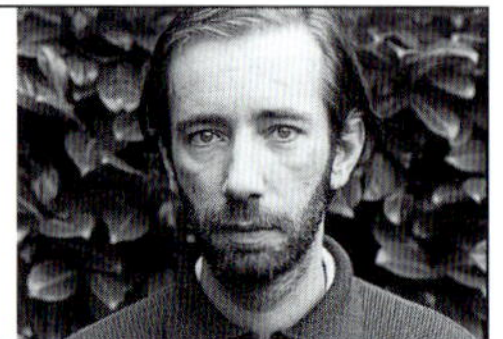

1961 Bruselas, Bélgica / reside y trabaja en Colonia, Alemania

«Lo que siempre me gustó mucho —también en la escuela— es la teoría de los conjuntos, porque es un método prematemático, que opera visualmente y que, con métodos muy sencillos, puede ser muy gráfico»

Carsten Höller trabaja como artista desde comienzos de los años noventa, pero se doctoró en Agronomía y se especializó en el comportamiento de los insectos. Esa interrelación entre el arte y la ciencia caracteriza sus obras; frecuentemente recuerdan la disposición de un laboratorio científico, en el que el observador es el objeto de experimentación. Con sus obras, abre a la persona interesada la posibilidad de volar en círculo, de introducir la cabeza en un acuario, de dejarse llevar sobre las aguas o de lanzarse colina abajo en un trineo insonorizado. En 1997 presentó en la «documenta X» de Kassel la «Haus für Schweine und Menschen» (Casa para cerdos y seres humanos), que realizó con Rosemarie Trockel; esta casa presentaba no sólo la vida de una raza especial de cerdos, sino también el comportamiento de los humanos. Separados por una pared de cristal, se ofrecía a cada uno un ambiente cómodo y apropiado para su especie. Los cerdos tenían una pocilga ejemplar, con espacio suficiente; los hombres, una tribuna con cojines, en la que podían sentarse a observar distendidos. Pero esos mundos que Höller pone en escena no existen por sí mismos, sino que se amplían con ponencias, simposios y textos teóricos; científicos y filósofos hablan de los procesos producidos por las obras. De este modo, los objetos están colocados conscientemente para provocar enfrentamientos que superan el ámbito artístico.   C.B.

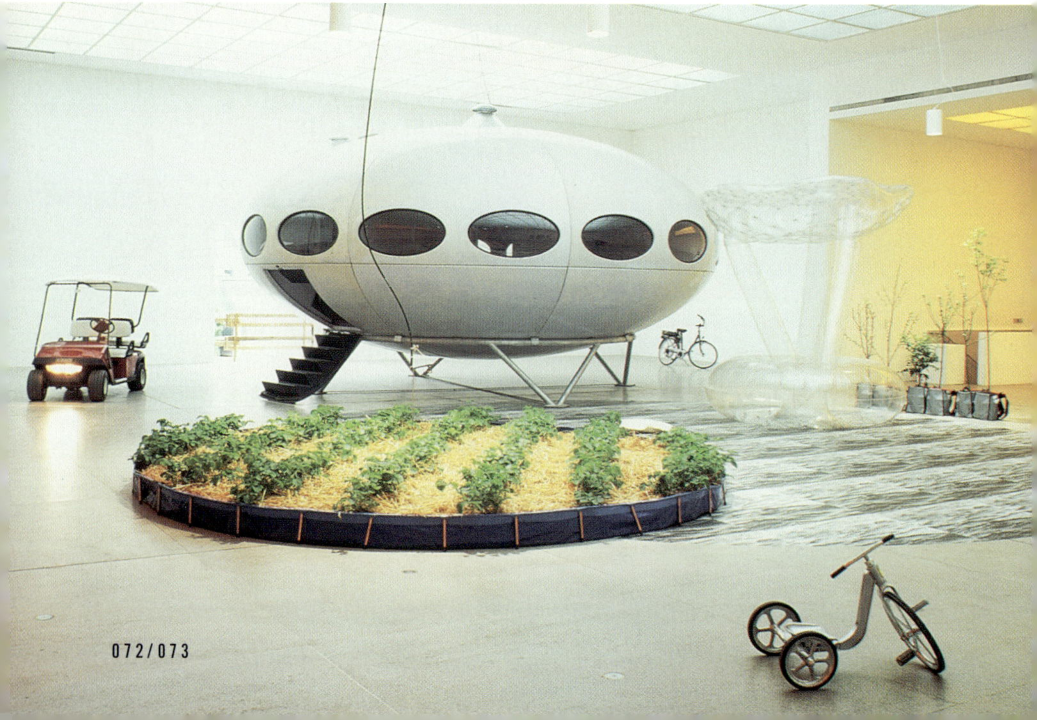

01 **«SKOP»,** vista de la instalación, Wiener Secession, Viena, Austria, 1996. **02 KINDERFALLE (PERTENECIENTE A LA SERIE «KILLING CHILDREN III»),** 1994. Enchufes, cable eléctrico y bombones. Vista de la instalación, Ynglingagatan 1, Estocolmo, Suecia, 1994.
03 HARD, HARD TO BE A BABY, 1992. Columpio. Vista de la instalación, «UFO Project», Air de Paris, Niza, Francia, 1992. **04 EIN HAUS FÜR SCHWEINE UND MENSCHEN,** 1997. Vista de la instalación, documenta X, Kassel, Alemania, 1997 (en colaboración con Rosemarie Trockel).

02

03

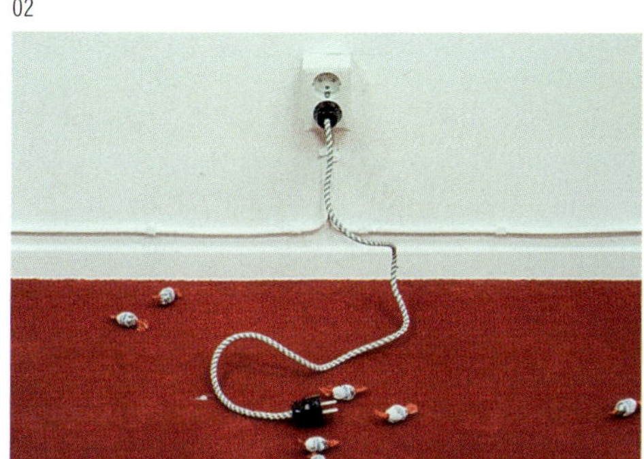

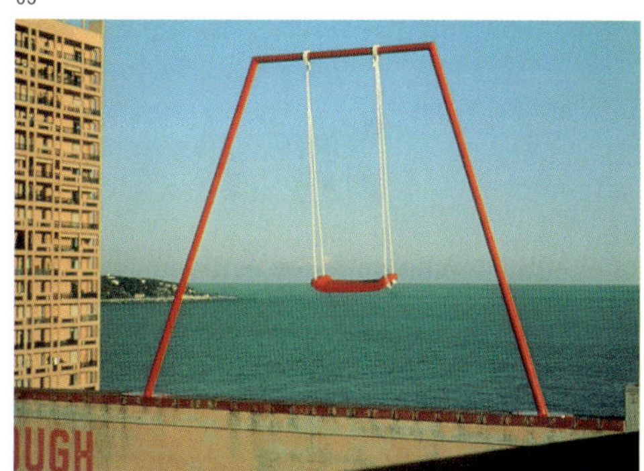

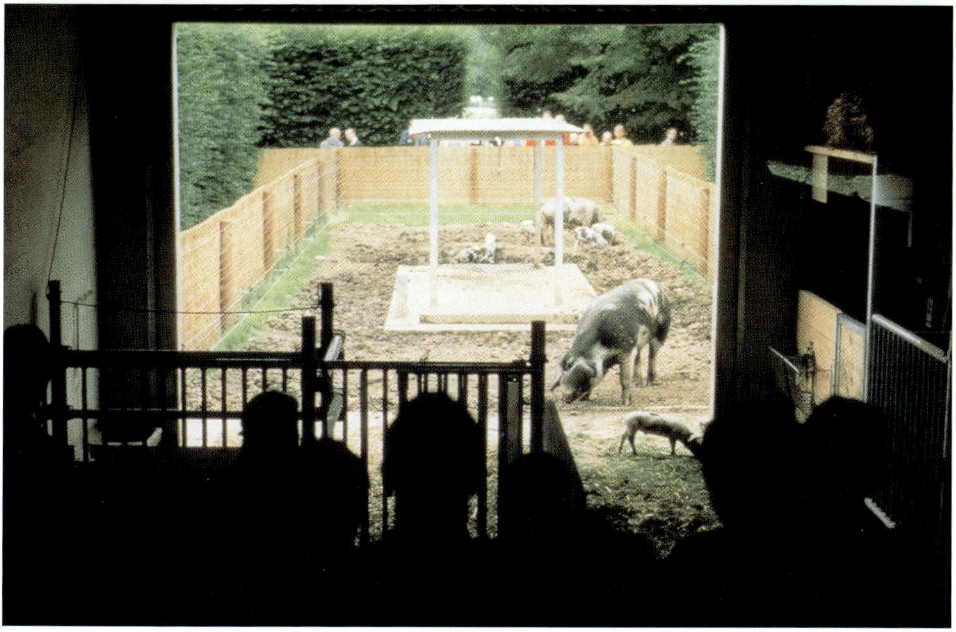

JENNY HOLZER

1950 Gallipolis (Ohio), EE UU / reside y trabaja en Hoosick (Nueva York), EE UU

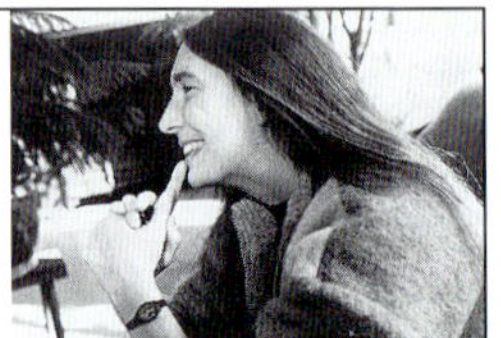

«Me encanta que mi material se mezcle con carteles publicitarios o con anuncios de cualquier tipo… y que se confunda con ellos»

Jenny Holzer utiliza las estructuras de los medios de comunicación y de la estética del entorno para meter de contrabando sus mensajes en la opinión pública. La simplicidad y la presencia de los medios de comunicación son criterios de suma importancia al elegir sus métodos. Frases fáciles de retener, se han convertido en su señal de identidad; se encuentran en carteles, en T-shirts y en marcadores electrónicos. Así pegó anónimamente, entre 1977 y 1979, sus «Truisms» en las calles de Manhattan; en 1982, hizo que centellearan en un marcador electrónico de Times Square. También colocó placas de metal con aforismos de la serie «Living», 1980–1982, en un espacio público. Lo provocador de las obras de Holzer no son sólo sus temas que —como dijo la artista en la Bienal de Venecia de 1990— siempre giran en torno a «sexo, muerte y guerra». Lo que desconcierta es su ambigüedad, resultado de una reivindicación feminista de identidades múltiples. Esa indeterminación semántica caracteriza también su proyecto «Lustmord» (Asesinato sexual), 1993, en forma de suplemento de periódico: desde el punto de vista de los autores, de las víctimas y de los observadores describió, con frases breves y agresivas, las experiencias de la violencia sexual y de la muerte. Desde entonces, Holzer ha presentado variantes de ese trabajo, p. ej. en forma de instalación de «LED» tridimensional en Bergen, 1994, de escritura luminosa en el monumento a la Batalla de las Naciones de Leipzig, 1996, o de arte sacro en el museo de arte del cantón Thurgau (1996). Alineó meticulosamente huesos con cartelas de metal… una alusión a su vigilancia de la muerte. Con su deseo de llegar emocionalmente al observador, Holzer guarda un difícil equilibrio entre una franqueza drástica, una superficie seductora y la necesidad de la reflexión distanciada.

A.W.

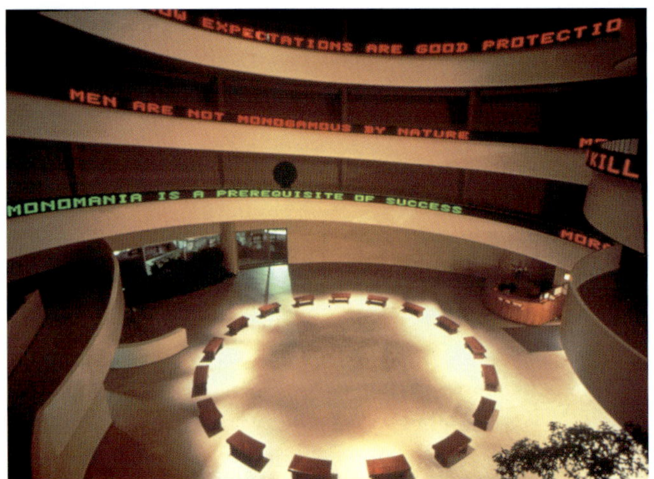

01 INSTALLATION VIEW. Señal LED, bancos de granito rojo. Solomon R. Guggenheim Museum, Nueva York, EE UU, 1989/90.
02 KRIEGSZUSTAND, Leipzig Monument Project. (Völkerschlachtdenkmal). Proyección láser. Instalación al aire libre, Galerie für zeitgenössische Kunst Leipzig, Leipzig, Alemania, 1996.

01

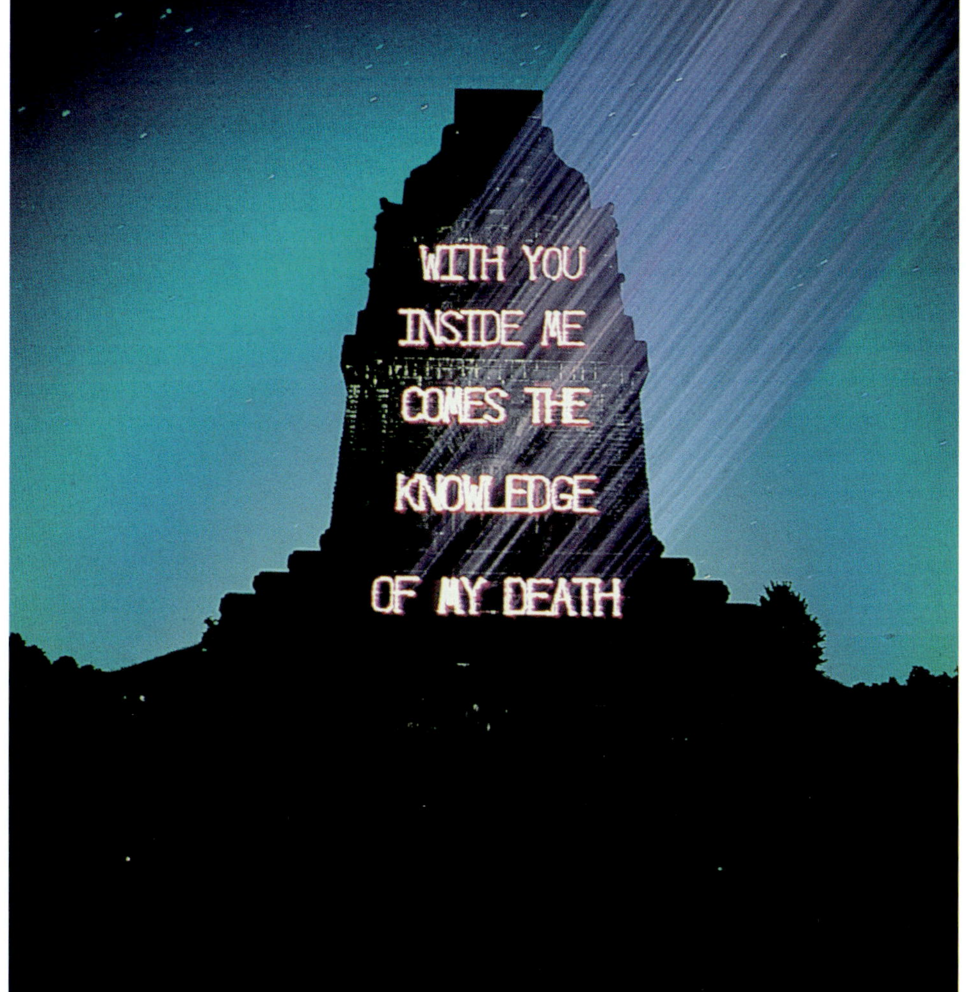

WITH YOU
INSIDE ME
COMES THE
KNOWLEDGE
OF MY DEATH

RONI HORN

1955 Nueva York, EE UU / reside y trabaja en Nueva York

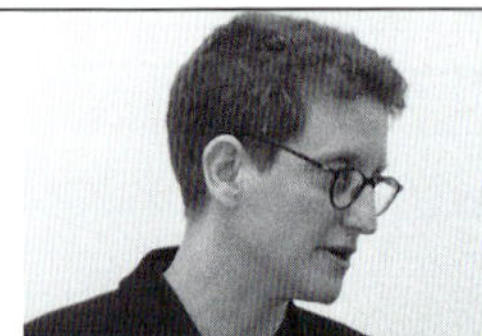

«Un objeto está en condiciones de crear el lugar en que se encuentra»

Desde 1976, en una especie de superación del arte minimal, Horn intenta captar lo inconmensurable con la ayuda del «casi nada» y de la fragilidad. Sobre todo, es el material lo que proporciona a su obra un carácter claro, inmediato y elegante. Sus esculturas, que para el artista son un «depósito de experiencias», en el fondo pretenden confirmar la particularidad propia de la sustancia de que están hechas: a la dureza del acero se opone la flexibilidad del caucho, la ligereza de la madera de balsa que «flota», mientras que el plomo «fluye»; el oro refleja los rayos de luz, mientras que el polvo de carbón absorbe la luz. La reflexión sobre el modo en que el entorno influye sobre la obra y en que la obra modifica el entorno se prolonga, desde 1994, con sus trabajos fotográficos, realizados en su mayoría en Islandia. La serie denominada «Tourists At Gullfoss, Iceland», 1994, muestra cómo la presencia humana afecta, a la vez, a la percepción del espacio en que habita y al significado mismo de este espacio. «You are the Weather», 1994–1996, registra sencillamente las imágenes de una joven al lado del agua, inicia un sutil diálogo con la naturaleza, para revelar cómo adquiere importancia el menor matiz —una peca del rostro, una mecha de cabello—. El artista, comprometido con una búsqueda exigente, paradójica e incierta de un infinito sin origen, hace valer un descentramiento sin proximidad, una soledad sin ausencia, una significación sin réplica.

J.-M.R.

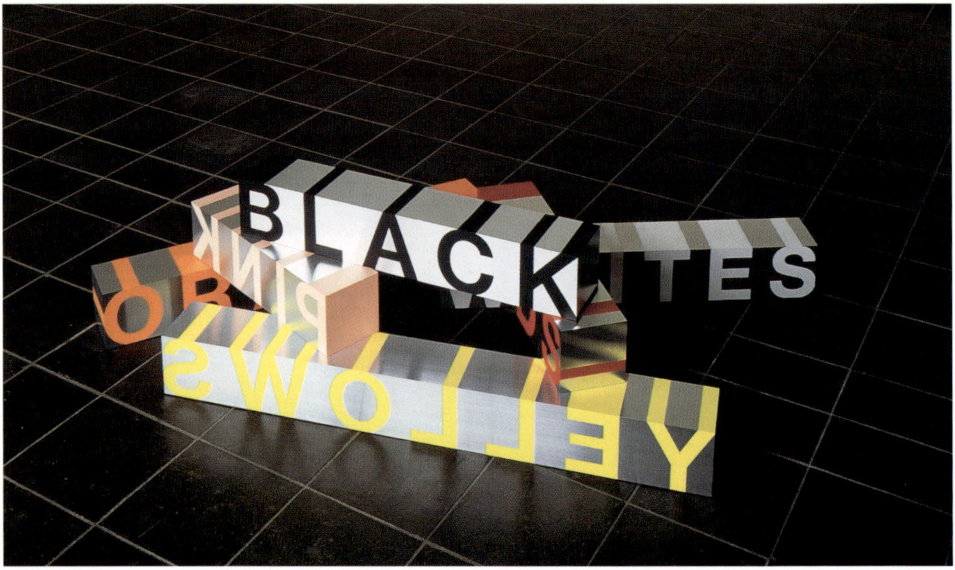

01 STEVEN'S BOUQUET, 1991. Plástico, aluminio, 6 partes, 107 x 127 x 38 cm (total). Vista de la instalación, Jablonka Galerie, Colonia, Alemania, 1992. 02 YOU ARE THE WEATHER, 1994–1996 (detalles).

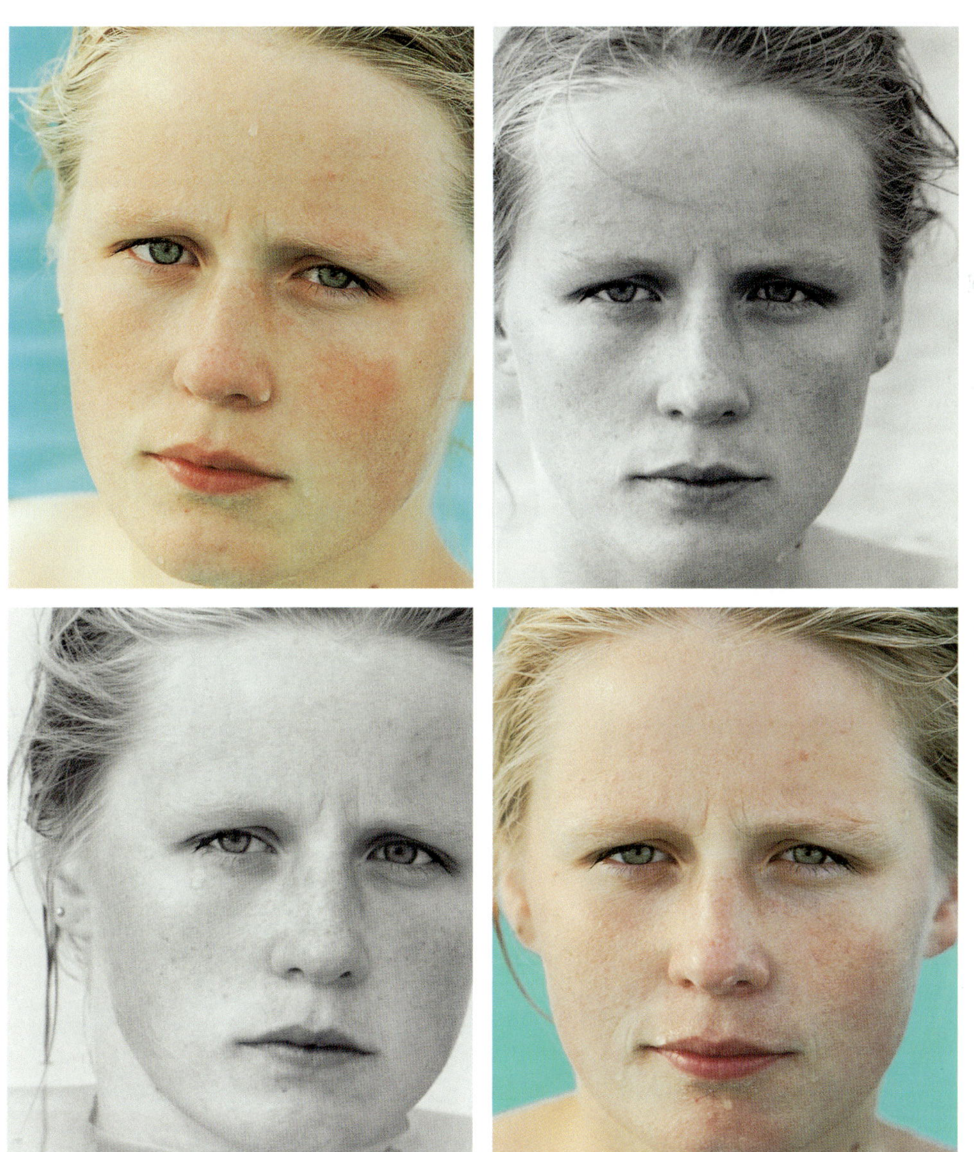

GARY HUME

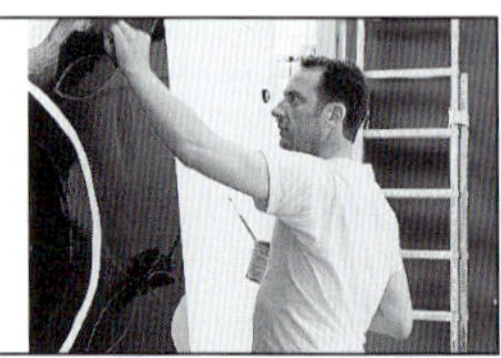

1962 Kent, Inglaterra / reside y trabaja en Londres, Inglaterra

«Puedo pasarme los días muertos mirando los cuadros, viviendo con ellos. Bellos, sensuales e inteligentes, duros, profundos, suaves. Suena como si hablara de sexo, ¿no?»

Para sus obras, Gary Hume prefiere motivos y materiales de la vida cotidiana y de la cultura pop; utiliza barnices de alto brillo, usuales en el mercado. En cuanto a los soportes, pasó del lienzo al aluminio y a las planchas de melamina. Su primera serie grande, «Doors», 1988–1992, se refiere a las puertas abatibles dobles, como las de los hospitales y otros edificios públicos. El tamaño de los cuadros, reducidos a rectángulos y a unas pocas formas circulares, que abstraen el tema, se corresponde con el de las puertas. Desde este punto de vista, las pinturas de puertas de Hume son una expresión de la diferencia entre la representación y lo representado. Después de una breve fase en la que realizó trabajos como «Houswife Sculpture», 1992 —hecha con palanganas y tela metálica— y grabó un vídeo («Me as King Cnut», 1992) Hume comenzó con cuadros figurativos. Tomó como modelos los dibujos de siluetas en lámina de acetato de tamaño DIN A4, hechos de reproducciones de medios de la cultura pop como revistas y libros de arte, pornográficos o de moda. Cuando se le preguntó por sus criterios de selección respondió que los elige por su capacidad de irradiar belleza y afectación. Esos criterios se aprecian particularmente en los cuadros pintados según las fotos tomadas de las estatuas del Estadio Olímpico de Mussolini en Roma («Hero», 1993; «Vicious», 1994, y «Love Love's Unlovable», 1994). Pero también en sus retratos de mujeres, de plantas y de animales, e incluso en sus trabajos abstractos y psicológicamente significativos, que recuerdan la prueba de Rorschach, Hume encuentra el difícil equilibrio entre cultura trivial, afectación y belleza.

Y. D.

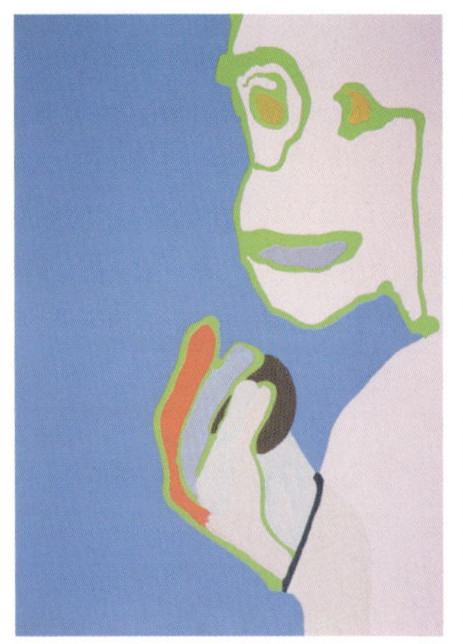

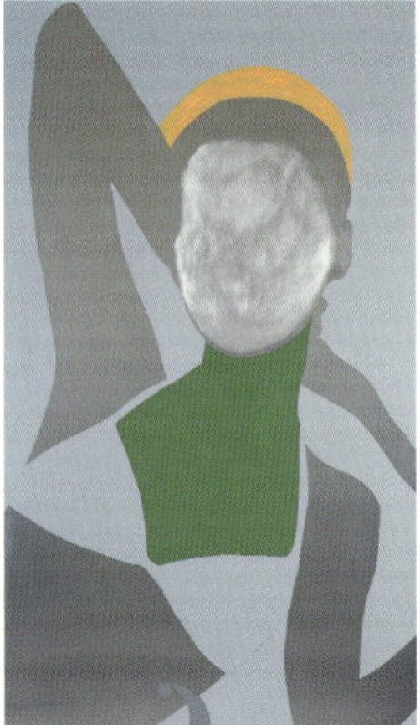

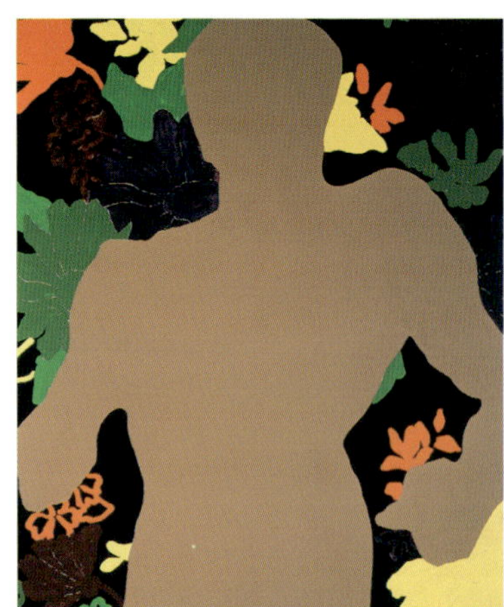

01

02

03

01 BRACELET, 1997. Esmalte sobre tablero de aluminio, 230 x 161 cm. **02 KATE,** 1996. Pintura esmaltada y papel sobre tablero de aluminio, 209 x 117 cm. **03 VICIOUS,** 1994. Esmalte sobre tablero de aluminio, 219 x 180 cm. **04 AVERY,** 1997. Esmalte sobre tablero de aluminio, 198 x 164 cm.

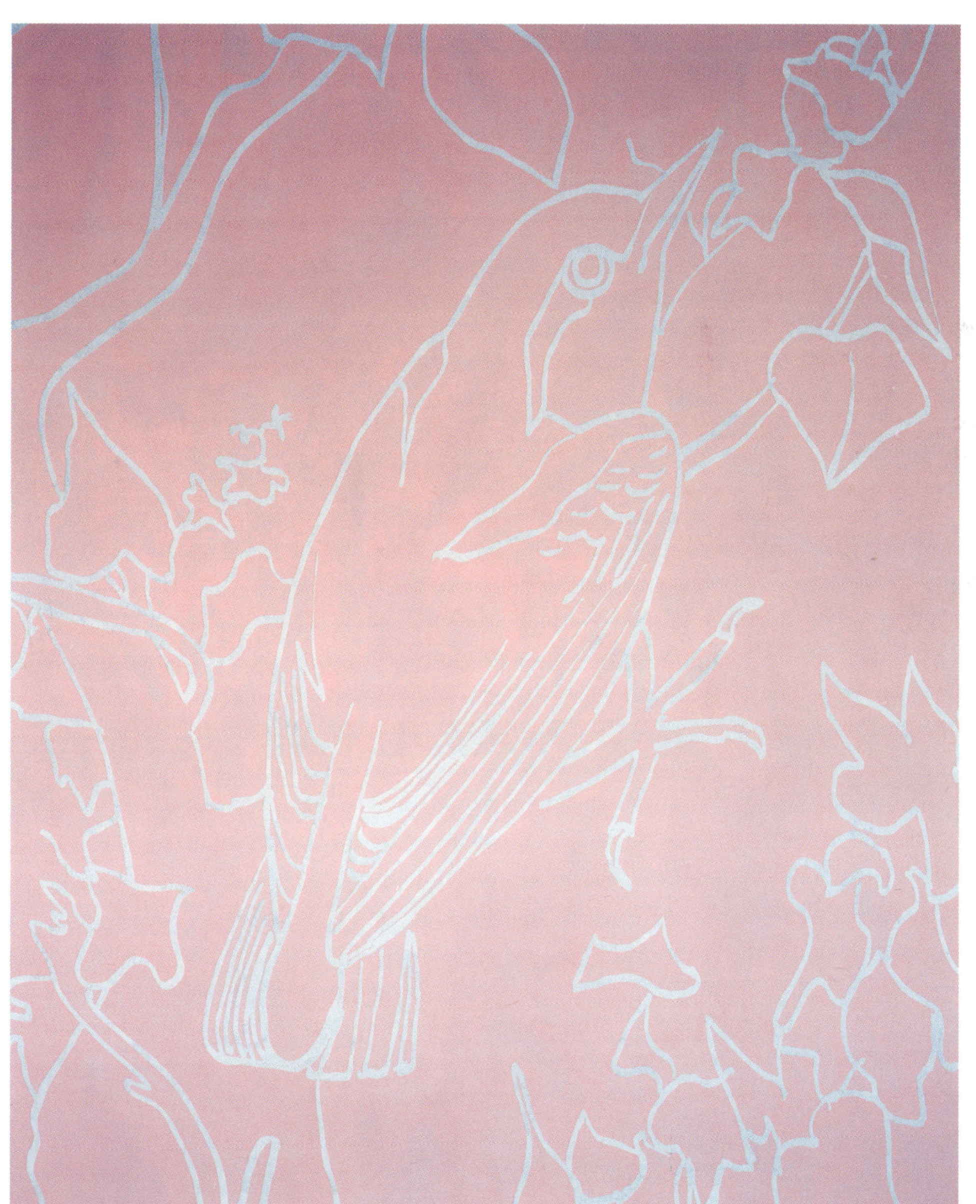

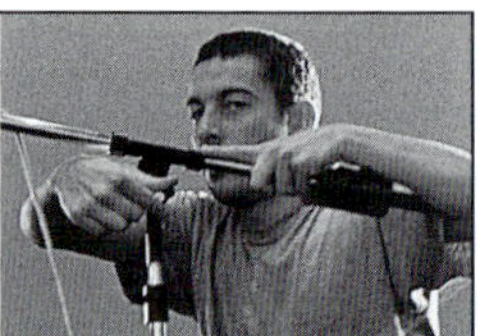

PIERRE HUYGHE

1962 París, Francia / reside y trabaja en París

«Todo lo que uno mira, cualquier objeto o imagen, ha sido pensado, seleccionado;
es el resultado de una inmensa actividad»

También las películas poseen diferentes realidades: se ven en la versión original o dobladas; cuando se estrenan producen un efecto distinto del que causan después de pasar unos años o incluso décadas; en ocasiones se emiten en la televisión en versiones más breves que las que se proyectan en el cine. A Pierre Huyghe le interesan esos aspectos; en sus trabajos analiza los diferentes planos de las películas. En «Dubbing», 1996, no se ve más que un grupo de personas que, al parecer, escucha concentrado los diálogos de una película, que se pueden ver en los subtítulos del margen inferior. Lo que se muestra es el doblaje de un film, que se comprende a través del texto y de lo que dicen los locutores del doblaje; el observador no ve la película y sin embargo entiende su estructura narrativa con sus momentos rápidos y lentos. En «Atlantic FRA/GB/D – 1929», 1997, Huyghe presenta un film de la primera época del cine sonoro, en tres idiomas, cada versión al lado de las otras. En esos años no se doblaban las películas, sino que volvían a rodarse, con los mismos decorados, pero con diferentes actores según los idiomas. Una confusión similar del mismo objeto, pero durante otra época, es la que operan grandes carteles publicitarios que muestran un café, justo encima del mismo café; a Huyghe le interesan, por tanto, los saltos temporales. Con el mismo material o en el mismo lugar suceden, en diferentes momentos, diferentes cosas. El observador se convierte en testigo de ese proceso y presiente que la verdadera realidad se escapa a la documentación.

C.B.

01 «MULTI-LANGUAGE VERSIONS» (ATLANTIC FRA/GB/D – 1929), 1997. Proyección simultánea de tres vídeos. **02 RUE LONGVIC** (billboard, dijon), 1995. Cartel impreso en offset. Vista de la instalación, «Cosmos», Le Magasin – Centre National d'Art Contemporain, Grenoble, Francia, 1995.

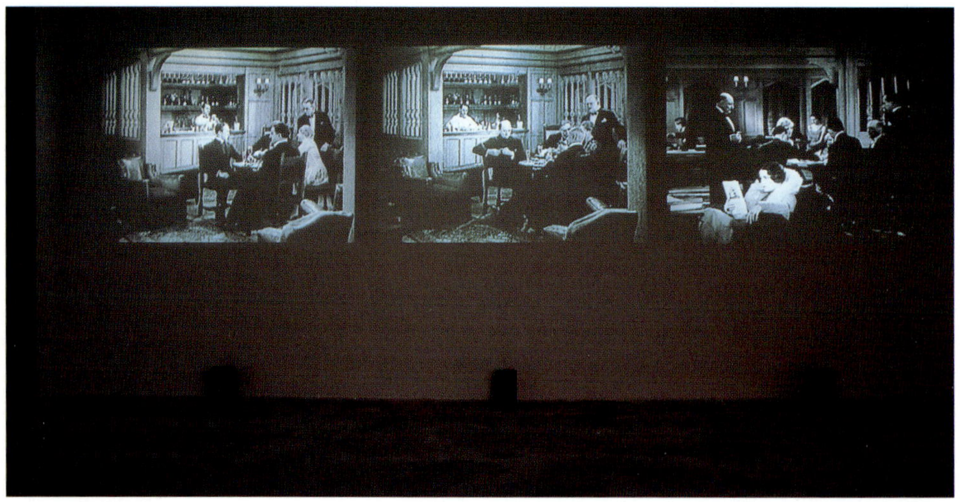

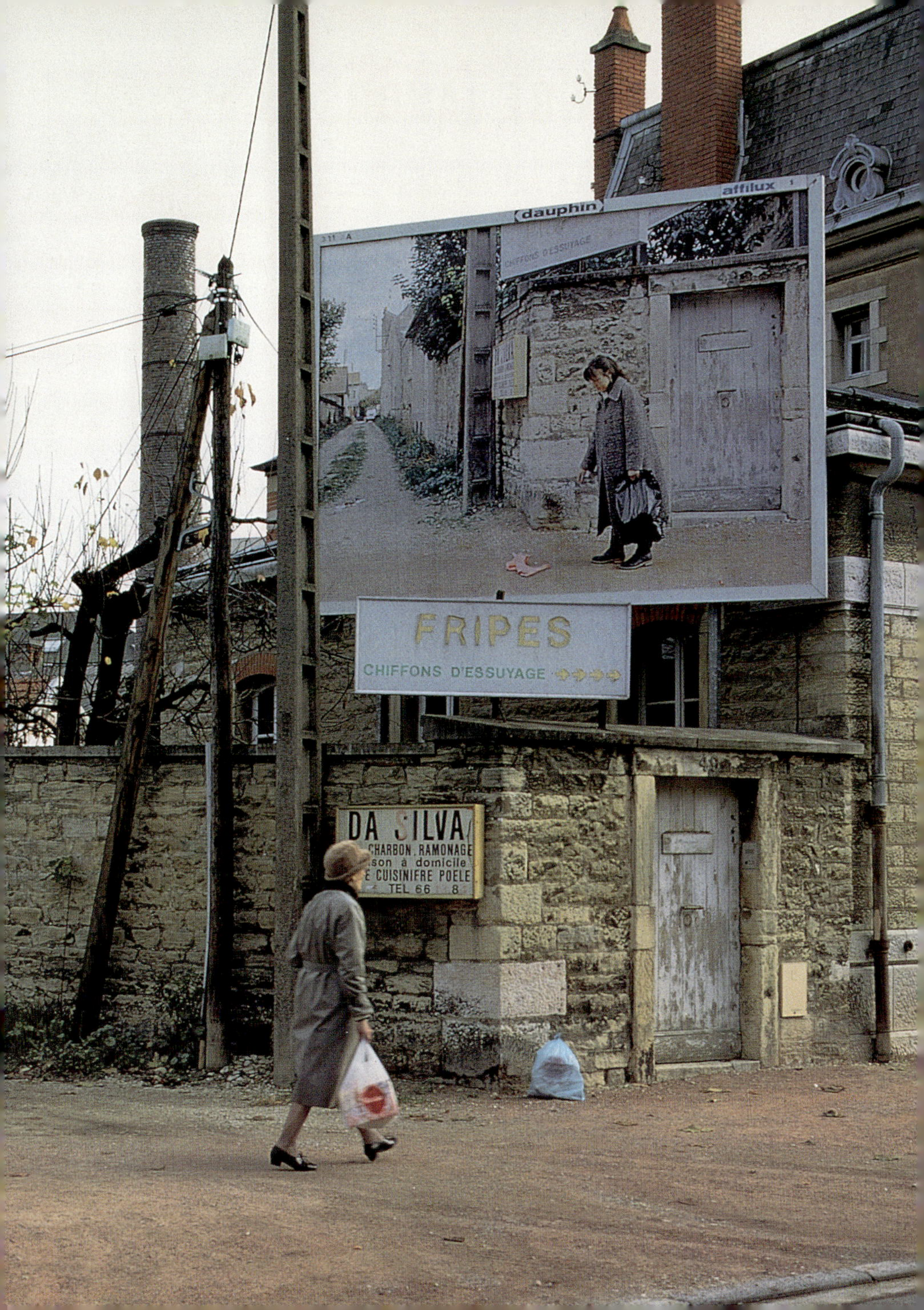

dauphin
affilux
3 11 A
CHIFFONS D'ESSUYAGE
FRIPES
CHIFFONS D'ESSUYAGE
DA SILVA
CHARBON, RAMONAGE
son à domicile
E CUISINIERE POELE
TEL 66   8

HENRIK PLENGE JAKOBSEN

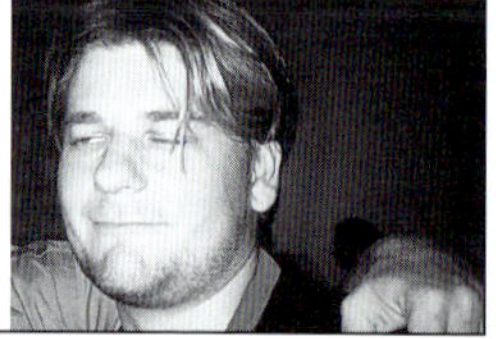

1967 Copenhague, Dinamarca / reside y trabaja en París (Francia) y Copenhague (Dinamarca)
«Para mí, el arte no debería limitarse a cuestiones formales. Debería representar una alternativa, no una afirmación. Puede ser que yo sea un idealista, pero pienso que el arte ha de ser un instrumento de crítica»

En las obras de Henrik Plenge Jakobsen hay ciertos temas que circulan casi como un virus. El cuerpo humano como materia, su relación con la autoridad y con la sociedad son una aproximación clave a su mundo de subversión y éxtasis. Esas cuestiones, partes constitutivas del estado ético de la obra artística (o de su falta), están disueltas en discusiones sobre el papel del observador y sobre la función de la obra. «Laughing Gas Chamber» (Cámara de gas hilarante, 1996) es un chiste macabro, pero también algo más. Se trata de una cámara de madera chapada, donde dos personas pueden inhalar al mismo tiempo gas hilarante, a través de válvulas de la pared, y llegar a un estado de embriaguez o éxtasis. El gas hilarante modifica la percepción del observador; de ese modo se plantean cuestiones como la manipulación y la seducción, al concebirse la cámara de gas como un producto de las fuerzas antihumanas de la industrialización, sometidas a programas de control social: lo que el observador espera de la obra está manipulado por el efecto químico calculado del gas. La ciencia experimental, en su condición de éxtasis de los límites, es el tema del «Diary of Plasma» (Diario del plasma, 1996), un proyecto actualmente en marcha de vídeo/publicación/instalación. El artista mismo actúa como una especie de doctor Frankenstein moderno, víctima de una psicosis, en un callejón sin salida. «Diary of Plasma» es una obra que hace reflexionar sobre la utopía de la ciencia experimental. Asocia así la ciencia médica con el azar y con el caos,

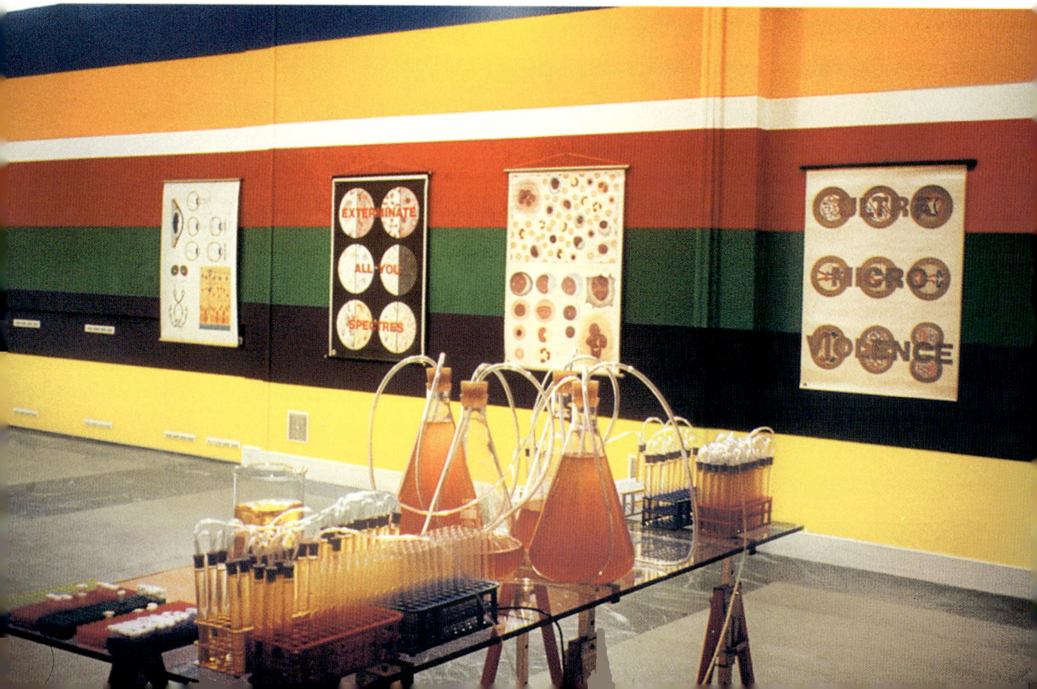

01 **NEUTRON,** 1995. Vista de la instalación, «Neutron, Aperto», ESAD/FRAC Champagne-Ardennes, Francia, 1995.
02 **EVERYTHING IS WRONG,** 1996. Dibujo mural, pintura acrílica, diámetro aprox. 250 cm.
03 **TEACHER,** 1997 (en colaboración con Jes Brinch). Vista de la instalación, «Human Conditions», Kunsthalle, Helsinki, Finlandia, 1997.

no con la curación y la salud. De este modo, el arte de Henrik Plenge Jakobsen insiste en intervenir en las estructuras que determinan los regímenes políticos y los derechos, así como la comprensión del cuerpo en esta época de cambios rápidos y radicales.

L.B.B.

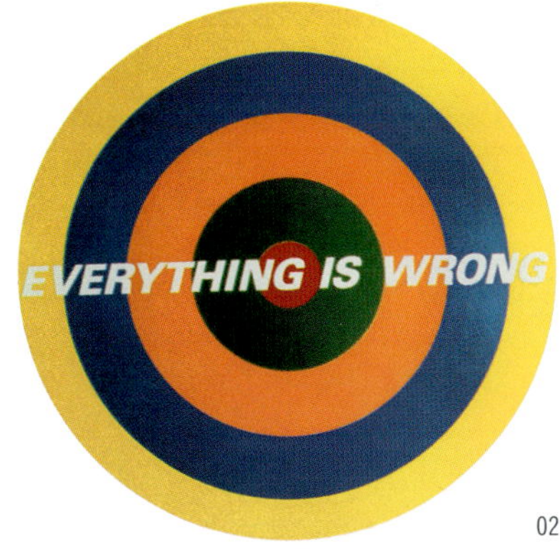

02

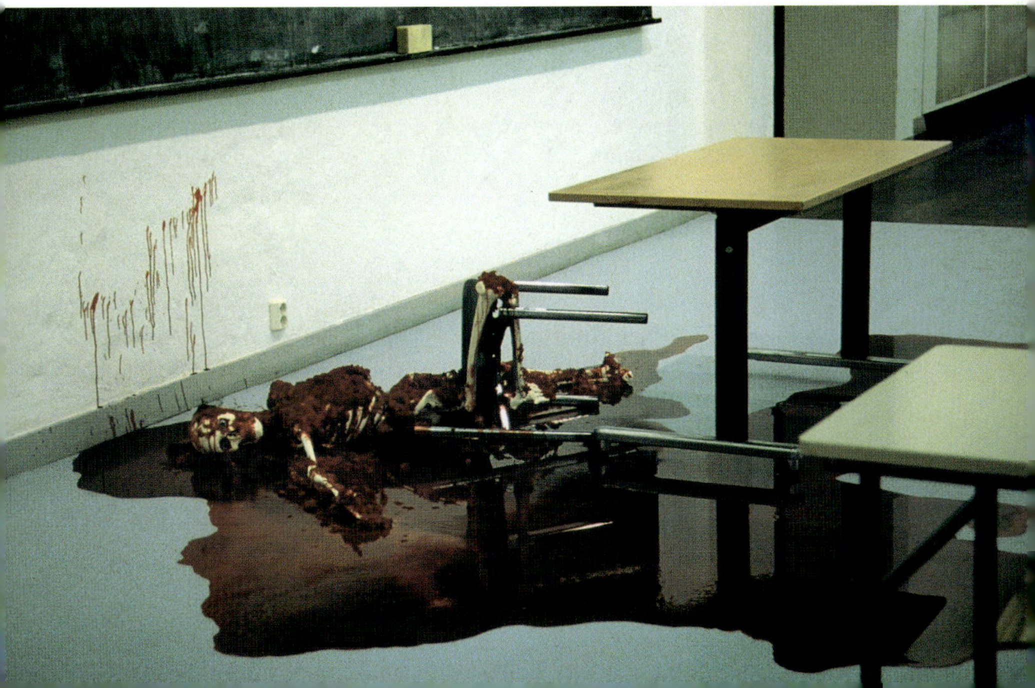

MIKE KELLEY

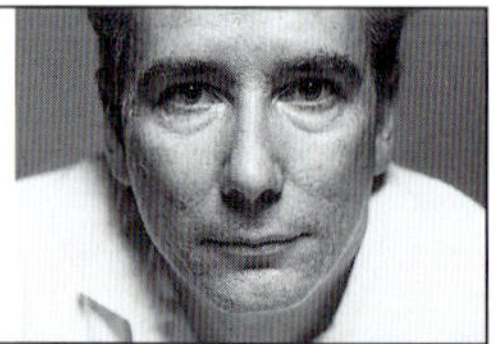

1954 Detroit (Michigan), EE UU / reside y trabaja en Los Ángeles (California), EE UU

«Los artistas son gente a la que cierto privilegio social les permite actuar de un modo que no se espera de los adultos»

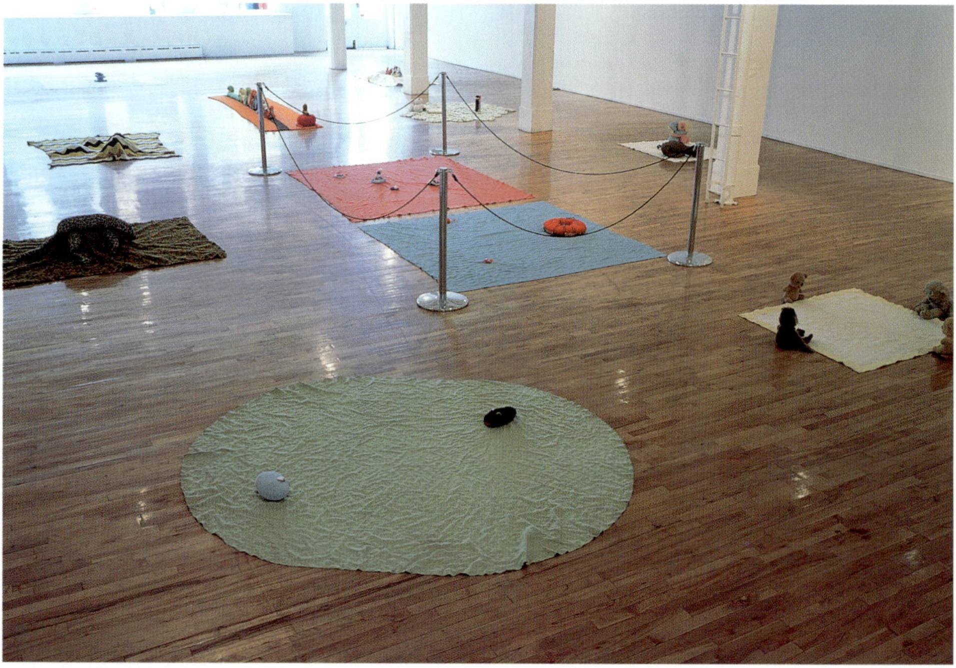

Un tema central de las performances, instalaciones, dibujos y textos de Mike Kelley son los «sistemas de fe», que denomina «propaganda-gone-wrong» (propaganda errónea). Los trabajos de Kelley integran un amplio abanico de fuentes: desde la iconografía cristiana, el surrealismo, el psicoanálisis y el arte conceptual hasta el movimiento hippie y punk norteamericano, la cultura trash, el folklore y la caricatura. Kelley, conocido hasta entonces como autor de performances, adquirió reconocimiento internacional con su proyecto, de varias partes, «Half a Man», 1987–1991, que constaba, entre otras cosas, de muñecas desgastadas, animales de peluche andrajosos, colchas de ganchillo y aparatos de cassettes. En los animales de trapo, Kelley vio modelos idealizados, asexuales, con los que los niños se adaptan a las normas familiares y sociales. Las huellas de un uso intenso se convirtieron para Kelley en una imagen de cómo las coacciones se trasmiten de una generación a la siguiente. Así, en «Educational Complex», 1995 —una reconstrucción a escala reducida de todos los centros educativos por los que pasó Kelley— aludió a los traumas de su propia niñez. Al igual que su proyecto con Tony Oursler sobre el pasado común en una banda de punks («The Poetics Project», 1997), esta forma historiográfica refleja los procesos del recuerdo. Por ejemplo, en «Pay for your Pleasure», 1988, el observador pasa por un largo corredor de retratos y citas de escritores y filósofos, hasta llegar al autorretrato de un asesino vestido de payaso: con sus exageraciones cómicas y grotescas, Kelley rompe, y muestra en sus complejas contradicciones, relaciones al parecer establecidas entre placer y sentimiento de culpa, represión y sublimación, normalidad aparente, voyeurismo y el denominado «otro».

A. W.

01 VISTA DE LA INSTALACIÓN, Metro Pictures, Nueva York, EE UU, 1990.
02 VISTA DE LA INSTALACIÓN, Jablonka Galerie, Colonia, Alemania, 1991/92.

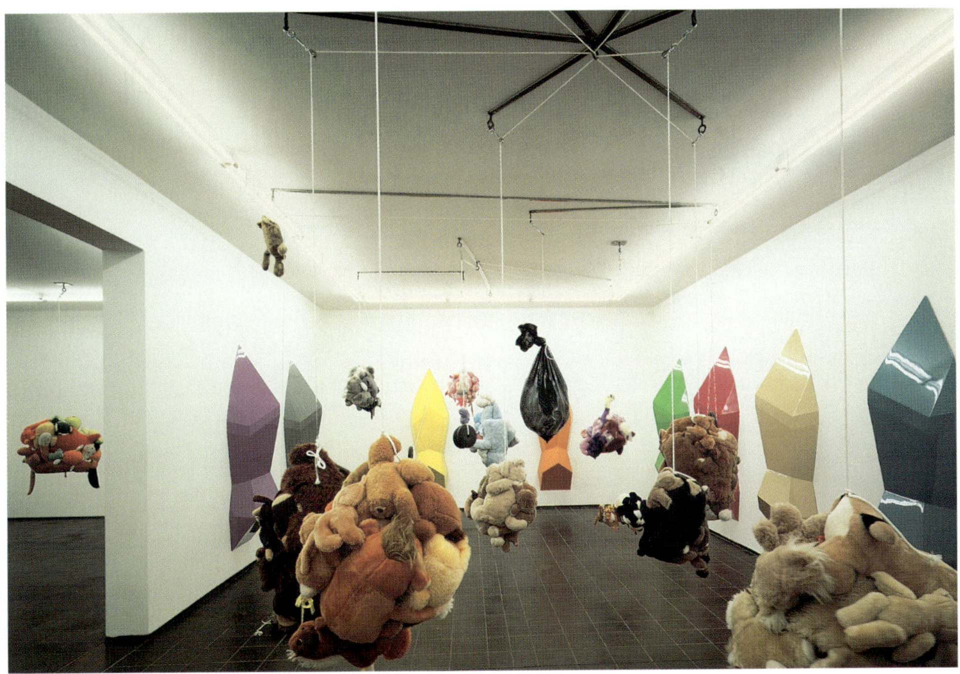

MARTIN KIPPENBERGER

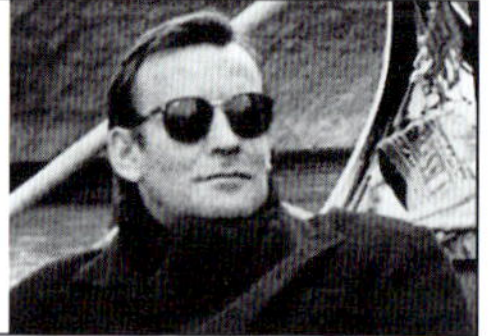

1953 Dortmund, Alemania — **1997** Viena, Austria

«Yo no puedo cortarme una oreja todos los días: hacer de Van Gogh aquí, de Mozart allí.
Ya cuesta suficiente trabajo examinar una y otra vez lo que uno realmente hace»

Entre la polifacética obra de Martin Kippenberger —dibujos, cuadros, esculturas, instalaciones, así como libros de artista, catálogos, carteles y tarjetas de invitación— hay que mencionar también actividades de performances y de organización de exposiciones. Su método de trabajo estuvo marcado por un proceso que integraba y hacía participar a todo un grupo de ayudantes, amigos y colegas. Kippenberger trabajaba conscientemente con provocaciones y una elaborada estética del mal gusto. Los desencadenantes para dedicarse a un determinado tema podían venir de diferentes ámbitos: la cultura trivial y la subcultura eran para él tan importantes como destacados ejemplos de la historia del arte. Los trabajos de Henry Moore le inspiraron sus propios cuadros y esculturas, que pueden interpretarse como comentario irónico, sobre todo por su título «Familie Hunger», (Familia Hambre, 1985); también desarrolló una amplia serie, que abarca diversos medios, con el catálogo correspondiente, sobre el tema «Das Ei in der Kunst und im Alltag» (El huevo en el arte y en la vida diaria, 1995–1997). Para su proyecto «Metro-Net. Subway Around the World», 1993–1997, Kippenberger instaló entradas a un metro imaginario en diferentes lugares de la Tierra (p. ej. en Siros, una de las Islas Cícladas o en Dwason, Canadá). Con ocasión de «Escultura. Proyectos para Münster 1997» expuso un gigantesco pozo de ventilación del metro, del que de vez en cuando salían ruidos de trenes circulando. Diseñó, para la documenta X, en una pradera de hierba otra entrada móvil para un metro a lo largo de todo el mundo, que sólo existía en su imaginación.   Y.D.

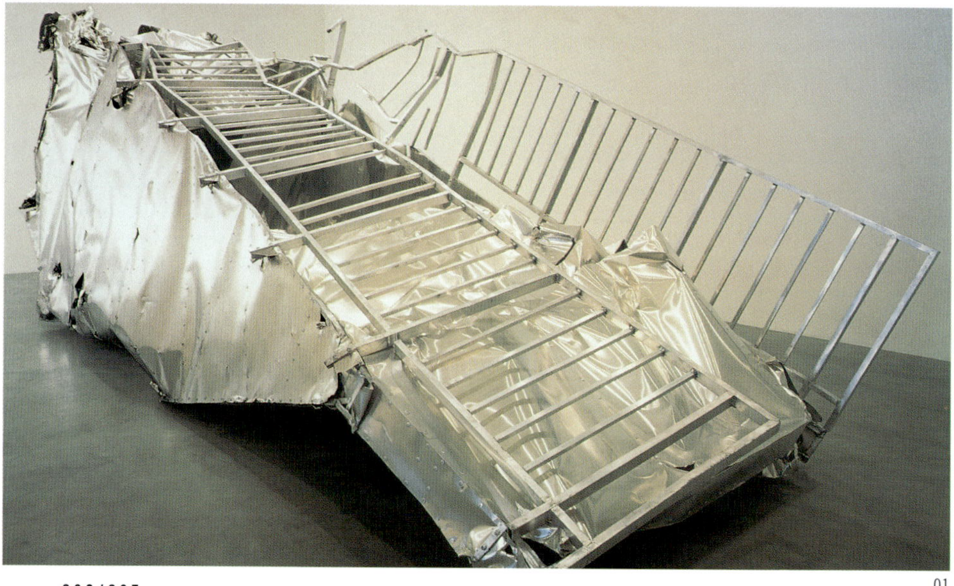

01 **TRANSPORTABLER U-BAHN-EINGANG (CRUSHED),** 1997. Aluminio, acero inoxidable, 295 x 850 x 215 cm. Vista de la instalación, Metro Pictures, Nueva York, EE UU, 1997. 02 **PORTRÄT PAUL SCHREBER,** 1994. Óleo, serigrafía, plexiglás sobre lienzo, 240 x 200 cm.

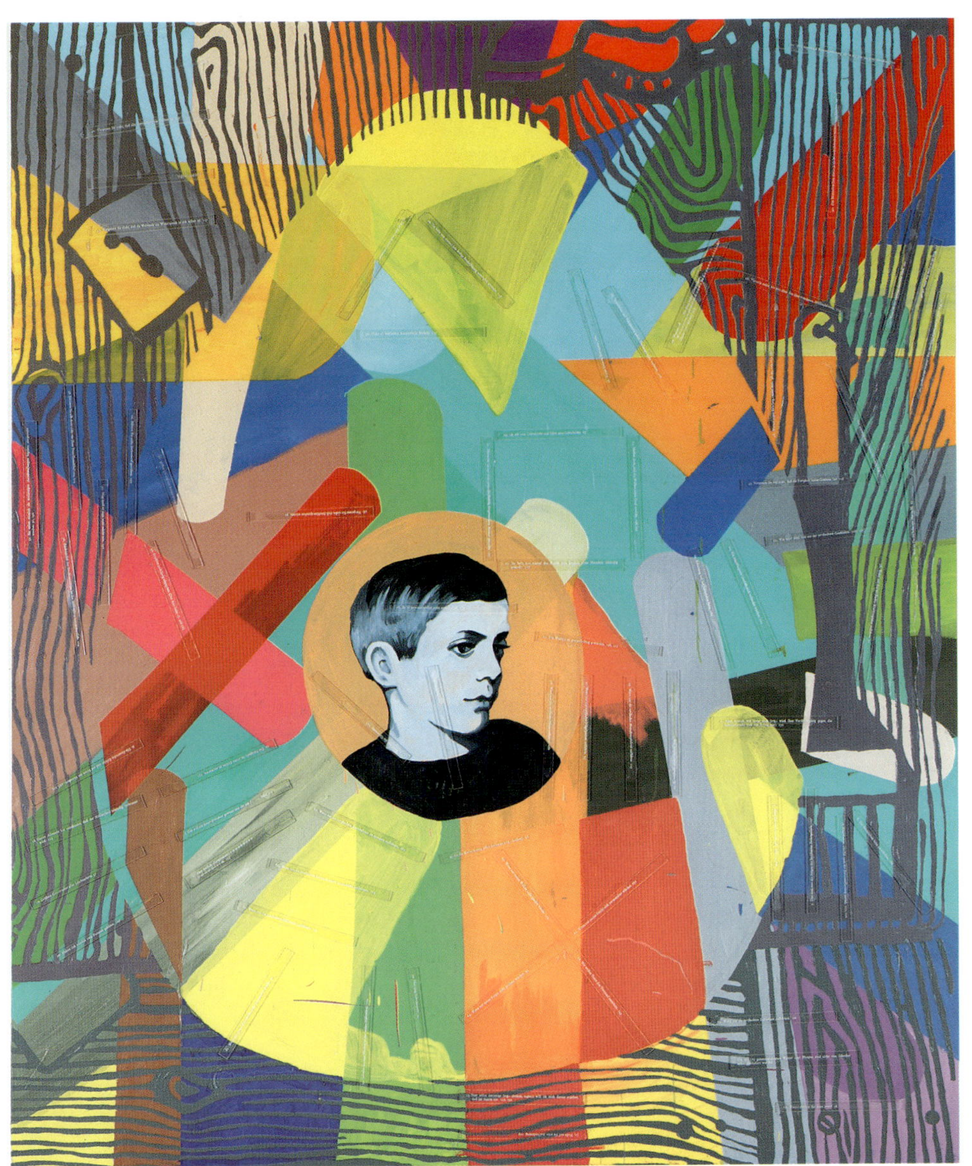

JEFF KOONS

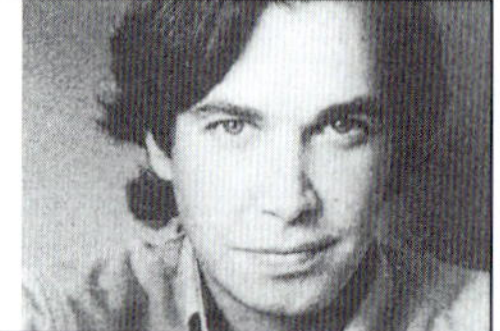

1955 York (Pensilvania), EE UU / reside y trabaja en Nueva York, EE UU

«El arte es comunicación; es la capacidad de manipular a las personas. La diferencia con el mundo del espectáculo o de la política sólo radica en que el artista es más libre»

Jeff Koons, el simpático joven, normal y corriente, que ganó el dinero que precisaba para sus primeras obras de arte trabajando en la bolsa, fue en los ochenta el superestrella absoluto del ajetreado mundo del arte. Comenzó colocando aspiradores completamente nuevos («The New», 1980) en vitrinas que parecían rigurosamente limpias y que estaban iluminadas por luces de neón. En 1985 hizo los dos «Equilibrium Tanks», cajas llenas de agua como un acuario, con balones de baloncesto flotando. Un año más tarde sorprendió al mercado del arte con figuras de acero inoxidable relucientes. En el culmen de su carrera, en 1991, Jeff Koons se casó con la estrella porno italiana Cicciolina. De sus devaneos sexuales dejó testimonio, ya en 1989, en su ciclo «Made in Heaven»: en gigantescas imágenes y esculturas reprodujo con todo lujo de detalles los actos sexuales. Jeff Koons sigue siendo una estrella del espectáculo, pero también ocupa la atención del mundo del arte. Sus obras son una sutil mezcla de kitsch, modernidad y sexo: rompen tabúes, pero no para escandalizar, sino para revelar belleza en esa provocación. De ese modo, Jeff Koons dio como ningún otro en el nervio de la generación de yuppies y nuevos ricos. Después de 1992 se hizo el silencio en torno a él; también fracasó su matrimonio con Cicciolina. Su último proyecto: «Celebration», que consta de 20 grandes esculturas y cuadros inmensos, se presentó en el año 2000, en el Deutsche Guggenheim Berlin.

C.B.

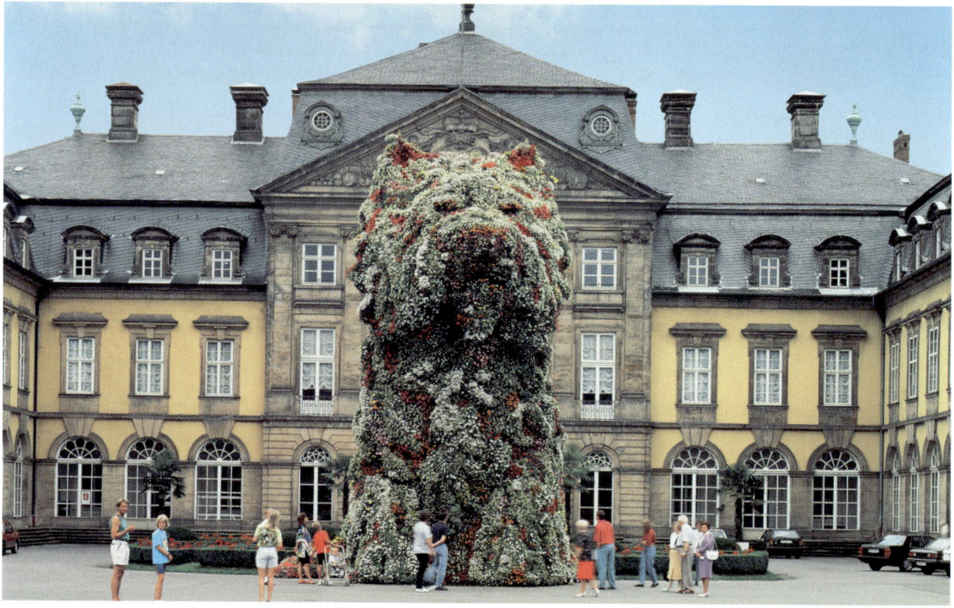

01 PUPPY, 1992. Plantas florecientes, tierra, madera, acero, 12,4 x 8,3 x 9,1 m. Vista de la instalación, «Made for Arolsen», Schloß Arolsen, Arolsen, Alemania, 1992. **06 RABBIT,** 1986. Acero inoxidable, 104 x 48 x 30 cm.

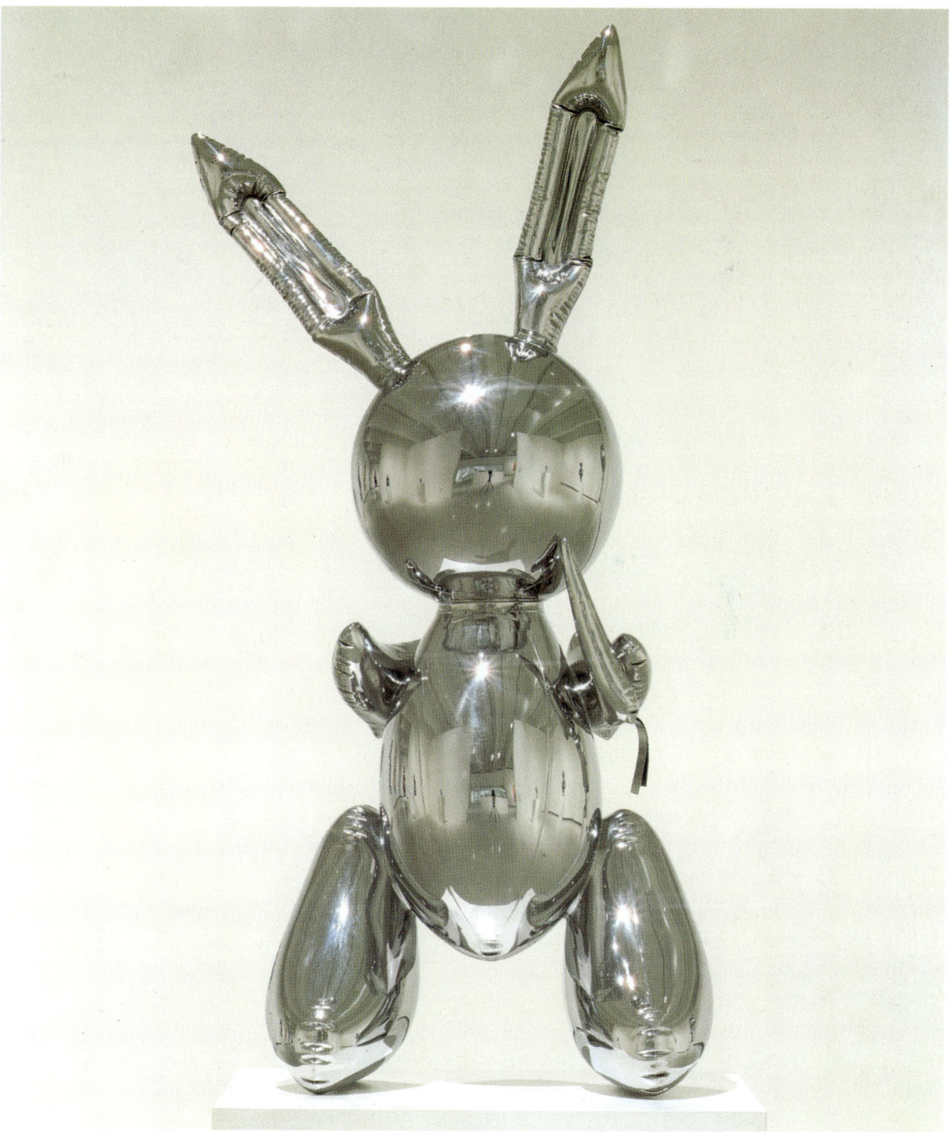

BARBARA KRUGER

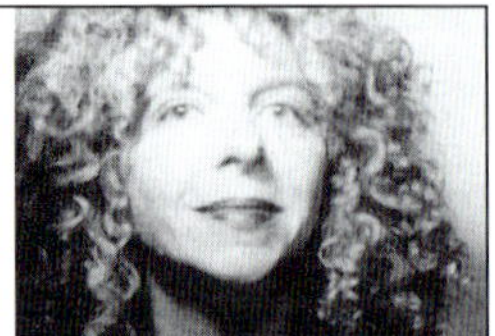

1945 Newark (Nueva Jersey), EE UU / reside y trabaja en Los Ángeles y Nueva York, EE UU
«Intento tratar las complejidades del poder y de la vida social, pero por lo que se refiere a la presentación visual, me esfuerzo por evitar un mayor grado de dificultad. Pretendo que la gente se sienta atraída a la obra»

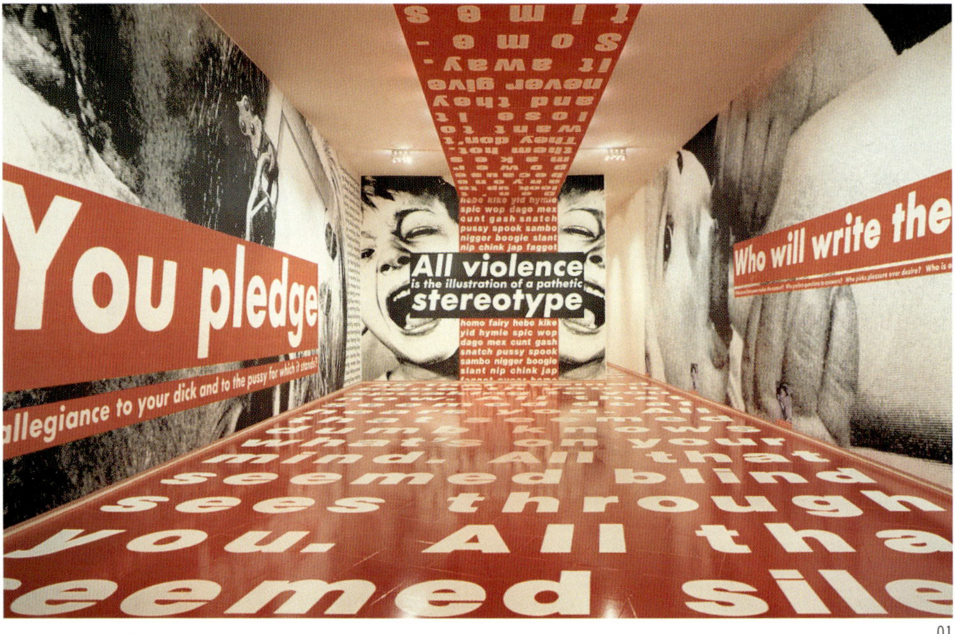

Publicidad, propaganda y discursos misioneros atraen como un imán. Tienen éxito, captan la atención de las masas y la cautivan. Barbara Kruger copia esos mensajes manoseados que se dirigen a los consumidores y al pueblo, a los que buscan el sentido de sus vidas: «Reza como nosotros», «teme como nosotros», «cree como nosotros». Esas frases suenan siempre como una apelación, que Kruger compone con trazos duros, por regla general blancos y rojos. Su combinación de tipografía y fotografía en blanco y negro, un símbolo del esquema positivo-negativo de los mensajes citados, se ha convertido en su marca de fábrica. Hizo en masa pósteres, T-shirts y bolsas de compra en forma de artículos de producción industrial; pegó carteles en muros y espacios publicitarios. Desde que, en 1983, sus primeros textos dejaron perplejos a los neoyorquinos en Times Square («Yo no intento venderle nada»), el trabajo de Kruger es tan público como político. Por ejemplo, se ocupó del proyecto del cartel para la manifestación feminista celebrada en 1989 en Washington («Your Body is a Battleground»), un manifiesto del feminismo que se tradujo a muchos idiomas («No necesitamos nuevos héroes») y diversos libros sobre la discriminación de minorías y el sida. En los años noventa, la resistencia concreta ha dejado paso a la reflexión que ilustra, por ejemplo, la historia de la propaganda de masas o nuevas estrategias de sugestión psicológica. Hoy en día, el trabajo de Kruger es multimedial: completa los mensajes escritos con otros acústicos, la fotografía con proyección de vídeo. De vuelta al espacio de exposición, rodea al público («YOU») con superioridad de fuerzas y lo ataca directamente. El enfrentamiento se convierte en claustrofobia. En «Power Pleasure Desire Disgust», 1997, Kruger ya no ataca posturas de la opinión pública, sino zonas de la intimidad.   S. T.

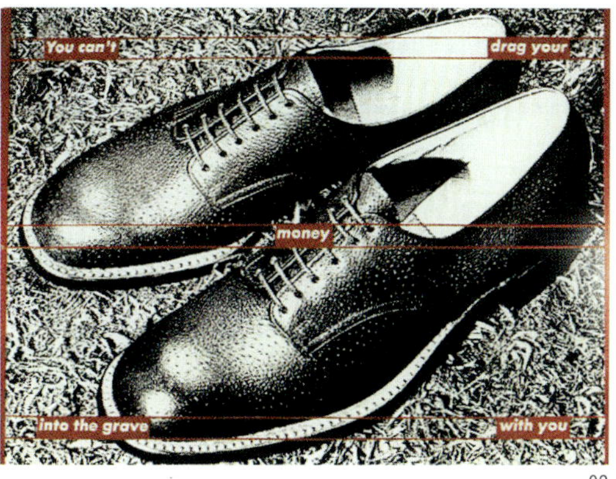

02

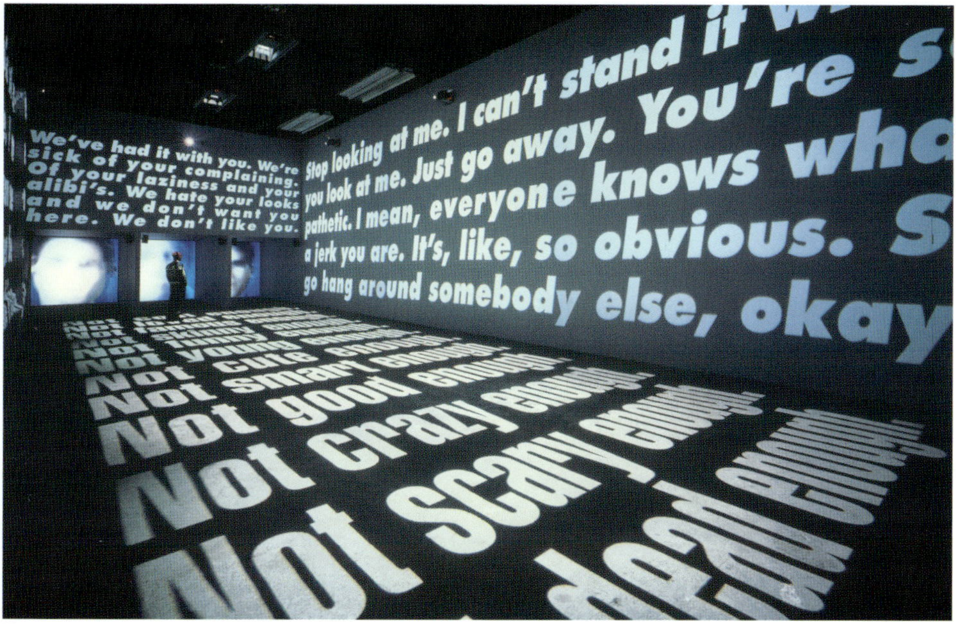

03

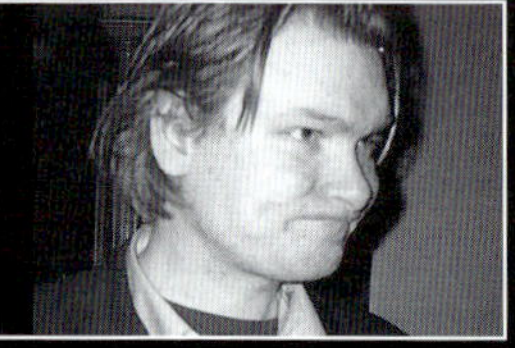

PETER LAND

1966 Aarhus, Dinamarca / reside y trabaja en Copenhague, Dinamarca

«En los vídeos puedo hacer de diferentes personas. Delante de la cámara, estoy en condiciones de representar una fantasía privada en forma de mensaje social»

Peter Land hace un comentario críptico de la cuestión que estaba en sus primeras performances de vídeo: «¿Qué es lo último que estaría dispuesto a hacer en este mundo?, me preguntaba. ¿Cómo cuestionarme a mí mismo?» Su respuesta fue descubrirse totalmente, cosa que hizo en dos experimentos consigo mismo. En el primero de ellos intentó inducir a dos chicas a que hicieran strip-tease delante de la cámara, en un sex show en su propia sala de estar: «Peter Land, the 6th of February», mientras que en el segundo consistió en una performance de aficionado en la que él mismo hacía strip-tease: «Peter Land the 5th of May». Esta representación interminable de la propia desnudez, bañada en alcohol —pero todo lo contrario a erótica—, dio a conocer a Peter Land de la noche a la mañana. Desde entonces, su obra está dominada por imágenes directamente conmovedoras y, frecuentemente, embarazosas, en las que presenta situaciones prototipo de la degradación y del fracaso. Los vídeos de Land recuerdan la comedia de situaciones de las películas mudas, del slapstick, pero están estructuradas con tal precisión, que el punto neurálgico de la caída aparece aislado en sí mismo, convirtiéndose en una imagen estatuaria. Sus argumentos proporcionan interpretaciones que hacen posible tanto indentificaciones universalmente humanas como la reflexión de la imaginería artística. Las caídas externas se vuelven al interior de un modo melodramático, frecuentemente exagerado por la música; por ejemplo en la caída de una escalera, repetida inexorablemente: «Staircase», 1998, al confrontarse con un negro cielo estrellado simboliza la caída del mundo.

S. T.

01

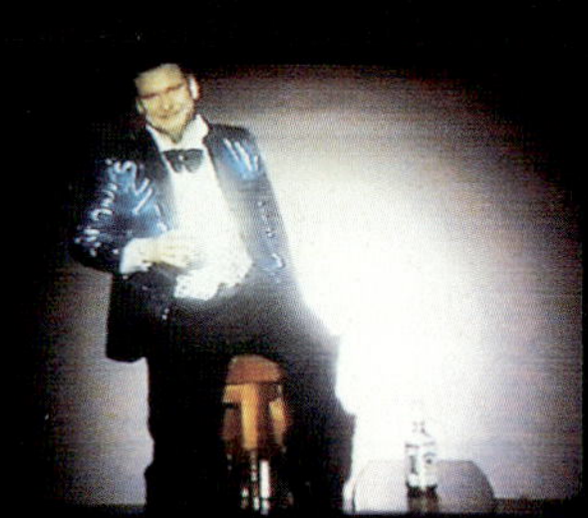

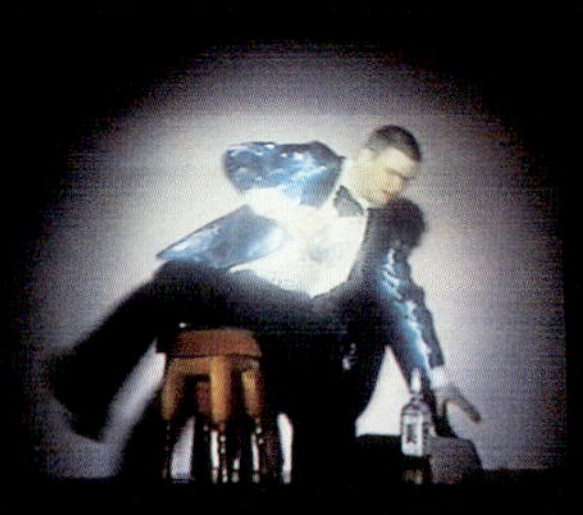

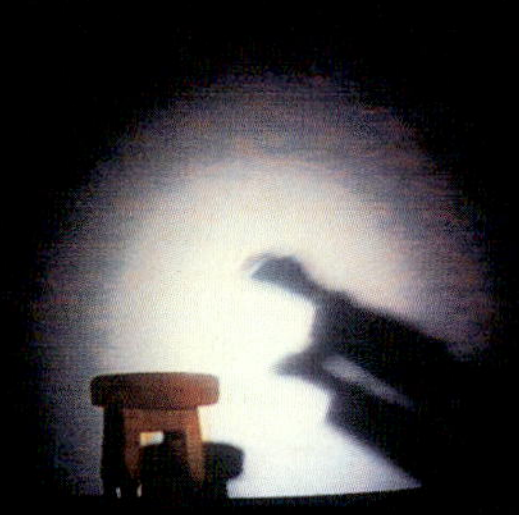

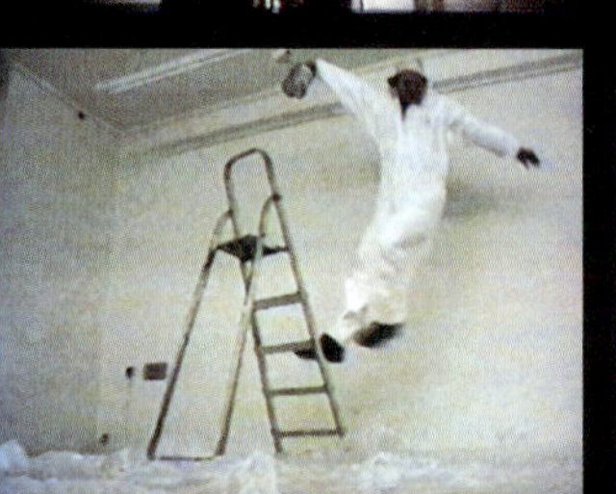

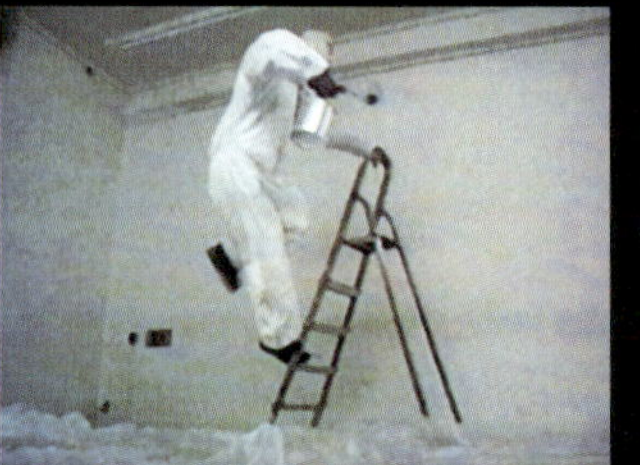

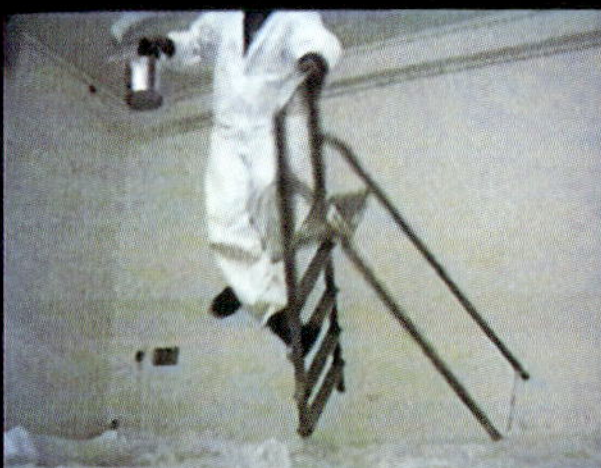

02

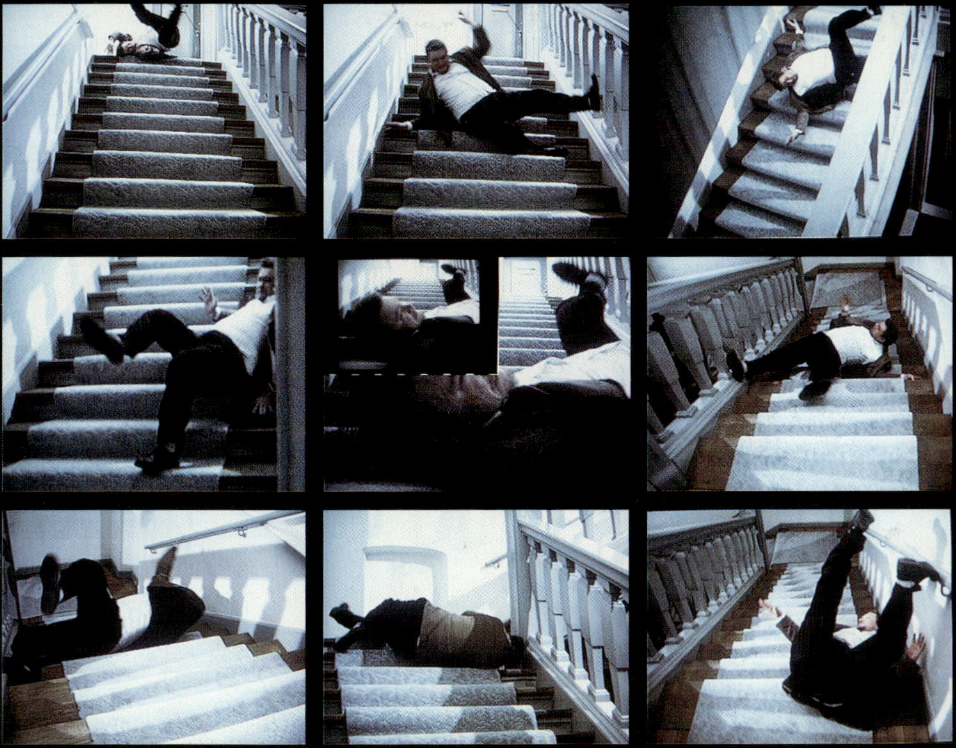

03

01 PINK SPACE, 1995. Fotogramas del vídeo, lazo, reproducción continua.
02 STEP LADDER BLUES, 1995. Fotogramas del vídeo, vídeo de 7 min.
03 THE STAIRCASE (THE STAIRCASE), 1998. Videoproyección doble, fotogramas del vídeo.
04 PETER LAND THE 5TH OF MAY 1994, 1994. Fotogramas del vídeo, vídeo de 25 min.

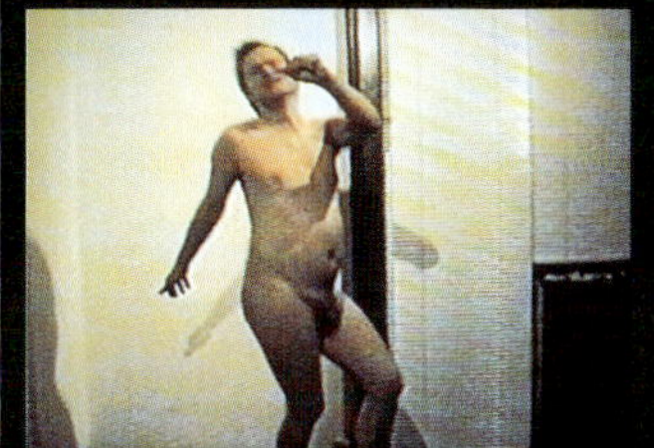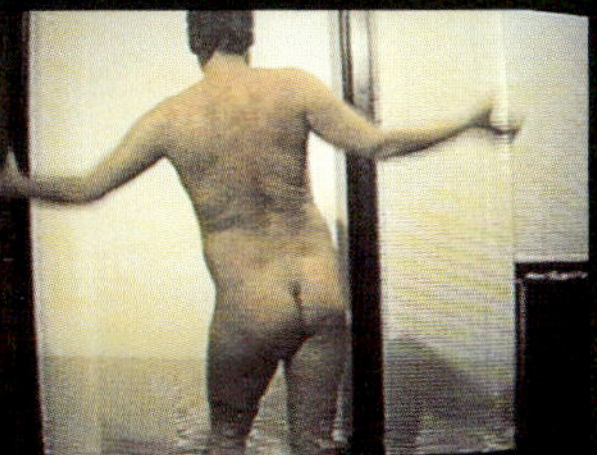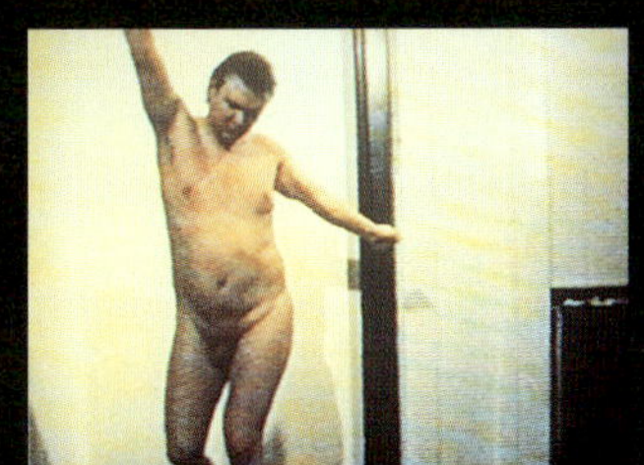

04

LOUISE LAWLER

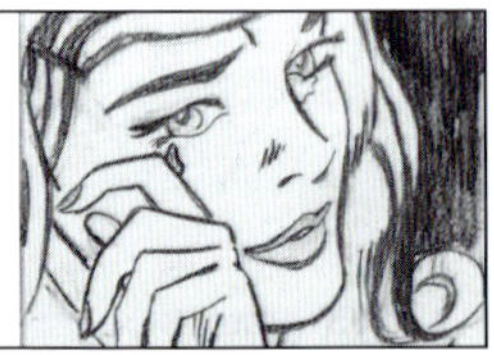

1947 Bronxville (Nueva York), EE UU / reside y trabaja en Nueva York, EE UU

«[…] ¿Por qué me opongo a las entrevistas?: porque ponen al artista en un primer plano… revelan demasiado de lo que no se llegaría a saber si sólo se observa la obr.»

Según Louise Lawler, el arte se crea en un proceso colectivo: no sólo los artistas, sino también los críticos, los comisarios de exposiciones y los coleccionistas participan en la creación de valores y significados estéticos. Desde finales de los setenta, Lawler sitúa en el centro de su obra los mecanismos aparentemente secundarios de la presentación y comercialización del arte. Los proyectos de sus comienzos, como los «Streichholzheftchen» (Cajas de cerillas), y más tarde sus fotografías e instalaciones analizan diversos elementos del aparato de la cultura: tarjetas de invitación, iluminación, pies de fotos, fotos de instalaciones, y modifican su significado mediante injerencias sutiles. Frecuentemente, Lawler combina sus propios trabajos con los de otros artistas, como en 1982 en la galería neoyorquina Metro Pictures. Al ocuparse allí de funciones de «organización», trastocó la división de papeles entre el galerista y el artista. Los «Arrangements of Pictures» de Lawler indican colecciones particulares y de empresas, y también en casas de subastas, con lo que simbolizan su función como mercancía de lujo o de intercambio y como símbolo de status. Con las leyendas grabadas en los basepartouts, Lawler abre las imágenes a

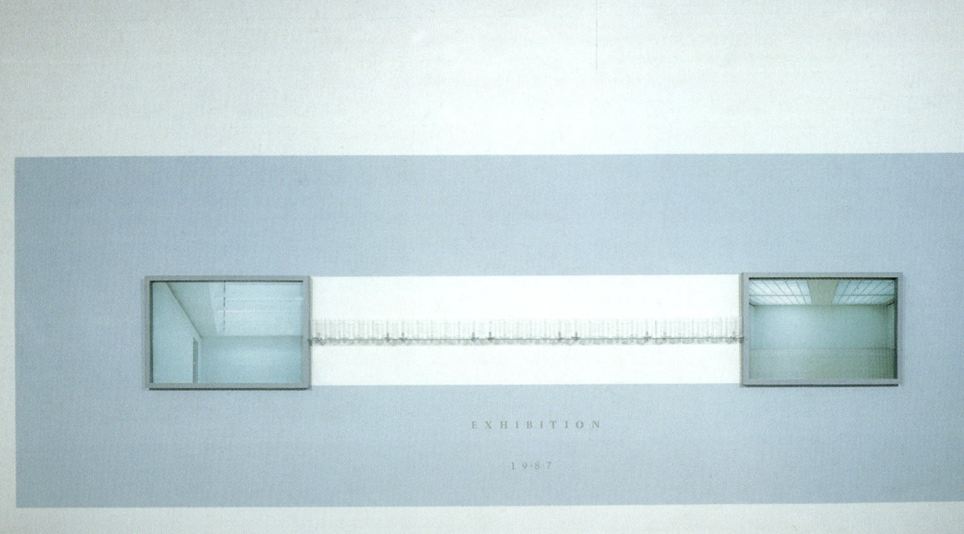

01 EXHIBITION, 1987. Vasos con la inscripción «You Could Hear A Rat Piss On Cotton. Charlie Parker», estantes de vidrio,
pintura, 2 copias en cibachrome del Museum of Contemporary Art, Los Ángeles (California), EE UU.
02 POLLOCK AND TUREEN (ARRANGED BY MR. AND MRS. BURTON TREMAINE, CONNECTICUT), 1984. Fotografía en color, 41 x 51 cm.
03 PRODUCED IN 1988, PURCHASED IN 1989; PRODUCED IN 1989, PURCHASED IN 1993, 1995. Cibachrome (cofre de museo), 114 x 149 cm.
04 I–0, 1993–1998. Cibachrome (cofre de museo), 50 x 59 cm. **05 PINK,** 1994/95. Cibachrome, 120 x 151 cm.

nuevas interpretaciones. P. ej., combina dos fotografías de la «Round Marilyn» de Warhol con la pregunta:
«Does Andy Warhol make you Cry?» (¿Te hace llorar Andy Warhol?) y con «Does Marilyn Monroe make you
Cry?» (¿Te hace llorar Marilyn Monroe?, 1988), una irónica alusión a las expectativas afectivas que suelen
ir unidas a la recepción del arte. Los textos de Lawler también citan a asesores de arte y a empleados de
museos y galerías, en lugar de poner en un primer plano al artista, como factor decisivo en la evaluación
del arte. La firma como personificación del autor queda descentrada —en un sentido literal—, y con ella
la idea de la autonomía artística como condición previa a la circulación del arte.   A. W.

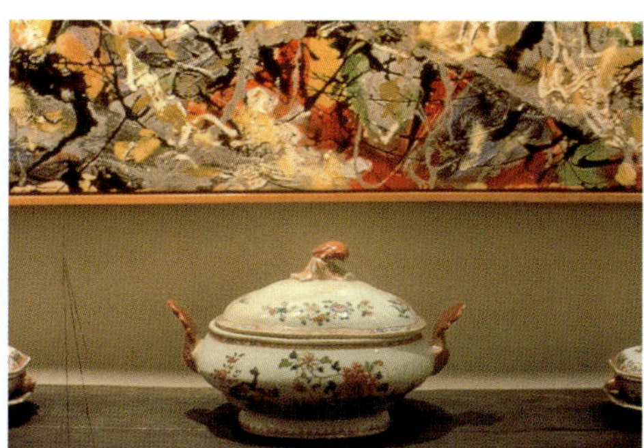
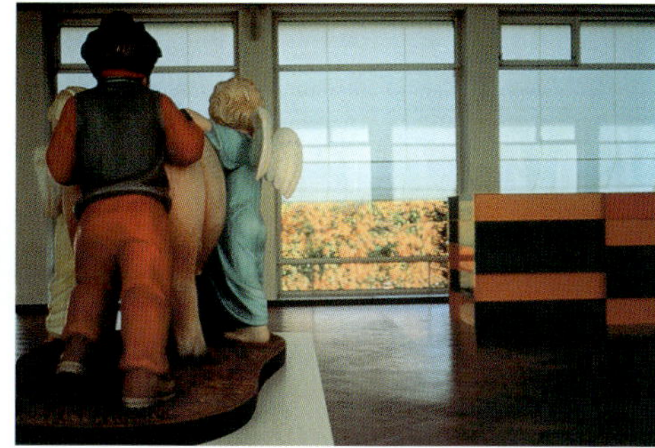
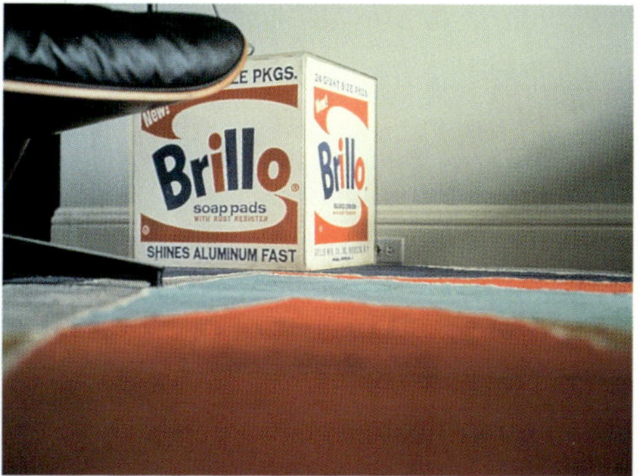
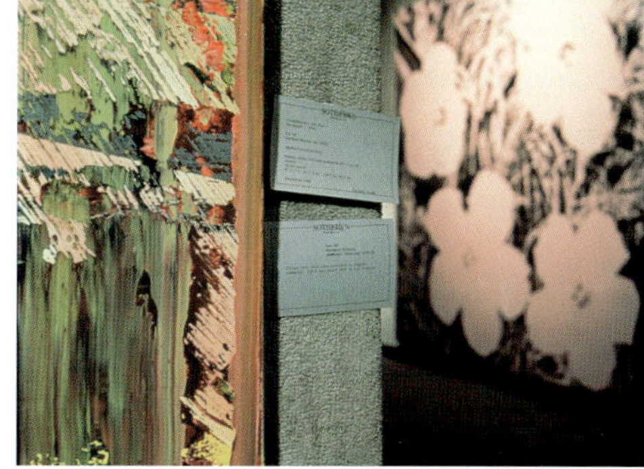

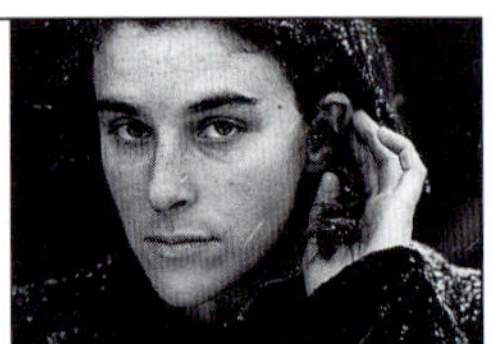

ZOE LEONARD

1961 Nueva York, EE UU / reside y trabaja en Nueva York

«Habría que contribuir a crear un mundo en el que se pueda estar sencillamente sentado, pensando en las nubes. Esto debería ser nuestro derecho como seres humanos»

La obra de la fotógrafa Zoe Leonard ocurre entre dos polos: el lenguaje ostentativo del activismo político y la tonalidad sensible de la ficción poética. Como feminista lesbiana lucha por la libertad y por el reconocimiento de grupos marginales. Al mismo tiempo, su mirada fotográfica sobre el mundo es una mirada ensoñadora, como permiten reconocer, por ejemplo, sus fotos de olas «Water #1 + #2», 1988. Leonard hizo uno de sus trabajos más conocidos en condición de miembro del colectivo artístico «Gang»: el cartel «Read My Lips», 1992, que muestra una vagina y la frase: «Read my lips before they are sealed» (Lee mis labios antes de que queden sellados), texto que alude al decreto que prohibió a los médicos norteamericanos emplear el término «aborto». El hecho de que una feminista colocara el órgano sexual en el centro de la foto, de forma ostentosa pero al parecer libre de emociones, hace que se planteen otras preguntas: ¿quién tiene el control sobre el cuerpo femenino y sobre las fotografías de mujeres?, ¿qué sentido tiene la censura de motivos homoeróticos?, ¿cómo puede representarse un órgano sexual femenino sin que produzca un efecto erótico? El papel de la mujer ocupa el centro de atención también en la serie de fotografías «Fae Richards Photo Archiv», 1993–1996. La artista «reconstruyó» cuidadosamente la biografía de una actriz de Hollywood de color a comienzos del siglo XX. La atribución de papeles y los mecanismos de control de las personas de color se revelan como un convencionalismo social en el que participan también la iluminación y la escenificación de fotogramas de películas conocidas. Por ejemplo, ¿por que se exponen insuficientemente las actrices negras, mientras que los hombres blancos aparecen nítidamente iluminados? Independientemente de la retórica política, este trabajo fascina por su nostalgia casi sentimental: el objetivo de toda lucha es siempre «la recuperación de la belleza».   R.S.

01 / 02 UNTITLED, 1992. Vistas de la instalación, Neue Galerie, documenta IX, Kassel, Alemania, 1992.
03 / 04 STRANGE FRUIT (FOR DAVID), 1992–1997 (detalles). Distintos formatos, 297 elementos: pieles de naranja, limón, pomelo, aguacate y plátano; hilo, agujas, cremalleras, botones, cera, plástico, gancho, cuerda, tela.

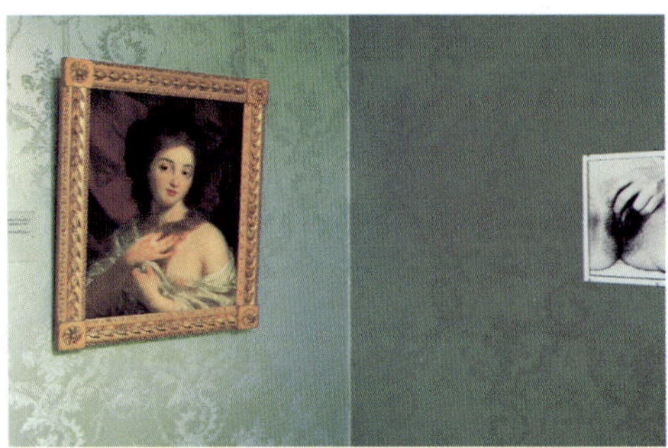

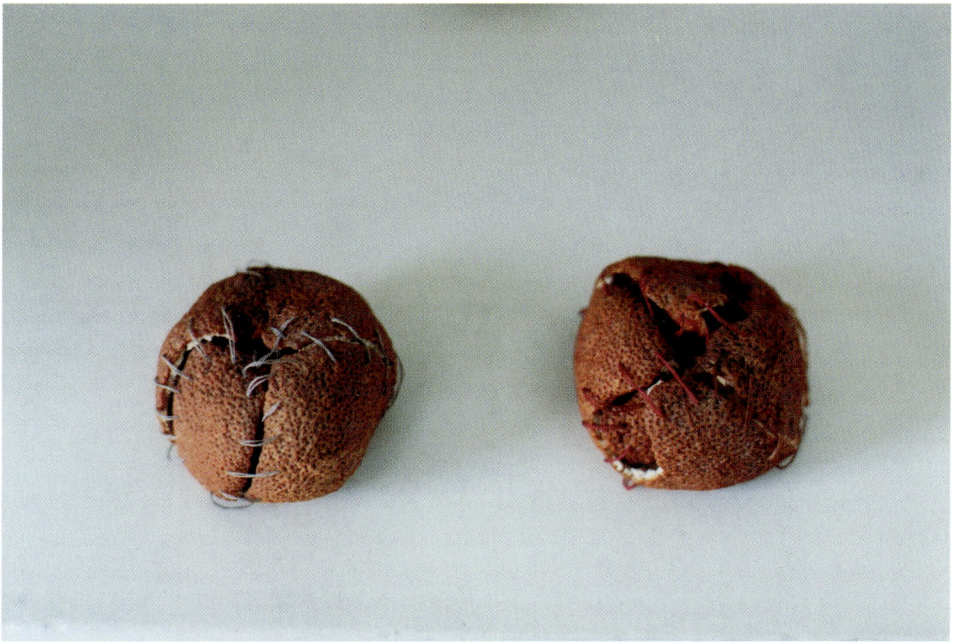

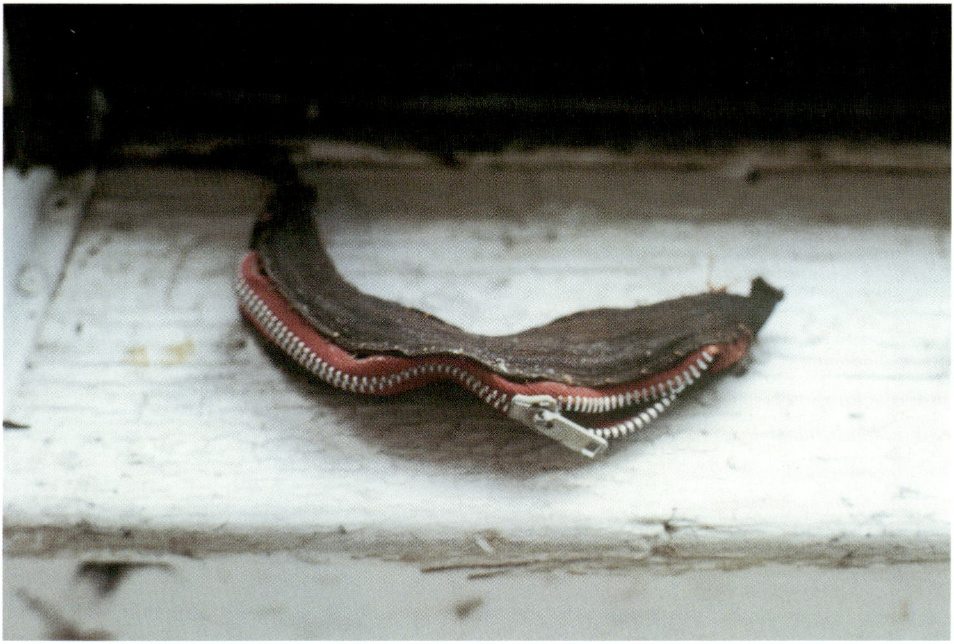

ATELIER VAN LIESHOUT

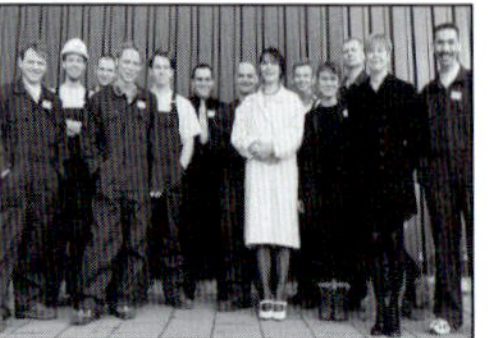

Fundado en **1995**. Joep van Lieshout: **1963** Ravenstein, Holanda / Reside y trabaja
en Rotterdam, Holanda
**«Siempre que podamos hacer lo que queramos, me importa bastante poco lo
que opine la gente»**

El fundador del Atelier van Lieshout y su ideólogo es el artista Joep van Lieshout. Desde 1994 lleva el nombre de «Atelier» (taller) para subrayar que sus obras se deben a la colaboración con muchas personas. Su taller no sólo suministra estantes, mesas y sillas estandarizadas; la empresa se ocupa también de instalar, por encargo, cuartos de baño o cocinas completas. Los muebles de van Lieshout y los muebles empotrados adaptados a la arquitectura han de ser considerados y utilizados como parte de la cultura de la vida diaria. La fabricación económica y rápida y la no limitación del número de muchos de sus objetos les preserva de rodearse de un aura de sublimación. Además del mobiliario para viviendas han sido, sobre todo, las caravanas las que le han hecho famoso. También fabrica armas, destila alcohol y participa en carreras de automóviles. Su amplio concepto del arte se expresa también en sus dispositivos para matar animales. En exposiciones muestra también fotos de la matanza y embutidos o carne ahumada. Con sus muebles, instalaciones sanitarias y camas, la obra artística de Van Lieshout proporciona todo lo que se necesita para vivir… o para sobrevivir. Muchas de sus obras presentan alusiones sexuales; esto puede decirse tanto de sus tempranas «Biopimmel» (Biopriapo), 1992, como de sus grandes camas o «Wohnmobile für Liebesspiele» (Campero para el cachondeo); las cajas cerradas de Van Lieshout pretenden elevar la energía sexual del hombre. Como éstas, también los cascos orgonales se refieren a Wilhelm Reich, especialista en psicoanálisis y ciencias del sexo. La obra de Lieshout sigue la teoría de Reich en cuanto que afirma las necesidades libidinosas y ve en ellas una amplia fuerza vital cósmica.   Y. D.

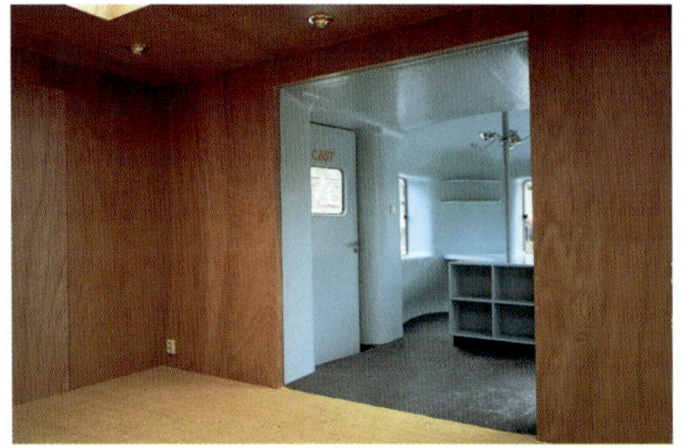

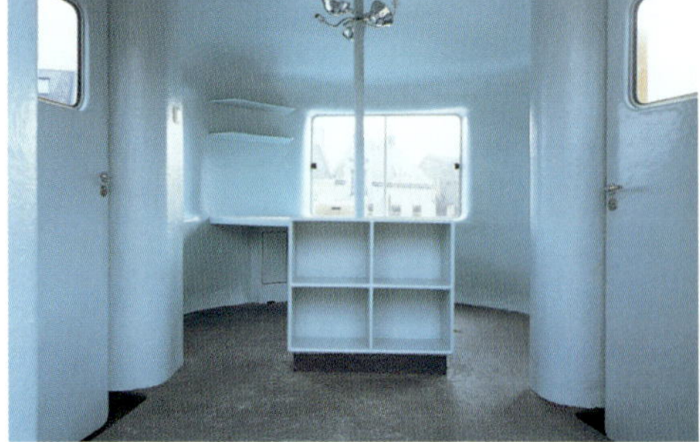

"

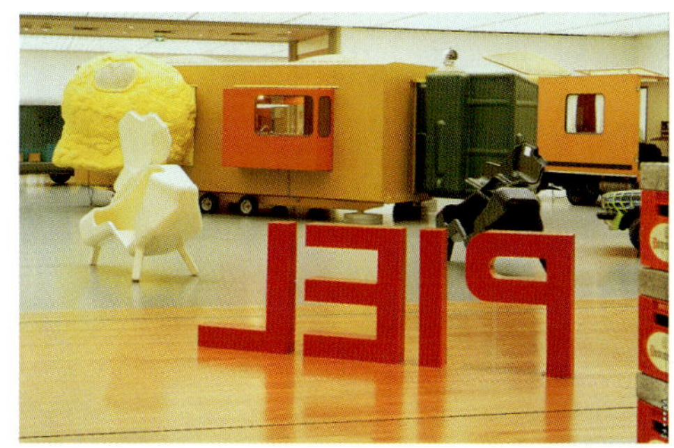

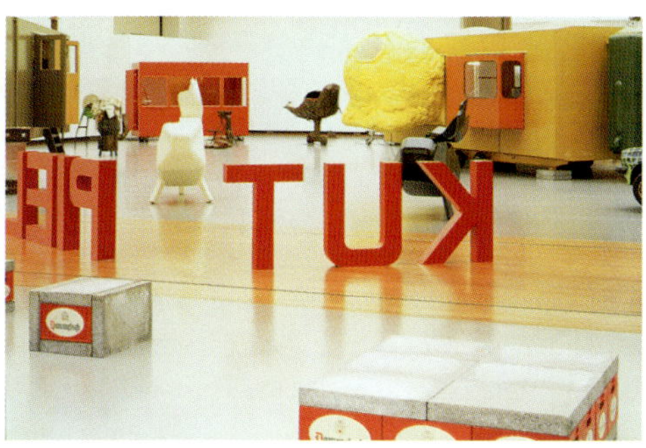

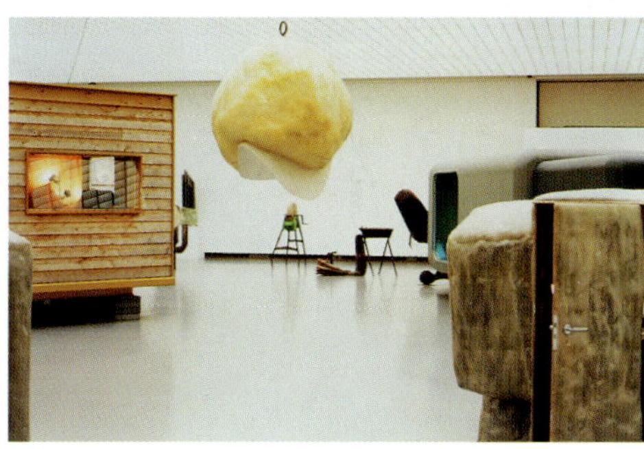

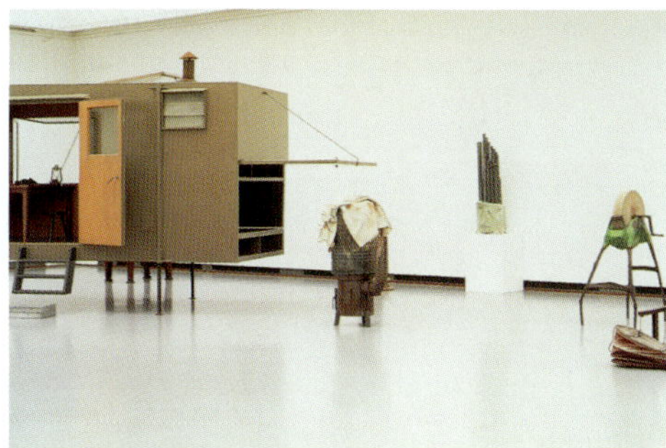

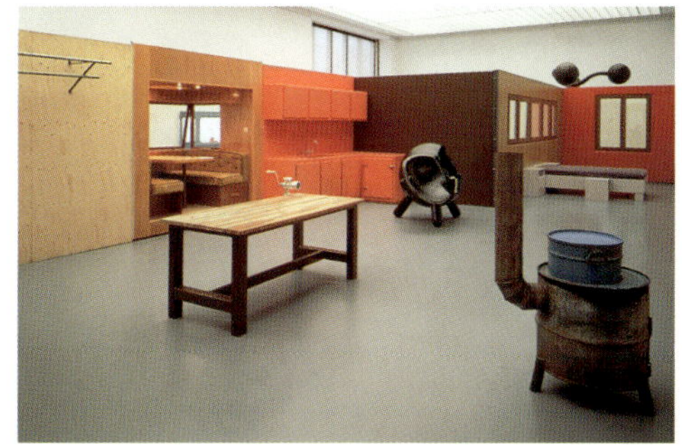

01 / 02 CASTMOBILE, 1996. Interior, materiales diversos,
320 x 1130 x 950 cm.
03 INSTALLATION VIEWS, Museum Boijmans Van Beuningen,
Rotterdam, Holanda, 1997.

SHARON LOCKHART

1964 Norwood (Massachusetts), EE UU / reside y trabaja en Los Ángeles (California), EE UU

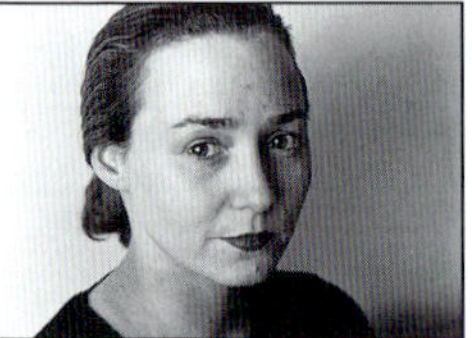

En sus películas y fotografías, Lockhart suele aludir a los clásicos del cine; muchas de sus fotografías poseen el ambiente de fotogramas. La serie fotográfica «Shaun», 1993, producida en el contexto de su película «Khalil, Shaun, A Woman Under The Influence», 1994, se caracteriza por la evidente discrepancia entre la superficie visible y el contenido psicológico. La despreocupada expresión del rostro del muchacho contrasta con las heridas —aplicadas por el maquillador— que cubren su cuerpo. Lockhart suele trabajar con adolescentes y jóvenes, que se encuentran en la transición entre la niñez y la pubertad o entre la pubertad y la edad adulta. Lockhart pone en escena situaciones en las que la caracterización de los actores no armoniza con las acciones representadas. Por ejemplo, la edad de los niños abrazándose y besándose de su serie «Audition», 1994, —en la que reconstruye una escena de la película «La piel dura» de François Truffaut (L'Argent de Poche, 1975)— no corresponde a la acción representada, lo que proporciona un ambiente ambivalente a los trabajos. En «Goshogaoka», 1997, una película de 63 minutos, observa con la misma posición de la cámara los ejercicios de entrenamiento de las chicas que componen un equipo japonés de baloncesto. Por muy predominante que sea el carácter documental se va desarrollando cada vez más una coreografía acompañada de sonidos originales y, más tarde, de música generada por ordenador. Como en muchos de sus trabajos, también «Goshogaoka» se caracteriza por acentuar al mismo tiempo aspectos formales (estructura narrativa) y la materia, el contenido (representación).

Y. D.

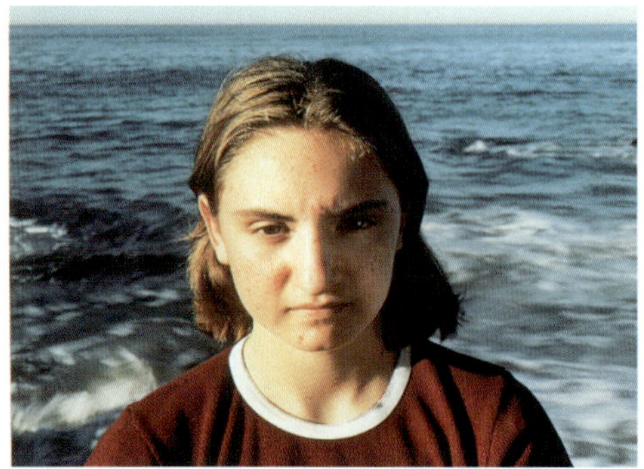

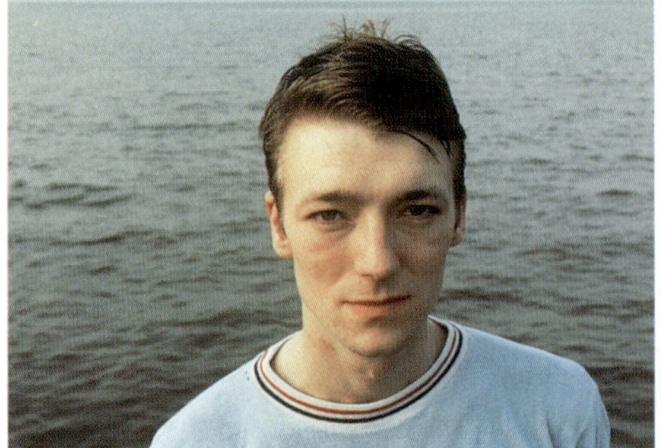

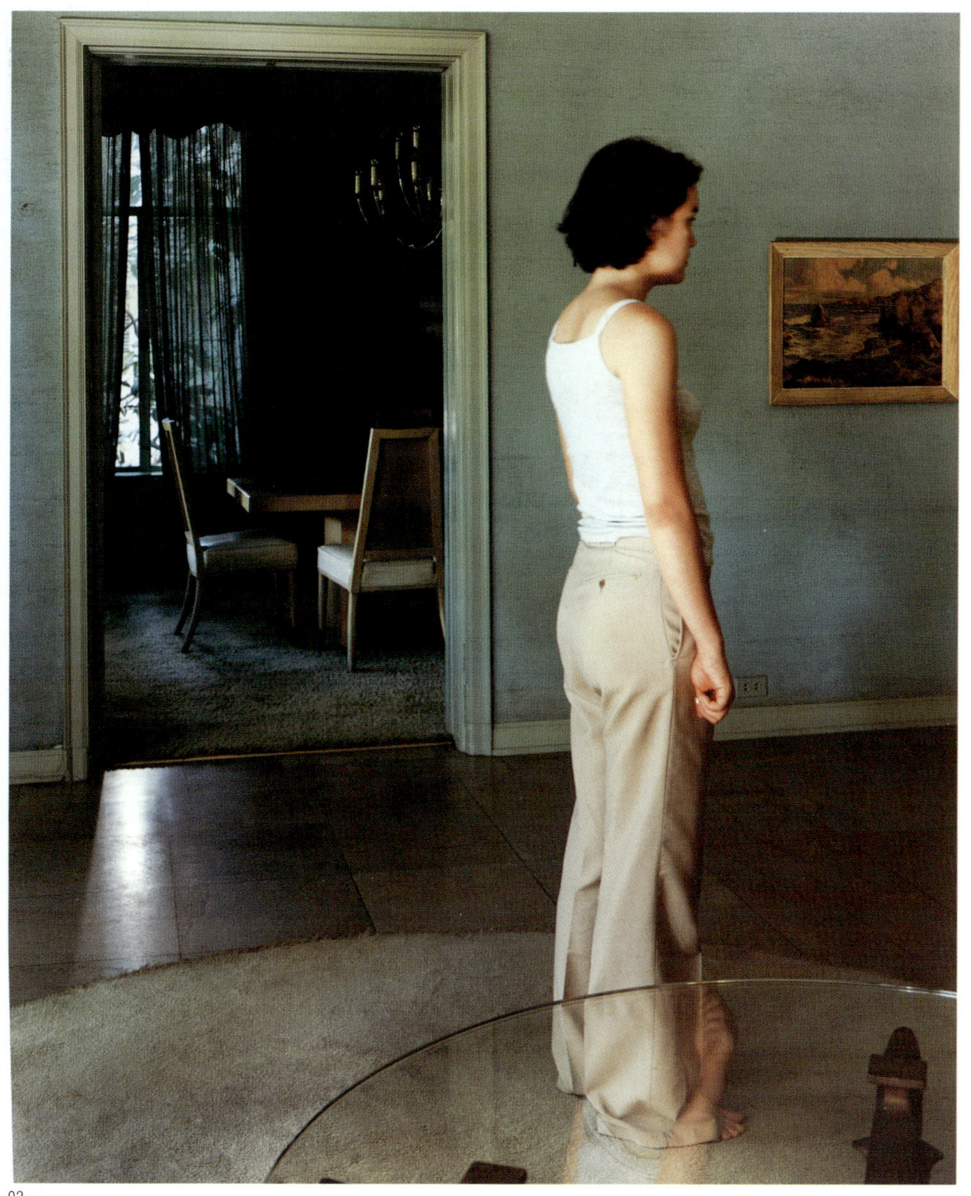

01 LILY (APPROXIMATELY 8 AM, PACIFIC OCEAN), 1994 (izquierda); JOCHEN (APPROXIMATELY 5 PM, NORTH SEA), 1994 (derecha). 2 c-prints, 79 x 229 cm. 02 UNTITLED, 1996. C-print, 130 x 104 cm.

SARAH LUCAS

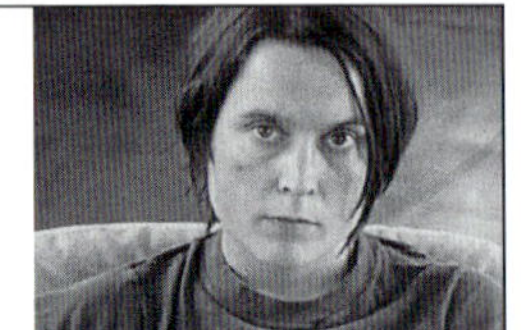

1962 Londres, Inglaterra / reside y trabaja en Londres
«Es como en la ‹Fuga de Alcatraz›, debes conseguir una lima y aserrar las rejas.
Tienes que tomar lo que se pueda, sirva o no. Cada quien tiene que encontrar la manera
de escaparse de algo»

Sarah Lucas se dio a conocer con sus collages de gran tamaño —compuestos de fotocopias y recortes de periódico—, en los que combinaba fotos de revistas del corazón con los titulares, tantas veces grotescos, del periodismo sensacionalista. En algunos de estos trabajos integró autorretratos, que a lo largo del tiempo se convirtieron en una especie de marca de sus obras. Lucas se fotografía en posturas supuestamente masculinas: sentada sobre una escalera con las piernas abiertas, vestida con una chaqueta de cuero y gafas de sol y unos zapatos bastos, o comiendo un plátano con una mirada equívoca. Los alimentos y artículos de la vida corriente —dispuestos en forma de naturalezas muertas— adquieren, en no pocas ocasiones, una connotación sexual, como es el caso de su «Couple Piece ‹Au Naturel›», 1994, frecuentemente mencionada: sobre un colchón aparece un pepino, con dos naranjas a sus lados; como contrapartida femenina, un cubo de chapa abollado y dos melones. Los trabajos de Lucas causan una impresión ruda, con una inmediatez agresiva cuando trata temas como el sexismo o la violencia a través de imágenes disparatadas y estrafalarias. A comienzos de su carrera estuvo considerada como artista feminista; sin embargo, sus instalaciones «Is Suicide Genetic?», 1996, o «Car Park»,

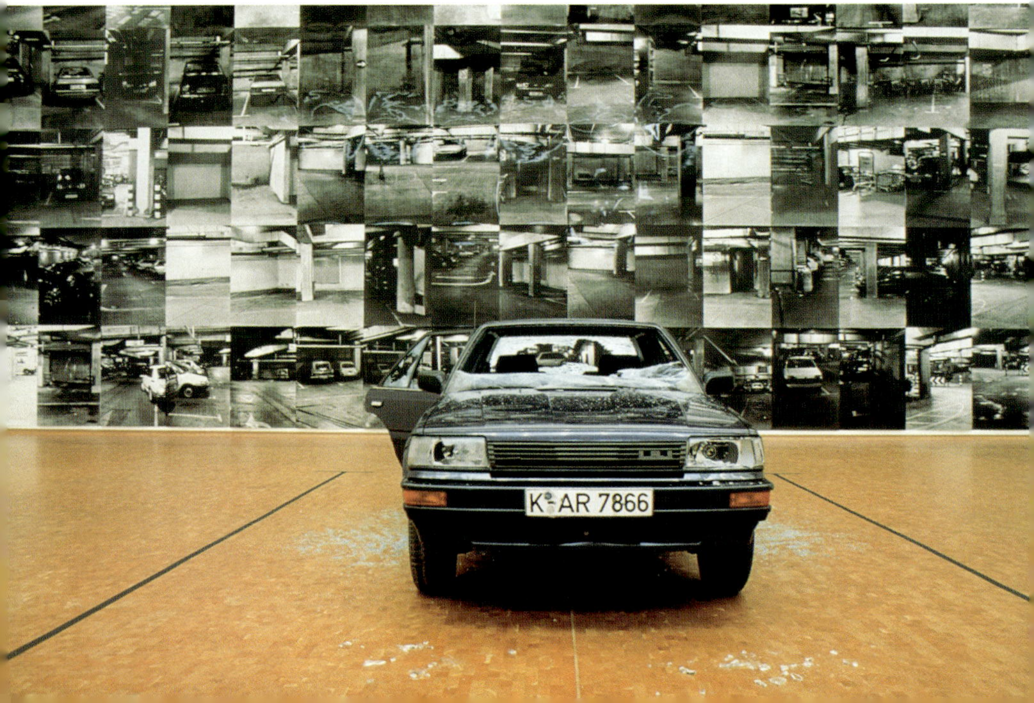

1997, demuestran también su interés por otras cuestiones socialmente relevantes como la investigación genética o la investigación de las causas sociales del vandalismo. En una entrevista, Lucas dijo que, para ella, su trabajo es una posibilidad de describir el mundo. Con su gran variedad de temas intenta hacer justicia a esa aspiración.   Y. D.

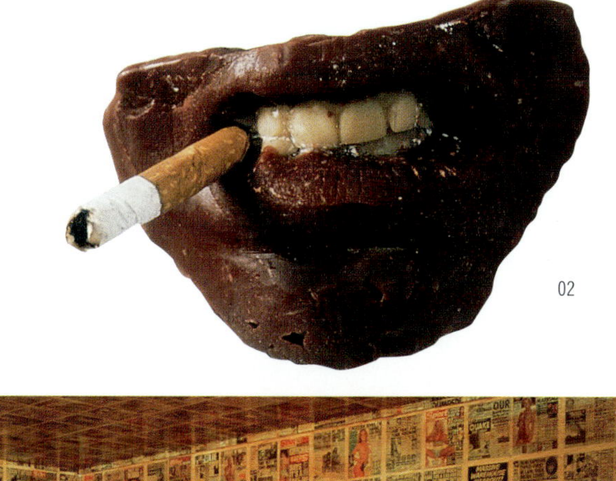

02

03

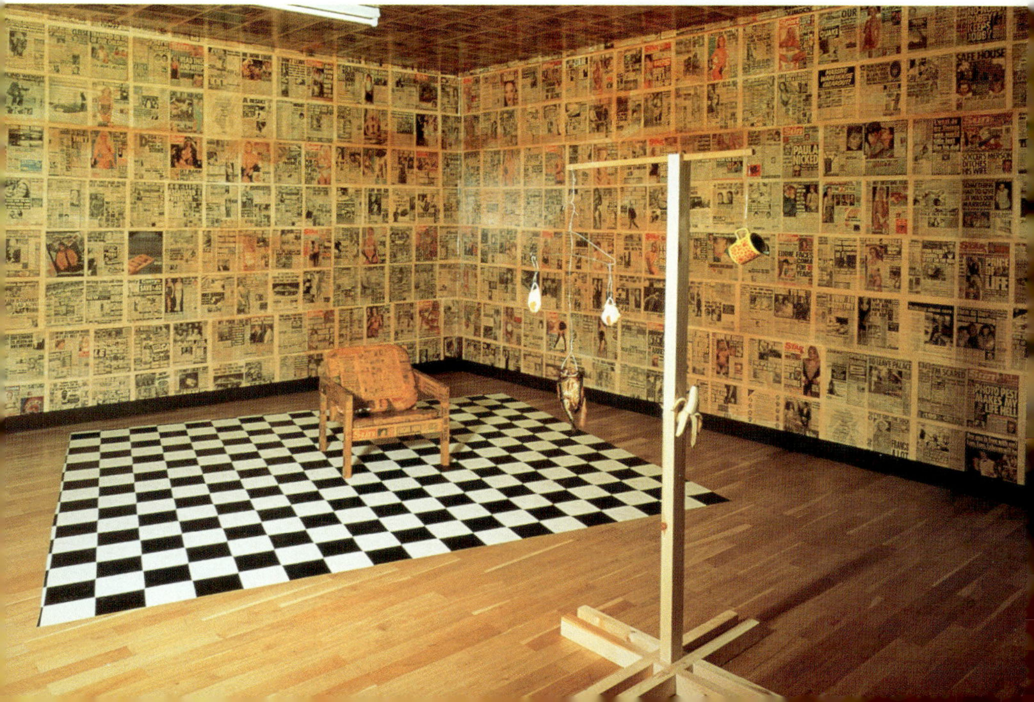

MICHEL MAJERUS

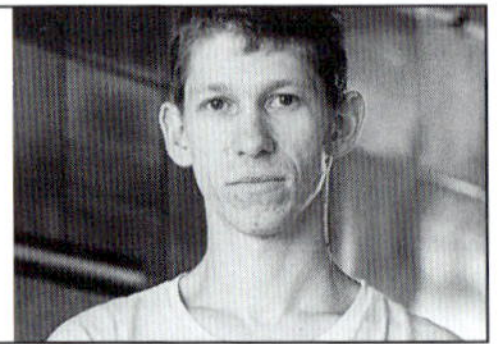

1967 Esch, Luxemburgo / reside y trabaja en Berlín, Alemania

«Mi trabajo funciona precisamente porque toda pretensión de cultura y modo de vida ‹auténtico› se considera, a priori, como algo ilusorio»

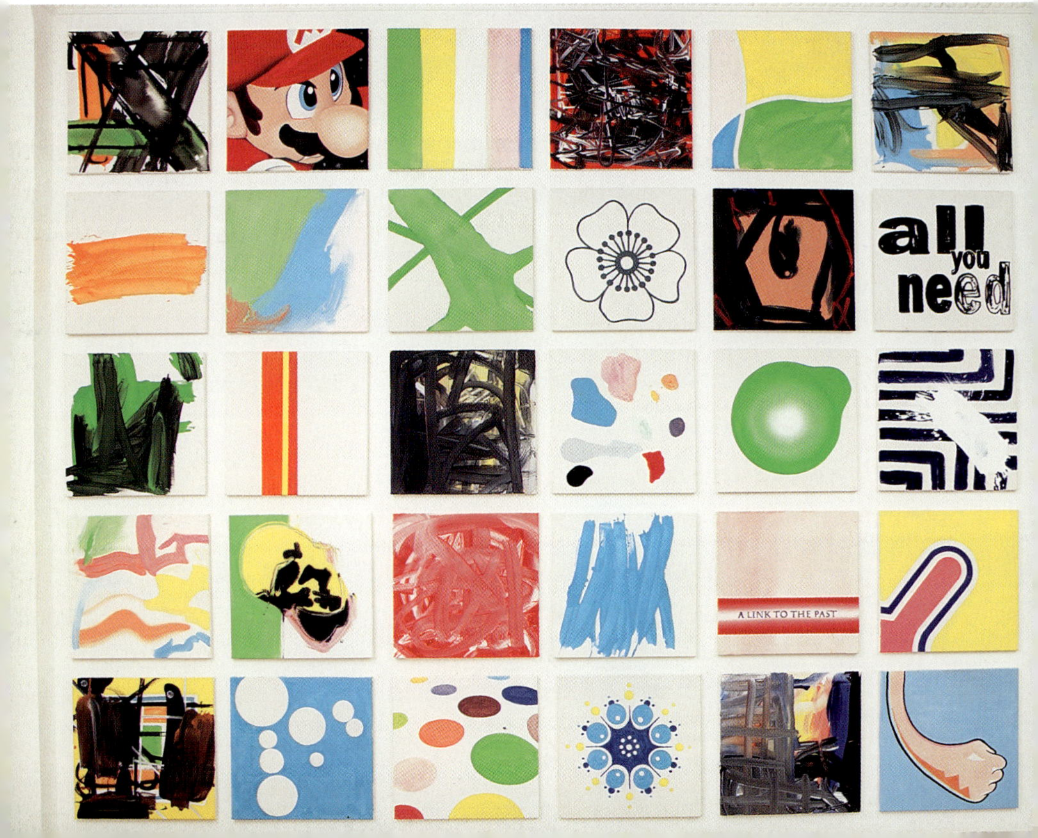

Las exposiciones de Michel Majerus son toda una concentración de citas, estilos y motivos iconográficos; a primera vista no es fácil comprender por qué. Los soportes son clásicos: formatos cuadrados o de la altura de la pared, como los que empleó la modernidad más segura de sí misma. Sin embargo, su utilización parece un sacrilegio, un atentado contra su dignidad. Majerus cita muchos clásicos, sobre todo a los que forman parte de la modernidad norteamericana —los verdaderos héroes del gran formato—: Frank Stella, Ellsworth Kelly o Andy Warhol (con Jean-Michel Basquiat), pero también a Donald Judd, Robert Morris o Lawrence Weiner. Junto a ellos sitúa su estética utilitaria, medios impresos o signos rápidamente pintados. La estrategia pictórica de Majerus no es nueva; ya la utilizó la mayoría de sus elegidos. Pero hoy en día produce una impresión distinta y se puede emplear de un modo distinto. A Majerus no le interesa ya la entrada de lo real y lo banal en el arte, ni tampoco de esa lucha contra el ocaso de la pintura que parece transparentarse en todos los cuadros de Gerhard Richter. Desde el punto de vista de Majerus, todos los medios visuales tienen el mismo valor y han de considerarse sencillamente como coexistentes. En la primera gran exposición de 1996 se integró en la tesis a la sala de exposición en sí: en contraposición a las salas majestuosas de la Kunsthalle de Basilea, con su aura, Majerus dispuso rejas de metal sobre el suelo, colocó sus cuadros como si fueran decorados o los pintó directamente en la pared. Todo esto produce una nueva percepción: lo pasado se libera de los recuerdos sentimentales y de las actividades museístas de conservación; la autoría pierde importancia, los cuadros están disponibles para el aquí y el ahora.

S. T.

01 «FERTIGGESTELLT ZUR ZUFRIEDENHEIT ALLER, DIE BEDENKEN HABEN», vista de la instalación, neugerriemschneider, Berlín, Alemania, 1996. **02 KATZE**, 1993; **WEISSES BILD**, 1994. Vista de la instalación, Kunsthalle Basel, Basilea, 1996.

PAUL MCCARTHY

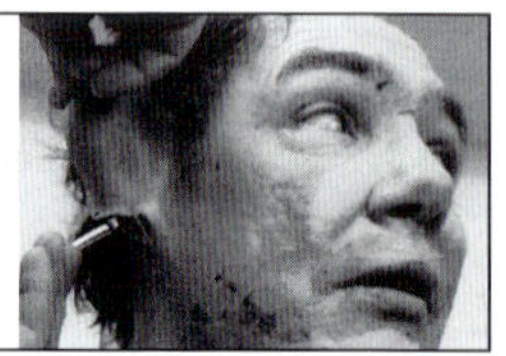

1945 Salt Lake City (Utah), EE UU / reside y trabaja en Los Ángeles (California), EE UU

«El cine y la televisión me han producido siempre un sentimiento de fascinación, pero nunca he querido ser parte de esa industria; me interesa más parodiarla y reírme de ella»

Desde finales de los años sesenta, Paul McCarthy trabaja con toda una variedad de medios; su interés es la «pintura como acción»: la performance, la instalación, que forma el contexto espacial de sus acciones, y la cámara de vídeo como un aparato que dirige la mirada (voyeurista) del observador. Con «Bavarian Kick», 1987, McCarthy amplió su repertorio formal con esculturas equipadas, en parte, con motor, que actúan en su lugar. En el centro de sus performances se encuentran conflictos o «dilemas» de los caracteres híbridos y estereotipados, que asume con la ayuda de máscaras y disfraces: del político («Carter Replacement Mannequin», 1980), del ama de casa («Mother Pig», 1983) o también del artista («Painter», 1995). Las acciones de McCarthy, siempre de una fuerte carga sexual, son puestas en escena teatrales y drásticas de actos y tabúes como el nacimiento y la muerte, el acto sexual, la sodomía y la masturbación. Remiten al orden familiar de tipo patriarcal como lugar de profundas perturbaciones: en «Bossy Burger», 1991, o «Heidi» (con Mike Kelley, 1992). A diferencia del Activismo de Viena, con el que se suelen poner en relación las obras de McCarthy, no le interesa la autenticidad de los sentimientos reprimidos. Su materia es la influencia de las estructuras sociales y de los medios sobre el comportamiento individual. El cuerpo es uno de los escenarios en los que se mezclan esas influencias. Sus puntos de referencia son los simulacros de un mundo feliz (o infeliz) como Disneylandia, las películas de la serie B, las series de televisión y los cómics. Su empleo obsesivo de líquidos fabricados como ketchup o mayonesa como sustitutivo de los humores corporales marca el estado alienado hasta los tuétanos del individuo (norteamericano): McCarthy pone en escena situaciones sin solución, que reflejan las relaciones sociales de poder, para someterlas a sus devastaciones 'de mal gusto', simbólicas y tragicómicas.　　　　A.W.

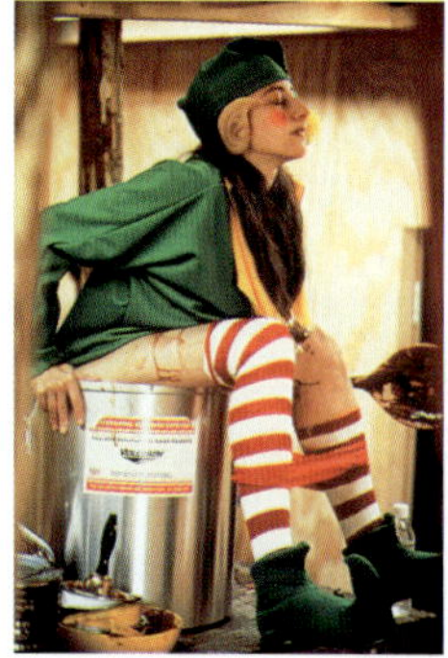 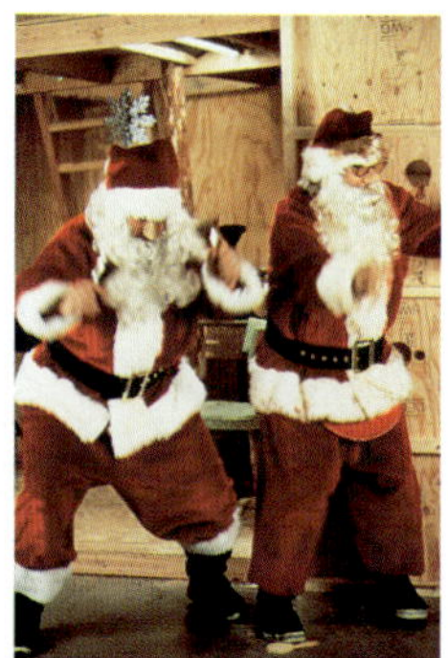 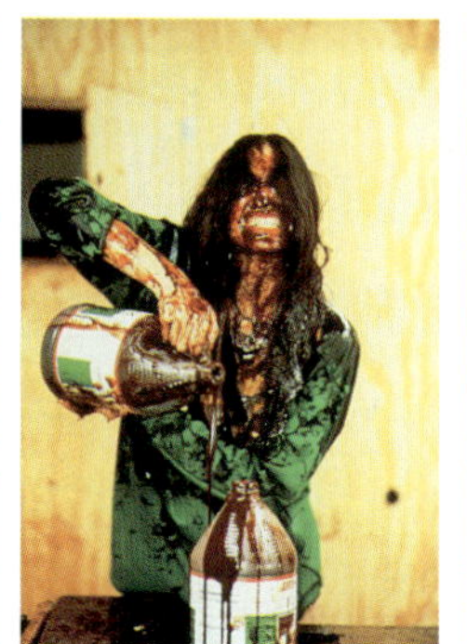 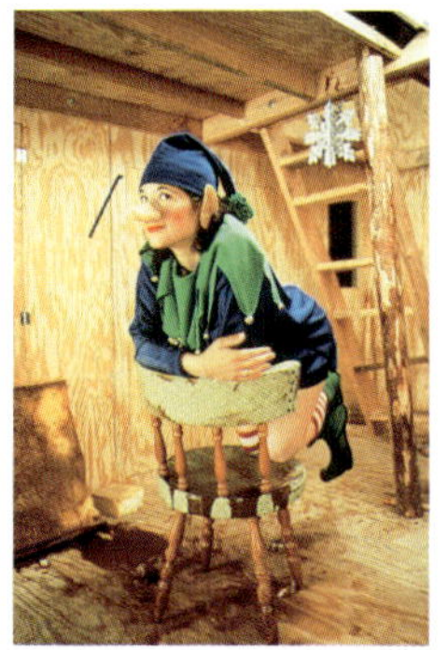

Thank you for buying TASCHEN – we hope you enjoyed this book

To keep you updated about our program please return this card. We will be happy to send you our catalogue free of charge.

Last name

First name

Street

Country

ZIP code

City

E-mail address

I am

- [ ] 18-30
- [ ] 31-45
- [ ] 46-60
- [ ] over 60 *years of age*

I am specially interested in

- [ ] art
- [ ] architecture/design
- [ ] adults only
- [ ] photography
- [ ] interiors & savoir vivre
- [ ] pop culture & film

**"The TASCHEN empire,
or the art of making beautiful books
available to everyone."** *Numéro*, Paris

Germany
TASCHEN GmbH
Hohenzollernring 53
D–50672 Köln

France
TASCHEN France Sarl
82, Rue Mazarine
F–75006 Paris

Spain
TASCHEN España S.A.U.
c/ Victor Hugo, 1 2 Dcha.
E–28004 Madrid

UK
TASCHEN UK Ltd.
13, Old Burlington Street
GB–London W1S 3AJ

US
TASCHEN America LLC
230 Fifth Avenue
Suite 1411
USA–New York,
NY 10001

Japan
TASCHEN Japan Inc.
Atelier Ark Building
5-11-23, Minami
Aoyama Minato-ku
J–Tokyo, 107-0062

contact@taschen.com

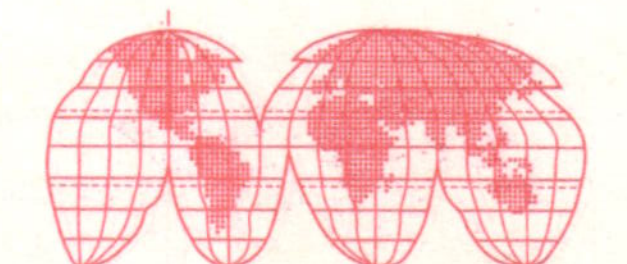

www.taschen.com

Please send this card to your nearest TASCHEN office

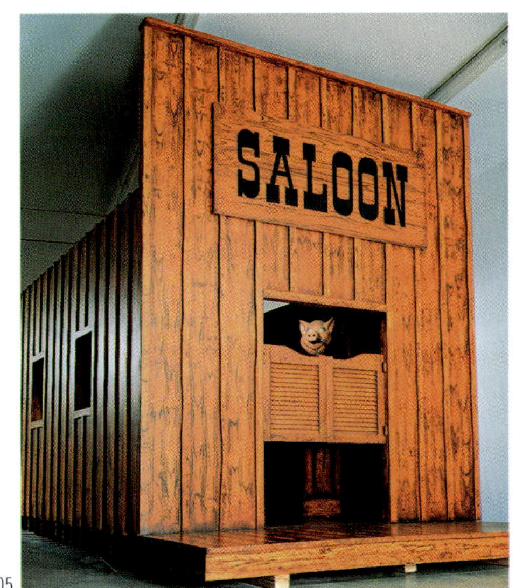

01 / 02 / 03 / 04 **SANTA CHOCOLATE SHOP,** 1997. Fotogramas de la película. **05 BARTENDER WITH PIG HEAD.** Materiales diversos, 353 x 485 x 279 cm. Vista de la instalación, «**SALOON**», Luhring Augustine, Nueva York, EE UU, 1996. **06 TOMATO HEADS,** 1994. Vista de la instalación, Rosamund Felsen Gallery, Los Ángeles (California), EE UU, 1994.

▼ 06 / 05

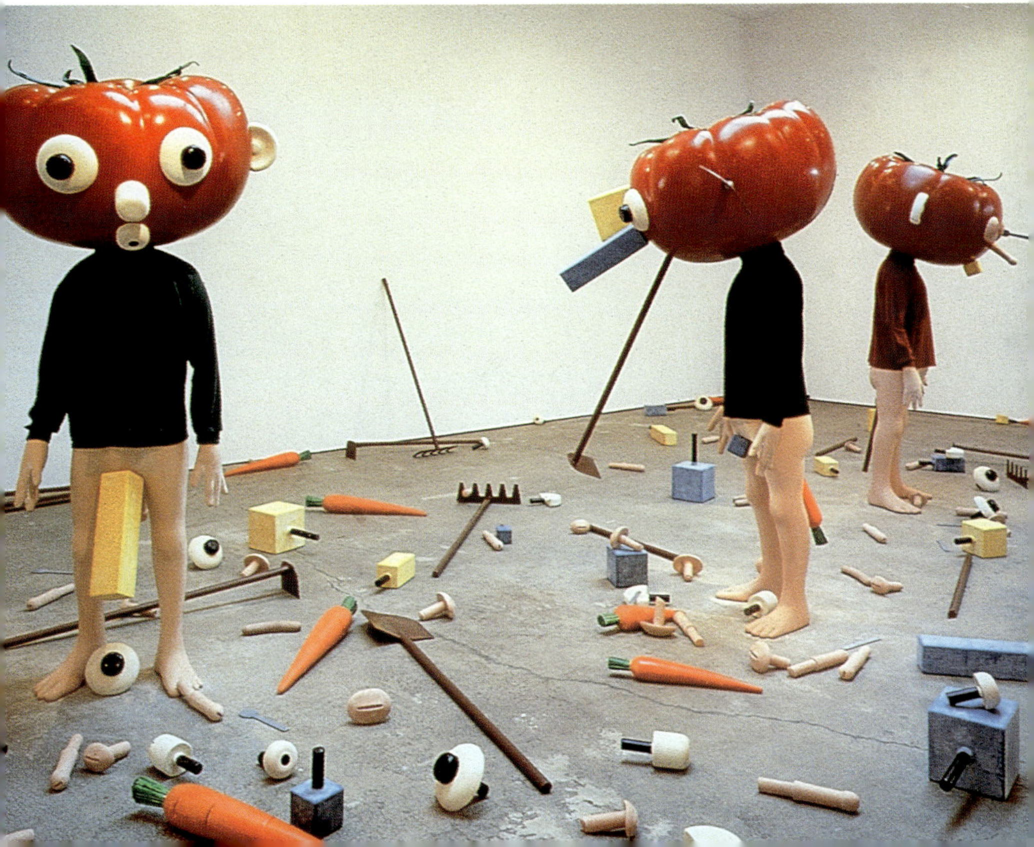

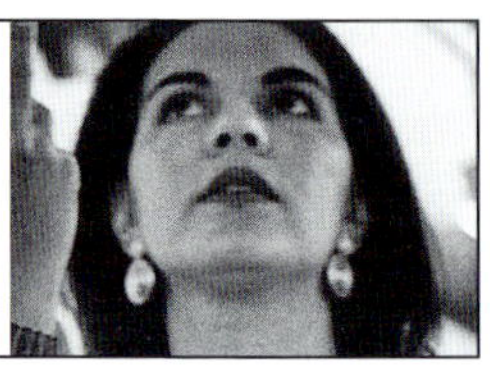

TRACEY MOFFATT

1960 Brisbane, Australia / reside y trabaja en Sydney (Australia) y Nueva York (EE UU)

«Imágenes: color, luz, estructura, composición, diseño; el tema es secundario»

Tracey Moffatt, autora de filmes y de fotografías, es descendiente de los primitivos aborígenes. Fue adoptada por una familia blanca y se crió en un barrio obrero australiano. Fue sobre todo la televisión la que le hizo familiarizarse con la cultura de la imagen: soap operas, talk shows, películas americanas y emisiones deportivas marcaron la imagen del mundo de Tracey Moffatt, del mismo modo que su experiencia como «extraña» en su «propia» familia. Esas dos experiencias se encuentran en su arte, una mezcla excitante de momentos poéticos, cuasisurrealistas, clichés sentimentales y cursis, y declaraciones políticas, por ejemplo en su temprano cortometraje «Night Cries: A Rural Tragedy», 1989: con imágenes teatralmente estilizadas, Tracey Moffatt narra la historia de una mujer de color que, titubeando entre sentimientos de cariño y de ira, cuida de su madre adoptiva, enferma terminal. La asimilación de los aborígenes, su educación de acuerdo con el sistema de valores de los blancos se trata con recursos típicos de Hollywood del género melodramático «relación madre-hija». Pero la artista emplea también elementos vanguardistas como el cambio permanente de niveles narrativos y planos hiperrealistas. «Night Cries» está tan «fragmentado» como la identidad multicultural de la artista misma. La simultaneidad de ambiente poético, composición artificial y controversia política da también su fuerza a las posteriores series fotográficas de Moffatt. Por ejemplo, en «Guapa (Good Looking)», 1995, la artista presenta una carrera femenina sobre patines, en la que hay que echar a las contrincantes de la pista. Una cruda violencia, movimientos al parecer ligeros y la inversión del cliché del «sexo débil» son los ingredientes de una alegoría dramática, que impide conscientemente una interpretación inequívoca.

R. S.

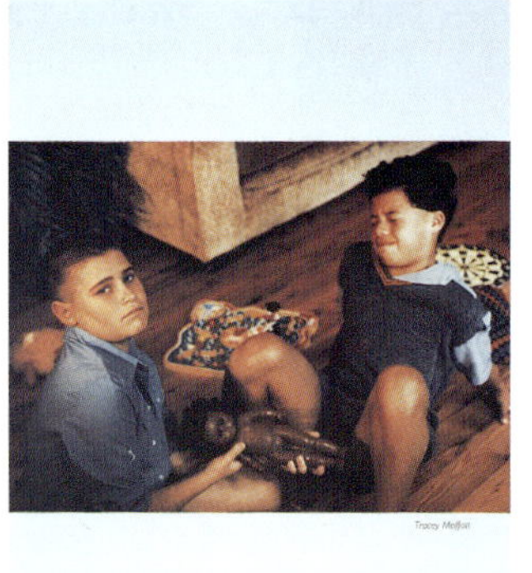

Doll Birth, 1972 His mother caught him giving birth to a doll. He was banned from playing with the boy next door again.

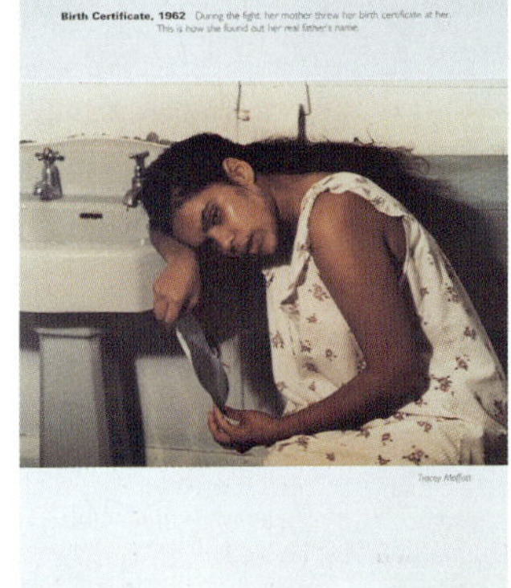

Birth Certificate, 1962 During the fight, her mother threw her birth certificate at her. This is how she found out her real father's name.

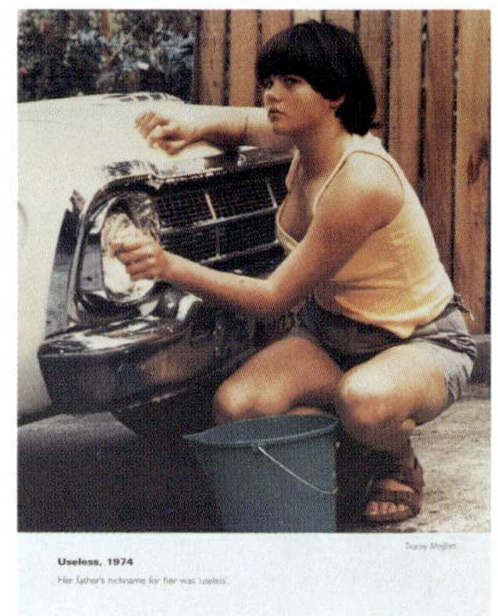

Useless, 1974 Her father's nickname for her was 'useless'.

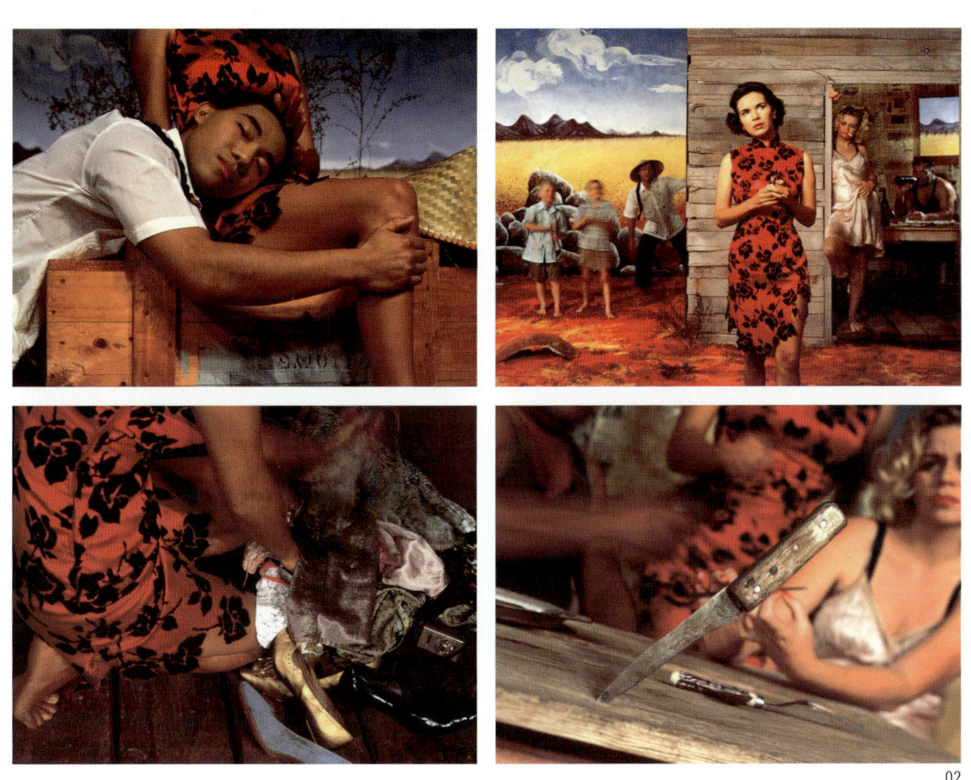

01 SCARRED FOR LIFE, 1994. De izquierda a derecha: **DOLL BIRTH,** 1972; **BIRTH CERTIFICATE,** 1962;
USELESS, 1974. Serie de 9 impresiones offset, cada una de 80 x 60 cm. **02 SOMETHING MORE,** 1989.
De izquierda a derecha, arriba: **SOMETHING MORE 3,** 1989; **SOMETHING MORE 1,** 1989; abajo:
SOMETHING MORE 7, 1989; **SOMETHING MORE 5,** 1989. Serie de 6 fotografías cibachrome y 3 fotografías
en blanco y negro, cada una de aprox. 100 x 130 cm.

MARIKO MORI

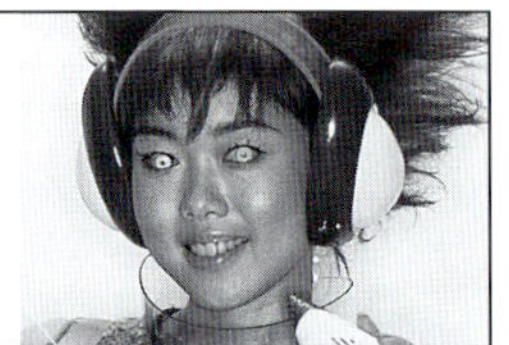

1967 Tokio, Japón / reside y trabaja en Tokio (Japón) y Nueva York (EE UU)

«Mi trabajo es una revelación del pensamiento. Para mí es un verdadero placer proyectar la postura esotérica por el mundo interior»

Mariko Mori aterrizó a mediados de los años noventa en el mundo del arte: un ser seductor de un mundo que todavía ha de venir. En sus fotos se presenta a sí misma, vestida como una figura futurista de cómic, siempre en un entorno apropiado. Se celebra a sí misma: un producto del arte, una estrella salida del mundo de la música o de la moda, que sabe con certeza que las estrellas suelen serlo efímeramente. Después de sus performances, los trajes que ha empleado se guardan en cápsulas selladas de plexiglas que se abrirán, como muy pronto, dentro de 25 años. Los trabajos más recientes de Mariko Mori con cada vez más complejos: las fotos se han convertido en imágenes humanas, que parecen moverse; después, vídeos con una música insistente y, por último, un filme tridimensional. Partiendo de su papel de estrella se ha transformado últimamente en una especie de ser sobrenatural, rodeado de pequeños budas flotantes. Con suma habilidad, consigue mezclar las visiones de moda y de arquitectura en el estilo de los años se-

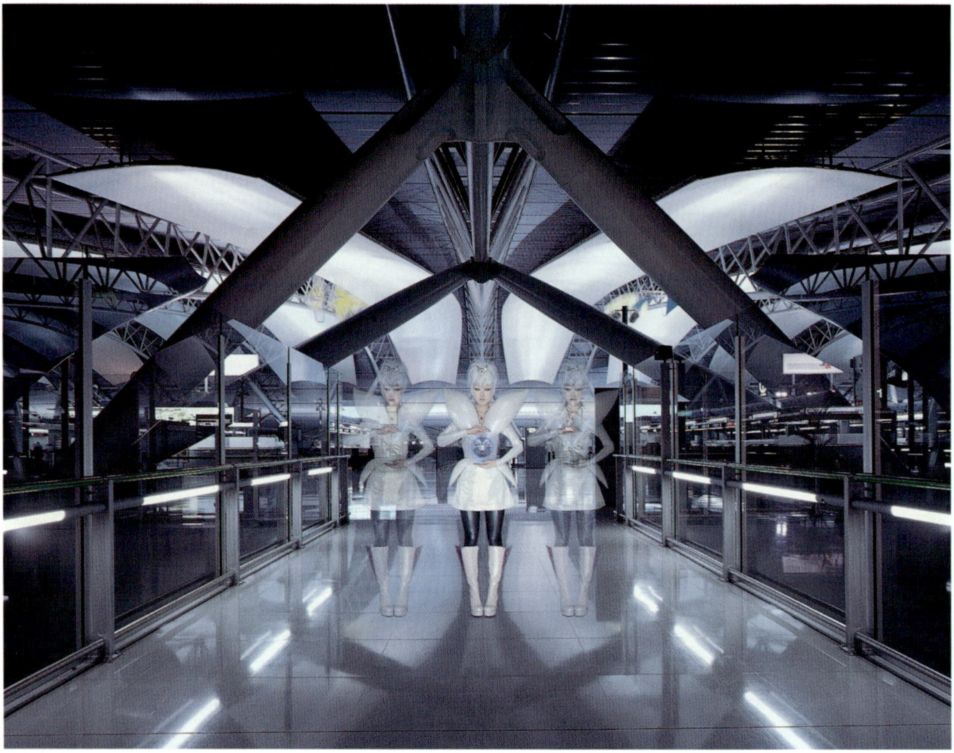

01 LAST DEPARTURE, 1996. Copia en cibachrome, aluminio, madera, aluminio ahumado, 18 x 30 x 8 cm.
02 EMPTY DREAM, 1995. Copia en cibachrome, aluminio, madera, aluminio ahumado; 6 paneles, cada uno de 2,7 x 7,2 m x 8 cm.
03 ENTROPY OF LOVE, 1996. Vidrio con fotografía interpuesta; 5 paneles, 305 x 610 x 2 cm; cada panel, 305 x 122 x 2 cm.

senta y setenta, con la perfección técnica de los noventa. Su mensaje es la necesidad de la fe en utopías. Sus trabajos no son irónicos ni ingenuos; con un ambiente optimista y al mismo tiempo interesante, hacen referencia al absurdo de querer detener el tiempo. Sin embargo, Mori confiesa que intentarlo evidentemente puede ser divertido.

C.B.

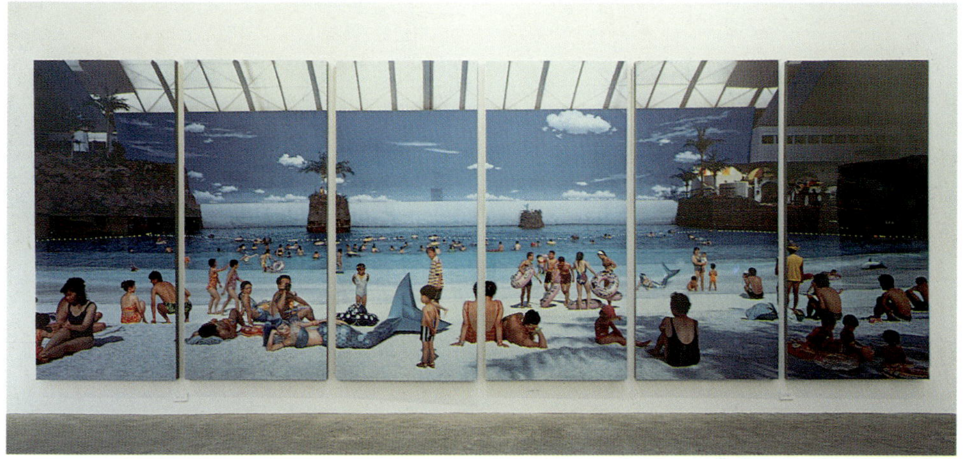

02

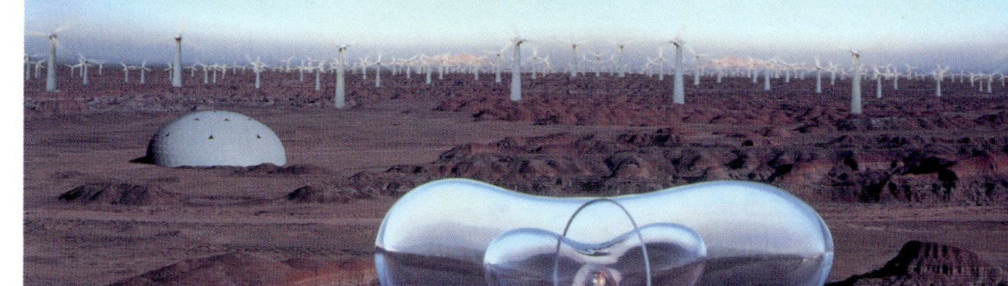

03

ALBERT OEHLEN

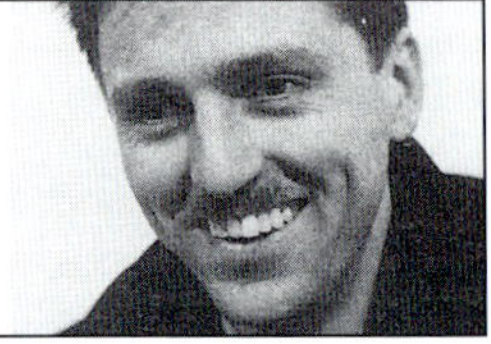

1954 Krefeld, Alemania / reside y trabaja en Hamburgo y Colonia, Alemania

La obra de Albert Oehlen está sometida a un cambio permanente, desarrollándose en la tensión entre representación figurativa y abstracta. En sus cuadros, collages y dibujos, Albert Oehlen desmitifica el arte y deja al descubierto su método artístico. Su pintura es tanto expresión de una reflexión sobre este medio como crítica de su glorificación y análisis de sus posibilidades (artísticas y sociales). Esto puede decirse ya de sus tempranos trabajos figurativos que, en los años ochenta, se clasificaron como pertenecientes al «Nuevo Fauvismo», así como del siguiente ciclo «Farbenlehre» (Teoría del color), en el que redujo los colores de su paleta a los tres fundamentales: rojo, amarillo y azul. Esta limitación de la selección subjetiva de colores se corresponde con la utilización equiparable de diferentes motivos: un retrato de Adolf

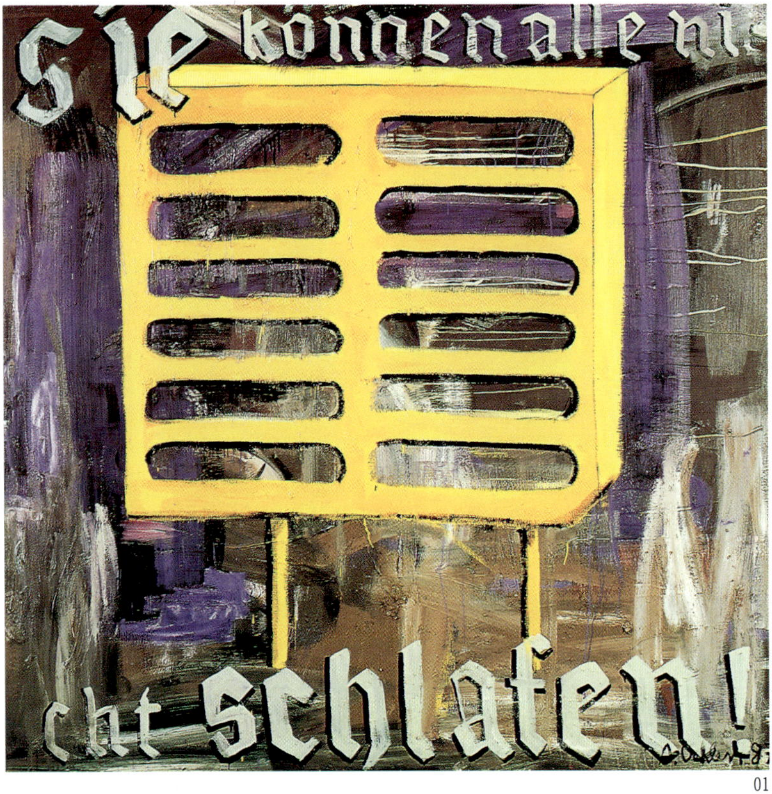

01

Hitler, representaciones de animales y situaciones de la vida diaria. Entre 1985 y 1988, en sus cuadros contrapone textos escritos con letra antigua a objetos y figuras representados figurativamente, creando así un plano semántico adicional. En el fondo de estas obras aparecen ya frecuentemente esas superficies difuminadas y barnizadas que, a finales de los años ochenta, definirán sus cuadros abstractos. A comienzos de los años noventa, Oehlen comienza a emplear un programa de ordenador para sus trabajos. De este modo, no sólo amplía su programa formal, sino que también ofrece nuevas facetas en relación con la autoría artística. Esto puede decirse también de sus collages por ordenador, que poseen un similar carácter apelativo como sus primeros cuadros al óleo, provocadores e irónicos.   Y. D.

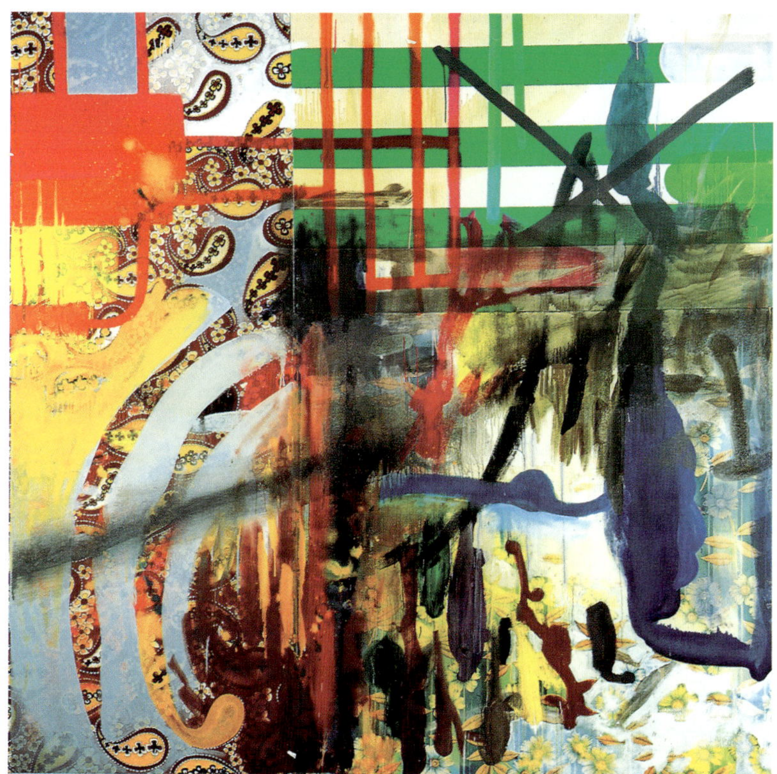

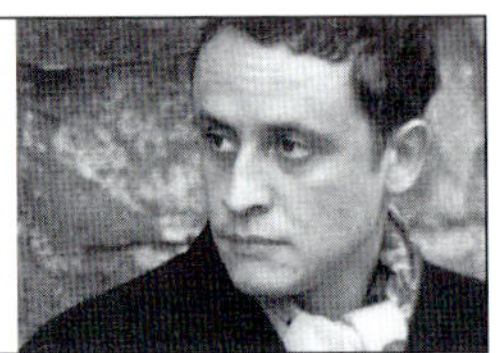

GABRIEL OROZCO

1962 Jalapa (Veracruz), México / reside y trabaja en México y Nueva York, EE UU

«Ante todo soy recipiente, en segundo plano productor. La escultura es eso, un recipiente»

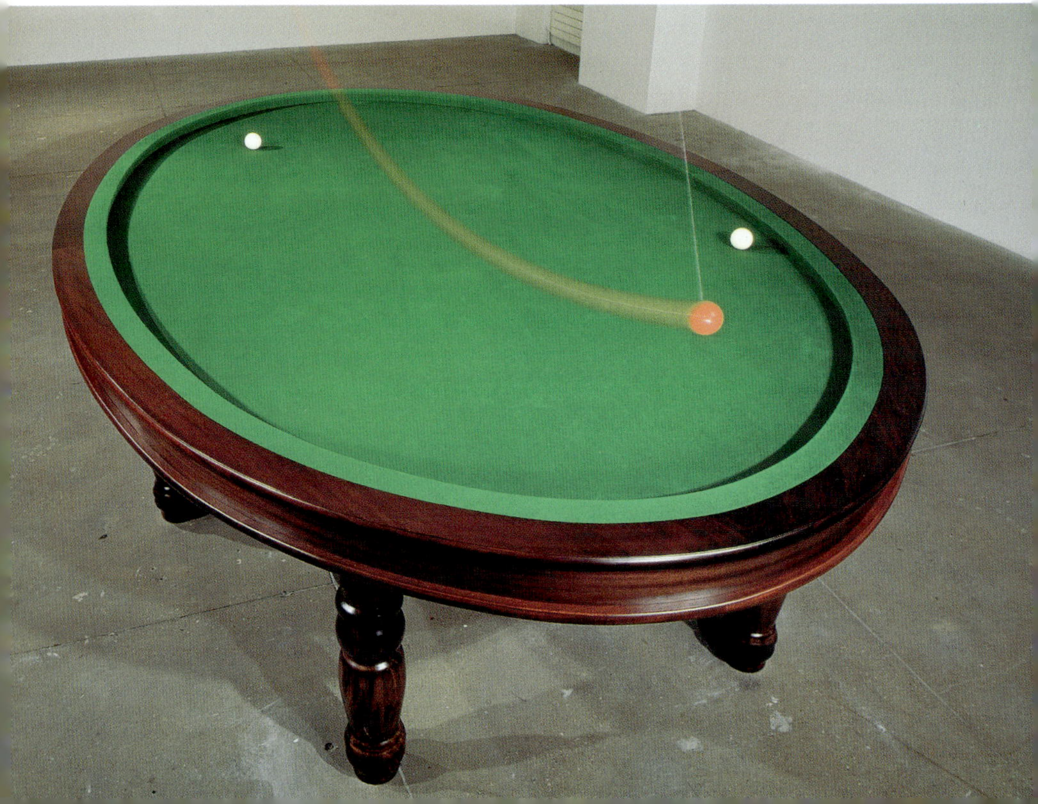

Gabriel Orozco levanta, con precisión y poesía, el acta de lo efímero y de lo cotidiano. Sus instalaciones, objetos y fotografías subrayan, sin pretensiones pero con decisión, el momento del desplazamiento y de la desaparición de espacio y tiempo. Así, «deslocaliza» sus esculturas; pero, precisamente así, les da un encanto duradero. El trabajo más conocido de Orozco es el Citroën «La D. S.», 1993, que cortó longitudinalmente y —después de retirar el tercio central— volvió a unir. Esta «cura de adelgazamiento» hizo que el Citroën adquiriera un gran aerodinamismo. Ahora tiene un aspecto más elegante pero, en lugar de ser más rápido, no funciona: un comentario irónico sobre el arte y sobre la fe en un progreso tecnológico. La reducción del habitáculo es, también en «Elevator», 1994, lo que impide el movimiento con este readymade, por lo demás sin modificar. El movimiento y el espacio son asimismo las coordenadas de su proyecto «Until You Find Another Yellow Schwalbe», 1995. Durante una estancia de cierta duración en Berlín, el artista se movía por la ciudad con una moto amarilla de la marca «Schwalbe». Cuando

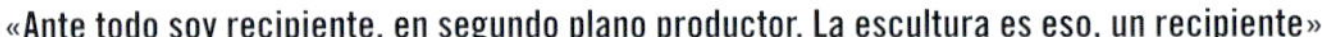

descubría aparcada otra «Schwalbe» amarilla, Orozco colocaba la suya al lado y fotografiaba la pareja de mellizas: lo estático y lo dinámico inician un diálogo relacionado con el lugar. Sus trabajos fotográficos tratan también esa relación, por ejemplo «Leaves on Car», 1992: las hojas del otoño, caídas sobre el parabrisas de un automóvil, hablan con un lapidario lirismo cotidiano de la naturaleza y de la técnica, del movimiento y de lo efímero. En su proyecto de 1997, «Riesenrad, zur Hälfte im Boden versenkt» (Noria hundida en el suelo hasta la mitad), se pod ía pasar de los «infiernos llenos de sombras» a las «alturas del cielo» con tan sólo una vuelta de la noria… una eterna «Divina Comedia».   R. S.

01 **OVAL BILLIARD TABLE,** 1996. Madera, pizarra, materiales diversos, 89 x 309 x 229 cm.
02 **LA D.S.,** 1993. Automóvil cosido: metal, cuero, tela recubierta, 140 x 480 x 114 cm.

◄ 01 / 02

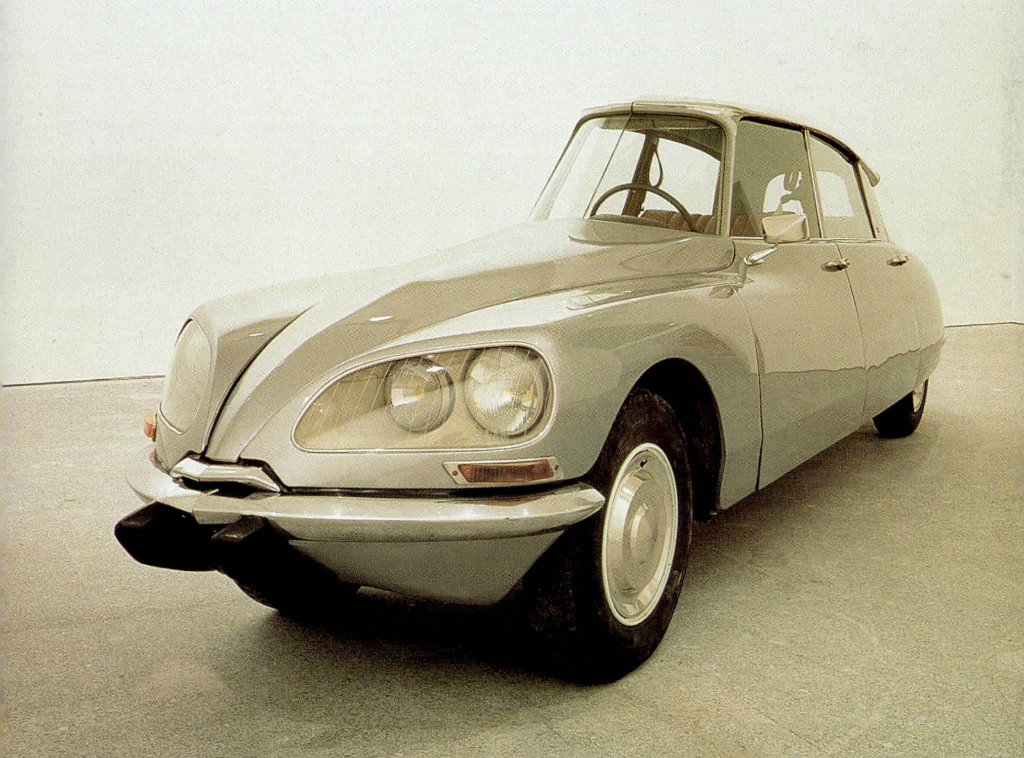

TONY OURSLER

1957 Nueva York, EE UU / reside y trabaja en Nueva York

«… Lo que más atrae a la gente es el rostro»

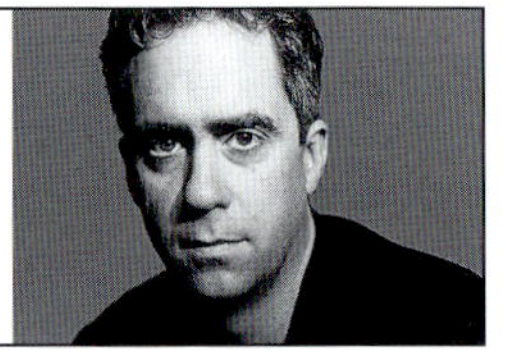

Las figuras de Tony Oursler a veces tienen que sufrir. Apretujadas debajo de sofás, patas de silla y colchones, recluidas en maletas y arcones, pero también colgando cabeza abajo del techo, o incluso empaladas, lamentan su martirio en la semioscuridad. Son de tela, pero parecen vivas. Pequeños proyectores de vídeo les dan un rostro vivo y de los altavoces sale una voz aún mucho más penetrante, que acusa, pide socorro o tan sólo produce un chillido. Desde 1992, Oursler combina así características del teatro con las del vídeo, de un modo tan hábil que se ha llegado a convertir en su inconfundible señal de identidad. Es como si los monitores y las pantallas hubieran tomado forma humana repentinamente. Las figuras de Oursler —que, en otra faceta de su trabajo, también trata intensamente el medio que supone Internet— se han convertido en favoritos del público. En su serie más reciente, un rayo proyectado cae sobre grandes esferas de fibra de vidrio y muestra tan sólo un ojo que mira de lado a lado. Aunque al principio el observador pudiera pensar que el ojo le mira a él, al acercarse observa que en realidad está siguiendo un programa de televisión. El monitor se refleja en las pupilas, en forma de imagen difusa; lo que sucede en el televisor se corresponde con los movimientos de la pupila. Sin saber qué sucede exactamente, se cree reconocer temor y excitación. Pero, de hecho, la persona a la que pertenece el ojo también podría aburrirse. De este modo, Oursler desvela los mecanismos de los medios de comunicación y desenmascara nuestra fe en ellos.

C.B.

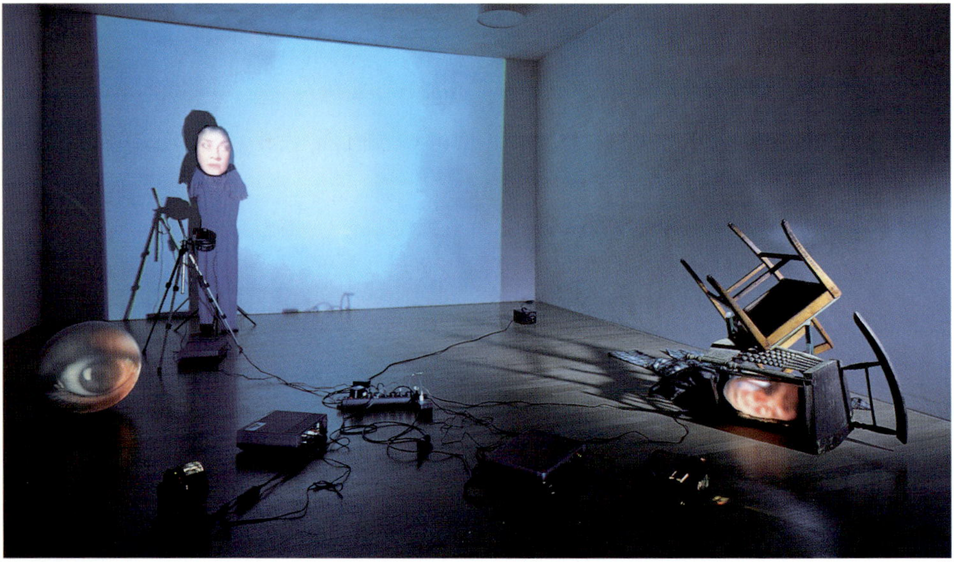

01 CRIMINAL EYE; SKETCHY BLUE; BROKEN. Vídeo, materiales diversos, dimensiones variables.
Vista de la instalación, «Matthew Barney – Tony Oursler – Jeff Wall», Sammlung Goetz, Múnich, Alemania, 1996/97.
02 SUBMERGED, 1996. Proyector, grabadora de vídeo, cinta de vídeo, trípode, madera, plexiglás,
cerámica, agua, 135 x 28 x 28 cm (más equipo). Performance: Tracy Leipold.

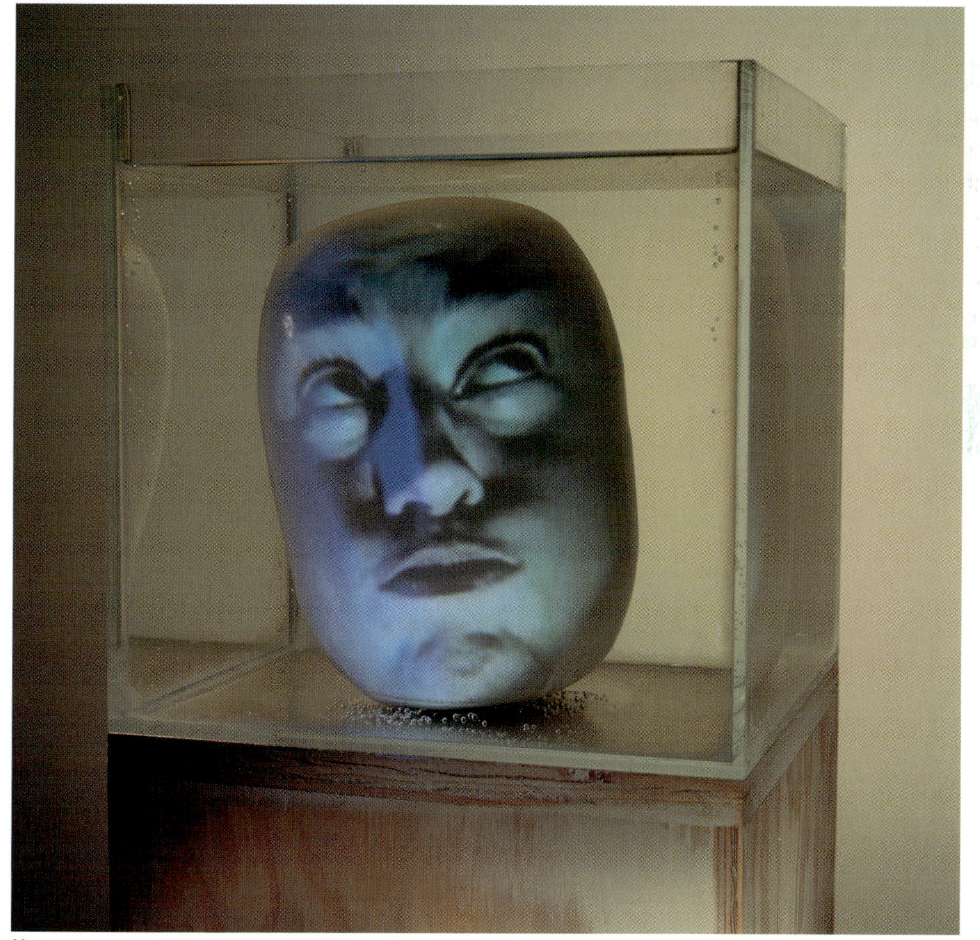

JORGE PARDO

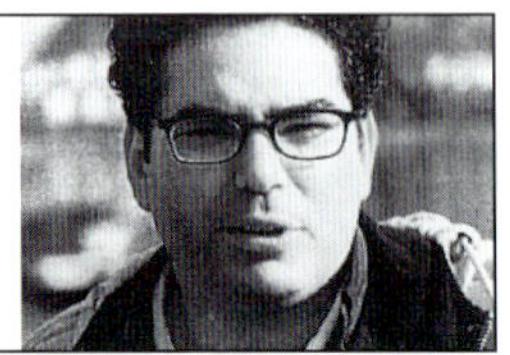

1963 La Habana, Cuba / reside y trabaja en Los Ángeles (California), EE UU

«Hay un montón de cosas más interesantes que mi obra, pero mi obra es un modo de ver esas cosas»

En muchos de sus trabajos Jorge Pardo hace una referencia explícita a la situación concreta de una exposición. Así, su desembarcadero, «Pier» en Münster (1997) puede verse como una escultura autónoma, o también como una referencia a la tradición específica del lugar: la celebración cada diez años de la exposición «Escultura. Proyectos para Münster». Otro ejemplo fue el diseño de la fachada exterior y de los muebles de oficina en las antiguas salas de la galería que le representa en Berlín. En otros trabajos de Pardo, el carácter utilitario se encuentra en un diálogo con planteamientos genuinamente artísticos. Sus lámparas —que siguen el diseño de comienzos de los años setenta—, sus asientos y demás muebles facilitan, con su superficie lisa, sus formas orgánicas y sus colores sugerentes, el acceso directo a la obra. Al mismo tiempo, con esos objetos compuestos por muebles, Pardo trata la diferencia entre arte y diseño. Pardo diseña, él mismo, la mayoría de los objetos; sin embargo, en algunas instalaciones integra piezas «clásicas» del diseño. El significado de lo supuestamente familiar se modifica con nuevos contextos; al observador se le ofrecen diferentes posibilidades de recepción. Su proyecto más ambicioso es su propia casa, que se construyó para una exposición del Museum of Contemporary Art de Los Angeles y que, durante la exposición, sirvió de anexo al Museo. Se trata de un espacio privado, lugar de exposición y objeto de exposición. A Pardo le interesan tanto los problemas institucionales que ello conlleva como la revisión fundamental de las características que han de cumplir las situaciones de exposición.   Y. D.

01 **«LIGHTHOUSE»**, vista de la instalación, Museum Boijmans Van Beuningen, Rotterdam, Holanda, 1997. **02 UNTITLED,** 1997. Velero. Vista de la instalación, Museum of Contemporary Art, Chicago (Illinois), EE UU, 1997. **03 INSTALLATION VIEW,** Neue Messe Leipzig, Leipzig, Alemania, 1996 (instalación permanente).

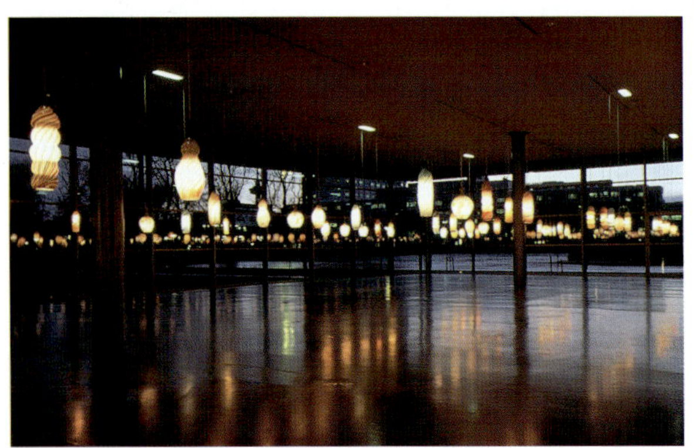

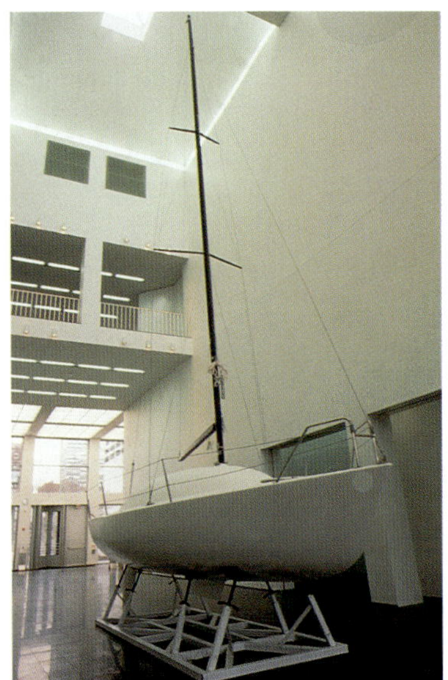

01

02

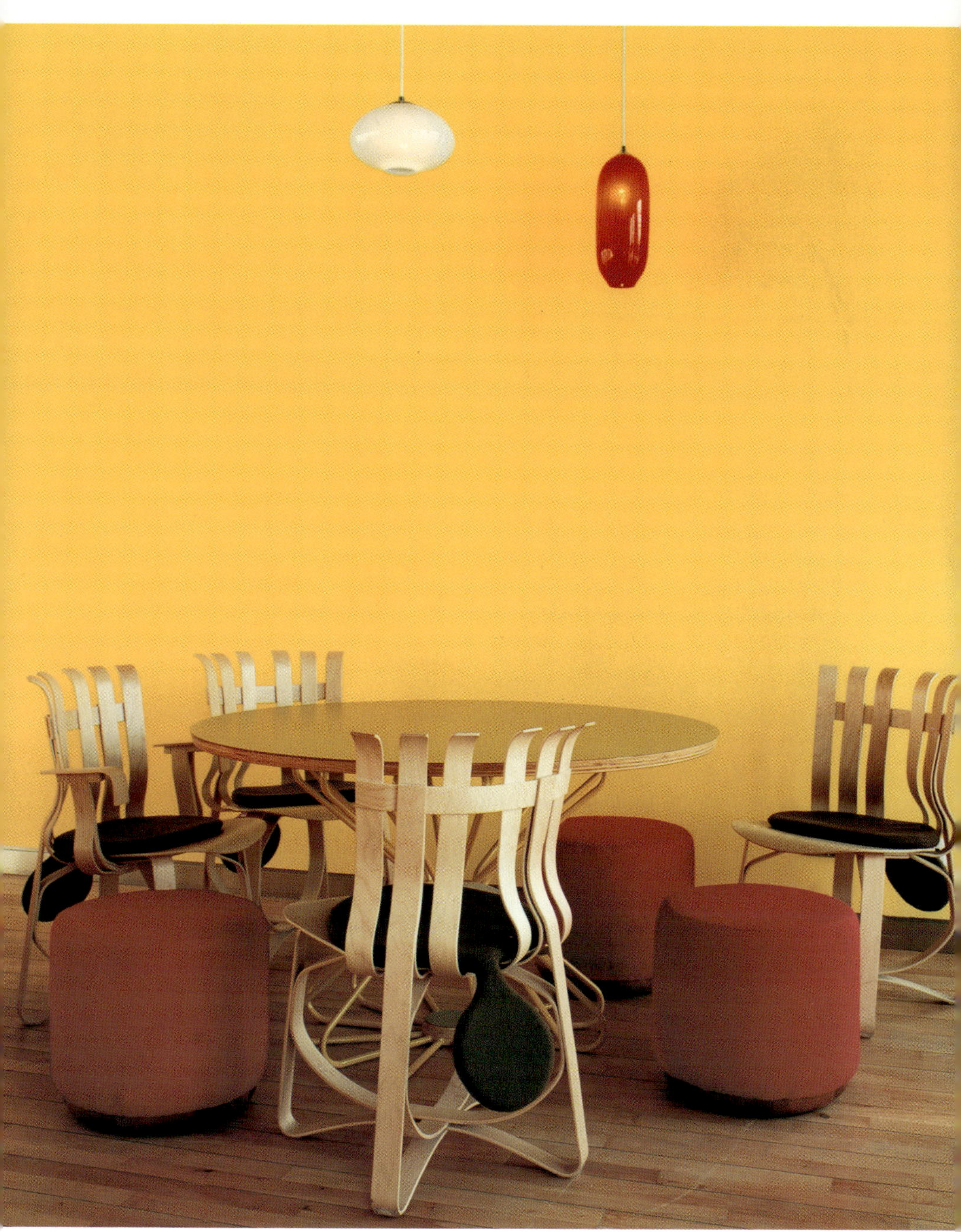

PHILIPPE PARRENO

1964 Orán, Argelia / reside y trabaja en París, Francia

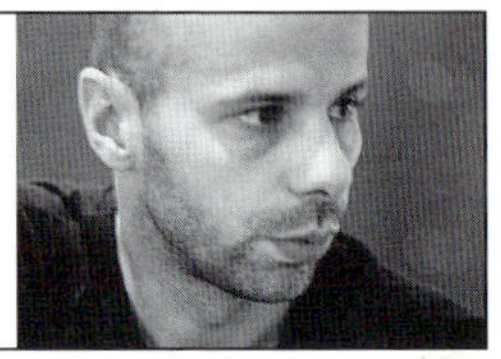

El arte de Philippe Parreno analiza, sobre todo, el campo entre la ficción y la realidad. En las exposiciones aparecen imágenes que se conocen por la televisión y el cine, por ejemplo el cartel indicador de «Twin Peaks» o el globo de «Batman», o se oye la voz chirriante del director de cine Jean Luc Godard hablando de arte y afirmando que el árbol de Navidad es una obra de arte: «Tuve razón durante once meses, […] ese árbol de Navidad fue una obra de arte durante once meses, y en el duodécimo ya no era una obra de arte, era Navidad.» En «Listen to the Picture», 1998, Parreno cubrió de negro la parte inferior y superior de un filme, con lo que sólo queda una franja ancha. De este modo, la película taiwanesa se ve como nueva, además de comentarse con subtítulos en algunas escenas. Lo que no está claro es si esos subtítulos corresponden a lo que realmente sucede en el filme o si reproducen una visión subjetiva. Además, la película es interrumpida una y otra vez por un ficticio anuncio publicitario de «Noise Man», un aparato similar a un walkman que transforma ruidos del medio ambiente en melodías agradables. Parreno recurre a material existente y lo enriquece con sus propias ideas, en su mayoría narrativas. Pone las historias de nuevo en escena, centra la mirada en determinados aspectos y describe una vez más sus experiencias como receptor. Parreno une esa visión individual a un alto nivel intelectual, pero entretenido al mismo tiempo. De este modo, sus trabajos parecen a primera vista un poco caprichosos; sin embargo, pronto el observador descubre su profundidad.

C.B.

01 UNTITLED (JEAN-LUC GODARD), 1993. Árbol de navidad, taburetes, auricular, cinta, casetes. Vista de la instalación, «Backstage», Kunstverein in Hamburg, Hamburgo, Alemania, 1993. **02 WERKTISCHE I UND II** (made on the 1st of May), 1995. 2 mesas, cada una de 160 cm de diámetro, 8 osos de peluche, proyector de vídeo, cinta de vídeo, pantalla. Vista de la instalación, «Traffic», capc Musée d'Art contemporain, Burdeos, Francia, 1996. **03 NO MORE REALITY (BATMAN'S RETURN),** 1993. Bola de vinilo, laca acrílica, hilo de nylon, diámetro 300 cm. Vista de la instalación, «Le principe de réalité», Villa Arson, Niza, Francia, 1993.

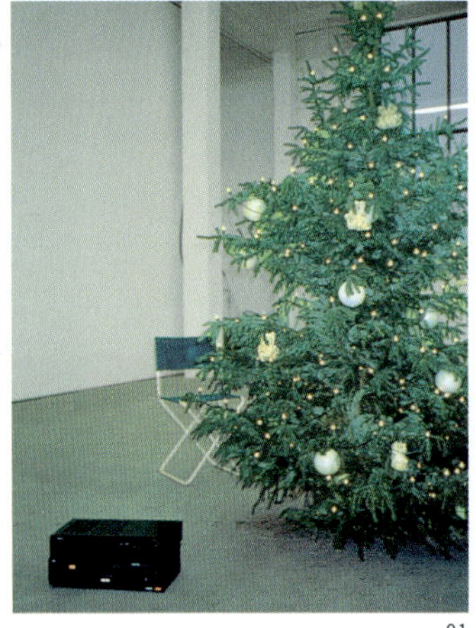

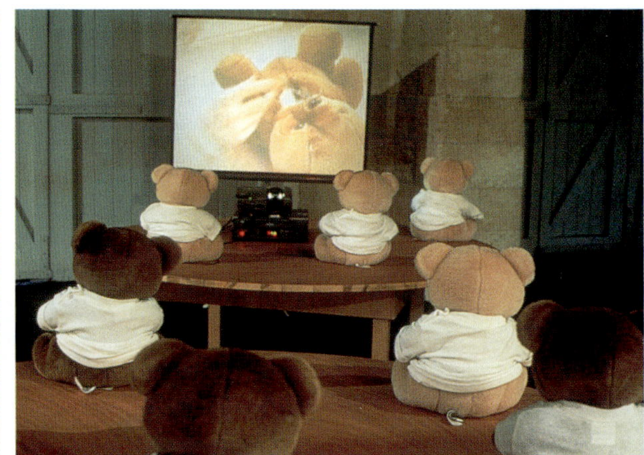

01

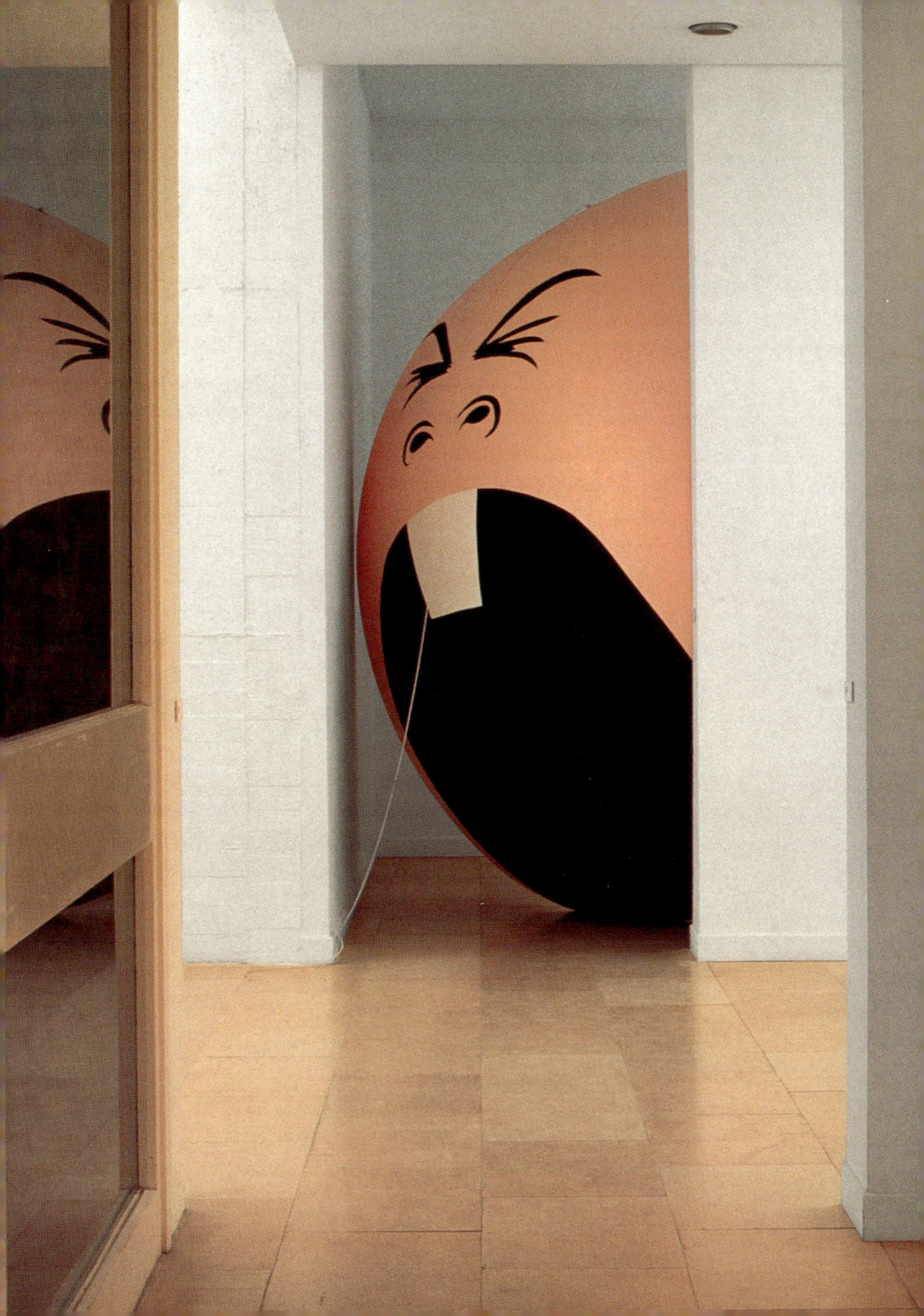

MANFRED PERNICE

1963 Hildesheim, Alemania / reside y trabaja en Berlín, Alemania

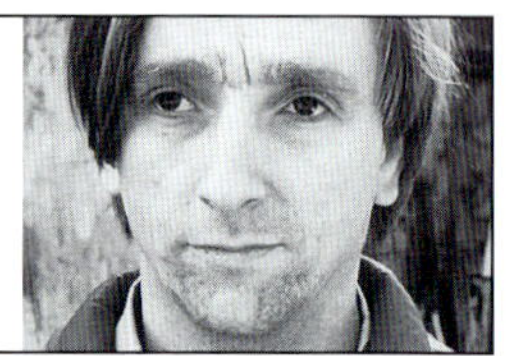

«Afortunadamente, la forma plástica existe… pero en relación con el lugar relativo y enigmatizado se disuelve en contradicciones y desaparece»

Manfred Pernice construye «lugares»; los más grandes, como «Cerdeña», 1996, y «Plaza», 1998, ocupan toda una sala de exposición. Al mismo tiempo, hace continuamente maquetas en tamaño de bolsillo, que podrían ser bocetos para proyectos más grandes. Tanto en uno como en otro caso, el tamaño de los lugares de Pernice es desconcertante. A pesar de todo su realismo en los detalles —la fachada del edificio con anuncios y carteles o la pared interior con papeles pintados, marcos para los cuadros y consolas—, siguen siendo maquetas, ficción. Pernice tergiversa hechos familiares, pone en contraposición lo interior y lo exterior, distorsiona escalas y relaciones reales. Frecuentemente se refiere a lugares conocidos, pero los construye de un modo siempre nuevo, siguiendo puntos de vista propios. Así, «Cerdeña», antes de que se relacione con la isla, trasmite la sensación de ser un espacio interior vuelto hacia el exterior; allí donde en un muro exterior hay papeles pintados, marcos de cuadros y unas consolas, se convierte en una forma arquitectónica hinchada. Con sus objetos, Pernice consigue trasmitir una visión profunda de la construcción, de la vivienda y del vivir, de los desatinados detalles y de los mitos de los espacios vitales actuales. La «Plaza», que Pernice instaló en 1998 en una pequeña galería, representa la metáfora más amplia: una plancha de conglomerado en bruto y cuatro basas de columna tableadas, cuya forma agujereada parece resumir las cuestiones fundamentales de la construcción. La idea que persigue Pernice es el lugar para llevarse a casa, para montarlo y colocarlo en su propia estantería. Funciona como una tarjeta postal tridimensional de un mundo de diseño virtual y, sin embargo, muy real.   S. T.

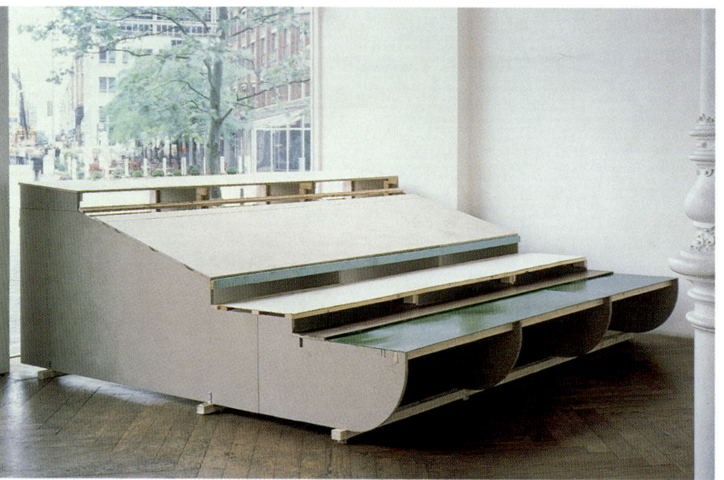

01 WEINBERG, 1997.
Madera, lámina de fibras, pintura, 110 x 270 x 295 cm.
02 UNTITLED, 1996.
Cartón pintado, 8 x 10 x 10 cm.
03 UNTITLED, 1996.
Cartón pintado, 12 x 16 x 10 cm.
04 UNTITLED, 1997.
Cartón pintado, 12 x 7 x 7 cm.
05 UNTITLED, 1997.
Cartón pintado, 12 x 12 x 7 cm.
06 UNTITLED, 1996.
Cartón pintado, 7 x 12 x 6 cm.
07 KORREKTURDOSE, 1995.
Cartón pintado, 7 x 7 x 12 cm.

01

02 03
04 05
06 07

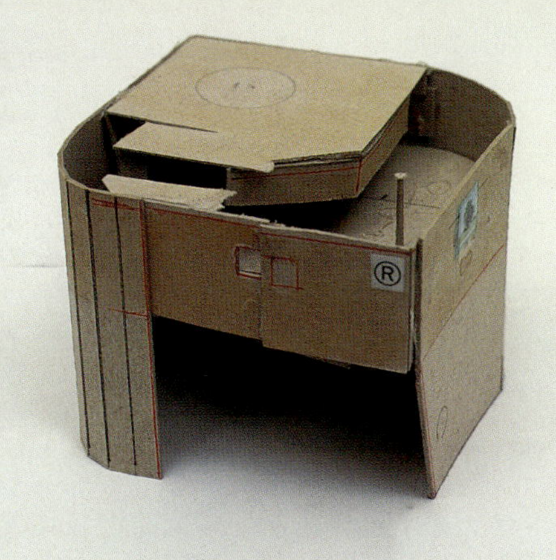

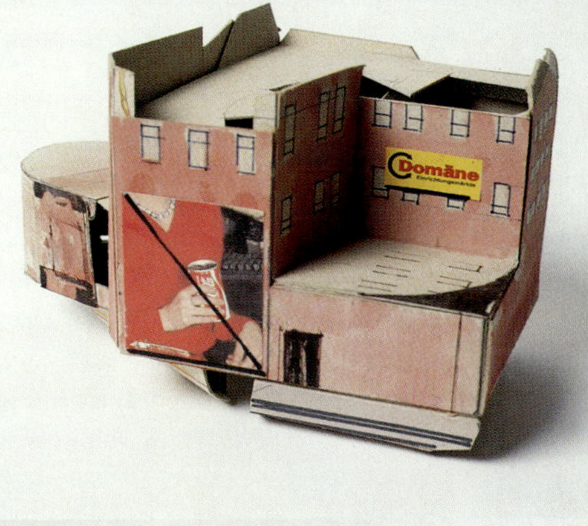
Domäne
Einrichtungsmärkte

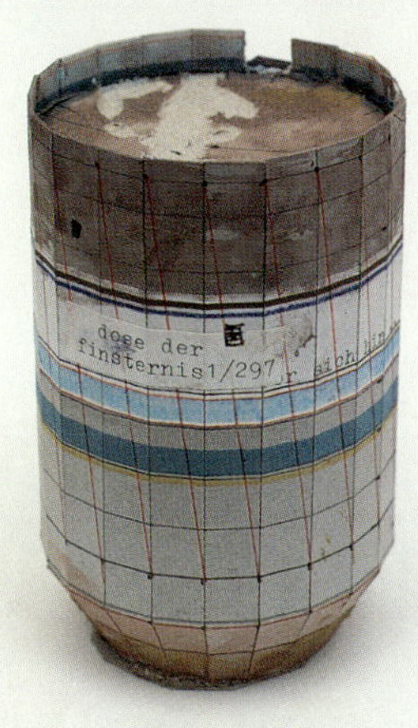
dose der
finsternis1/297

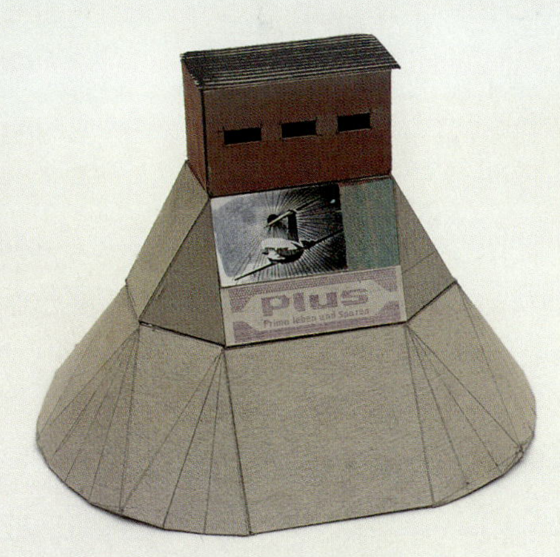
plus
Prima leben und sparen

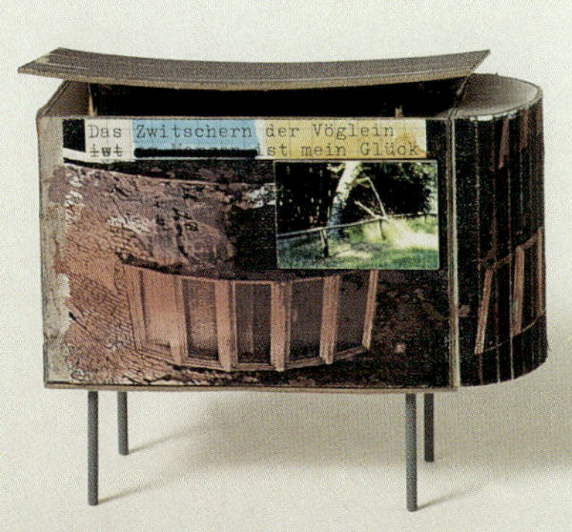
Das Zwitschern der Vöglein
ist mein Glück

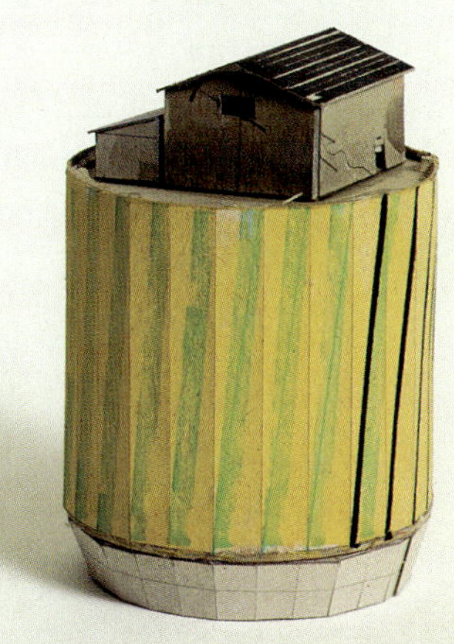

DAN PETERMAN

1960 Minneapolis (Minnesota), EE UU / reside y trabaja en Chicago (Illinois), EE UU
«Lo que me interesa del plástico reciclado es la propiedad de fluir que posee.
En nuestra sociedad, el plástico suele ser sinónimo de una mentalidad de usar y tirar,
y sin embargo forma parte de la mayoría de nuestras posesiones más preciadas»

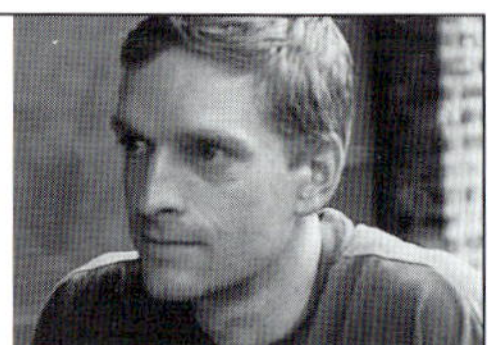

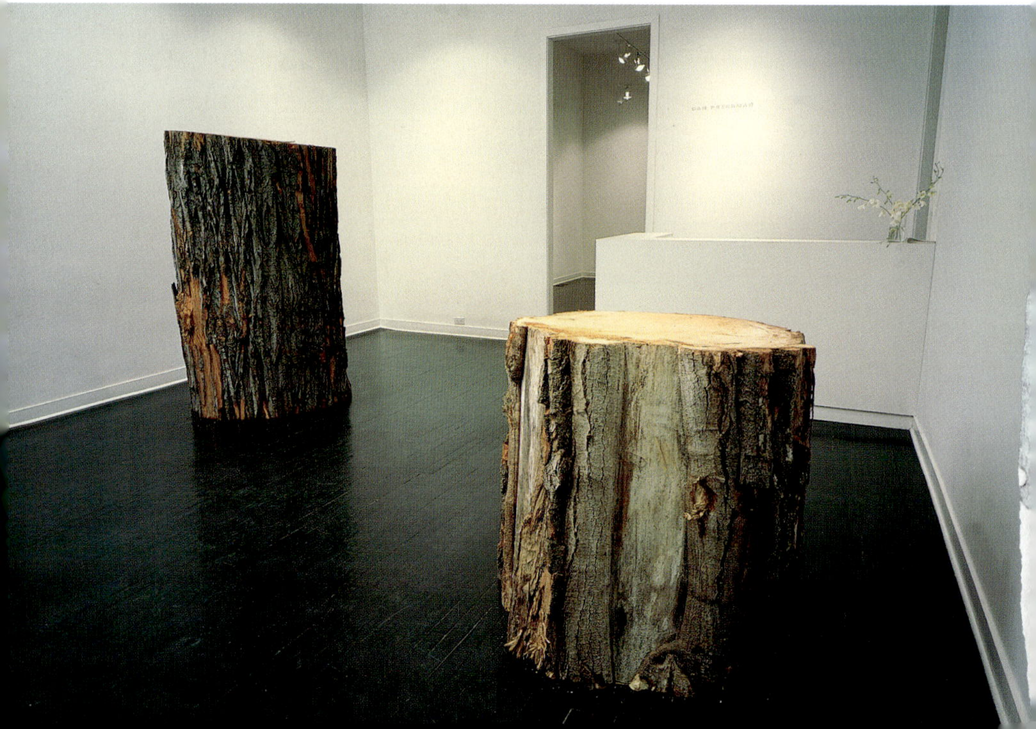

Los proyectos y esculturas —formalmente orientadas por el arte minimal— de Dan Peterman son expresión de su enfrentamiento con los problemas de la sociedad postindustrial: consumo, abundancia, polución del medio ambiente y falta de techo. Para su trabajo de aspecto intervencionista «Chicago Compost Shelter», 1998, Peterman hizo cubrir una furgoneta desguazada con basuras biológicas. El calor que se produce con la descomposición calienta el interior del automóvil, de modo que puede servir de refugio durante el invierno para una persona sin hogar. Desde comienzos de los años noventa, Peterman emplea módulos estandarizados de plástico reciclado, para componer bancos y mesas que pueden combinarse como se desee. Un trabajo creado según este principio como «Running Table», 1997, que Peterman colocó en un parque de Chicago, no sólo provoca el enfrentamiento con temas como «Arte en espacios públicos», sino que también funciona como lugar de reunión y plantea cuestiones relacionadas con la función social del arte. Cuando construye un muro con pilas usadas («Spending Energy Storing Energy Spent», 1993), cuando —en el contexto de una Ley de emisiones aprobada en 1990 en Estados Unidos— compra el derecho de emitir al aire una determinada cantidad de dióxido de sulfuro («Sulfur Cycle», 1994), o cuando circula en un automóvil impulsado por energía solar en un parque puesto en peligro por la ampliación de un museo («Run Until Dead», 1998), además de la contaminación del medio ambiente, también le interesan las consecuencias sociales de las injerencias en el ecosistema y la cuestión de los valores económicos y simbólicos.   Y. D.

◀ 01 / 03   02

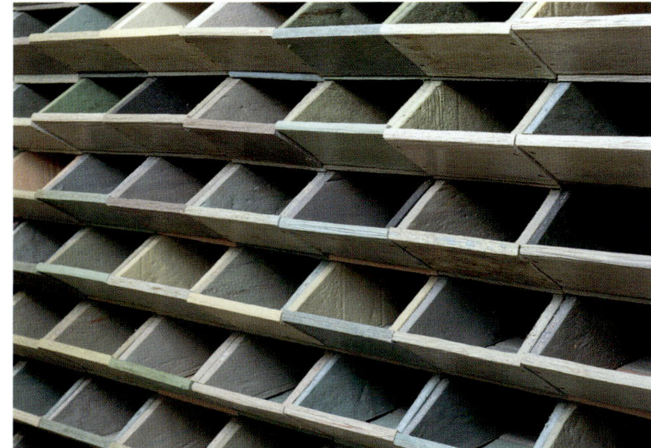

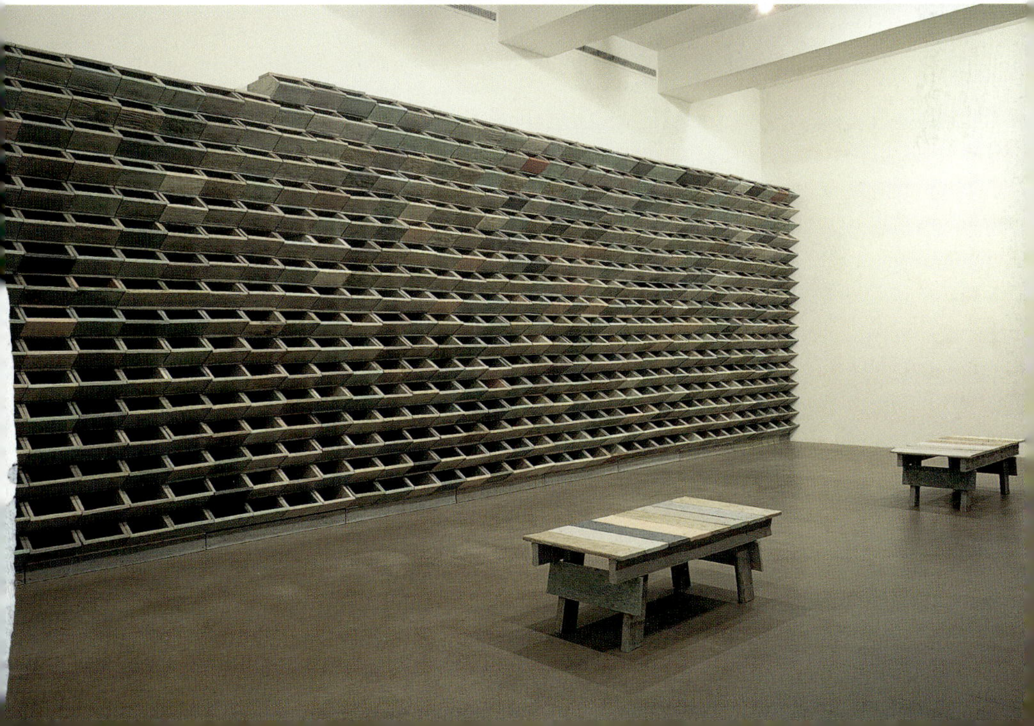

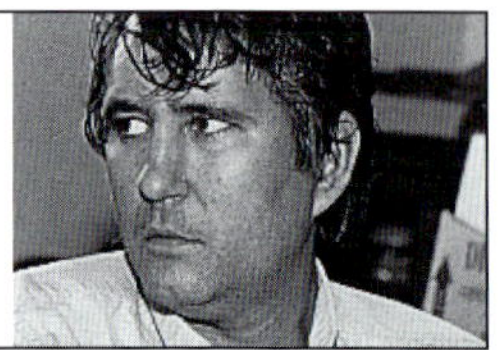

RAYMOND PETTIBON

1957 Tucson (Arizona), EE UU / reside y trabaja en Hermosa Beach (California), EE UU

«Nunca he pensado en la posibilidad de que la gente vea mi obra esperando encontrar alún significado definitivo, porque no es mi intención»

Los dibujos ilustrativos a la tinta de Raymond Pettibon, sus vídeos, libros y pinturas murales son puestas en escena de un complejo proceso de pensamiento y de una relación a la realidad de igual complejidad. Las extensas ramificaciones de los innumerables dibujos de Pettibon se escapan a una lógica evidente, al igual que la relación entre los elementos gráficos y los textos, dentro de cada obra. Colgados en la pared, muy juntos, unos encima de otros, su presentación subraya la impresión de estar inacabados. Pettibon combina, de un modo muy personal, citas de escritores como Henry James o Marcel Proust y textos propios con motivos de la vida diaria en la costa occidental de Estados Unidos, de la política, de los medios, de los cómics, del cine, del negocio del arte y de los movimientos hippie y punk: una interpretación fragmentaria, de libre asociación y en parte contradictoria de la realidad. Sobre todo sus vídeos de los años 1988/89 —«Weathermen», «The Book of Manson», «Sir Drone» y «Citizen Tania»— hacen comentarios agudos de las cuestiones políticas y de la subcultura. Según él, las utopías de los años sesenta terminaron en violencia, p. ej. en los asesinatos de Charles Manson; son éstos temas y figuras muy recurrentes en los dibujos en blanco y negro —de fuertes contrastes en su mayoría— de Pettibon. Al igual que otros motivos, como personas haciendo surf, las bombillas, los trenes, los falos o las nubes, etc., también esas referencias sirven de material literario para un tratamiento obsesivo de la realidad, que incluye tanto cambios drásticos de estados de ánimo como humor negro y un cierto escepticismo. Cuando, en un dibujo de 1991, el texto anuncia que va a integrar su «pobre y pequeño ismo fragmentario» en un lenguaje figurativo más amplio, no responde necesariamente a la intención del artista: es una de las muchas voces que se hacen oír en las pinturas de Pettibon.

A. W.

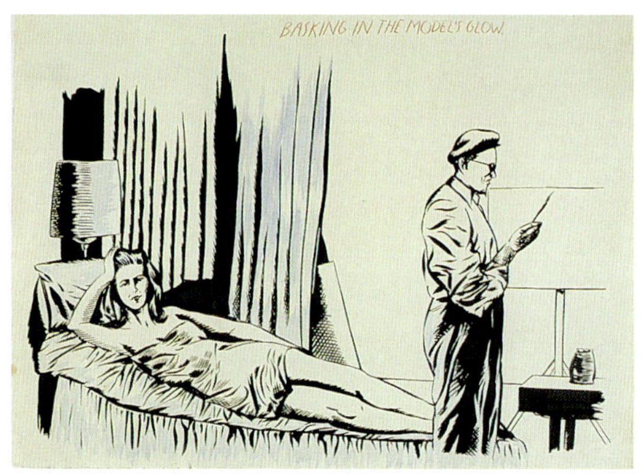

01

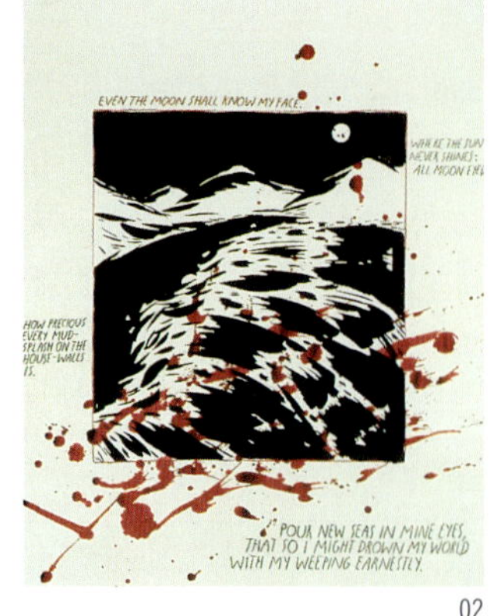

02

01 NO TITLE (BASKING IN THE …), 1990.
Tinta sobre papel, 57 x 76 cm.
02 NO TITLE (EVEN THE MOON …), 1992.
Tinta sobre papel, 56 x 43 cm.
03 NO TITLE, 1987. Tinta, materiales diversos
sobre papel, 36 x 28 cm.
04 NO TITLE (TO DO WHAT), 1995.
Pluma y tinta sobre papel, 127 x 97 cm.
05 NO TITLE (O-GASM …), 1994.
Tinta sobre papel, 64 x 49 cm.
06 NO TITLE, 1990. Tinta sobre papel, 20 x 13 cm.
07 NO TITLE, 1992. Tinta sobre papel, 22 x 29 cm.
08 NO TITLE (WHAT CROPPED UP), 1991.
Pluma y tinta sobre papel, 39 x 29 cm.

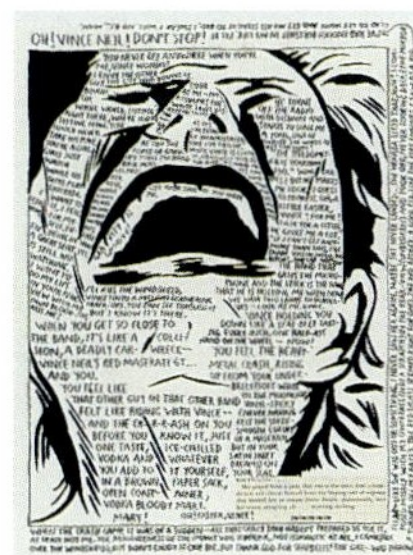

03

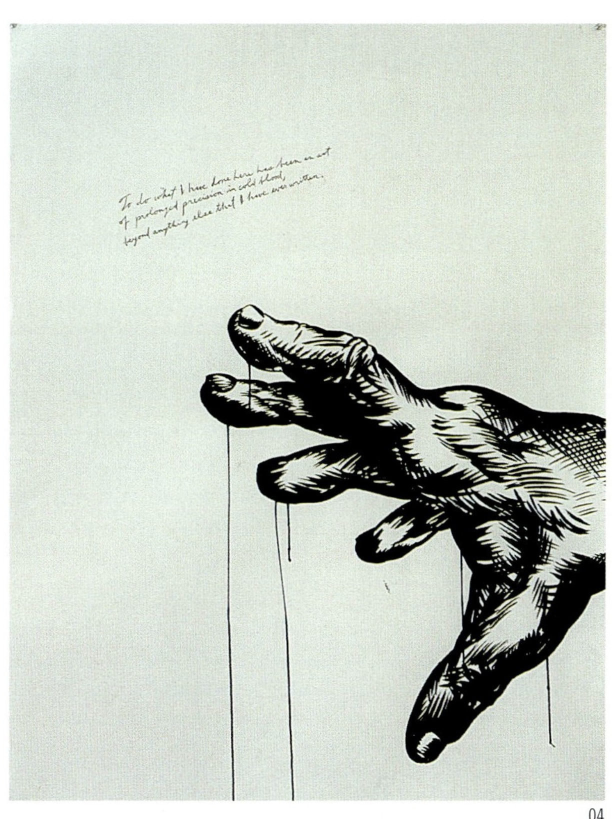

04

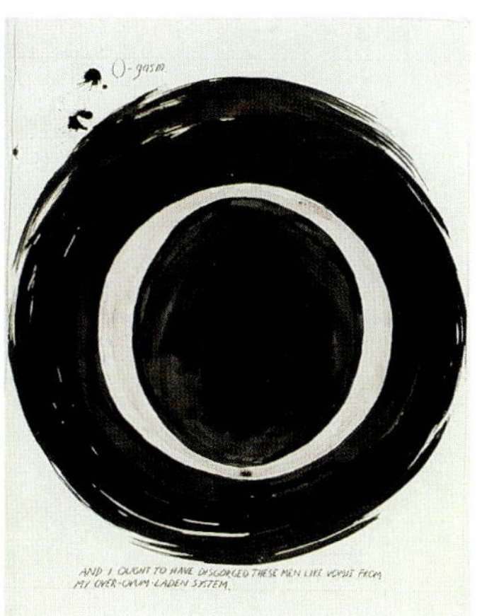

05

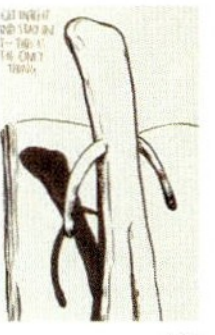

06

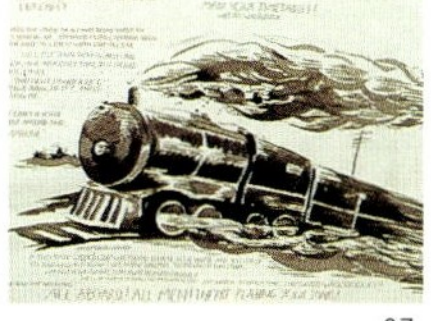

07

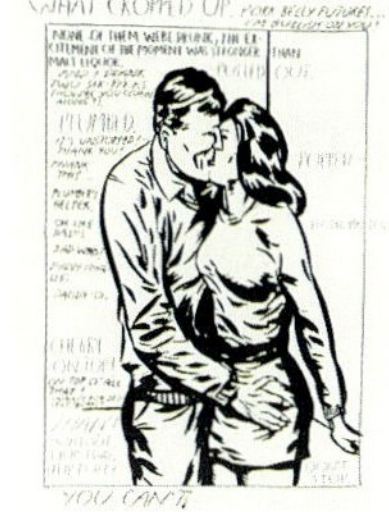

08

ELIZABETH PEYTON

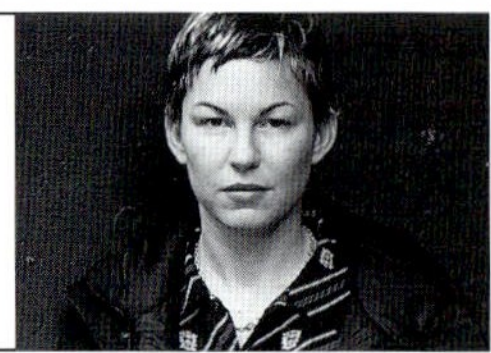

1965 Danbury (Connecticut), EE UU / reside y trabaja en Nueva York, EE UU

«Yo siempre pinto para mí misma»

En sus dibujos, acuarelas y óleos, Elizabeth Peyton combina aspectos de la cultura popular con los del retrato clásico. Por esto, en alguna ocasión dijo que para comprender su obra tienen tanta importancia las revistas de música como, por ejemplo, la literatura de Marcel Proust. Entre las personas que ha representado se encuentran tanto cantantes de música pop, amigos y conocidos, como personalidades históricas: Napoleón Bonaparte o Luis II de Baviera. Independientemente de las relaciones que realmente existan entre la artista y su modelo, todos sus retratos sugieren una gran intimidad. Reproduce a sus amigos con un estado de ánimo tan introvertido y no raramente melancólico, como las estrellas del pop, que representa de modo elegiaco, o como figuras históricas conocidas por su excentricidad. Los retratados suelen estar rodeados del nimbo de la figura de culto; esto puede decirse tanto de sus retratos de Kurt Cobain, trágicamente desaparecido al suicidarse, como del grupo inglés Pulp, de Jarvis Cocker y del roquero punk Sid Vicious. Por regla general, Peyton se limita a pequeños formatos. Para subrayar aún más el ambiente íntimo de sus cuadros, los suele titular sólo con su nombre propio. Peyton retrata a los miembros de la casa real inglesa del mismo modo andrógino y con el mismo glamour que los músicos y actores. El hecho de que se pueda reconstruir la pincelada y las superficies de colores transparentes sugieren un método intuitivo de pintura y refuerzan la impresión de inmediatez y emocionalidad. De este modo, consigue dar a las personalidades públicas la apariencia de lo privado, creando el ambiente íntimo y sensible tan característico de sus cuadros.   Y. D.

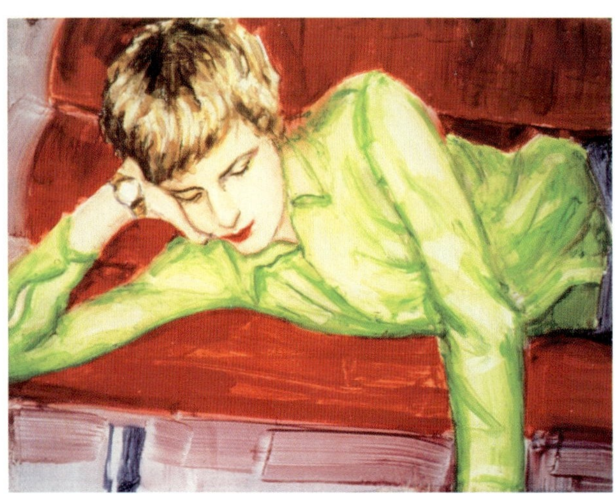

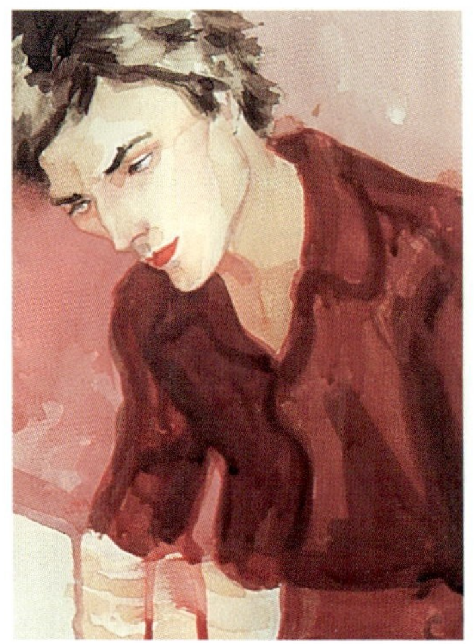

01

02

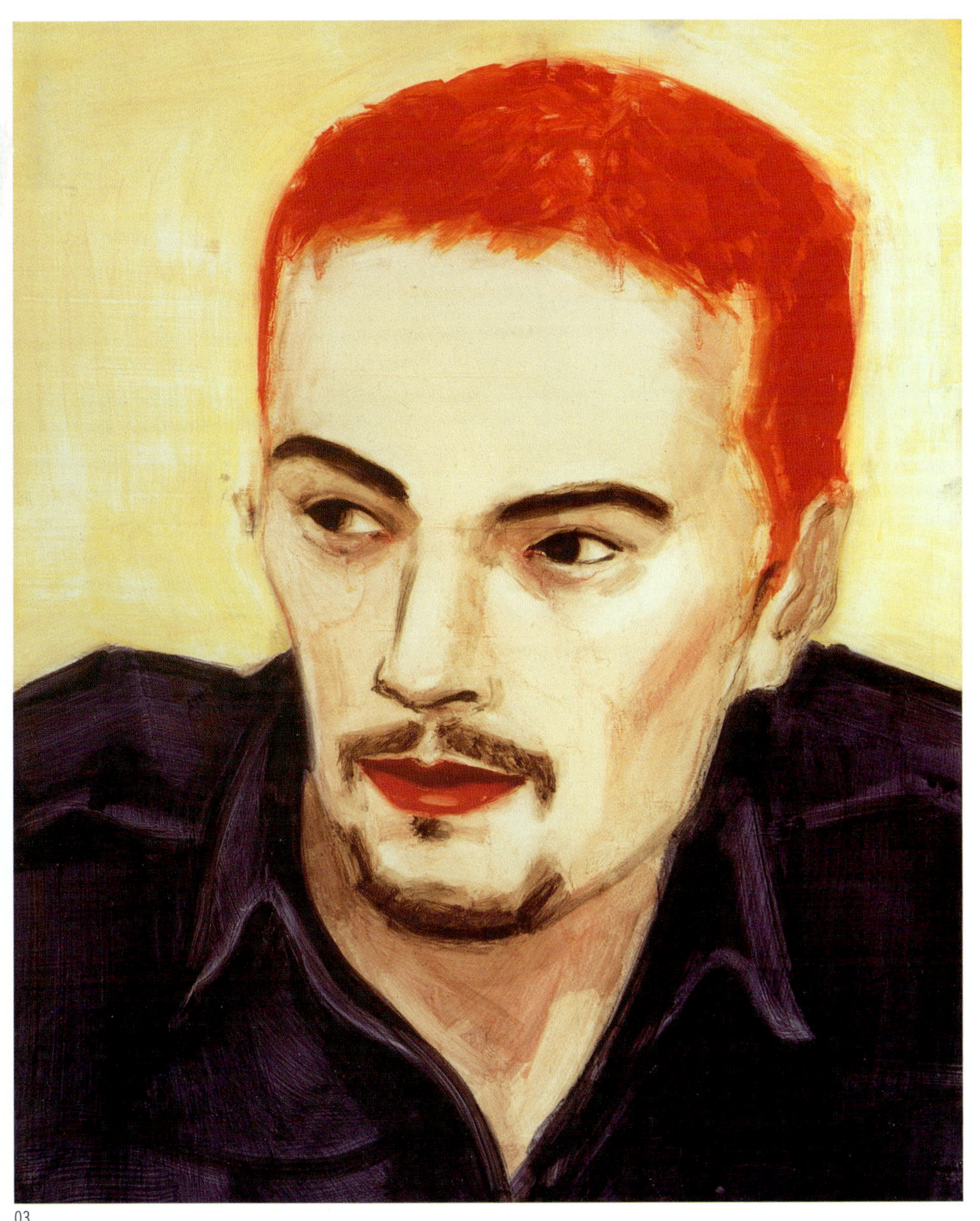

03

01 PIOTR ON COUCH, 1997. Óleo sobre cartón, 23 x 31 cm. **02 CRAIG,** 1997. Acuarela sobre papel, 26 x 18 cm.
03 JAKE CHAPMAN, 1995. Óleo sobre masonite, 43 x 36 cm.

STEVEN PIPPIN

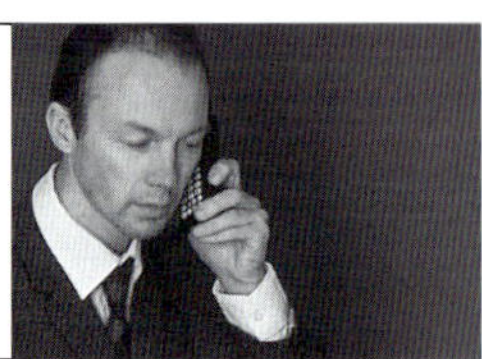

1960 Redhill, Inglaterra / reside y trabaja en Londres (Inglaterra) y Berlín (Alemania)

«Me fascina la idea de construir instrumentos diseñados con la intención de grabar sus propios mecanismos y contenidos»

Steven Pippin es el melancólico nostálgico entre los artistas de los medios de comunicación. Precisamente por no utilizar para sus objetos e instalaciones la tecnología más actual, consigue que brillen por un momento las esperanzas sentimentales que se pusieron en la fotografía y la televisión. Los maravillosos procesos fundamentales de la tecnología medial pueden volver a verse en su reducción técnica; al mismo tiempo, un guiño melancólico anuncia la profanidad de su aplicación real. «Wardrobe Oscura», 1986, está rodeado del aura de finales del siglo XIX: el artista ha transformado una cabina vestuario, como las que solían utilizarse en las playas británicas, en una cámara fotográfica. No se pueden ver fotos íntimas, como cabría esperar de un vestuario convertido en cámara; las fotografías que se han expuesto y revelado aquí no son nítidas y están cubiertas de una pátina: con su poética falta de nitidez se refiere al nacimiento de este medio. Más tarde, también transformó en cámaras fotográficas lavadoras, toilettes e incluso una casa entera. El resultado es una tautología perfecta: una cámara fotográfica que no reproduce nada más que el proceso de fotografiar. En trabajos posteriores, Pippin analiza el mundo medial desde el punto de vista del receptor. Por ejemplo, «Geo-Centric T. V.», 1998, consta de un pie con un monitor que gira en torno a dos ejes. En el monitor se puede ver un globo terráqueo. En lugar de imágenes en movimiento, que consumen espectadores pasivos ante un aparato de televisión inmóvil, el artista ha diseñado un televisor en movimiento con una imagen estática del mundo. ¿Es el mundo al revés el único auténtico?

R. S.

01 LAUNDROMAT-LOCOMOTION (RUNNING NAKED), 1997. Copias en blanco y negro por contacto obtenidas de negativos originales en papel, 12 partes, cada una de 81 x 81 cm. **02 FLAT FIELD**, 1993. Aluminio, motores, transformadores, perspex, televisor, transmisor de vídeo, reproductor de vídeo, 122 x 94 x 119 cm.

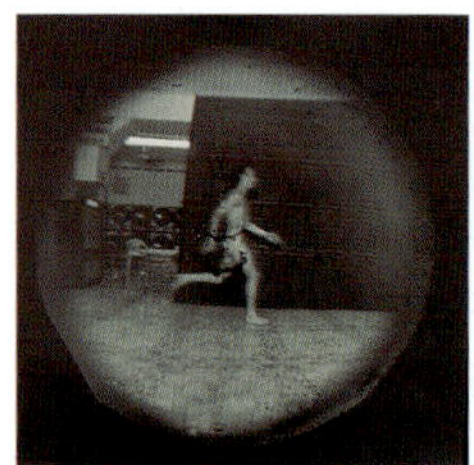 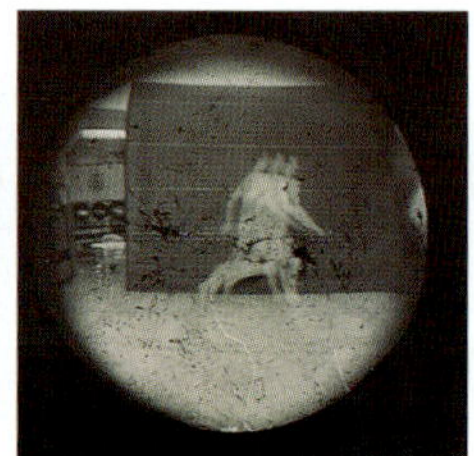 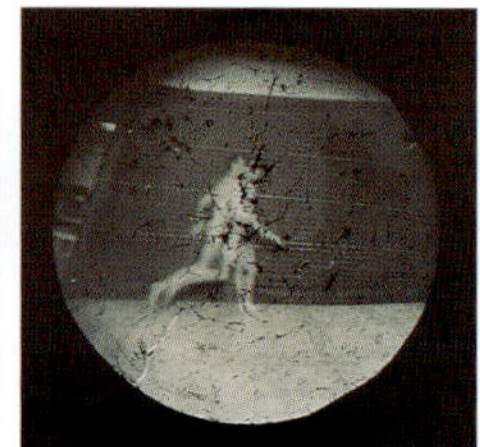 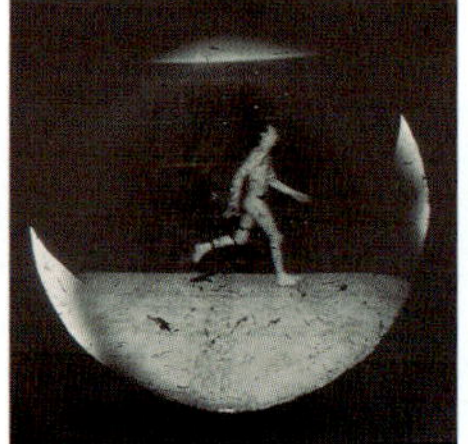

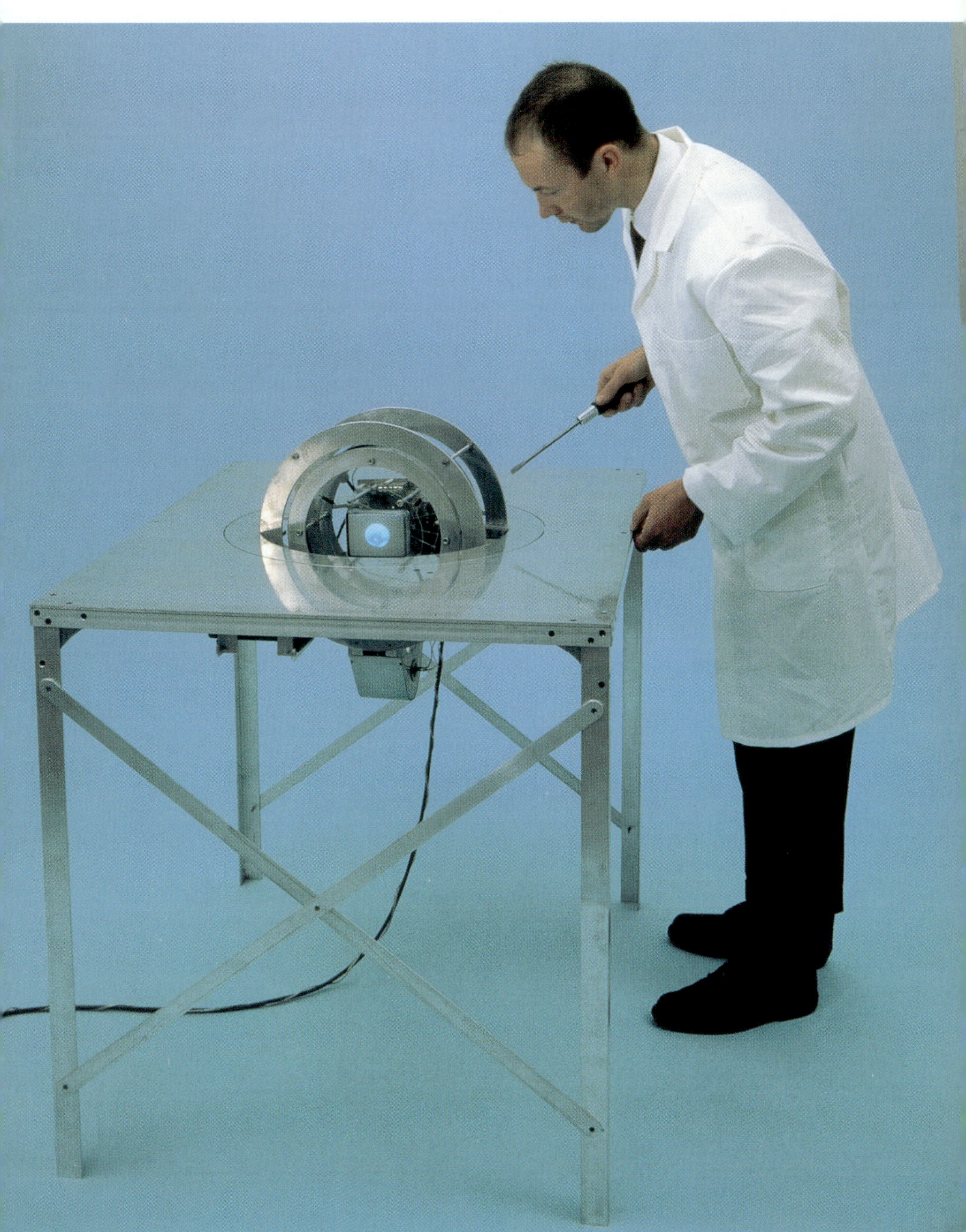

STEPHEN PRINA

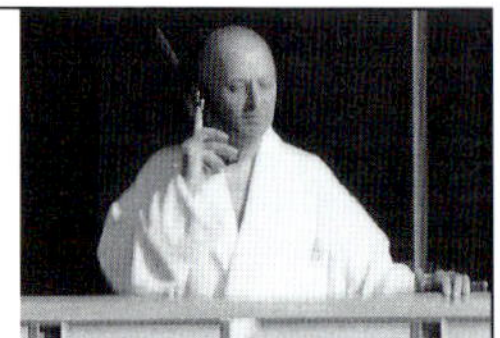

1954 Galesburg (Illinois), EE UU / reside y trabaja en Los Ángeles (California), EE UU

«El significado de una obra de arte no puede reducirse a las ideas que la han generado»

Las fotografías, instalaciones y performances musicales de Stephen Prina suelen tener como punto de partida representaciones «irrevocables», es decir conocidas obras artísticas y musicales. En muchos casos, los diferentes niveles semánticos de sus trabajos sólo se comprenden a través de una serie de referencias e influencias históricas. Por ejemplo, las proporciones de los dibujos monócromos de Prina en «Exquisite Corpse: The Complete Paintings of Manet» (desde 1988) se corresponden con las medidas de los 556 cuadros de Edouard Manet. En «Monochrome Painting», 1988/89, los formatos de sus cuadros pintados con pintura verde para automóvil y sus subtítulos se derivan de modelos tomados de la pintura moderna (p. ej. de «Blanco sobre blanco» de Kasimir Malevich, 1919, o de «Sin título», 1973, de Blinky Palermo). Los proyectos de Prina, frecuentemente previsto para una larga duración, se inscriben en la recepción de la historia del arte y de la cultura, en los mecanismos del negocio del arte (por ejemplo

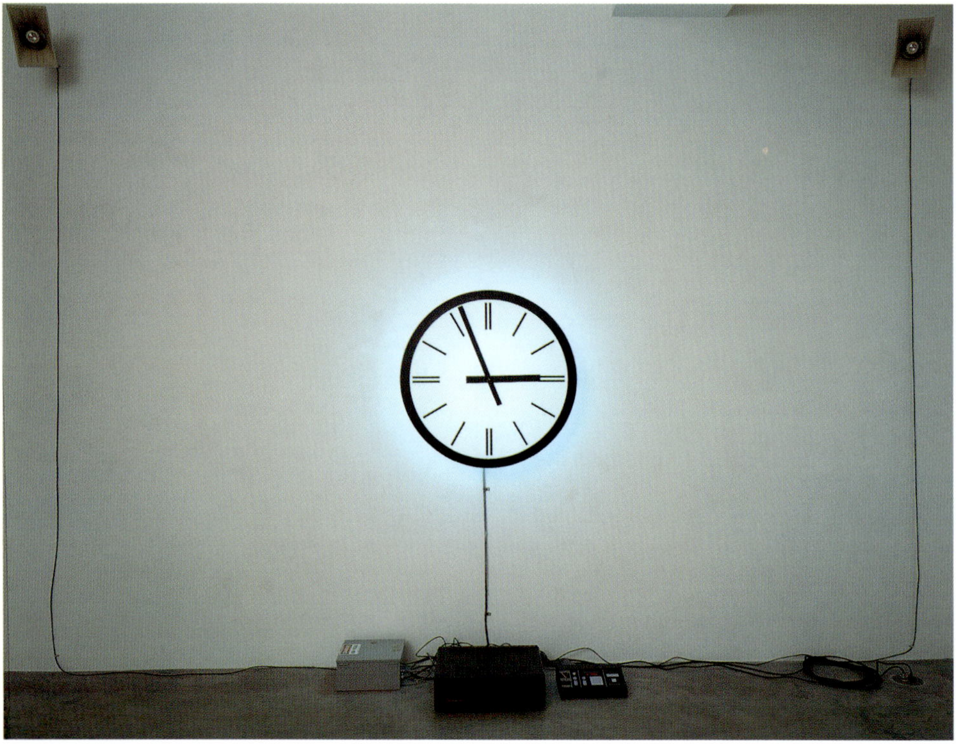

«Mailing List», 1989/90) y en su propia historia de exposiciones («Retrospection under Duress», 1996).
Con la duplicación de aspectos individuales de sus modelos, el análisis de su composición material y su
posterior reconstrucción, Prina analiza los rituales de la creación cultural, sacudiendo sus fundamentos:
la originalidad, la autonomía y la autoría. También «Dom Hotel, habitación 101», 1994, en que Prina
recoge el monólogo de una figura de Heinrich Böll y la adaptación de esa novela por los directores de
cine Jean-Marie Straub y Danièle Huillet, se centra en el proceso de apropiación, énfasis y desaparición.
Los cálculos, en ocasiones irónicamente exagerados, de Prina no sólo proporcionan un acta detallada
de su modo de actuar, sino que también incluyen un momento de arbitrariedad en los sistemas supuestamente autorreferidos, abriéndose así a otras lecturas.   A. W.

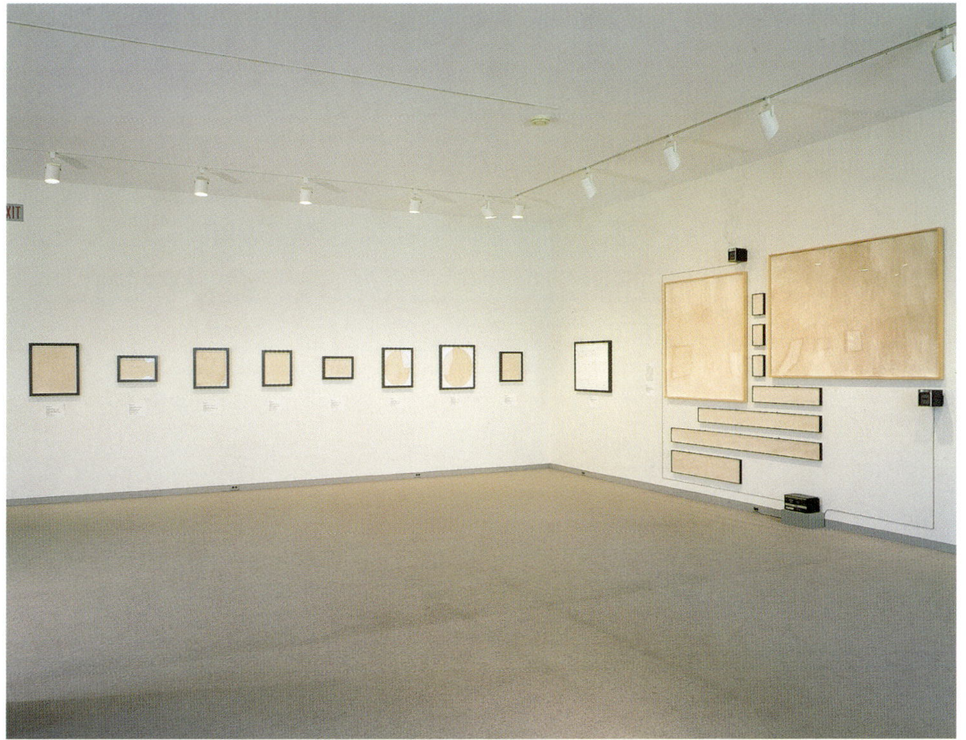

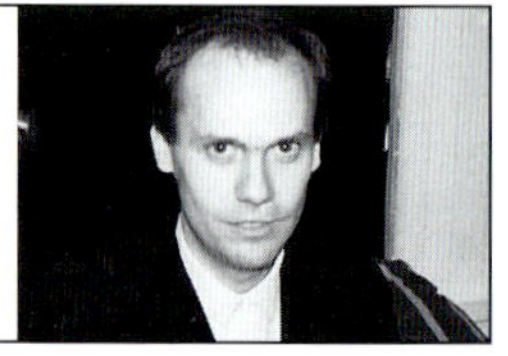

1949 Región del Canal de Panamá / reside y trabaja en Nueva York, EE UU
«Quiero el mejor ejemplar. El único ejemplar. El ejemplar más caro. Quiero ‹Chamber Music›
de James Joyce. [...] Quiero el ejemplar más antiguo que se haya conservado. Quiero un ejemplar tan raro que hasta ahora nadie había osado soñar con él. Quiero el ejemplar que sueña»

El principio de la apropiación, desarrollado por Marcel Duchamp a comienzos de siglo y llevado a su apogeo en los años sesenta por el arte pop, volvió a estar de moda a partir de finales de los setenta. Más aún que en el arte pop, los artistas utilizaron para sus propios trabajos imágenes de la publicidad o de la televisión que usaban al parecer a escala 1:1. Richard Prince no fue sólo uno de los primeros en hacerlo, sino que también lo hizo de un modo especialmente provocador. Durante esa época trabajaba en el servicio de recortes de la editorial Time-Life, por lo que tenía acceso a miles de revistas recortadas; la mayoría de ellas sólo tenían completas ya las páginas de anuncios. Comenzó a fotografiar esos anuncios, para componer con las fotografías sus propias obras. En el proceso cambiaba el detalle, el colorido y el ángulo, si se mantenía la cámara inclinada. Lo que en un primer momento —por ejemplo en la serie «Cowboys», 1980–1987,— parecía una copia exacta de un anuncio de Marlboro, cuando se observan los detalles como la falta de nitidez o una acentuación específica de la figura o la composición, resultaba ser un tratamiento artístico. No ha imitado el mundo sintético y perfecto de la publicidad, sino que lo ha devuelto a la realidad imperfecta. De este modo, se pone fin a ese homenaje a la publicidad y al consumo que era inherente al arte pop. Si, a continuación, Richard Prince realizó grandes lienzos con chistes dibujados y escritos, frecuentemente bastante groseros, hacía así referencia a otro aspecto: el mundo de la publicidad es un mundo sustitutivo, al igual que el del chiste. En los dos se funciona tanto con clichés como con deseos que no pueden cumplirse.

C.B.

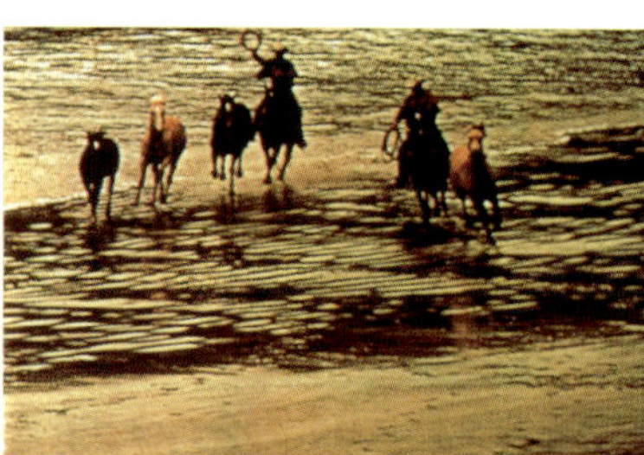

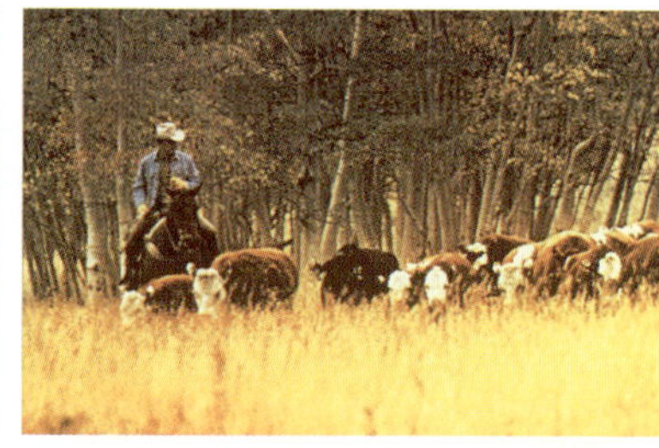

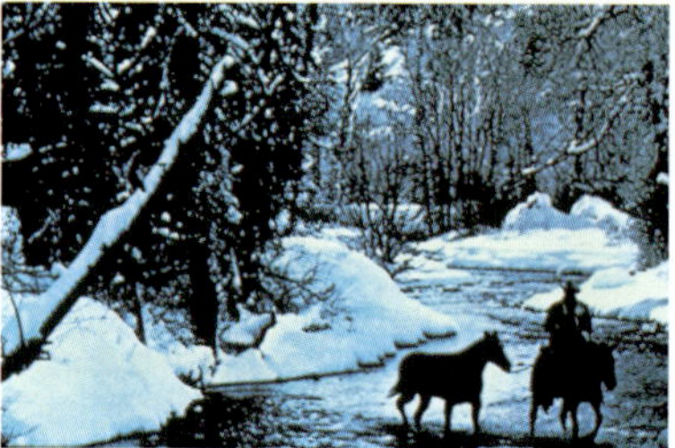

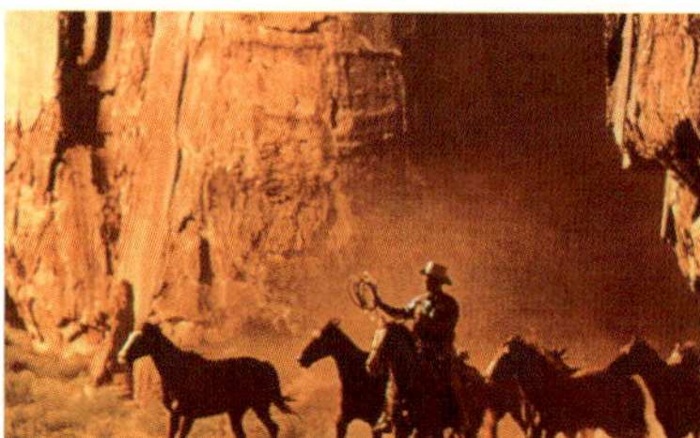

01 UNTITLED (COWBOYS), 1980–1984. Copia en ectacolor, 69 x 102 cm.
02 UNTITLED (COWBOYS), 1980–1986. Copia en ectacolor, 69 x 102 cm.
03 UNTITLED (COWBOYS), 1980–1984. Copia en ectacolor, 69 x 102 cm.
04 UNTITLED (COWBOYS), 1980–1986. Copia en ectacolor, 76 x 114 cm.
05 UNTITLED, 1989. Acrílico, serigrafía sobre lienzo, 229 x 147 cm.

01 / 02
03 / 04

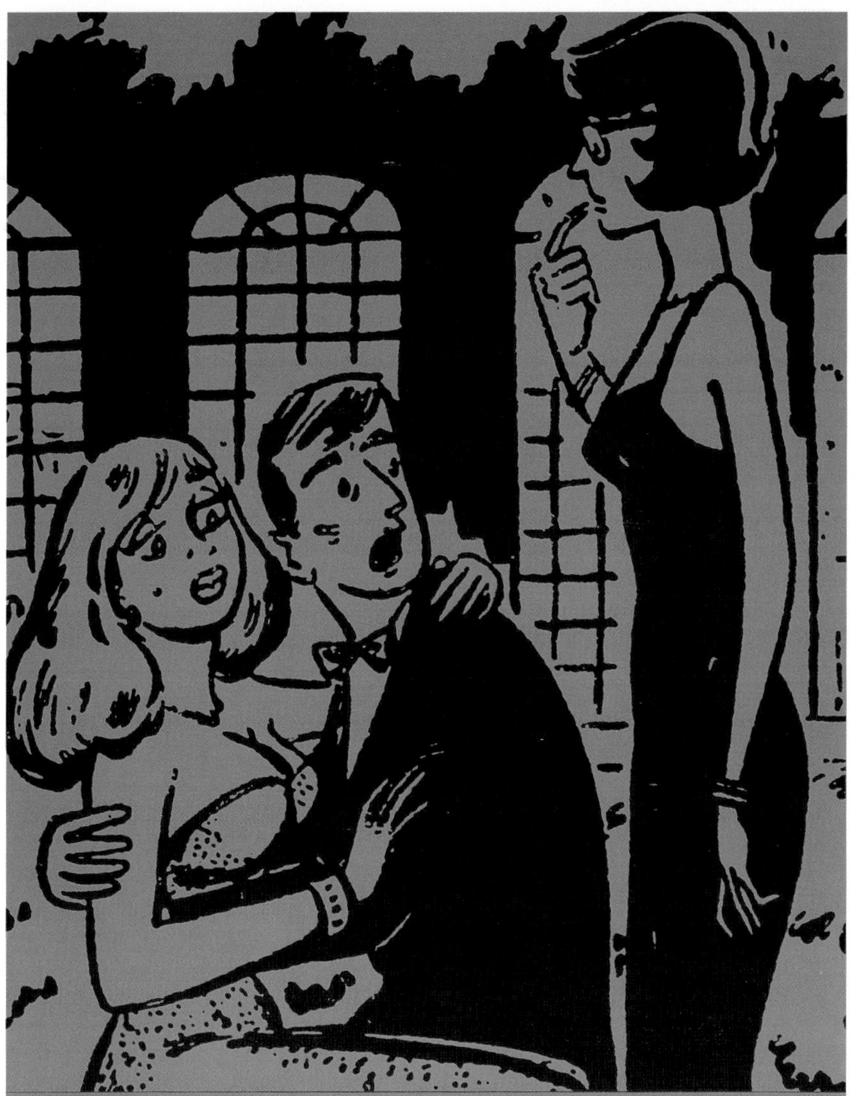

"I understand your husband drowned and left you two million dollars. Can you imagine, two million dollars, and he couldn't even read or write."
"Yeah, she said, and he couldn't swim either."

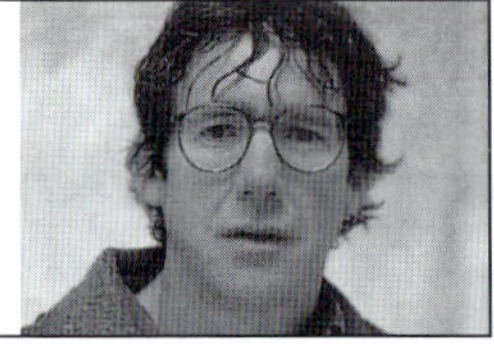

CHARLES RAY

1953 Chicago (Illinois), EE UU / reside y trabaja en Los Ángeles (California), EE UU

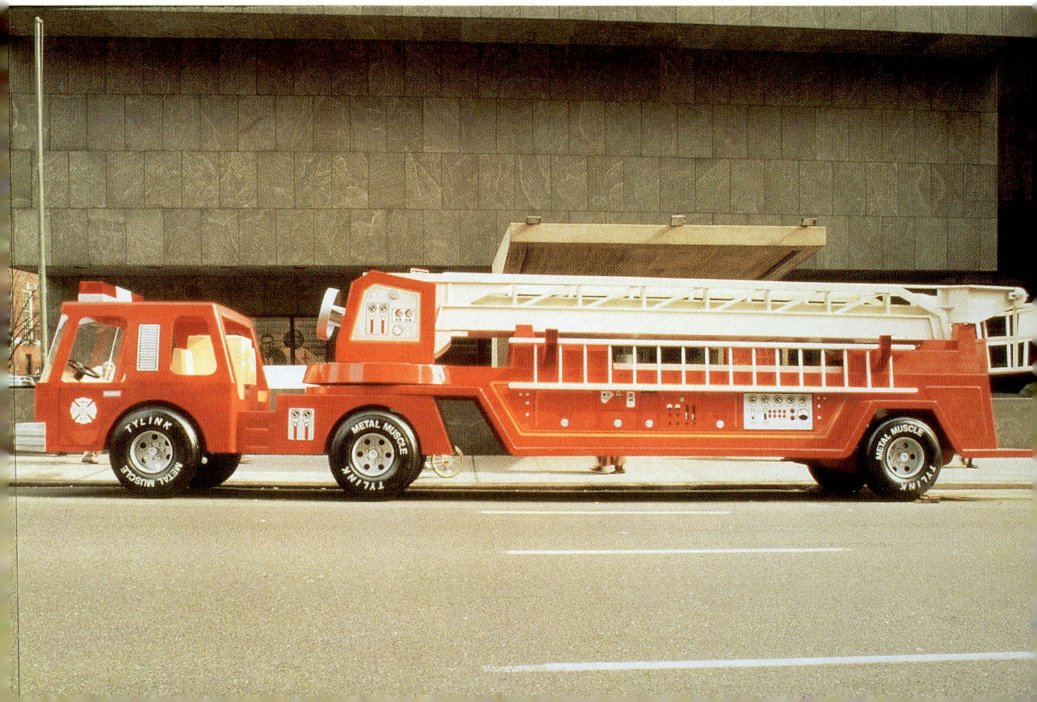

Con mayor evidencia que prácticamente cualquier otra obra, las figuras de Charles Ray testimonian el retorno de lo real al arte. Su trabajo comenzó con la recepción del arte minimal y del Body Art. Comenzó colocando un vaciado de su propio cuerpo y después un maniquí de escaparate en lugar de una anatomía, anteriormente manipulada de modo abstracto o en una acción. Con esta medida llevó una inmediatez a la escultura que causa un efecto psicótico e intranquilizante. Las figuras de Ray son versiones distorsionadas de personas que uno cree familiares: la mujer bella, la familia simpática, el muchacho majo, un hombre tipo medio de unos cuarenta años de edad (Ray mismo). Están demasiado pulidos, estereotipados para ser reales. Realmente opresiva es la monumentalidad de esa mega-mujer que emascula al hombre que se le acerca, convirtiéndolo en un niño («Fall», 1990) o el hecho de que los cuatro miembros de una familia tengan la misma estatura, de modo que los padres parecen enanos y los niños monstruos («Family Romance», 1993). El traumático realismo de Ray incluye también objetos de uso diario: el cubo «minimalista», cubiertos que rotan sobre una mesa o el objeto escultural de un automóvil que ha sufrido un accidente («Unpainted Sculpture», 1997). En sus trabajos despierta asociaciones con alegorías de pesadilla y crea referencias sociales actuales. Así, el automóvil aplastado hace pensar al observador en el accidente en que murió Diana de Gales, mientras que numerosos críticos interpretan la orgía sexual titulada «Oh! Charley, Charley, Charley…», 1992, como símbolo de la era del sida. Ray sólo conoce estados desconcertantes del sentimiento y del espíritu, narcisismo, el deseo de amor y belleza, que se re-evalúan en sus más recientes trabajos sobre la moda y las modelos: un vídeo sobre un maniquí que gira sobre sí mismo y una serie fotográfica sobre «la mujer más bella del mundo». S. T.

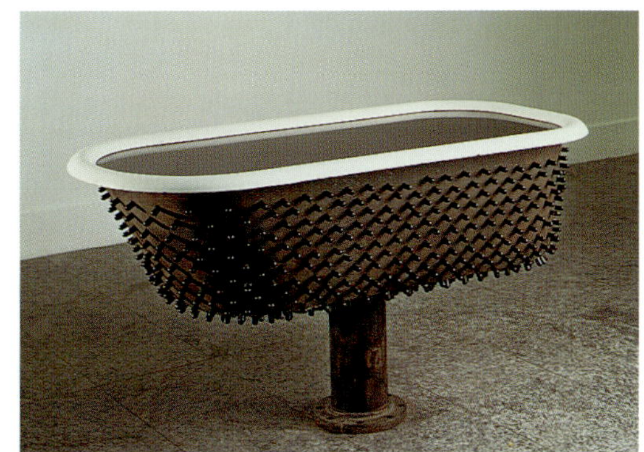

02

◀ 01 / 03

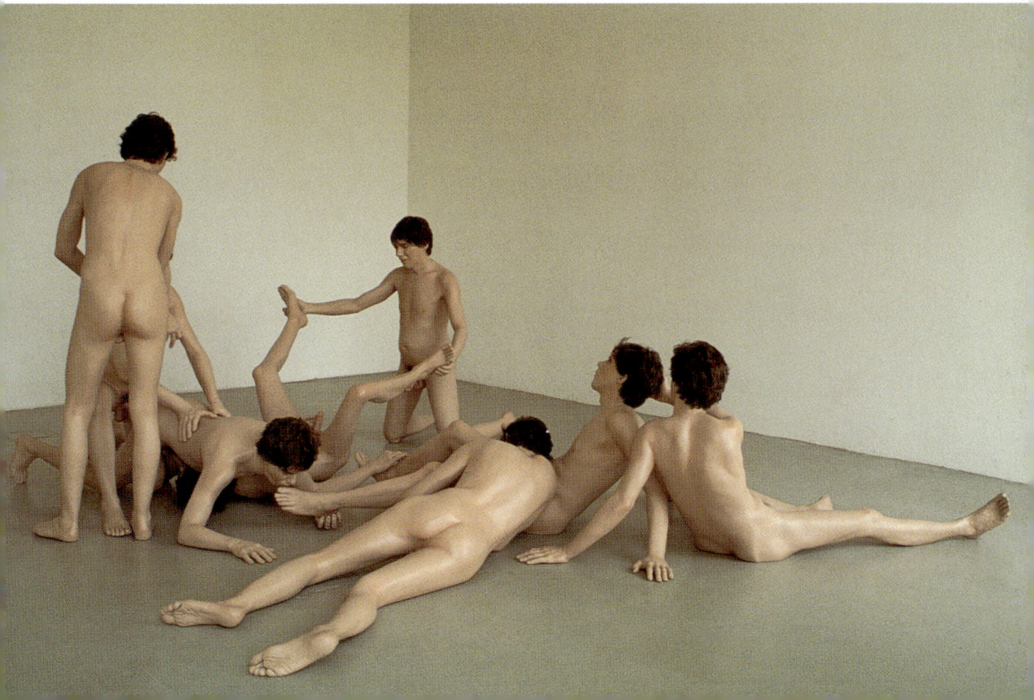

TOBIAS REHBERGER

1966 Esslingen am Neckar, Alemania / reside y trabaja en Fráncfort del Meno, Alemania

«Cada uno ve el arte de manera diferente; yo sólo propongo»

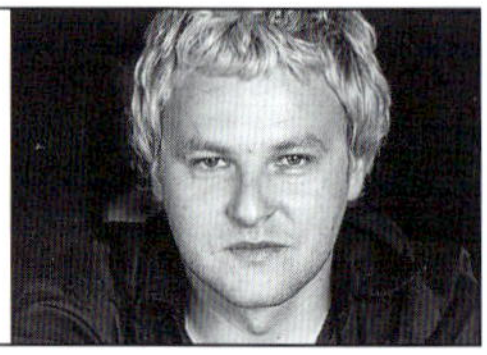

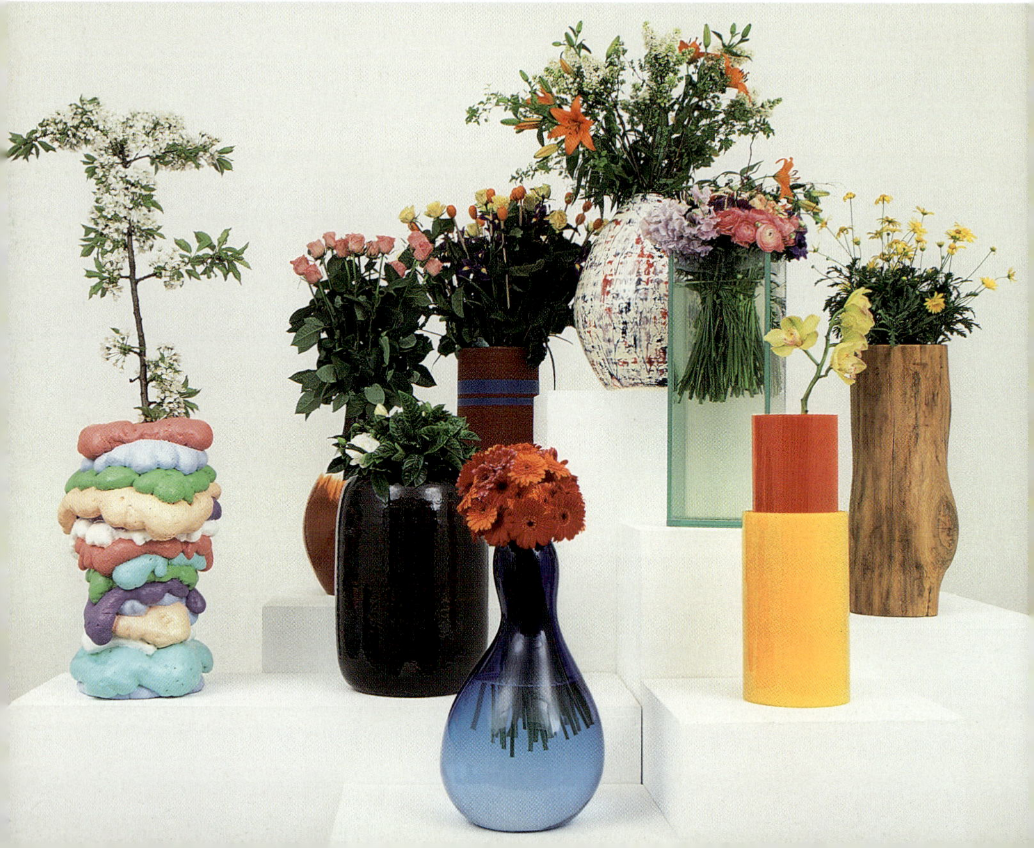

Dos sofás amarillos, un cenicero azul y dos televisores, que cuelgan sobre los asientos en unas «pelotas de tenis» sobredimensionadas: ésta es una composición de «Fragments od Their Pleasant Spaces (In My Fashionable Version)», un environment realizado por Tobias Rehberger en 1996. Para hacerlo, preguntó a sus amigos cómo tenía que ser la decoración de un salón para sentirse a gusto. Rehberger transcribió las respuestas en una interpretación «de moda» y una de estas interpretaciones es la composición anteriormente descrita, «No Need to Fight about the Channel, Together, Lean Back». Aquí pueden verse claros ejemplos de las estrategias más importantes de artista: cooperación comunicativa, un método de trabajo relacionado con el espacio y la cuestión de los límites del arte y la moda o el diseño. En 1997 diseñó para una galería de Berlín, un anuncio que se publicó en diversas revistas de arte. El anuncio se utilizó, asimismo, como modelo para un chaleco de punto, que llevó el personal de la galería durante una feria de arte. Más tarde, se utilizó como modelo para la exposición «Brancusi»: trasladaron la bidimensionalidad en la tridimensionalidad del espacio y en objetos que podían leerse como muebles de los años setenta, pero también como «esculturas autónomas». En esta obra de tres piezas, Rehberger se concentra —como un ejecutivo— en la coordinación de los diferentes procesos, para reducir jerarquías, por ejemplo entre el artista y el promotor del arte. También es típico el modo en que introduce relaciones no claras, que incitan a sus colaboradores a una interpretación libre: un anuncio es tan poco idóneo como modelo para una prenda de punto como para el planteamiento de una exposición.   R. S.

01 «ONE», vista de la instalación, neugerriemschneider, Berlín, Alemania, 1995.
02 BRANCUSI. Pintura mural, 5 asientos, 3 lámparas, suelo de madera, 11 trabajos originales de diversos artistas. Vista de la instalación, neugerriemschneider, Berlín, Alemania, 1997.

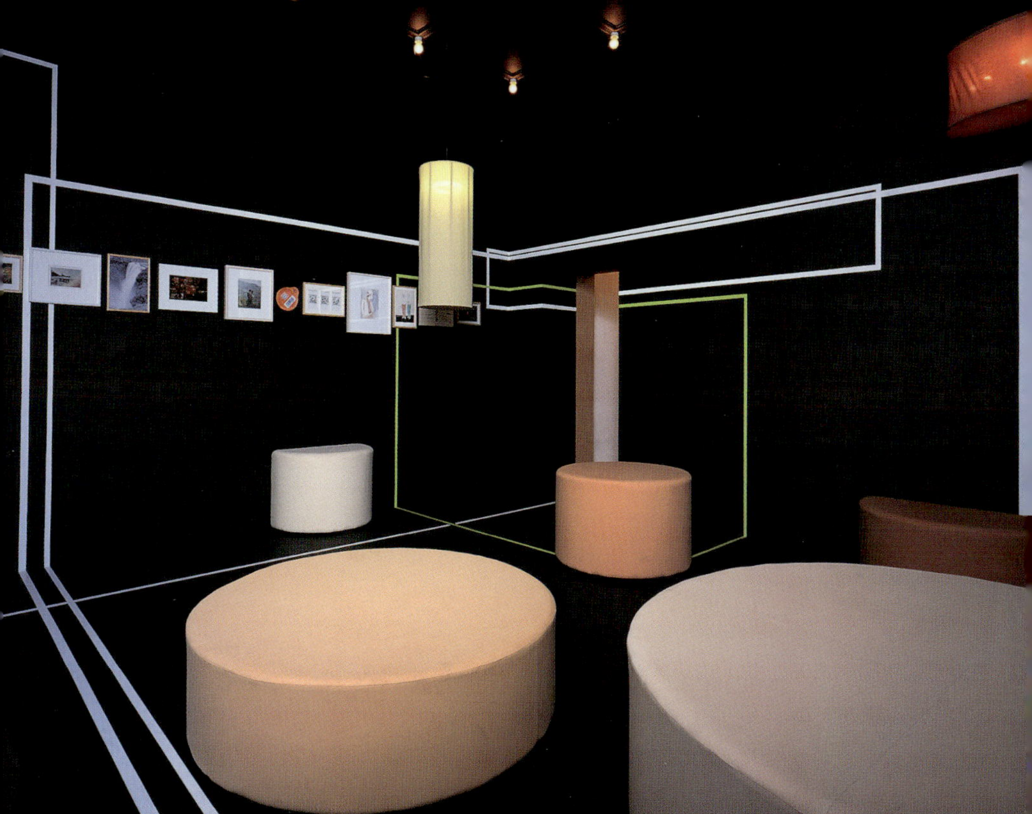

JASON RHOADES

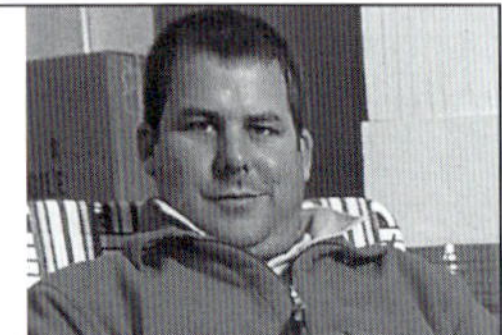

1965 Newcastle (California), EE UU / reside y trabaja en Los Ángeles (California), EE UU

«Todas las buenas ideas, y también todas las buenas obras de arte andan solas,
como un perpetuum mobile, mental y a veces también físicamente; están llenas de vida»

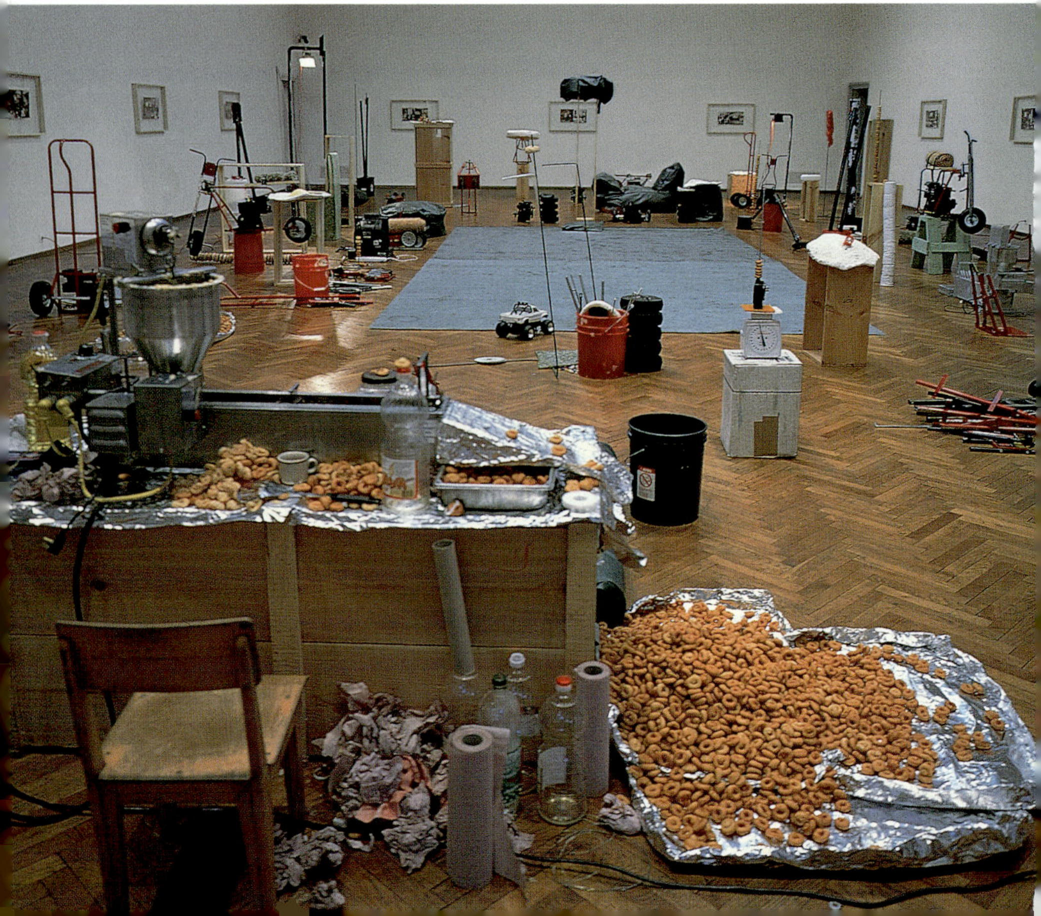

Sus obras son muy grandes; en muchos casos se extienden por el suelo en varias partes, ocupando salas enteras. Se encienden luces, se oye música y, en ocasiones, también funciona un vídeo en un pequeño televisor. Además, Jason Rhoades es un manitas muy aventajado, capaz de fabricar una máquina que eche patatas fritas y haga donuts, expulse basura, que genere humo o simplemente que haga ruido. Es un artista, divertido y al mismo tiempo serio, de Los Ángeles, que ha prestado una importante contribución a que el mundo del arte no mire tanto a Nueva York como a la costa occidental de Estados Unidos. Las creaciones de Rhoades crean sistemas de relaciones entre la realidad, la experiencia y los medios de comunicación. En ocasiones hay un motivo básico como en la película de los setenta «Car Wash», cuyo colorido y cualidad arquitectónica Rhoades recoge y perfecciona, hasta que, en «Uno momento/the theatre in my dick/a look to the physical/ephemeral», 1996, se convierte en una forma fálica de unos veinte metros de longitud. Rhoades reacciona a los miles de impresiones que toda persona percibe cada día. Los trabajos son ofertas, que operan con la misma obligatoriedad o voluntariedad que las ofertas de la cultura diaria de los medios y de los acontecimientos. Todas esas ofertas temporales desencadenan también sensaciones a las que se puede seguir o no. Precisamente Rhoades transforma ese proceso, una y otra vez, en arte.

C.B.

◄ 01 / 02

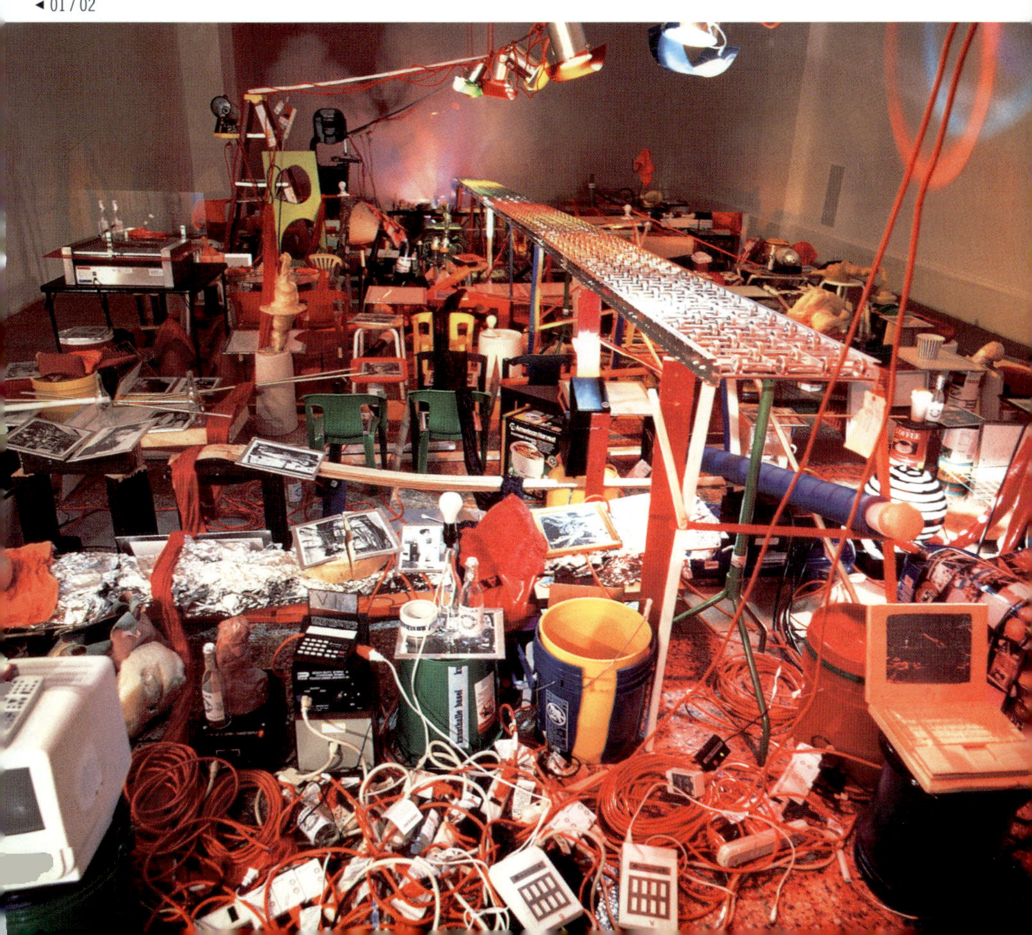

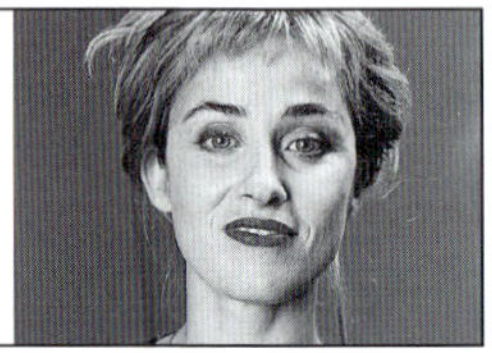

PIPILOTTI RIST

1962 Grabs, Suiza / reside y trabaja en Zúrich y Neuenburg, Suiza

«Lo que se ha transmitido de un modo emocional y sensible puede terminar con más prejuicios y comportamientos preconcebidos que equis panfletos y tratados intelectuales»

Deslumbrante, llamativa, descarada, segura de sí misma: así conquistó el mundo del arte la artista del vídeo Pipilotti Rist; al mismo tiempo demostró que es posible hacer vídeos de alto nivel, que contrarresten la gran masa de vídeos musicales. Conoce el mundo de la música, porque tocó durante años en un grupo; y, también, conoce la estética de la cultura pop. En un primer momento, sus vídeos eran estridentes, causaban un efecto excesivamente banal, dramático y ensoñador. Rist habló en una ocasión del «fragor de la lucha de clases entre los que poseen una cultura de la palabra y los que poseen una cultura de la imagen (por ejemplo de TV)». En una instalación de 1994 («Das Zimmer», La habitación) expresó lo que ella pensaba de las personas formadas en una cultura de la palabra: alrededor de una televisión aparecían agrupados unos muebles rojos inmensos, en los que los adultos se hundían, mientras que tenían fija la vista en los vídeos que aparecían en pantalla. En cuanto a las materias que trata, Rist vuelve en sus proyecciones de vídeo a la locura diaria de los problemas sin resolver, pero sin caer en la desesperación. En «Ever is Over All», 1997, una muchacha joven se pasea por una calle, mientras que va rompiendo —con visible satisfacción— las ventanas de los coches aparcados. Aparece una mujer policía, que saluda amistosamente a la gamberra. De este modo, Pipilotti Rist diseña en sus obras nuevas alianzas, que no puede trasmitir ningún texto, pero que se pueden deducir de las imágenes. C.B.

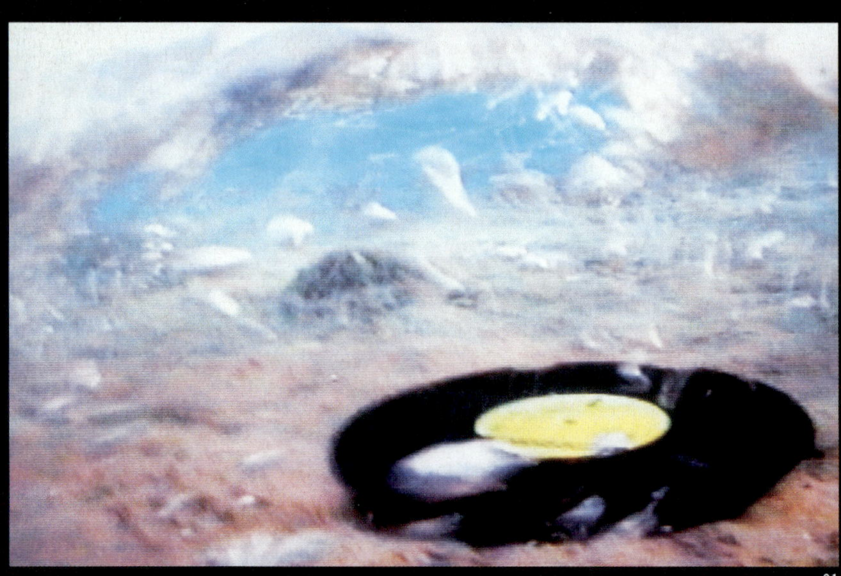

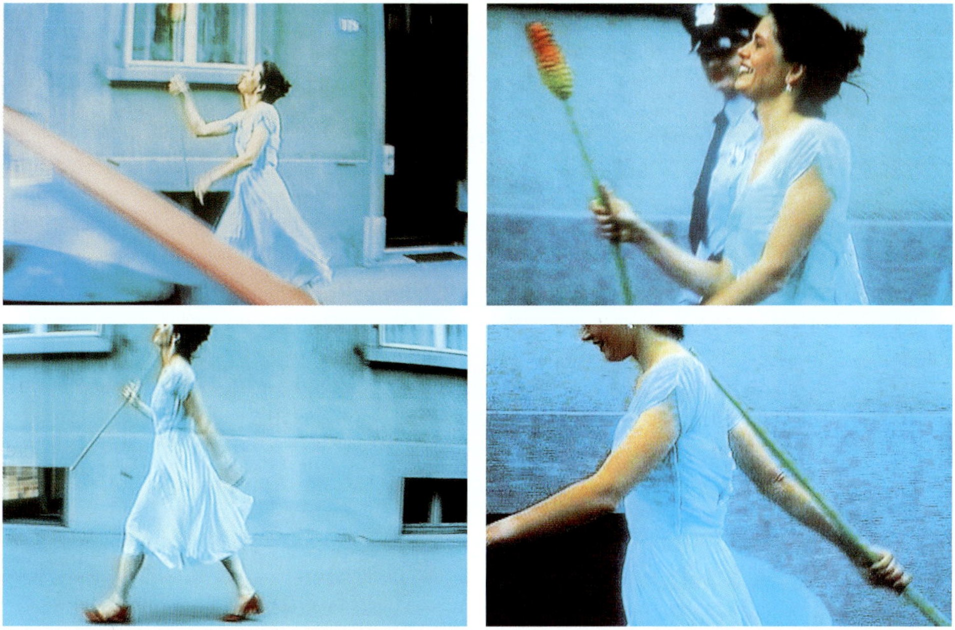

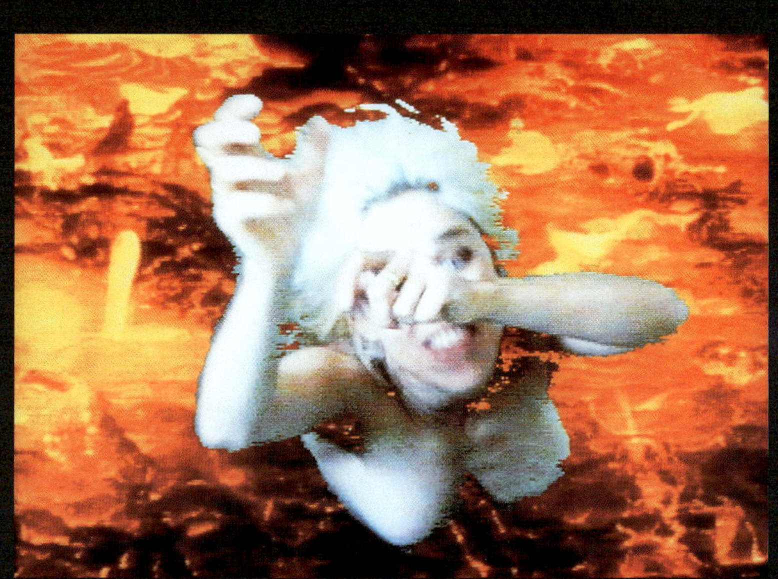

01 **SIP MY OCEAN,** 1996. Fotograma del vídeo. 02 **EVER IS OVER ALL,** 1997. Fotogramas del vídeo.
03 **SELFLESS IN THE BATH OF LAVA,** 1994. Fotograma del vídeo.

GERWALD ROCKENSCHAUB

1952 Linz, Austria / reside y trabaja en Viena, Austria

«Lo que me interesa es la definición y la clasificación de un campo social que ilustre la acción a través de la ejecución»

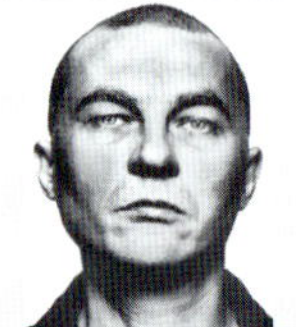

El método artístico de Gerwald Rockenschaub se centra en el «White Cube» (Cubo blanco) como localización, esencia y premisa del arte moderno. Rockenschaub, que se hizo famoso a comienzos de los años ochenta con pinturas geométrico-abstractas, reminiscencias de pictogramas; a finales de los ochenta tradujo al espacio tridimensional sus reflexiones sobre la autonomía y la posición social del arte. Continuando el lenguaje formal del arte minimal, sus intervenciones artísticas apuntan hacia un análisis y hacia una reestructuración del enfoque visual y de las normas de conducta, definidas por el contexto de cada caso. Con sus injerencias económicas en la arquitectura del espacio de exposición, proporciona dinamismo a las relaciones entre el artista, la obra y el observador. Atrae la atención sobre los parámetros de la presentación y transforma la institución cultural en un escenario: el observador se convierte en actor y, al igual que la sala de exposición, en el objeto para los otros visitantes. En 1989, cubrió una pared de la galería Paul Maenz con paneles transparentes de plexiglas; en 1991 separó dos salas de exposición del Kunstmuseum de Linz con una lona de plástico transparente; en la galería Metropol, lo hizo con un cordel. En 1993 llevó a los visitantes del pabellón austríaco en Venecia a través de una pasarela. Como en ante-

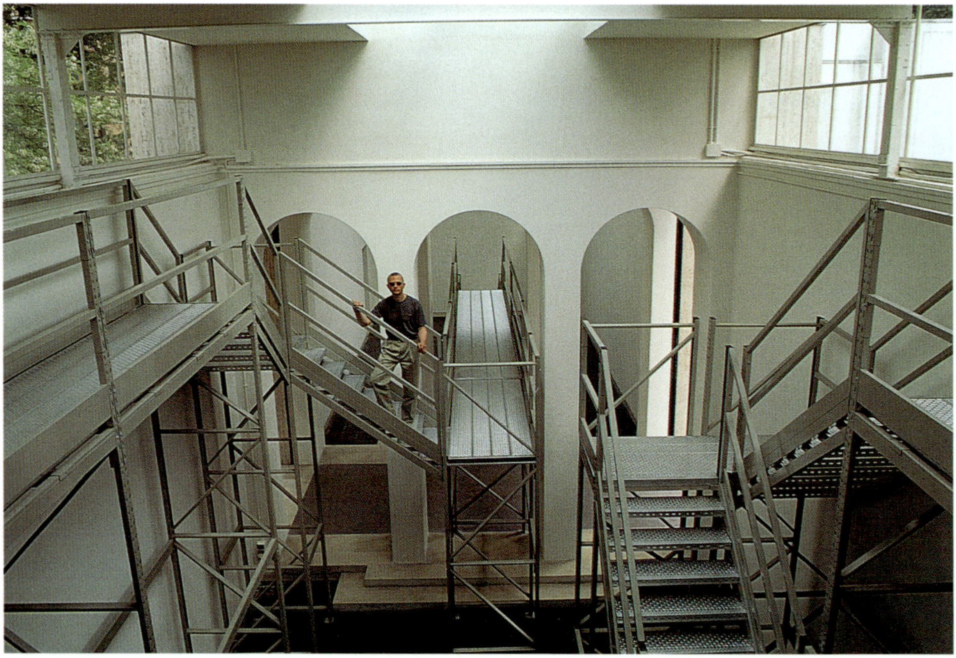

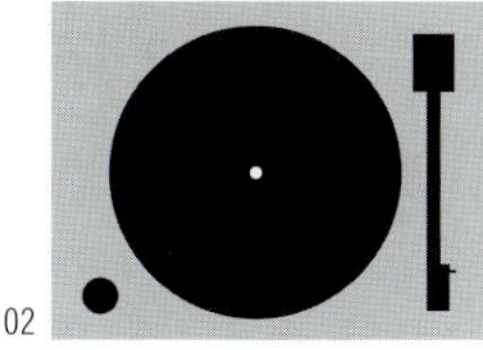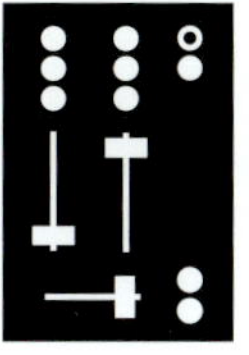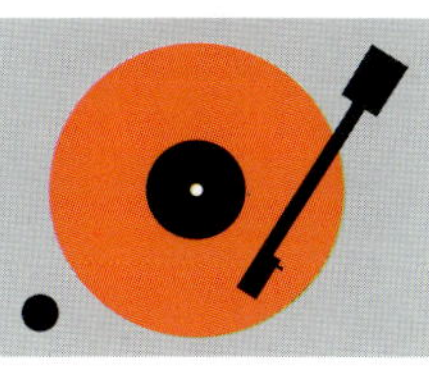

02

riores proyectos, atrajo la mirada del espectador hacia el exterior, a través de la ventana. En Zúrich (1994) y Linz (1995), Rockenschaub retomó este diálogo entre el espacio interior del arte y el espacio exterior urbano: presentó fotografías de Zúrich y un vídeo en el que primero podían verse las alas del museo destinadas a oficinas, antes de comenzar a explorar el centro de la ciudad de Linz. De modo similar a las actividades en que actúa como pinchadiscos, también aquí se funden áreas de distinta definición social: sus límites se tornan visibles… y también practicables.

A.W.

01 INSTALLATION VIEW, XLV Esposizione Internationale d'Arte, la Biennale di Venezia, Venecia, Italia, 1993.
02 1997. 3 impresiones digitales, 55 x 90 cm, 55 x 45 cm, 55 x 90 cm. **03 3 INFLATABLE PVC OBJECTS,** 1997.
2 paredes hinchables, PVC, cada una de aprox. 220 x 450 x 35 cm; sofá hinchable, PVC, 50 cm de altura,
200 cm de diámetro. Vista de la instalación, Galerie Mehdi Chouakri, Berlín, Alemania, 1997.

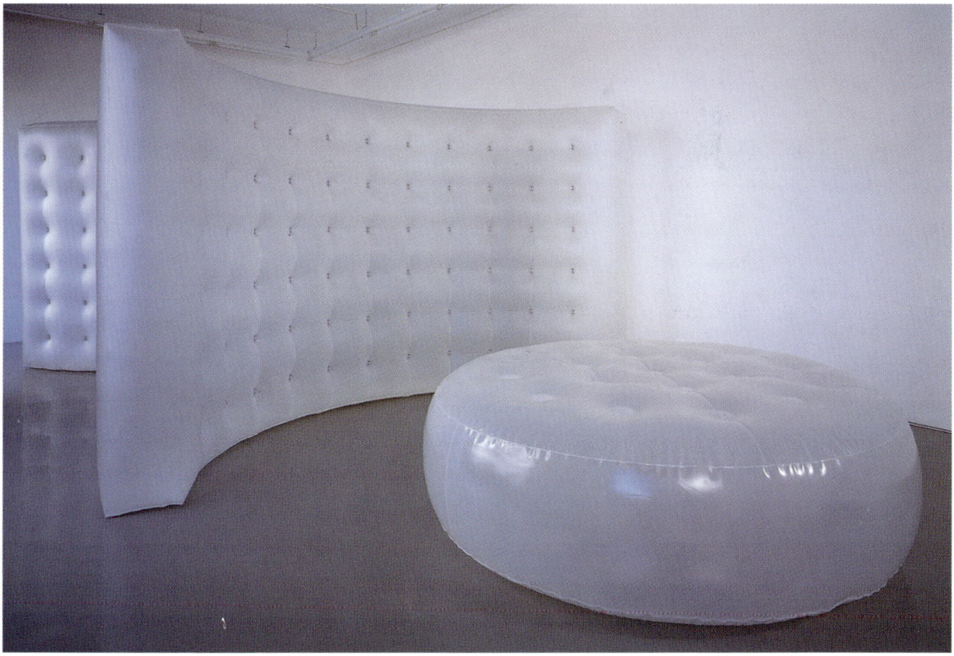

THOMAS RUFF

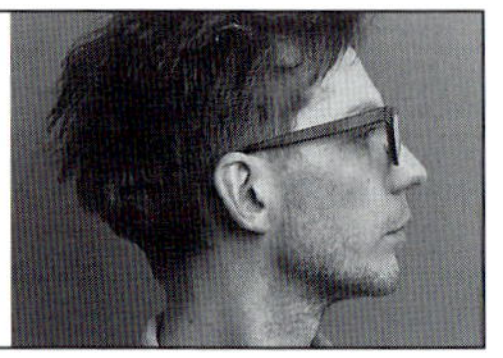

1958 Zell am Harmersbach, Alemania / reside y trabaja en Düsseldorf, Alemania

«Lo difícil del retrato es reproducir la sonrisa»

Como a Candida Höfer, a Andreas Gursky y a Thomas Struth, frecuentemente se clasifica a Thomas Ruff como perteneciente a la tradición de la fotografía documental objetiva de Bernd e Hilla Becher. A primera vista, las series de Ruff: «Porträts» (Retratos), «Häuser» (Casas), «Zeitungsfotos» (Fotos de periódico) y «Sterne» (Estrellas) parecen corresponder a esta opinión al grabar sobriamente la realidad. Pero no le importa tanto reproducir y archivar lo que existe como hacer imágenes del mundo nacido en su imaginación, imágenes que siguen regla de composición estrictas, que se ha impuesto él a sí mismo. Así, las personas que retrata miran de frente a la cámara, como en una foto de carné, y las «casas» están aisladas de su entorno arquitectónico. Las fotos de Ruff están marcadas por un profundo escepticismo frente a las nociones de verdad y autenticidad, que intentan usar la fotografía como «prueba». El hecho es que el aparato técnico tiene una influencia decisiva sobre la forma. Al cambiar esos parámetros y manipular parcialmente sus resultados con el ordenador, Ruff muestra que todo aparato visual crea la realidad que pretende desvelar. En este sentido han de interpretarse sus «documentos de la incredulidad» (Ruff); reflejan las condiciones de la percepción, las particularidades de la fotografía como medio y la dimensión política implícita de su uso. Por ejemplo, las fotos nocturnas realizadas durante la Guerra del Golfo hacen referencia al empleo de técnicas militares para la información bélica… un sinónimo del voyeurismo del televidente occidental. El grupo de obras «Plakate» (pósteres) ilustra esa dimensión política: en montajes de ordenador de gran tamaño, al estilo de John Heartfield, ironiza la actitud autocomplaciente de los políticos. La estructura en diferentes niveles se sustrae a una lectura inequívoca.   A. W.

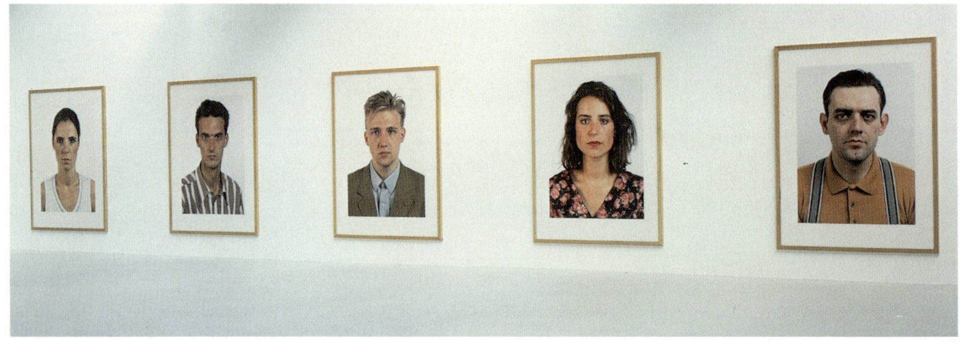

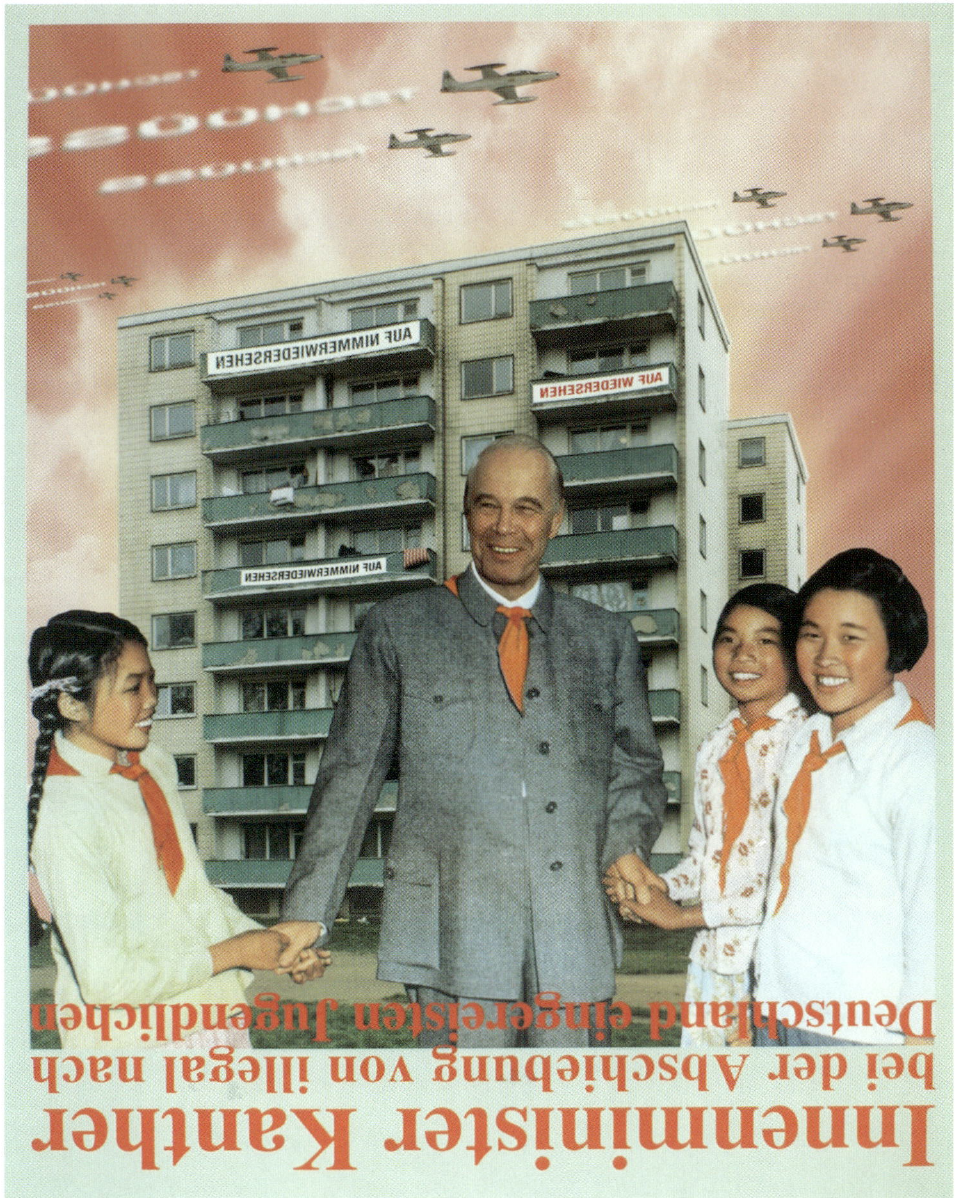

01 «YOUNG GERMAN ARTISTS 2», vista de la instalación, Saatchi Gallery, Londres, Inglaterra, 1997.
02 PLAKAT IV, 1997. C-print, 225 x 180 cm.

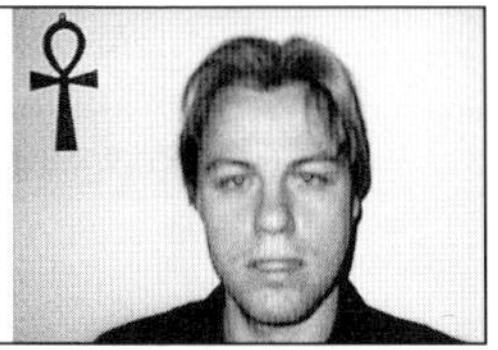

GREGOR SCHNEIDER

1969 Rheydt, Alemania / reside y trabaja en Rheydt

«El cerebro se paraliza y el cuerpo gira y gira hasta romperse»

Hace varios años, este artista comenzó a transformar su casa de Rheydt, una ciudad del bajo Rin. Desde entonces trabaja sin interrupción en su obra principal: la casa «ur», en la Unterheydner Strasse. Coloca paredes delante de paredes ya existentes, que frecuentemente tienen el mismo aspecto que las que están detrás. Schneider suele colocar materiales que amortiguan los ruidos (como planchas de plomo) bajo las paredes, que a continuación revoca. De este modo, las habitaciones se hacen capa a capa más pequeñas; cambian sus proporciones. También se constatan físicamente las consecuencias de un ambiente cada vez más opresivo, sin conocer directamente sus causas. Debido a todas esas remodelaciones, el artista no está en condiciones de reconstruir el estado inicial de la casa. En ésta hay una habitación que, sin apenas notarse, gira lentamente sobre su propio eje. En varias salas, puede haber varias ventanas, una detrás de otra; las lámparas situadas detrás de los cristales pretenden simular luz natural. Después de haber hecho esas injerencias arquitectónicas, Schneider hace fotos y vídeos de su casa; filma, sin mover la cámara, largas secuencias de los interiores; también emplea una cámara de

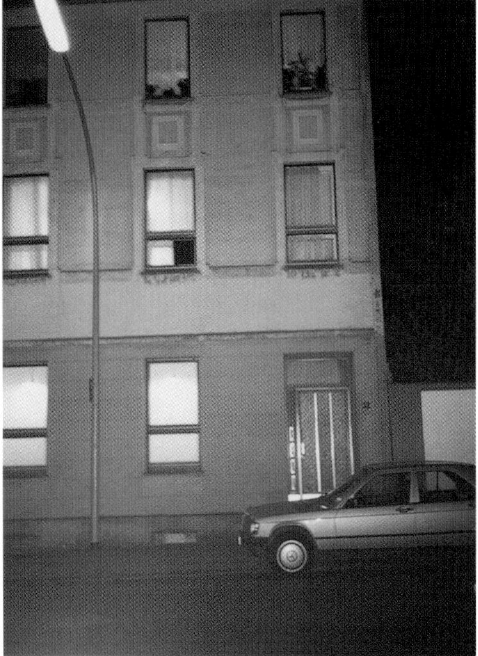

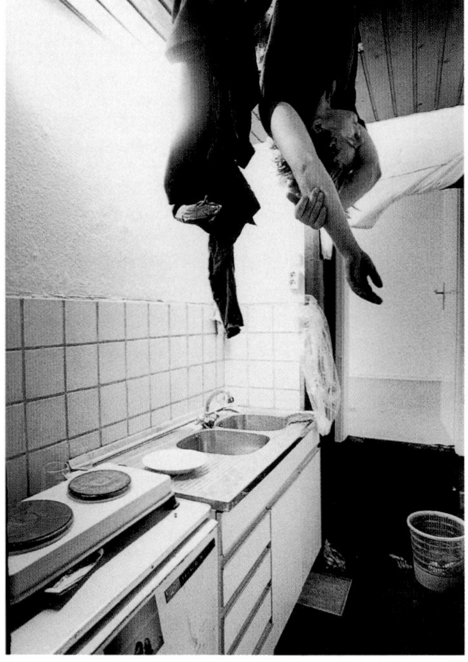

01

02

mano, con la que se mueve por la casa tropezando, lo que permite ver áreas intermedias por lo demás invisibles. Mientras que, al comienzo de su actividad de exposiciones, trasformaba los interiores de una galería de modo similar a las habitaciones de su casa, sin que al final fueran visibles los cambios, desde 1994 se lleva piedra a piedra las habitaciones de su casa, que vuelve a montar en los museos o galerías. De este modo consigue trasladar a la exposición el ambiente específico de su casa. Y. D.

01 TOTES HAUS UR, Rheydt, Alemania, 1985–1997. **02 PORTRÄT GREGOR SCHNEIDER, U7 – 10, KÜCHE,** Rheydt 1987. Vista de la instalación, «Schneider Totes Haus ur 1985/97, Rheydt», Portikus, Fráncfort del Meno, Alemania, 1997. **03 UR 10, DREHENDES KAFFEE-ZIMMER, WIR SITZEN, TRINKEN KAFFEE UND SCHAUEN EINFACH AUS DEM FENSTER,** Rheydt, Alemania, 1993.

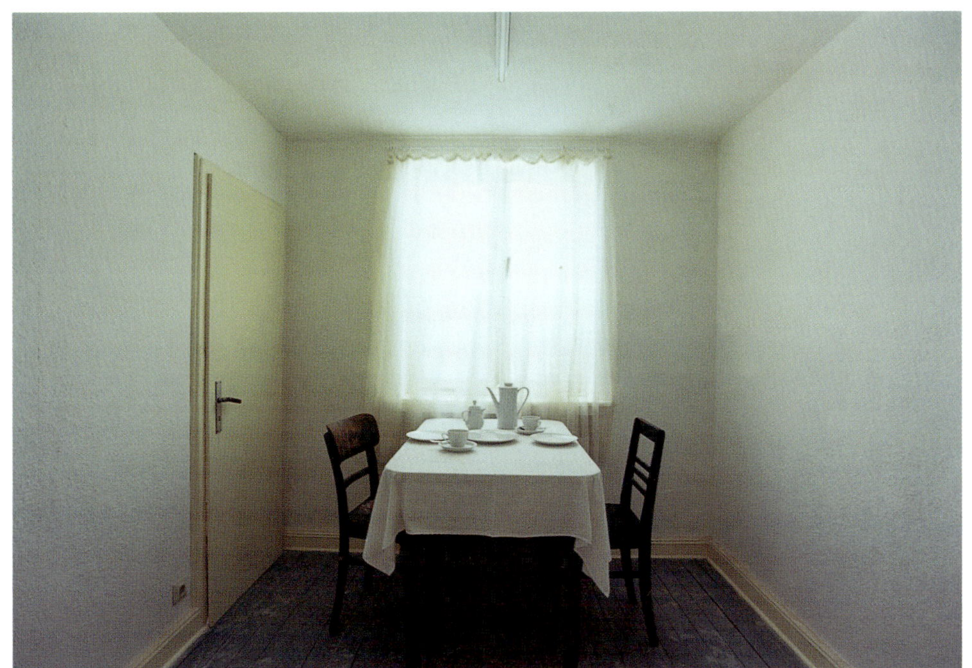

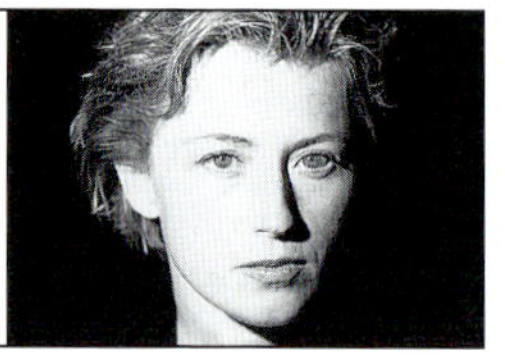

1954 Glen Ridge (Nueva Jersey), EE UU / reside y trabaja en Nueva York, EE UU

«Aunque yo nunca he pensado en dar un toque feminista o político a mi trabajo, está claro que todo él está marcado por mis observaciones como una mujer en esta cultura»

Cindy Sherman afirmó en una ocasión que sus fotos han de ser consideradas como arte conceptual. Su enfoque conceptual es evidente, entre otras cosas, en la división de su obra en series. Por mucha variedad que tengan esas series, hay temas constantes como el enfrentamiento con la pintura por medio de la fotografía o el interés por la imagen social de la mujer. Las primeras fotos que hicieron famosa a Cindy Sherman de un modo fulminante, a comienzos de los años ochenta, fueron sus «Film Stills». Esos autorretratos en blanco y negro muestran a la artista en diferentes situaciones que, formal y materialmente, recuerdan fotos fijas de filmes de los años cincuenta y sesenta. Después, Sherman ya sólo hizo fotografías en color. Una serie de gran importancia para su obra fue la que, en 1981, hizo por encargo de la revista de arte neoyorquina «Artforum». Estas fotos —que se imprimieron a doble página, en un formato muy apaisado, acorde con las dimensiones de la revista— muestran a la artista frecuentemente tumbada con un rostro inexpresivo. Hacia 1983 hizo sus primeras fotos de moda, en las que caricaturizaba el ideal habitual de belleza femenina. A lo largo de su carrera, desde «Fairy Tales», 1985, hasta «Disasters» (desde 1986), Sherman ha ido modificando sus autorretratos cada vez más; las prótesis que ya utilizó en «History Portraits», 1988–1990, han llegado a convertirse en protagonistas en «Sex Pictures», 1992. Del mismo modo que sucederá más tarde en sus «Horror Pictures» (desde 1994), ya en esas obras desaparece completamente el cuerpo de la artista; sólo volverá a aparecer aisladamente in persona en algunas de sus tardías «Mask Pictures» (a partir de 1995). Sherman ha unido el tratamiento de la situación social de la mujer y los aspectos de la historia del cine, en su proyecto más ambicioso hasta la fecha: la película de horror «La asesina de la oficina» («Office Killer»), 1997.

Y. D.

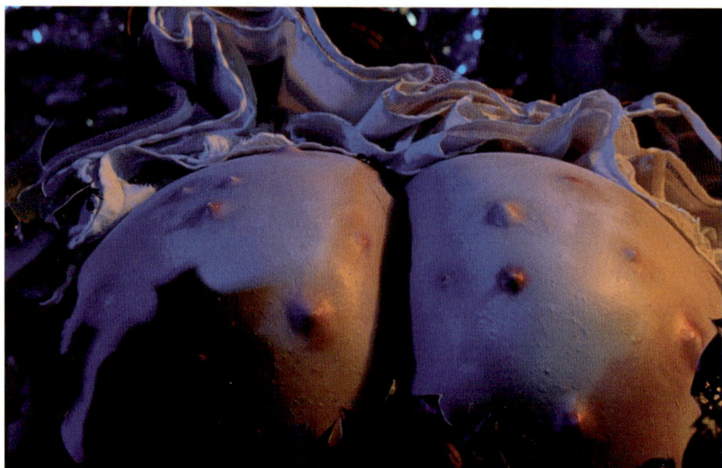

01 UNTITLED, 1987. Fotografía en color, 110 x 186 cm.
02 UNTITLED, 1992. Fotografía en color, 152 x 102 cm.

01

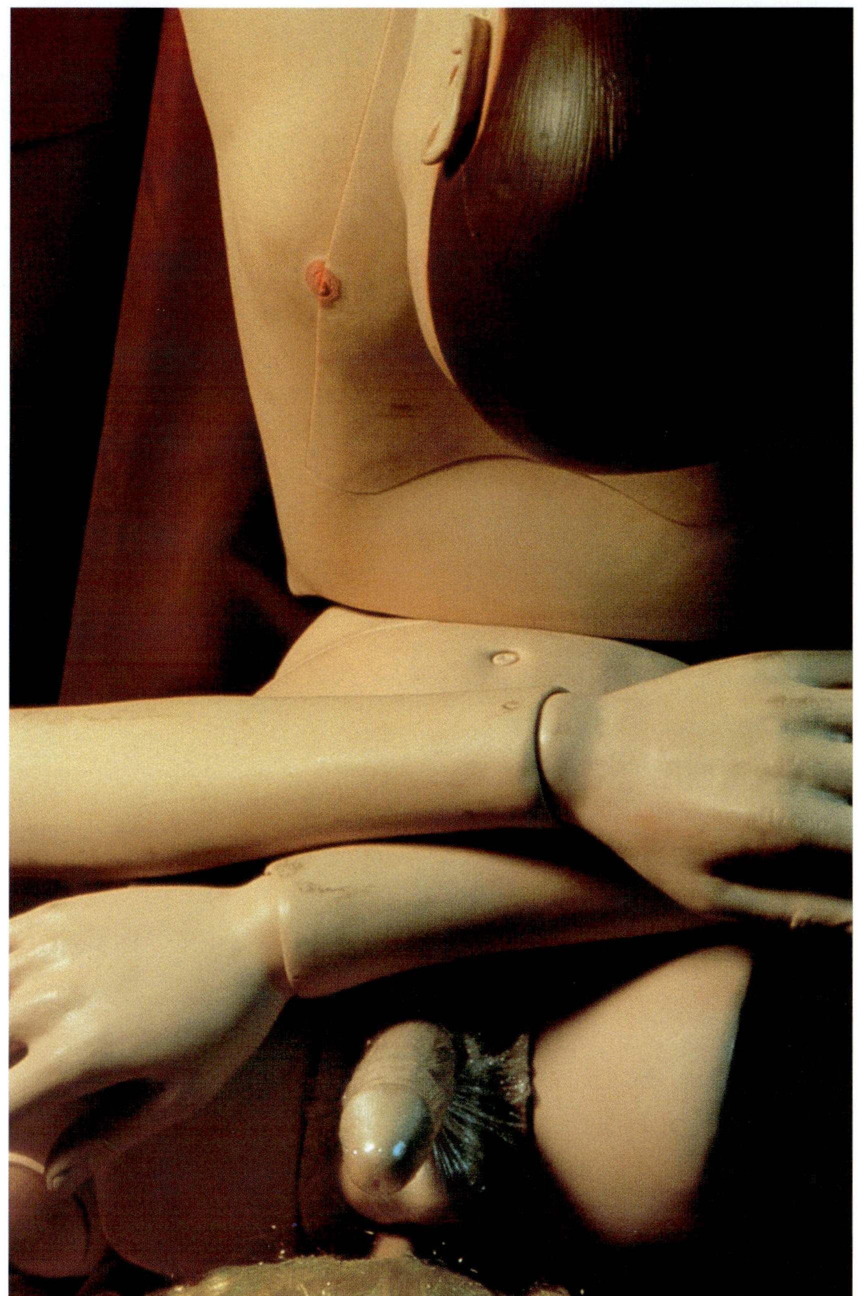

ANDREAS SLOMINSKI

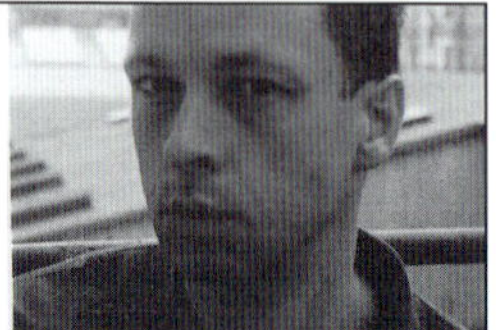

1959 Meppen, Alemania / reside y trabaja en Hamburgo, Alemania

«Andreas Slominski ruega que no se toquen las próximas dos páginas»

En el mundo del arte, Andreas Slominski tiene fama de ir poniendo trampas y echando faroles. En la mayoría de los casos hace ofertas estéticas que, exactamente en el momento de aceptarlas, resultan ser un truco; por ejemplo, para el lector de este libro es imposible no tocar las dos páginas siguientes, pues ha de pasar de página si quiere seguir leyendo. Slominski se dio a conocer con sus «trampas»: colocó pieles de animales en la sala de exposición, en condición de readymades; había que saltar por encima. Representaban un verdadero peligro para el observador. La obra de arte: una trampa, no sólo en un sentido literal, sino simbólico; quien quiera interpretar una obra de arte ha de entrar en su mundo sensorial y conceptual, pero de ese modo cae en su trampa. Quien, por así decir, se queda fuera, tiene la posibilidad de gozar de la mera apariencia de la obra. Las «trampas» son objetos banales, obras de arte conceptuales y esculturas autónomas al mismo tiempo. Otro principio del trabajo de Andreas Slominski se puede caracterizar con la expresión «mucho ruido y pocas nueces». En su «Golfball-Aktion», 1995, por ejemplo, el artista no presentó otra cosa que una pelota de golf en el Museum Haus Esters de Krefeld. Anteriormente, un jugador de golf de la ciudad había golpeado la pelota de golf por encima del techo del museo. La pelota cayó sobre un camión preparado al efecto, pero que el jugador no podía ver, rodando por la superficie de carga, volcada, del camión, para entrar por el vano de una ventana que se había descolgado hasta su lugar en la sala de exposición. Los principios económicos como eficacia y medios proporcionados se redujeron al absurdo —como tantas otras veces en la obra de Andreas Slominski— con cuidado planificado pero al mismo tiempo literalmente «casual». R. S.

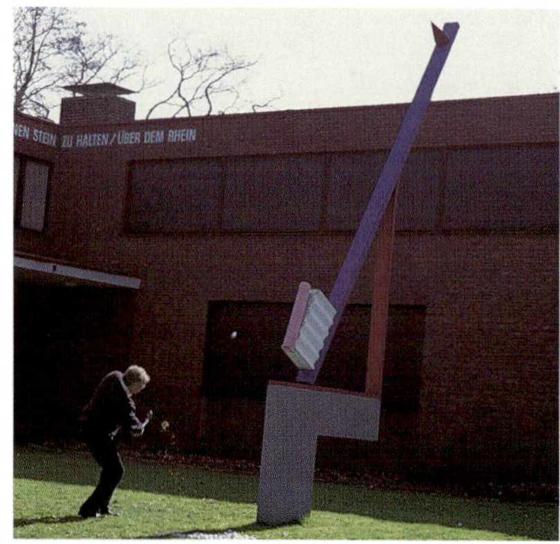

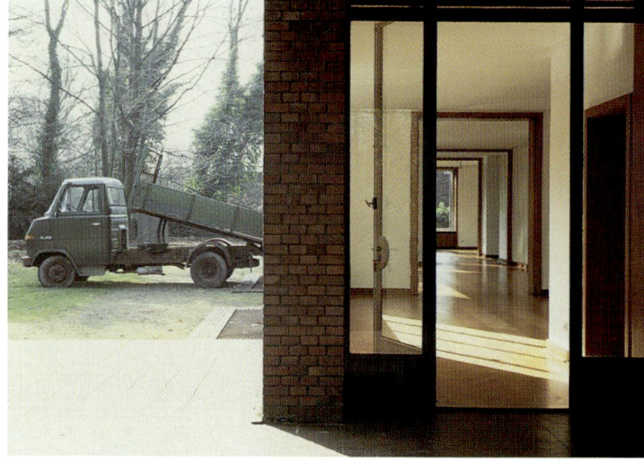

01

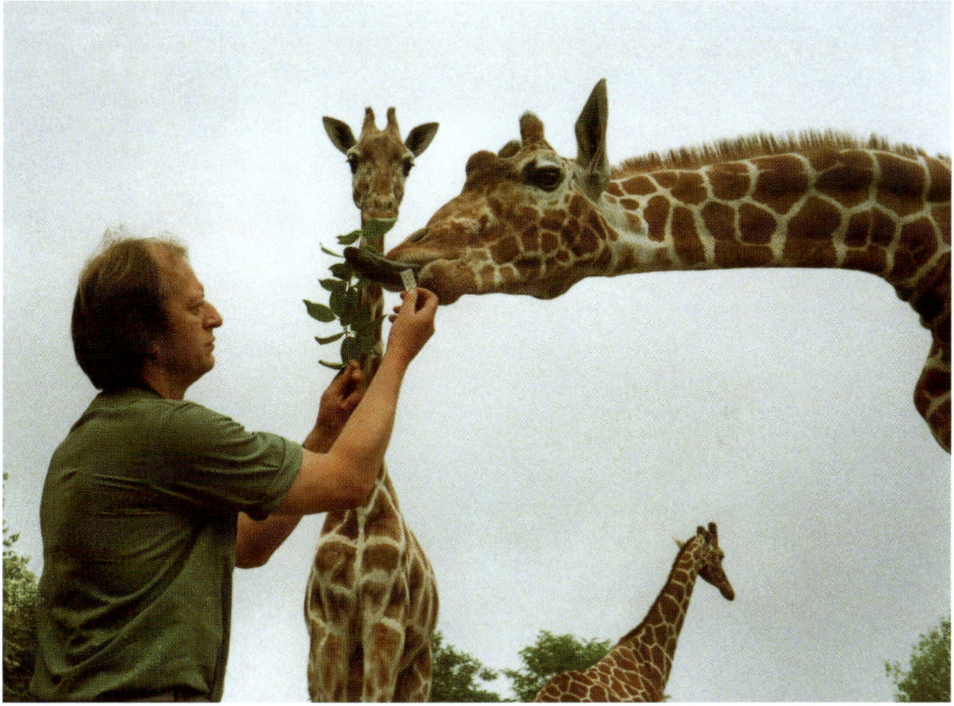

05

 UNTITLED, 1995. Andreas Slominski hizo que un jugador de golf golpeara pelotas por encima del tejado del museo Haus Esters de Krefeld, hasta que una de ellas rebotó en la superficie de carga inclinada de un camión aparcado detrás de la casa y se coló dentro del museo por una ventana abierta.
05 ANFEUCHTEN EINER BRIEFMARKE/LICKING A STAMP, 1996. Acción realizada el 27 de junio en el zoo, con jirafa y cuidador. Escultura. Projekte in Münster 1997, Münster, Alemania, 1997.

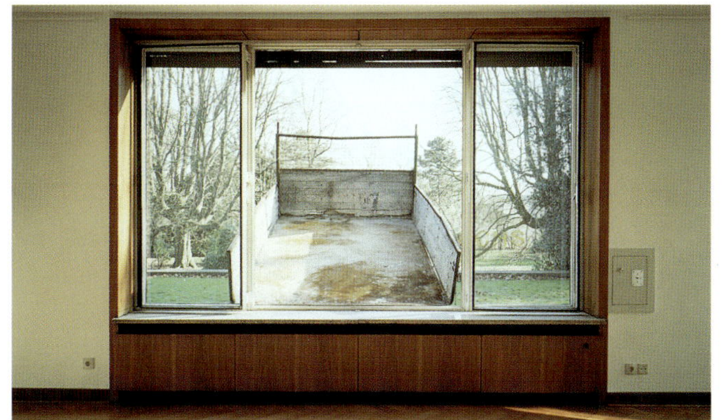

03

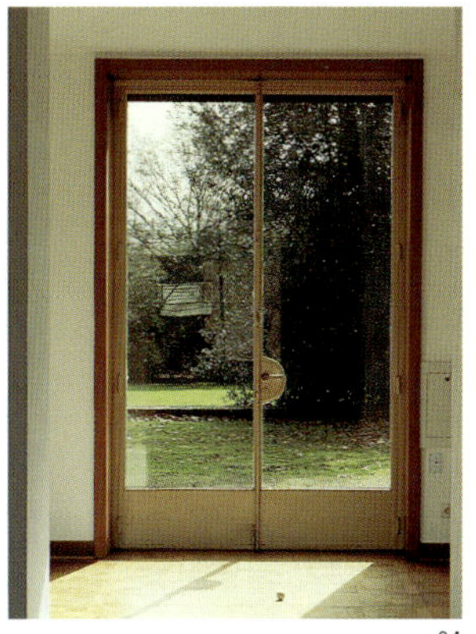

04

THOMAS STRUTH

1954 Geldern, Alemania / reside y trabaja en Düsseldorf, Alemania

«Últimamente, lo que me interesa es cómo plasmar en mi pintura el éxtasis o la serenidad»

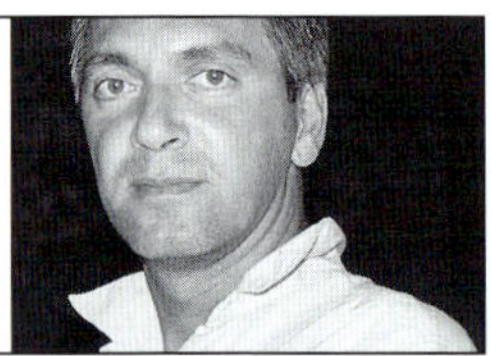

«Lugares inconscientes»: así tituló Thomas Struth una gran exposición itinerante de sus fotografías, en 1987. El título es muy apropiado, pues las ciudades que fotografía se mantienen en el anonimato; las fotos de Struth se pueden localizar en un contexto urbano, pero no consiguen grabarse en la conciencia del observador. Por el contrario, el estilo de Thomas Struth es siempre reconocible, significativo. Los lugares —prácticamente vacíos— que fotografía, casi siempre en blanco y negro y con una perspectiva central, ofrecen gran cantidad de detalles, pero nunca un aspecto dominante. El observador cae en una cierta intranquilidad; intenta dar un significado al lugar, desvelar su secreto. Pero cada ciudad, cada esquina de una ciudad posee innumerables secretos. Este era el hecho que Struth quiso documentar en sus primeras fotografías. La riqueza de detalles continúa en las fotos, posteriores, de China y Japón. Pero ahora aparecen personas, aunque nada atrae la atención hacia ellas porque se pierden en un mar de carteles publicitarios. En otra serie, Struth fotografió a personas en un museo. Los cuadros que observan muestran a su vez figuras humanas; se cruza un gran número de miradas, saliendo de los cuadros, dirigiéndose a los cuadros. En sus más recientes vídeos, que ha producido con Klaus von Bruch, Struth se mantiene fiel a su estilo. La cámara se encuentra fija en un punto; hay muchas cosas que ver, pero al ojo no se le ofrece un punto fijo. Struth muestra lo que normalmente no nos parece digno de atención: la vida diaria, el espacio público que consigue dominar por ponerlo con tal sutileza en escena que no se pierde ninguna información.

C.B.

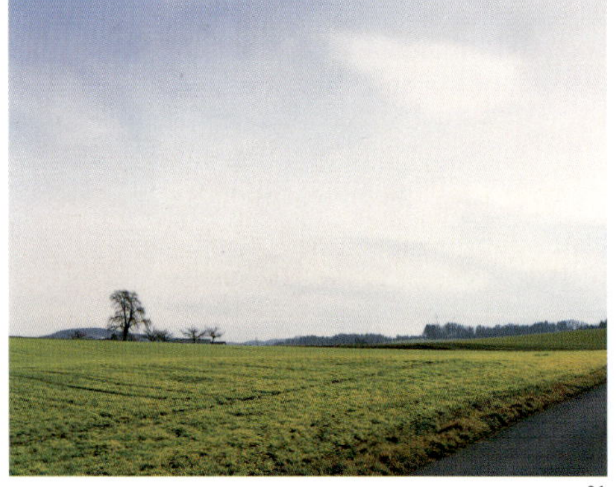

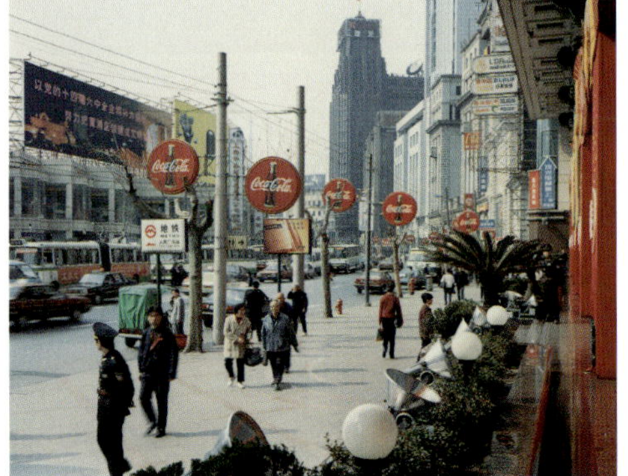

01

02

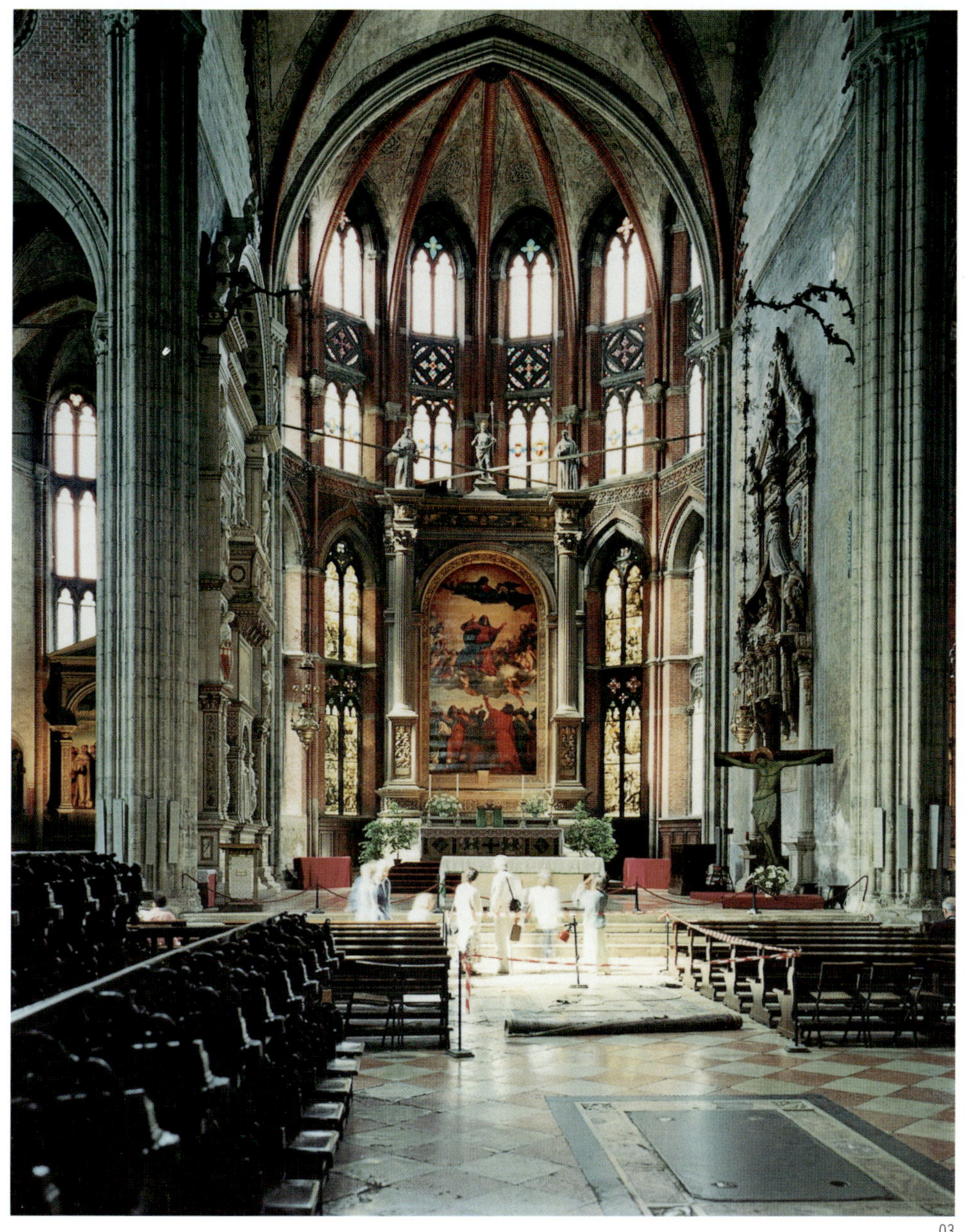

01 LANDSCHAFT NO. 23, WINTERTHUR 1992. C-print, 118 x 137 cm (enmarcado). **02 WANGFUJING DONG LU, SHANGHAI 1997.**
C-Print, 84 x 112 cm (enmarcado). **03 CHIESA DEI FRARI, VENICE 1995.** C-print, 235 x 187 cm (enmarcado).

SAM TAYLOR-WOOD

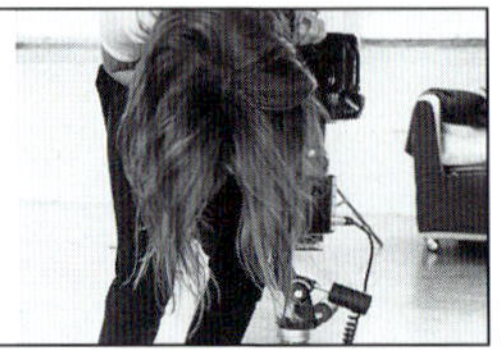

1967 Londres, Inglaterra / reside y trabaja en Londres

«Me interesa cómo las cosas se nos ofrecen a nosotros; qué situación es la que hace que se responda a alguien para que se sienta entretenido»

En los vídeos y panoramas fotográficos de Sam Taylor-Wood hay «suspense», una tensión similar a la del cine. Taylor-Wood reúne a personas y crea una escena, una escena del vídeo, un momento congelado de la foto. Representa relaciones humanas —entre la fascinación y la destrucción— con una expresión extrañamente intensa de individualización, que hace aparecer aislado a cada uno de los actores. La fuerza sobresaliente en las obras de Taylor-Wood es el uso de la tecnología, que repercute los contenidos sobre el observador y, de ese modo, sobre la psicología de la percepción. En «Travesty of a Mockery», 1995, una escena en que discuten un hombre y una mujer (representados por un aficionado y una actriz profesional), las personas están separadas una de la otra por dos proyecciones sobre dos paredes distintas. En «Atlantic», 1997, otro drama, el observar se enfrenta a tres perspectivas: la mujer, aturdida y desesperada, las nerviosas manos del hombre y un restaurante lleno de gente, que pueden verse al mismo tiempo. Neurosis y psicosis son los conceptos que emplea Taylor-Wood para definir la situación mental del presente. Extrae momentos de esos extremos y los hace aparecer como una señal. Comenzó con su autorretrato; con la propia desnudez representaba vulnerabilidad. Su trabajo más reciente es «Film», compuesto de innumerables situaciones y en el que aparecen diferentes individuos. Lo transporta fotográficamente a sus panoramas escénicos de 180 grados («Five Revolutionary Seconds»). Una vista panorámica como esta de historias paralelas puede ser mucho más angustiosa (1995–1997).　　　　S. T.

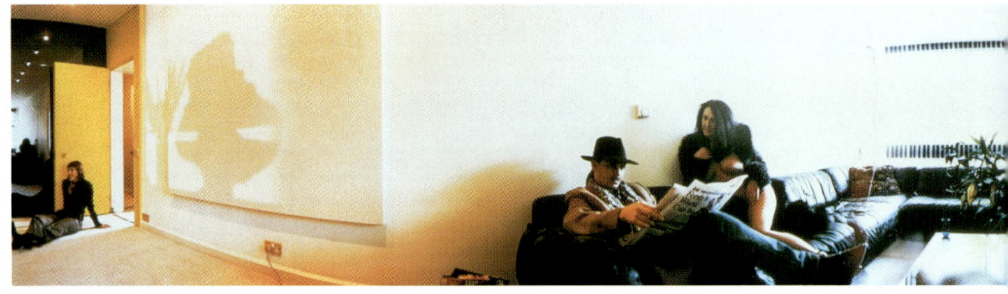

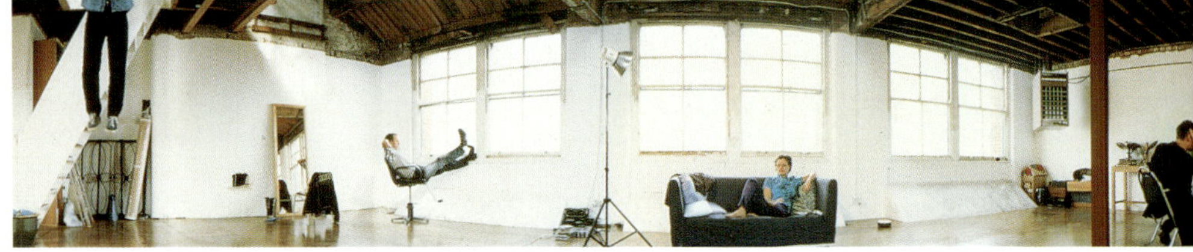

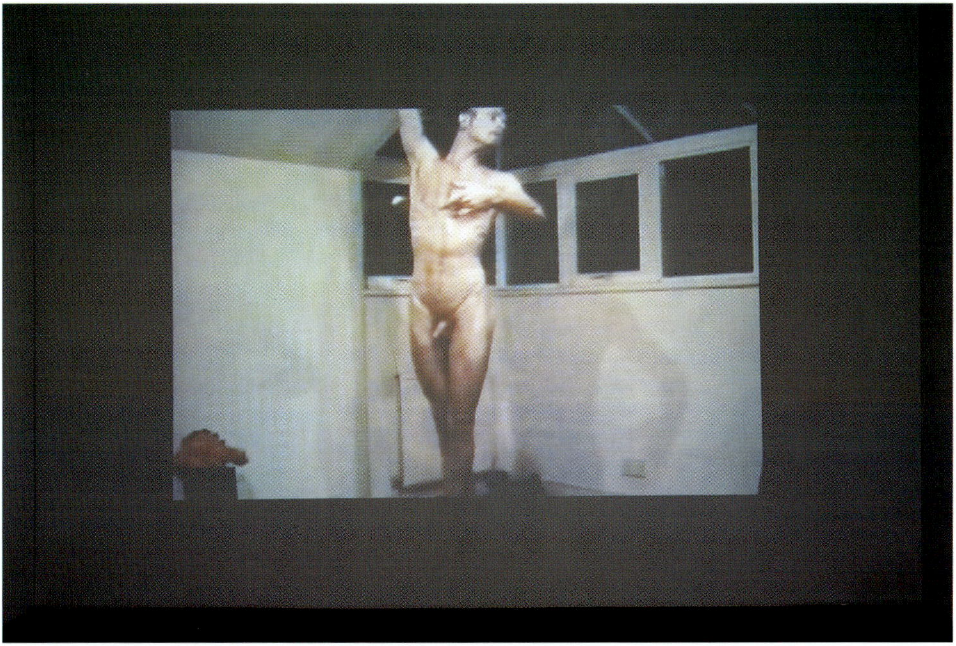

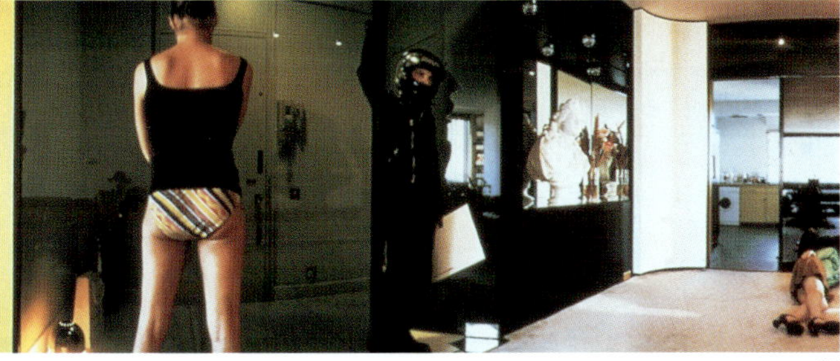

01 **FIVE REVOLUTIONARY SECONDS X,** 1997. Fotografía en color (ejemplar único) sobre vinilo con sonido, 107 x 500 cm.
02 **FIVE REVOLUTIONARY SECONDS V,** 1996. Fotografía en color sobre vinilo con sonido, 72 x 757 cm.
03 **BRONTOSAURUS,** 1995. Proyección de vídeo y sonido, 10 min. Vista de la instalación, Kunsthalle Zürich, Zúrich, Suiza, 1997.

03

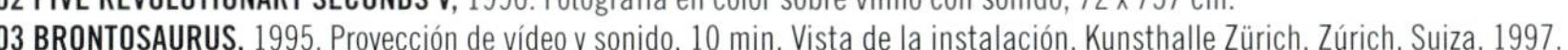

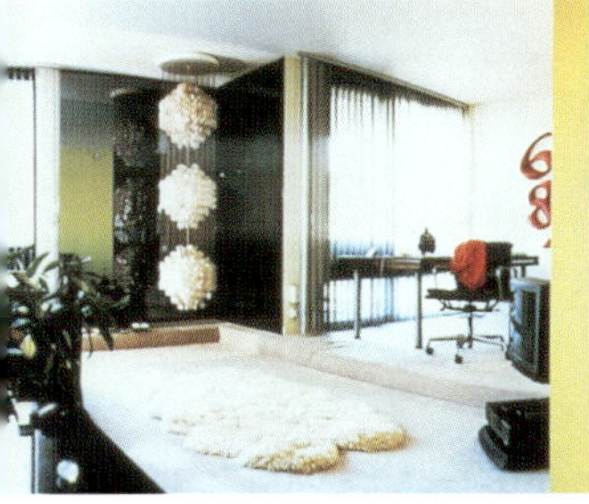

01

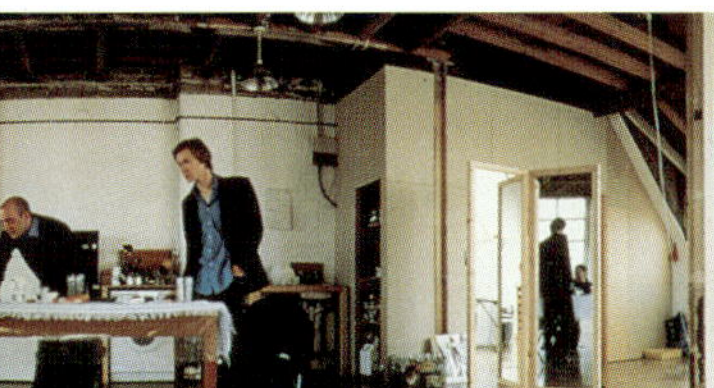

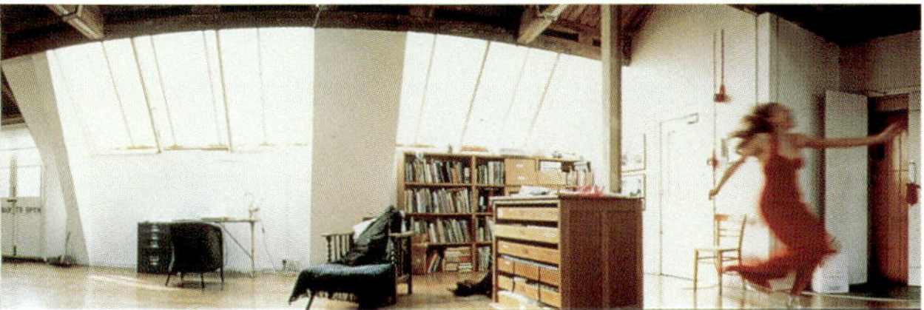

02

DIANA THATER

1962 San Francisco (California), EE UU / reside y trabaja en Los Ángeles (California), EE UU

«Me interesa, expresamente, que mis obras sean grandes, llenas de color e interesantes, pero no espectaculares. No resultan espectaculares»

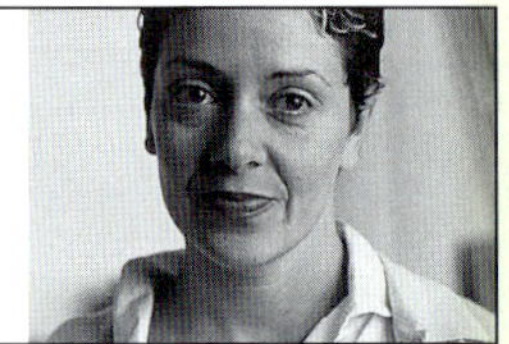

Hasta hace unos pocos años, el vídeo-arte se encontraba prisionero del pequeño monitor; a comienzos de los años noventa, con las grandes proyecciones, comenzó a conquistar el espacio completo. Diana Thater explota consecuentemente esa ventaja, si bien descuida conscientemente las posibilidades que le brinda la perfección técnica. Sus imágenes se proyectan sobre salientes de la pared, se solapan unos centímetros; pocas veces se proyectan en la pared con el ángulo correcto; parecen presentarse en colores equivocados o mostrar varias imágenes al mismo tiempo. Sin embargo, eso que podría parece un fallo de aficionado es en realidad un enfrentamiento muy exacto con el vídeo como medio. La modesta presentación se corresponde con las posibilidades de este medio; las superposiciones son el resultado de una complicada mezcla de las imágenes. Sin embargo, estos aspectos formales no son los que predominan. Trabaja de modo preferente con animales entrenados para películas. Pero en lugar de hacer que representen trucos de Hollywood, hace que los animales —un papagayo, un mono, dos lobos, un tropel de caballos— tomen diferentes posiciones con respecto al observador. No se sabe si la loba se encuentra delante o detrás de uno, si la manada de caballos galopa por encima o por debajo. En las obras de Thater se plantea una y otra vez la cuestión de quién domina a quién: los hombres a los animales o al contrario, el medio al hombre o el hombre al medio. C.B.

01 **CHINA (BLUE AND YELLOW WALL VIEW),** 1995. Vista de la instalación, «China», The Renaissance Society at the University of Chicago, Chicago (Illinois), EE UU, 1995. **02 BROKEN CIRCLE,** 1997. 6 proyectores de vídeo, 1 monitor de vídeo, 6 reproductores laserdisc, 1 generador de sincronismos, 6 laserdiscs, película transparente y arquitectura existente. Vista interior: Buddenturm, planta #2 (vista B), escultura. Projekte in Münster 1997, Münster, Alemania, 1997.

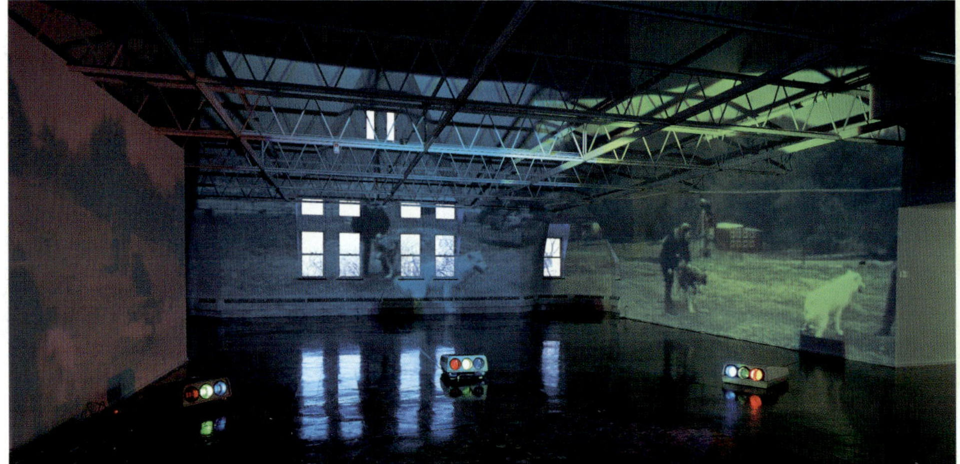

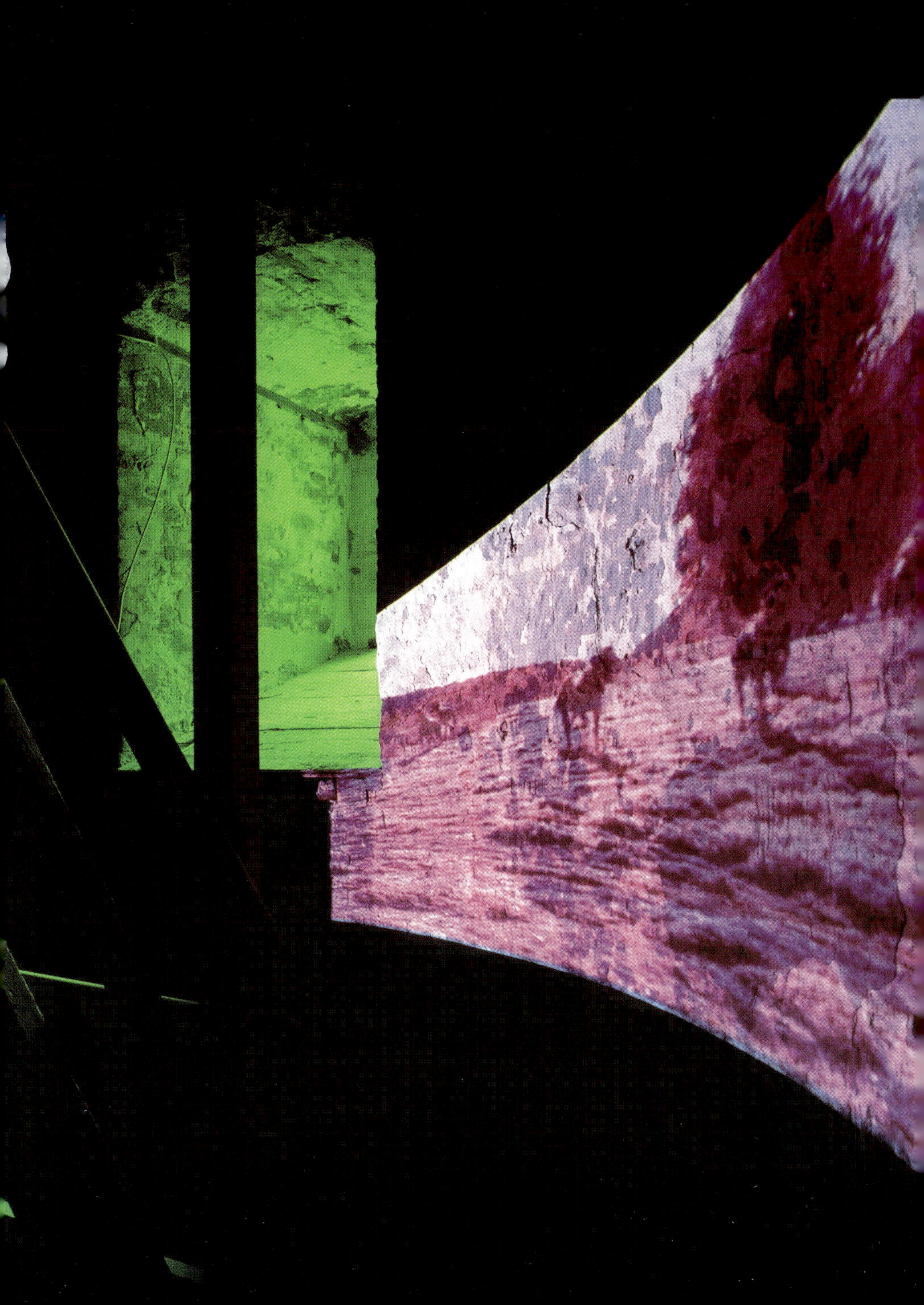

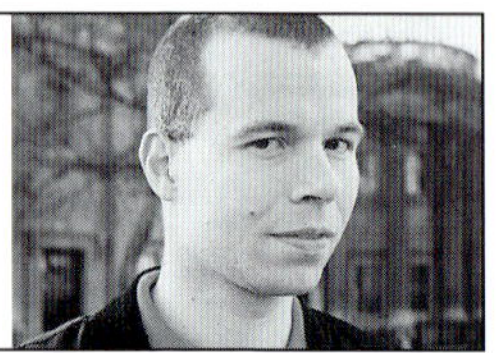

WOLFGANG TILLMANS

1968 Remscheid, Alemania / reside y trabaja en Londres, Inglaterra

«Me considero un artista político. Pretendo crear una imagen de mi idea de belleza y del mundo en el que deseo vivir»

Wolfgang Tillmans, ganador del Premio Turner en el 2000, se dio a conocer a comienzos de los años noventa con fotografías de gente joven en su entorno social: saliendo, participando en la Love Parade de Berlín o en las jornadas del «European Gay Pride» de Londres o en la Convención de la Iglesia Evangélica en Múnich; por este motivo, ha sido considerado como un documentalista de su propia generación. Sin embargo, la composición artística de las fotos y su puesta en escena, frecuentemente enigmática, contradice esa intención documental. Por mucho que los jóvenes se auto-caractericen con la ropa, los complementos o las poses, siempre se transparentan elementos de su personalidad. Las fotografías de Tillmans frecuentemente reflejan la ambigüedad de códigos como los de la ropa; los retratados no son considerados como miembros de un determinado grupo social. Además de sus retratos, Tillmans también ha fotografiado arquitectura y naturaleza muerta. Desde 1993 está realizando una amplia serie sobre pliegues, en la que las prendas del vestido —además de sus cualidades formales (formación de pliegues y composición del color)— desarrollan un potencial narrativo. En sus amplias series sobre el avión supersónico Concorde, 1997, sabe retratar este mito de la tecnología con reflexión y atmósfera. Tillmans pronto comenzó a emplear revistas de música como «ID», «The Face» o «Spex», como foro para su trabajo artístico. Al enjuiciar sus fotos, no distingue entre trabajos que expone en un contexto artístico y encargos. En algunas exposiciones ha instalado obras de los dos tipos.　　　　　　　　　　　　　Y. D.

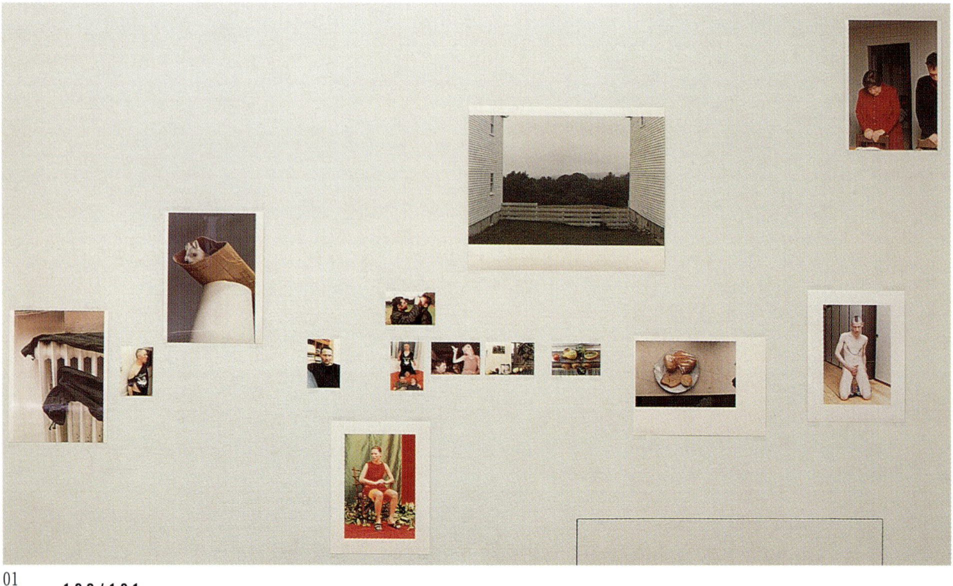

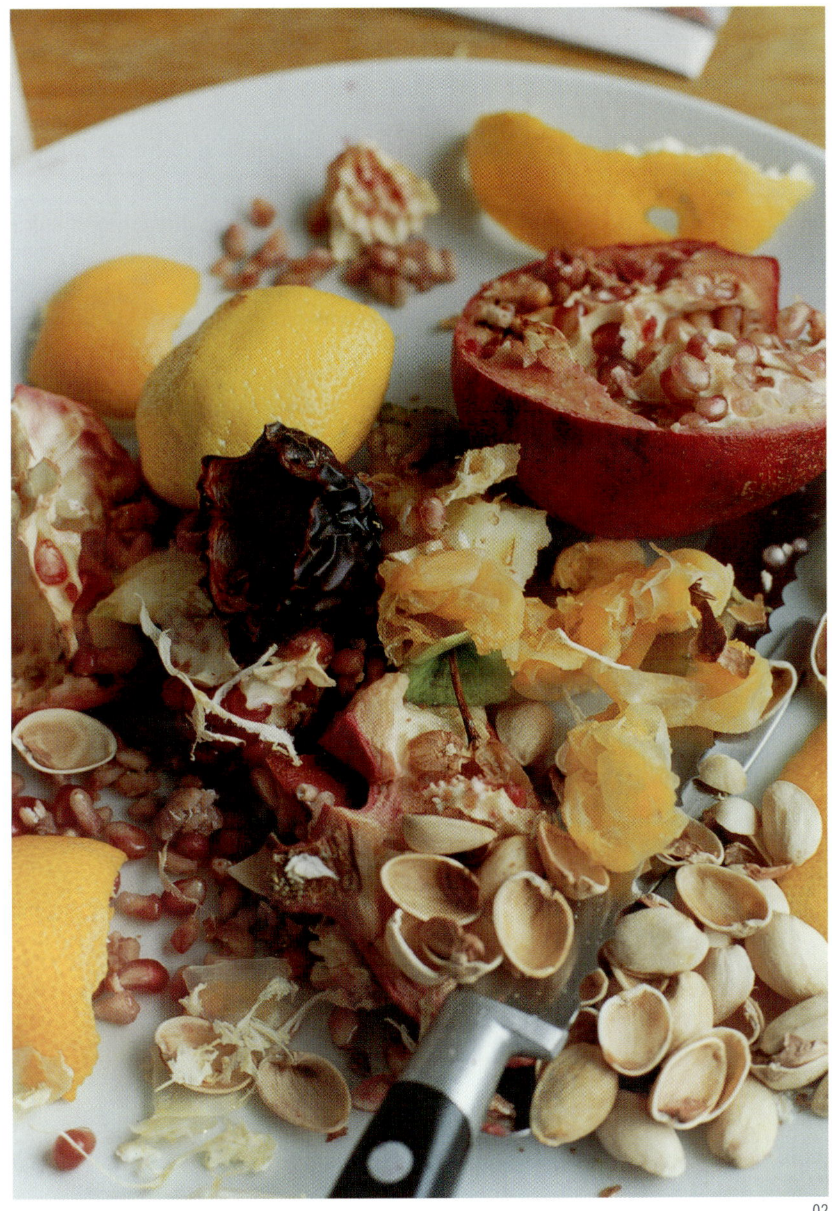

01 STEDELIJK INSTALLATION 1988—1998, 1998. Vista de la instalación, «From the Corner of the Eye», Stedelijk Museum, Amsterdam, Holanda, 1998. **02 STILL HOME,** 1996. C-print, 40 x 30 cm; 61 x 51 cm; impresión por chorro de burbujas, 270 x 180 cm.

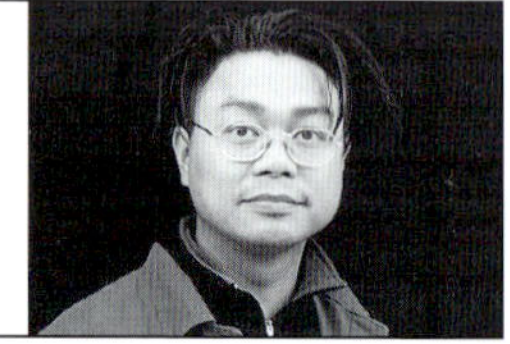

RIRKRIT TIRAVANIJA

1961 Buenos Aires, Argentina / reside y trabaja en Nueva York (EE UU) y Berlín (Alemania)

«Mi obra mira hacia lo esencial, hacia lo esencial que supera lo esencial para sobrevivir»

Rirkrit Tiravanija nació en Buenos Aires, se crió en Tailandia y Canadá y actualmente vive en Nueva York. Con sus acciones e instalaciones elude conscientemente la tradicional expectativa del observador pasivo de exposiciones. Por ejemplo, para sus primeras exposiciones, sencillamente tomó los muebles y aparatos de la oficina de una galería y los colocó en la sala de exposiciones, donde también instaló una cocina provisional. Sirvió a los visitantes platos típicos de Tailandia; durante la comida, el artista mantuvo conversaciones informales con los visitantes… una interacción prevista entre el artista y el observador. Entre tanto, la galería siguió funcionando, al parecer normalmente. Tiravanija proyecta espacios para la comunicación y la interacción, por ejemplo en el caso del Kunstverein de Colonia, cuando colocó en la sala de exposiciones una imitación en madera de su apartamento de Nueva York, con sus instalaciones (cocina y baño) funcionando. Durante la exposición, el Kunstverein estuvo abierto día y noche; pronto se convirtió en un lugar de encuentro, sobre todo para la gente que no suele tener mucho que ver con el arte. Tiravanija no sólo integra al público en sus trabajos, sino que también presenta estructuras, de modo que la obra en sí no se crea hasta que no se aporta la acción del público… cuando instala en un museo

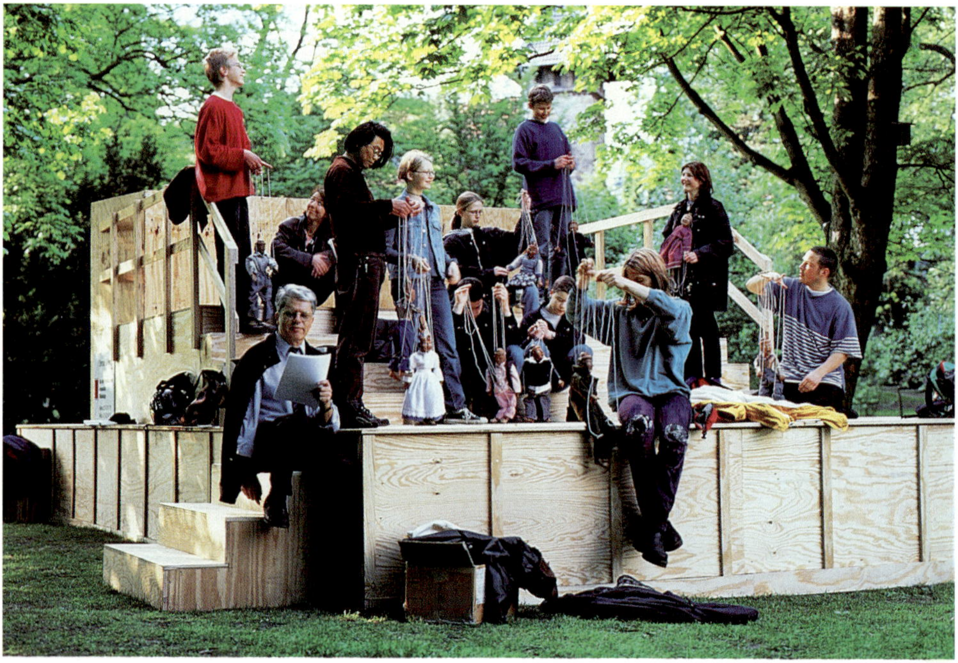

01 UNTITLED, 1997 (THE ZOO SOCIETY). Vista de la instalación, escultura. Projekte in Münster 1997, Münster, Alemania, 1997.
02 / 03 / 04 UNTITLED, 1994 **(DE BARAJAS A PARACUELLOS DE JARAMA A TORREJÓN DE ARDOZ A SAN FERNANDO A COSLADA Y AL REINA SOFÍA).** Materiales diversos, dimensiones variables. Vista de la instalación, «Cocido y Crudo», Museo Nacional Centro de Arte Reina Sofía, Madrid, 1994.

una batería, animando a los visitantes a hacer música o cuando ensaya con jóvenes una obra de teatro de guiñol. Siempre se expresa la intención de Tiravanija —cuyo origen se supone en su vinculación cultural con Tailandia y el budismo— «no es importante lo que se ve, sino lo que sucede entre las personas o seres humanos».   Y.D.

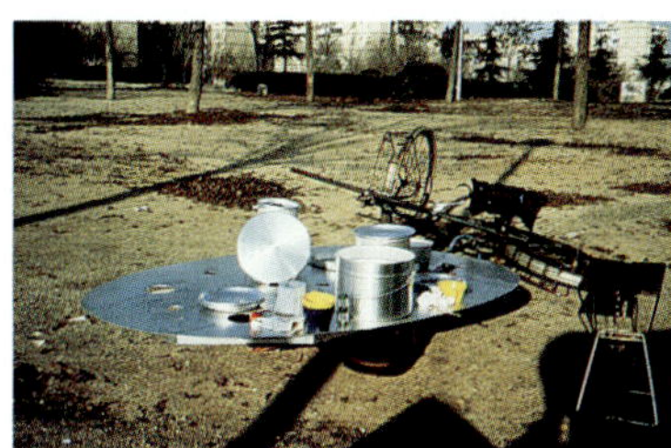

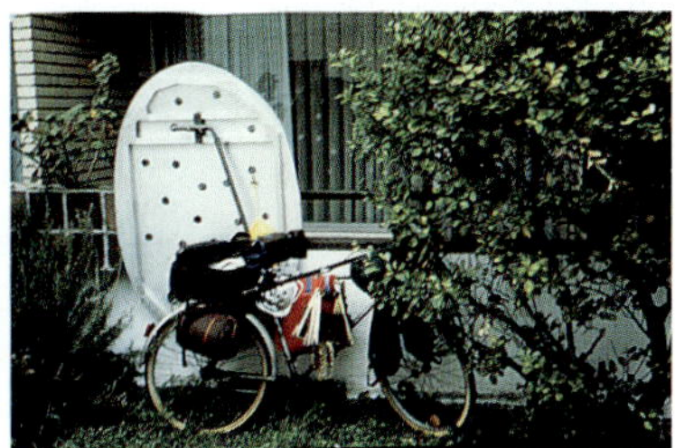

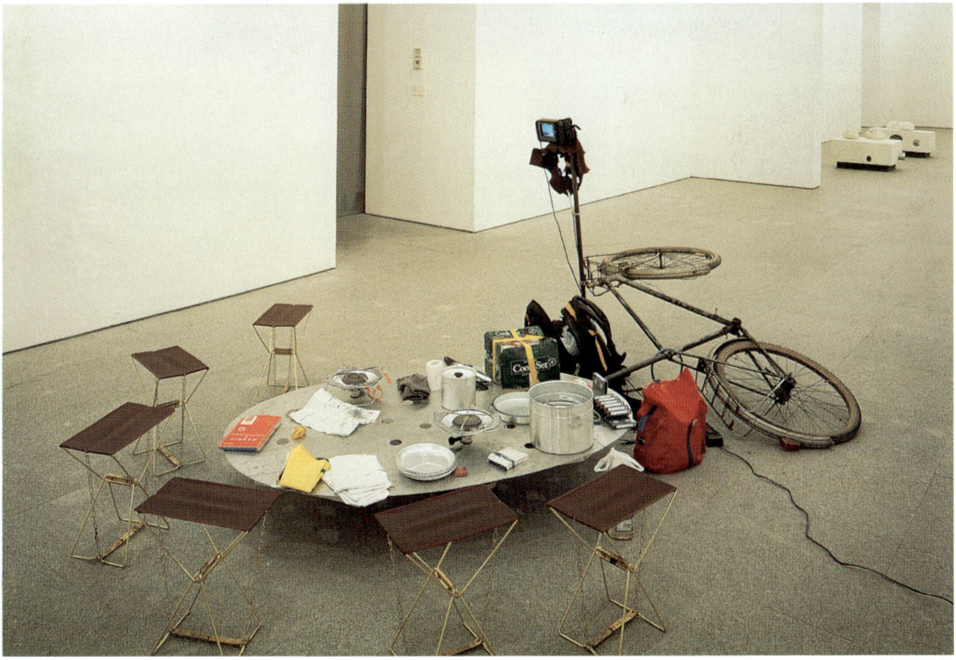

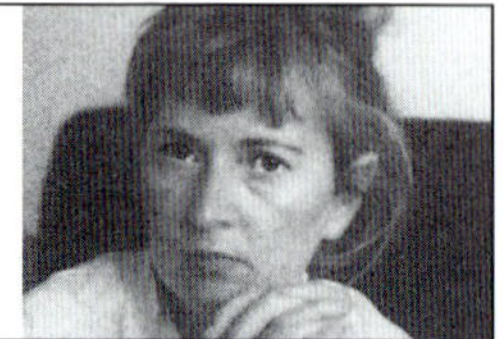

1952 Schwerte, Alemania / reside y trabaja en Colonia, Alemania

«Por favor, no me hagas nada, pero rápidamente»

Las cuestiones que plantea la obra de Rosemarie Trockel son, cuanto menos, tan variadas como los materiales y técnicas que emplea. Sus vídeos, esculturas, assemblages, instalaciones, dibujos y fotografías tienen fundamentalmente como tema materias que trató durante sus estudios de antropología, sociología, teología y matemáticas. Nuestra relación con el cuerpo humano, el papel de la mujer en la sociedad y nuestra postura en relación con el modo de tratar a los animales son algunos de los aspectos a los que recurre una y otra vez. Por ejemplo, no sólo ha hecho representaciones de animales en forma de dibujos y estatuas de bronce, sino también como instalación con animales vivos, como la «Haus für Schweine und Menschen» (Casa para cerdos y seres humanos), su espectacular contribución —con Carsten Höller— a la documenta X de Kassel. Las pinturas puntillistas con que se dio a conocer a comienzos de los años ochenta y sus trabajos con placas de cocina no sólo son comentarios a la producción supuestamente femenina del arte, sino que también pueden interpretarse como un enfrentamiento con el arte pop y minimal. Al emplear en sus cuadros emblemas como la marca de la lana, el conejo de Playboy o incluso cruces gamadas, cuestiona sutilmente la función de los símbolos y su significado en el arte. Las prendas de vestir de punto, los antifaces de los terroristas, las medias sobredimensionadas y los extraños jerseys son acotaciones artísticas al significado social de la moda y sus implicaciones frecuentemente restrictivas. Los trabajos de Trockel —que recuerdan ready-mades— siguen la tradición de Marcel Duchamp, de modo similar a las vitrinas con las que, en ocasiones con un deje irónico, analiza las leyes inmanentes del mundo del arte.

Y. D.

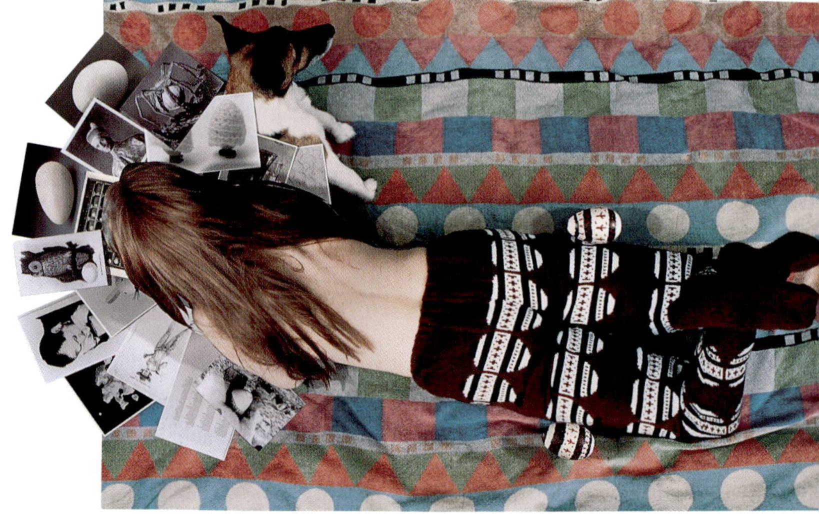

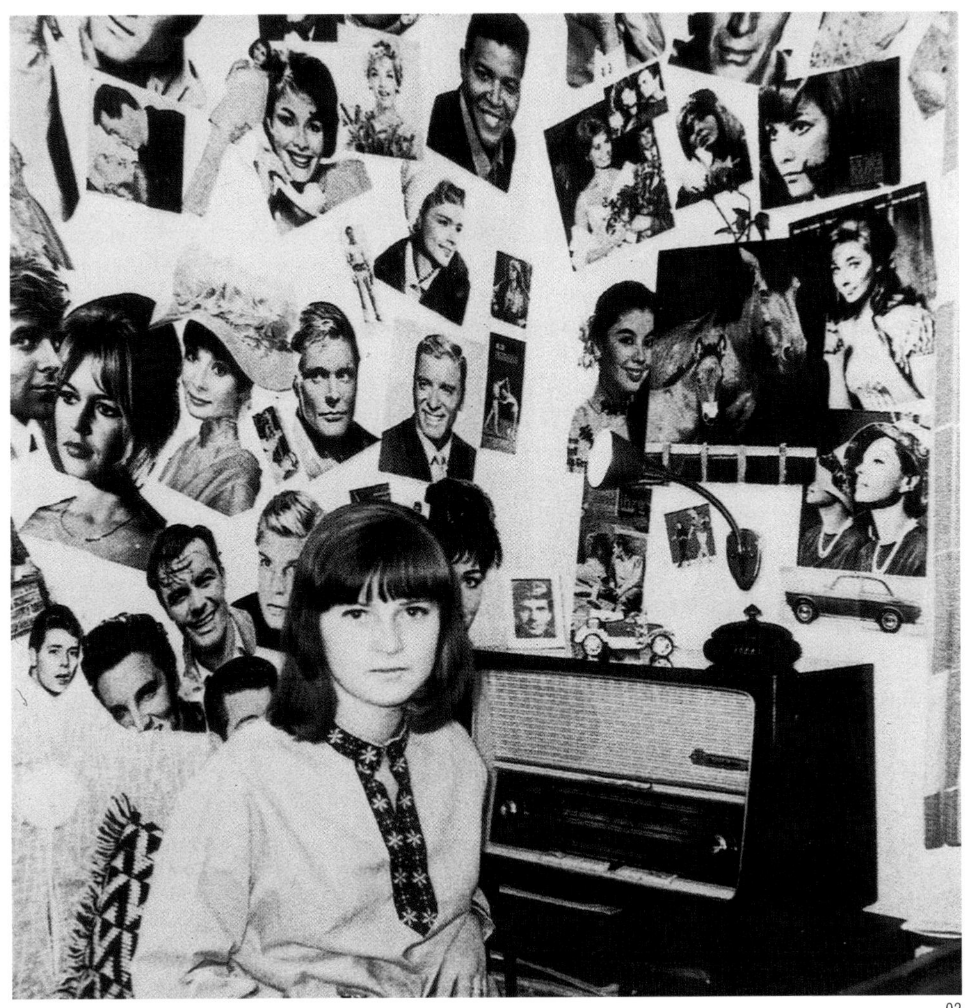

01 LEBEN HEISST STRUMPFHOSEN STRICKEN, 1998. Fotografías, postales, huevos de ganso, 12 x 86 x 132 cm.
02 FAN 1, 1993. Impresión por escáner sobre lienzo, 150 x 150 cm.

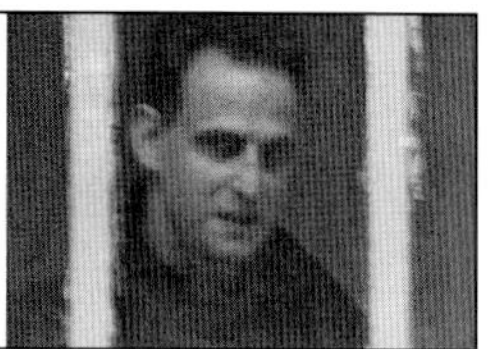

LUC TUYMANS

1958 Mortsel, Bélgica / reside y trabaja en Amberes, Bélgica

«Si han de causar efecto, las pinturas han de tener esa tremenda intensidad del silencio… el silencio que precede a la tormenta»

El contenido ocupa un puesto central en la pintura de Luc Tuymans. Le importa más la reflexión que una estridente sensualidad. Sólo como «pinturas inmateriales» (Tuymans) esos trabajos alcanzan la fuerza que persigue al observador como una angustia sin fin. Las pinturas están concebidas frecuentemente como series, pero no pierden su atracción cuando se observan individualmente. La relación de Tuymans con la pintura está siempre marcada por su experiencia con otros medios, sobre todo con el cine y la fotografía. Esta influencia se refleja no sólo en el uso de secuencias fílmicas, sino también en las imágenes descoloridas que recuerdan fotos viejas. Sus temas abarcan desde la historia flamenca y la megalomanía estadounidense hasta los horrores del nacionalsocialismo alemán. En sus análisis estéticos, Tuymans no actúa como un documentalista ajeno a los hechos, sino como implicado, como cómplice. La «propia perversión» (Tuymans) interesa al artista especialmente cuando se ocupa de materias tan extremas como «Treblinka», 1986, o «Wiedergutmachung» (Reparación, 1987). Esta última, por ejemplo, muestra una serie de miembros de niños, encontrados en el cajón de la mesa del médico de un campo de concentración. Tuymans recortó fotos de esos miembros y los pegó minuciosamente sobre una hoja de papel: un mimetismo como un vano intento de comprender. El cuadro «The Heritage», 1995, presenta la bandera de Estados Unidos como un juego de luz que desaparece en sí mismo. Despojado de todo sentido, este cuadro testimonia la disolución del sueño del «american way of life»… y el fracaso de la pintura: «Todo arte ha fracasado. Otra cosa es cómo se fracasa», dice Luc Tuymans. R. S.

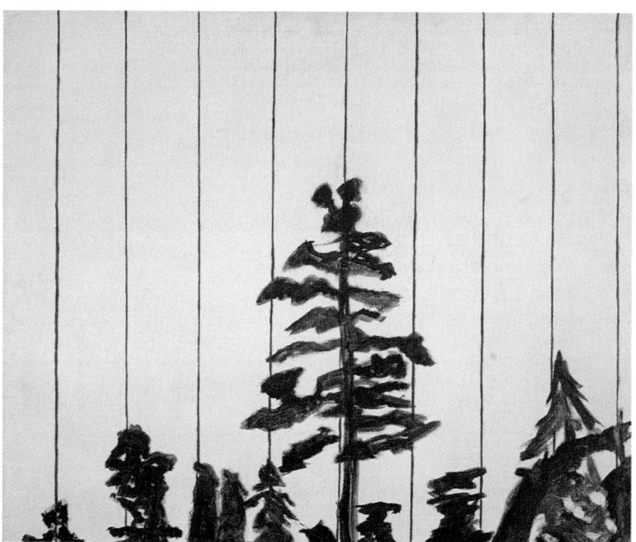

01 SCHWARZHEIDE, 1986.
Óleo sobre lienzo, 60 x 70 cm.
02 DER DIAGNOSTISCHE BLICK IV, 1992.
Óleo sobre lienzo, 57 x 38 cm.

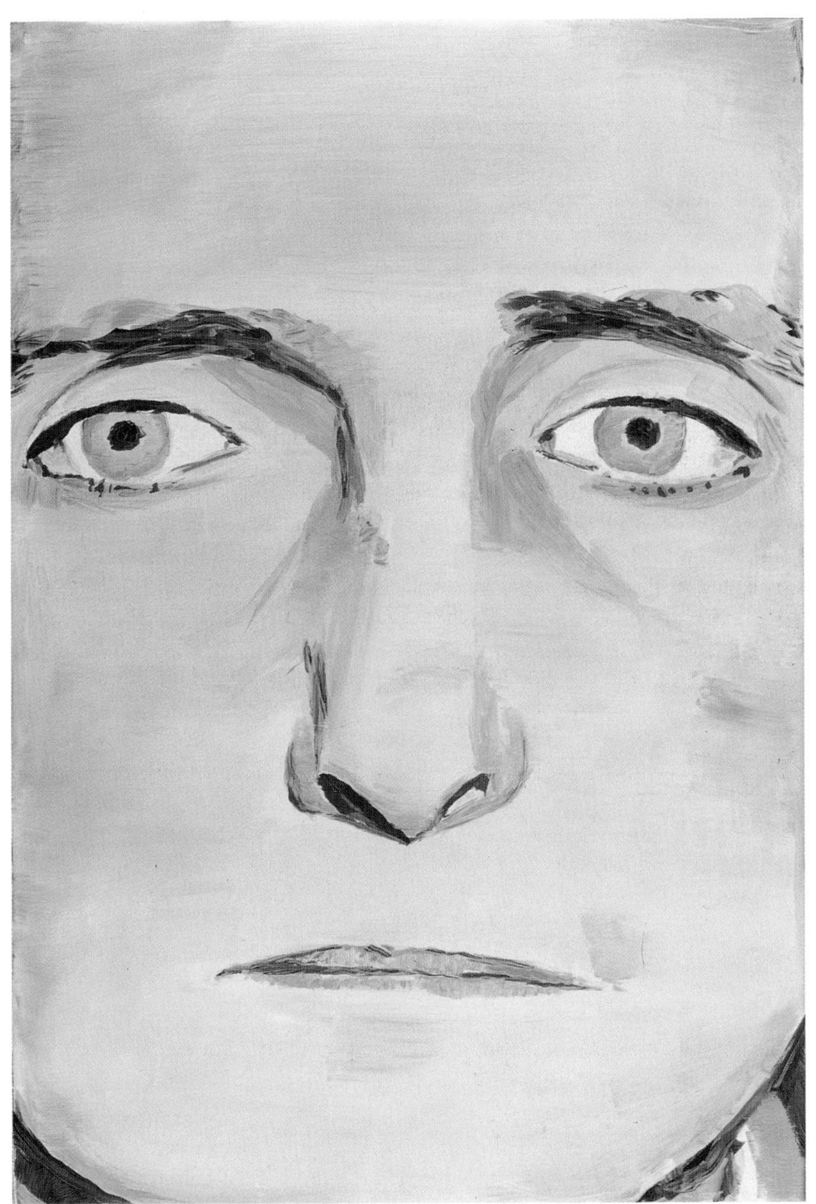

JEFF WALL

1946 Vancouver, Canadá / reside y trabaja en Vancouver

«Para mí, la experiencia de lo bello siempre está asociada a la esperanza y al arte, como dijo Stendhal, una ‹promesse de boneur›»

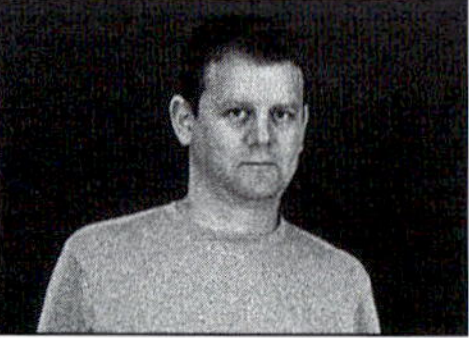

Jeff Wall parece cumplir esa promesa. Sus diapositivas en color, de gran tamaño, presentadas en cajas iluminadas, con las que se hizo famoso a finales de los años setenta, seducen al observador con el brillo de su superficie y la perfección de su composición. Sin embargo, su ‹belleza› es frágil. Poco a poco pueden reconocerse momentos perturbadores: síntomas de violencia manifiesta y estructural en «Mimic», 1982, o detalles grotescos como en «Dead Troops Talk», 1991/92. Citando a Charles Baudelaire, Wall se considera un ‹pintor de la vida moderna›. Recurre a los métodos y al depósito de la fotografía, del cine y del arte premoderno para describir su ficción de la vida moderna, urbana en la mayoría de los casos, en sus «Sendas torcidas», 1991, de la pintura costumbrista, paisajista, de historia y de retratos. Nada se deja al azar cuando Wall pone en escena en el estudio sus tableaux, llenos de alusiones a la historia del arte y, en parte, los sintetiza en el ordenador; para hacerlo, Wall se apoya en las teorías de los comienzos del arte moderno, que no consideran como algo connatural la unidad del cuadro… por ejemplo, alude a Manet en «Woman and her Doctor», 1980/81, y a Cézanne en «The Drain», 1989. La posibilidad de manipular la estructura del cuadro se corresponde con la impresión de angustia que suelen tener las representaciones que Wall hace de las relaciones sociales. El obrero de «Untangling», 1994, suele aparecer en el momento de la tranquilidad antes del acontecimiento definitivo que —como es el caso de la ráfaga de

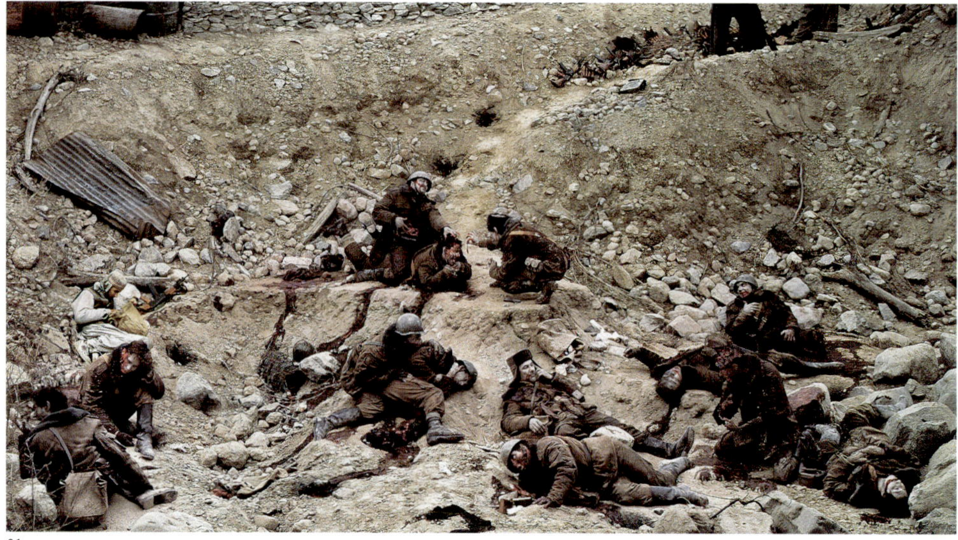

01

viento en «A Sudden Gust of Wind (after Hoku-
sai)», 1993— puede producir un cambio sú-
bito en los acontecimientos. Las series de fotografías en blanco y negro de Wall funcionan
también de acuerdo al principio de la alusión:
las historias surgen en la imaginación del observador, dirigido por las transformaciones
que hace Wall de un archivo fotográfico colectivo.   A.W.

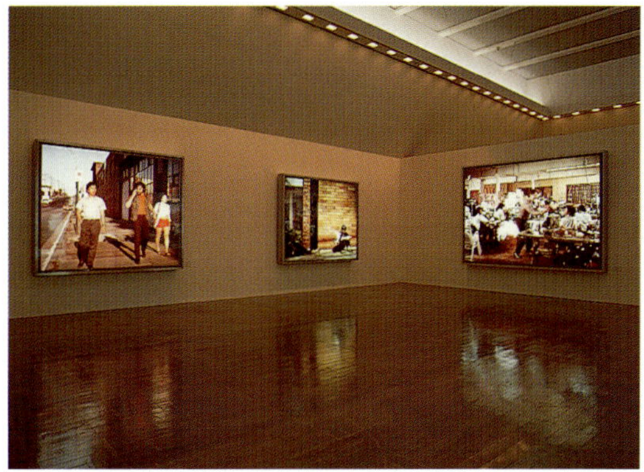

02

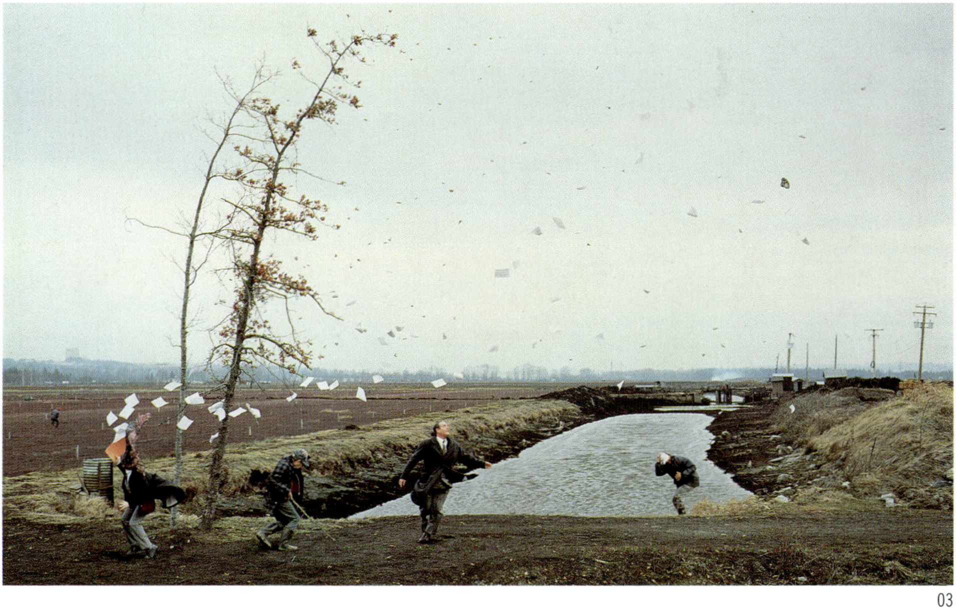

03

GILLIAN WEARING

1963 Birmingham, Inglaterra / reside y trabaja en Londres, Inglaterra

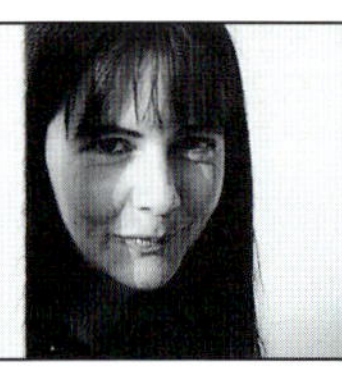

«Intento siempre encontrar modos de descubrir cosas referentes a la gente para, en ese proceso, descubrir más de mí misma»

Una importante fuente de inspiración de Gillian Wearing fue la serie televisiva británica «Family», el primer culebrón en el que una «auténtica» familia se representaba a sí misma. Según Wearing, ésta se ponía en evidencia de un modo inconcebible: «… la familia Wilkins se presentaba ante la cámara llena de ingenuidad; después de aparecer en pantalla, hasta las situaciones más ordinarias se convertían repentinamente en algo terrorífico… toda su vida quedaba expuesta a la vista». En la obra de Wearing sucede ese mismo «descubrirse»: personas desconocidas se revelan a sí mismos ante la cámara, revelan sus sueños más íntimos y se exponen así a una forma intranquilizadora de ser retratados. En primer lugar, Wearing empleó estrategias sencillas de plantear preguntas e hizo series con ellas. Por ejemplo, en 1992/93 solicitó a las personas que pasaban por la calle en Londres, que escribieran exactamente la idea que se les pasaba en ese momento por la cabeza («Signs that…»). Otras personas se presentaron a consecuencia de un anuncio y hablaron sobre su vida ante una cámara de vídeo («Confess all on video», 1994). Sus enfoques se han ido volviendo cada vez más complejos. A través del medio que utiliza crea tensiones que alienan el retrato. Por ejemplo, el retrato colectivo de una brigada de policía se convierte en un vídeo interminable con un plano sin fin, una foto prolongada («Sixty Minutes Silence», 1996). El vídeo «Sasha and Mum», 1997, se proyecta alternando hacia delante y hacia atrás, con lo que el enfrentamiento entre madre e hija se convierte en una lucha infinita entre el amor y el odio. Una perfecta alegoría es también «10–16», un montaje sincrónico en el que se oye la voz de adolescentes saliendo de imágenes de adultos. Las historias personales de los adolescentes se funden con los rostros adultos, convirtiéndose en proyecciones fatales del pasado y del futuro.

S.T.

02 / 03
04 / 05 ►

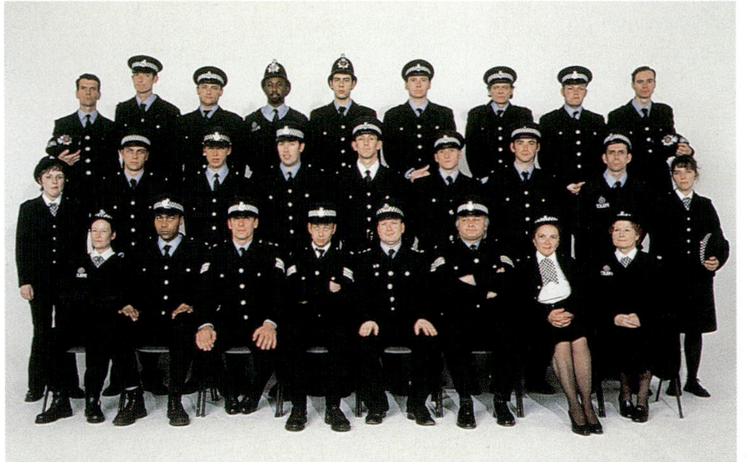

01 SIXTY MINUTES, SILENCE, 1996. Retroproyección de vídeo, 1 hora, 38 x 33 cm.
02 / 03 / 04 / 05 SIGNS THAT SAY WHAT YOU WANT THEM TO SAY AND NOT SIGNS THAT SAY WHAT SOMEONE ELSE WANTS YOU TO SAY, 1992/93. C-type print sobre aluminio, 40 x 30 cm (cada uno).

01

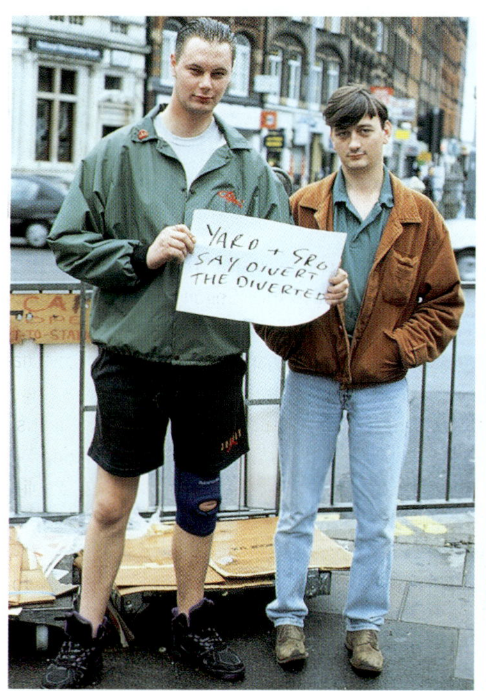
YARD + SRO
SAY DIVERT
THE DIVERTED

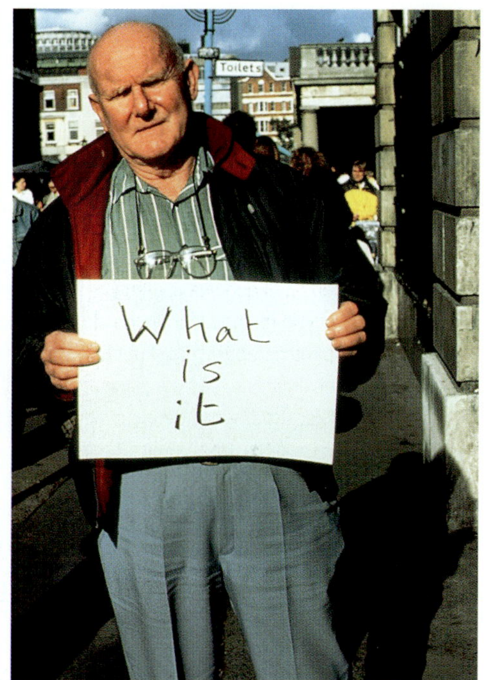
What
is
it

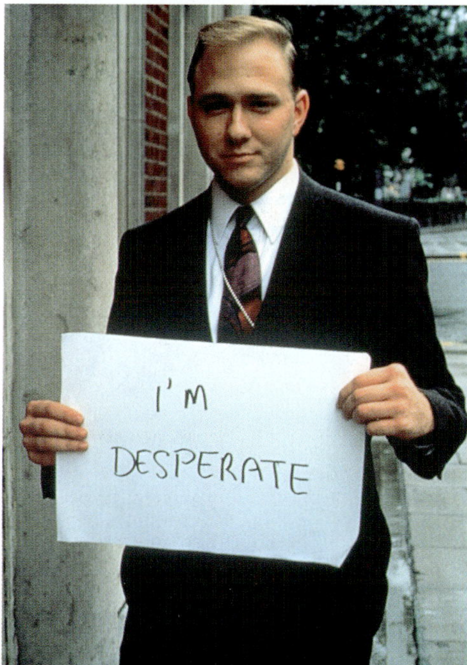
I'M
DESPERATE

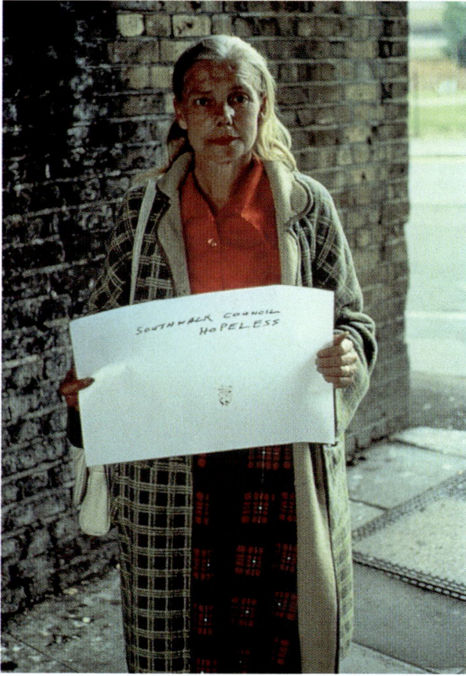
SOUTHWARK COUNCIL
HOPELESS

FRANZ WEST

1947 Viena (Austria) / reside y trabaja en Viena

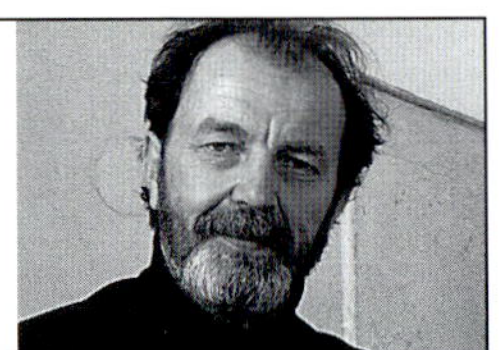

«Llévese una silla, utilícela como debe ser utilizada y devuélvala»

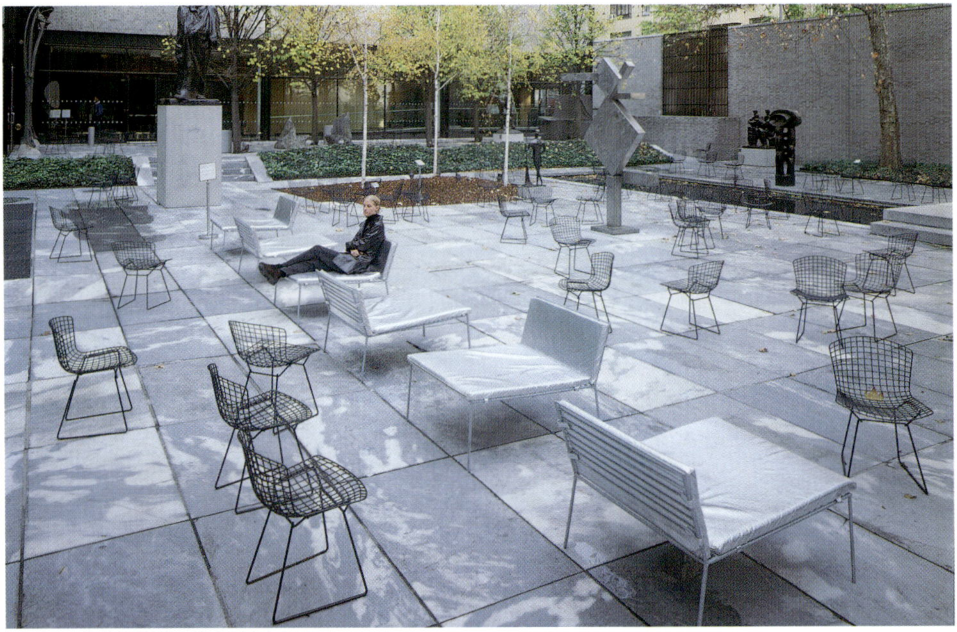

La mayoría de las obras de Franz West tienen como objetivo ser experimentadas con el cuerpo. Ya en los años ochenta, sus «piezas de ajuste» estaban hechas para que el observador participara corporalmente, colocándose en el cuerpo esas esculturas amorfas de superficie áspera, de costra; sus extrañas formas exigen adoptar posturas fuera de lo común. West recogió muchas de esas acciones en fotografía y vídeo. Al subrayar el uso del cuerpo, West se encuentra muy próximo al Accionismo de Viena pero, con su ironía característica, evita caer en su seria solemnidad. Las sillas de metal tapizadas son la continuación consecuente de sus «piezas de ajuste». Sus esculturas-mueble también están pensadas para que las utilice el visitante de la exposición: sus destacados asientos para la terraza de sol de la Dia Art Foundation de Nueva York o el cine al aire libre de documenta IX y para la gran nave de la documenta X. Con esas obras trata la ambivalente posición de su trabajo como obra de arte autónoma y como objeto de uso corriente. Además, sus sofás se pueden interpretar como una alusión a Sigmund Freud, cuyos escritos estudia intensamente. Además, colaborando con algunos amigos, ha escrito textos en los que reflexiona sobre la ideas de teóricos como Wittgenstein o los filósofos franceses Barthes, Deleuze y Lacan. En ocasiones, las obras de West se realizan con la participación de artistas amigos. De este modo, rechaza el mito romántico del genio artístico autónomo, además de proporcionar a su obras nuevas facetas de contenido y estilo.   Y. D.

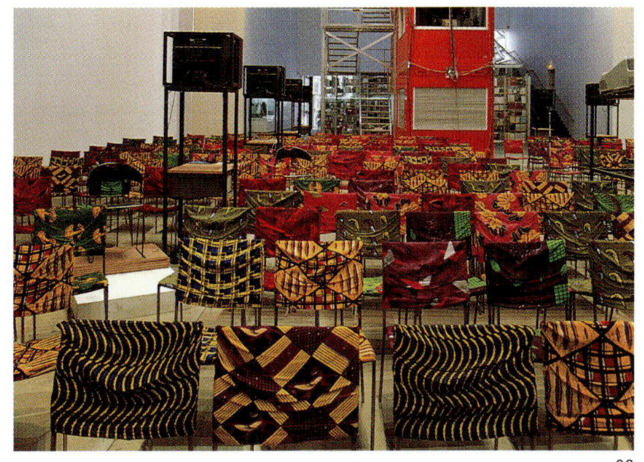

02

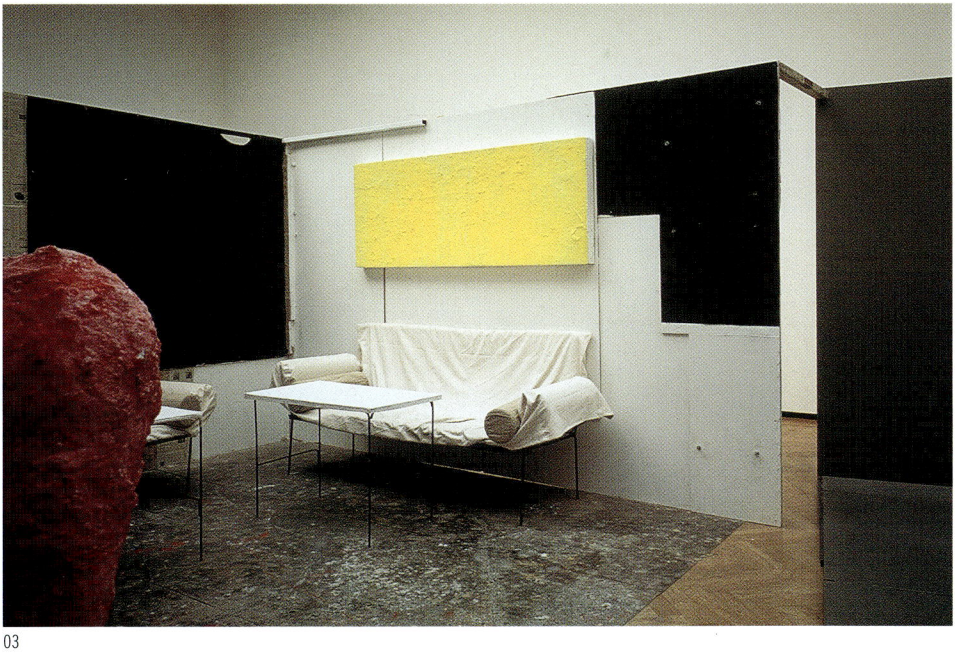

03

La cuestión de cómo las imágenes fotográficas marcan nuestro modo de ver la realidad interesa a Christopher Williams desde comienzos de los años ochenta. En un primer momento, Williams trabajó con el material gráfico de los archivos fotográficos de museos, bibliotecas, revistas y agencias. Hacia finales de los ochenta, comenzó a realizar fotografías que solían aludir a imágenes culturales existentes. Los extensos pies de fotos interpretaban posibles criterios de selección, de referencias y de genealogías. Así, el título de «Bouquet for Bas Jan Ader and Christopher D'Arcangelo», 1991, no sólo ha de considerarse como un homenaje a esos artistas conceptuales; leyendo el pie de foto, el observador sabe que el ramo de flores se hizo con plantas de aquellos países que se citan en una obra temprana de Williams: «Brasil», 1989. En la serie, «For Example: Die Welt ist schön», 1993–97, Williams perfecciona ese juego con referencias; ya el título es una cita del libro de fotografías de Albert Renger-Patzsch «Die Welt ist schön» (El

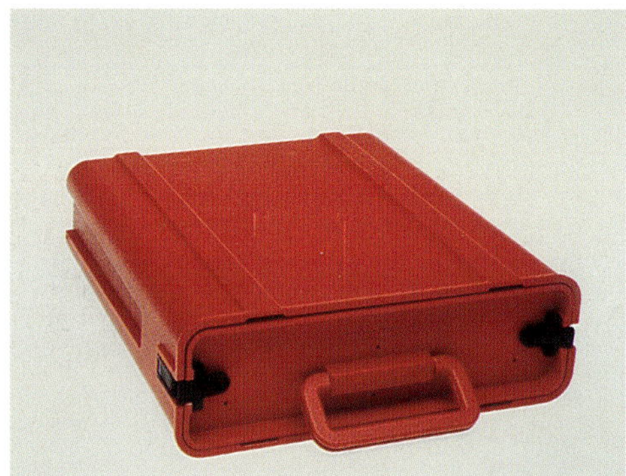

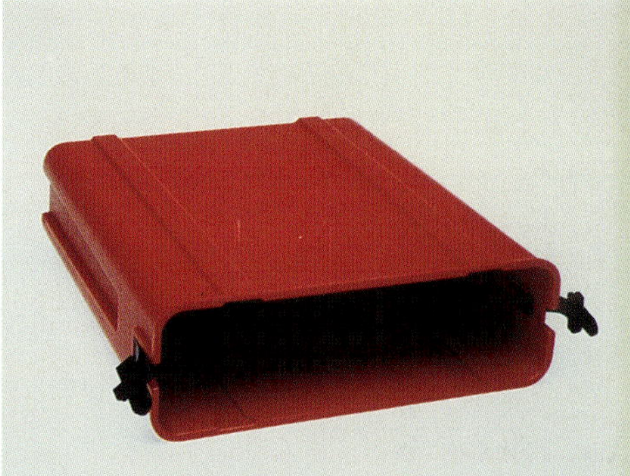

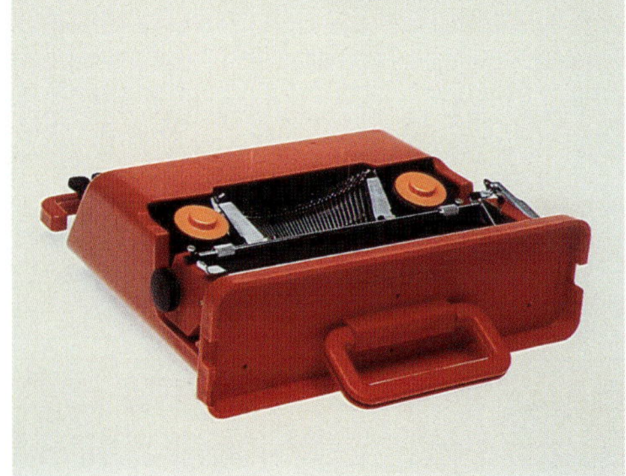

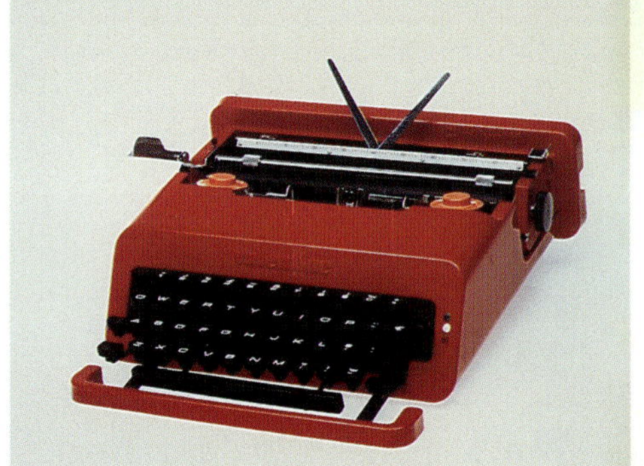

01 «VALENTINE» TYPEWRITER 1969, PLASTIC (ABS), DESIGN ETTORE SOTTSASS JUN., PERRY KING, MANUFACTURE, ING. C. OLIVETTI & CO. SPA ITALY, H. 11.5 CM INV. NO. V 6,3 – 393, (NR.1–4), 1996. Copias por transferencia de color, 64 x 75 cm (enmarcadas). 02 BOUQUET, FOR BAS JAN ADER AND CHRISTOPHER D'ARCANGELO, 1991. C-print, 41 x 51 cm.

mundo es bello, 1928). En su condición de representante de la Nueva Objetividad, éste intentaba captar la «esencia» de las estructuras y fenómenos del mundo visible y ordenarlos. Las fotos objetivas y distanciadas que hace Williams de animales, plantas, productos industriales, arquitectura moderna y personas recogen no sólo los géneros empleados por Renger-Patzsch, sino también sus normas estéticas. Pero Williams introduce en esas reproducciones «objetivas» sutiles momentos perturbadores, que despiertan reminiscencias colonialistas. El ángulo y el momento de toma se trasladan de un modo apenas perceptible cuando Williams, con una segunda cámara, hace fotografiar a modelos que posan para artículos de moda, o también a jóvenes impresores en Dakar (Senegal): una visión alienada y alienante de las cosas, que califica de ilusoria la posibilidad de captar objetivamente el mundo.   A.W.

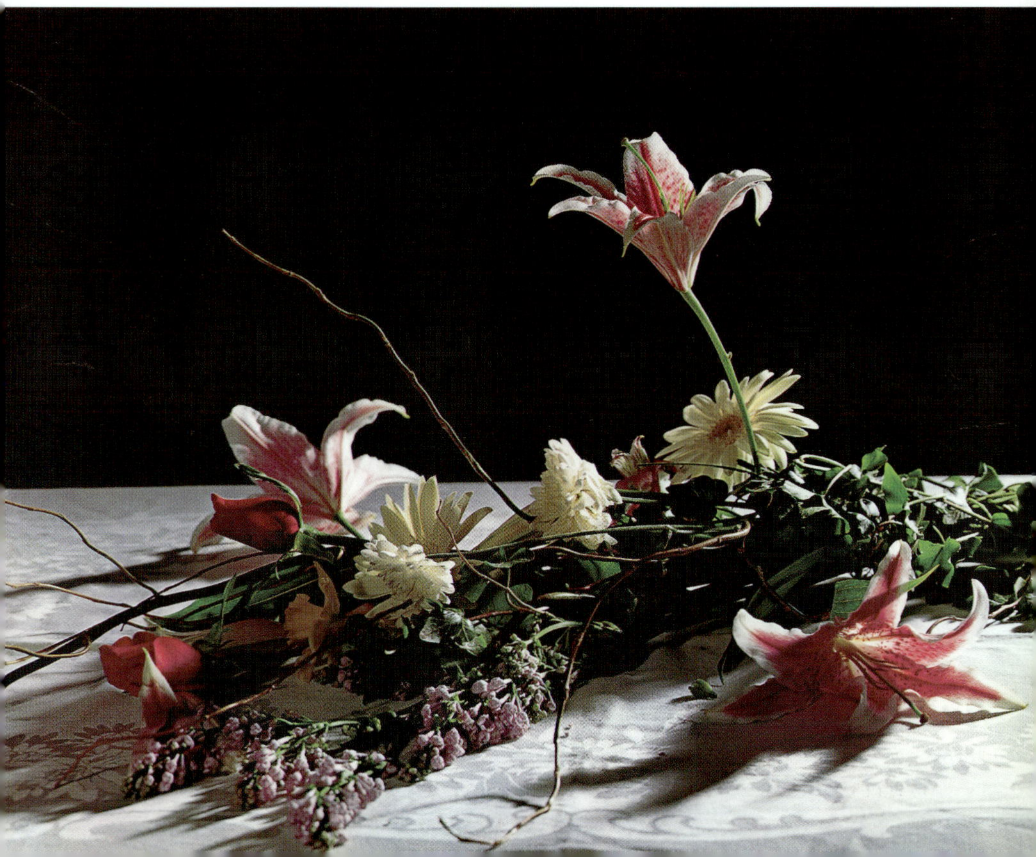

JANE & LOUISE WILSON

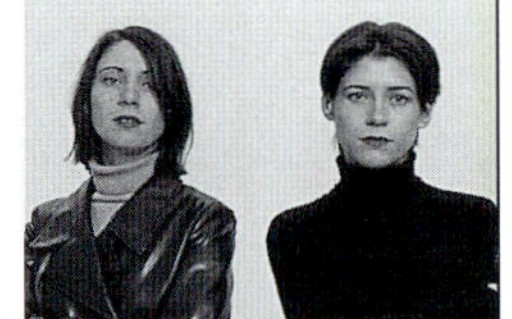

1967 Newcastle, Inglaterra / residen y trabajan en Londres, Inglaterra
«En la mayoría de los trabajos fotográficos deliberadamente no aparecen personas,
y se acercan todo lo posible a la escala 1:1. Se deja al observador que asuma el papel
activo en la escena representada»

Jane y Louise Wilson forman parte de Young British Artists (YBA) (Jóvenes artistas británicos) que tratan en su trabajo la realidad medial de la cultura pop. Su análisis estético se centra en los mecanismos del cine, la TV, la música y la publicidad, así como la influencia que ejercen sobre las personas que los reciben; el papel de la mujer ocupa un lugar destacado. Para su arte, las mellizas aprovechan sobre todo el vídeo, pero también la fotografía y los objetos arquitectónicos colocados en el espacio. En el vídeo «LSD», 1994, las Wilson se dejan hipnotizar por la voz en «off» del prestidigitador. En lugar de los espectadores son las actrices las que son «encantadas»; se pone así en el punto de mira el poder seductor de los medios de comunicación. En «Crawl Space», 1994, y «Normapaths», 1995, Jane y Louise Wilson analizan momentos estilísticos de las películas de acción y de horror. En los dos trabajos, el cuerpo femenino ocupa la atención de la fantasía maniaca masculina: con el vestido negro de plástico de la legendaria Emma Peel («Los vengadores») se lanzan a una tour de force del horror. Prisioneras en los códigos de los géneros fílmicos, buscan una salida y, al mismo tiempo, intentan articular sus propios temores y ansias. En «Stasi City», 1997, rodado —entre otros lugares— en un antiguo cuartel general de la Stasi (policía secreta) de la extinta RDA, tratan el tema del vídeo como medio de control. De nuevo se trata de un viaje por el mundo del horror, sólo que en esta ocasión se trata de la historia reciente y real, y no de una ficción. Con sus siniestros planos del edificio de la Stasi, Jane y Louise Wilson analizan su propio medio: ser siempre observado… no sólo en la antigua RDA, sino también en la realidad del mundo informatizado posmoderno.

R. S.

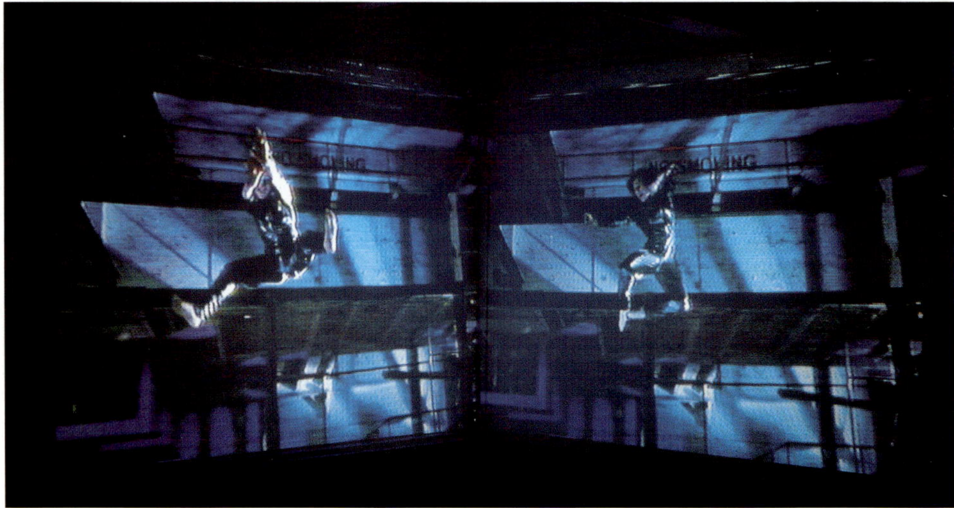

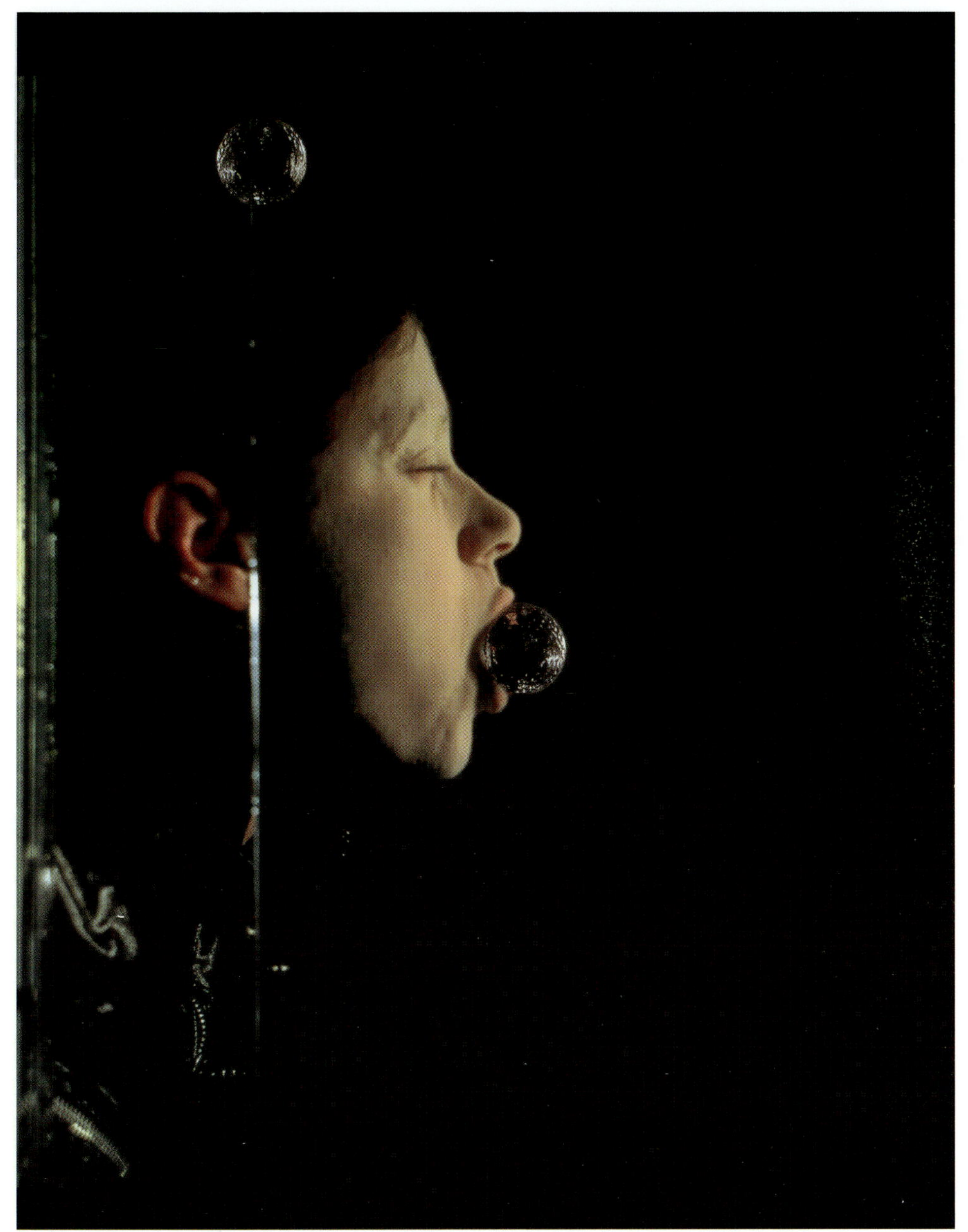

01 NORMAPATHS, 1995. Vista de la instalación, Chisenhale Gallery, Londres, Inglaterra, 1995.
02 DEN, 1995. C-type print, 230 x 180 cm.

CHRISTOPHER WOOL

1955 Chicago (Illinois), EE UU / reside y trabaja en Nueva York, EE UU

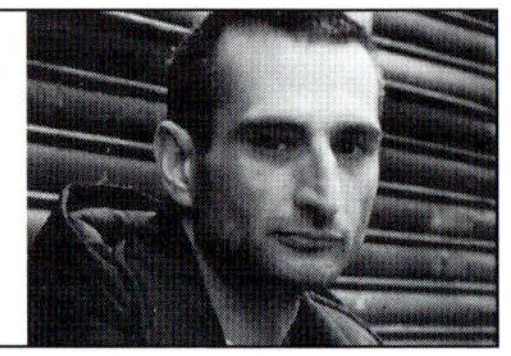

Christopher Wool adoptó el estilo «All Over» de la pintura de los años cincuenta y sesenta. En primer lugar operó con una técnica de goteo que reproducía, mecánica y controladamente, el dripping de Jackson Pollock; más tarde, con modelos de flores que recuerdan las serigrafías de Andy Warhol y, por último, con esas letras de molde, adaptadas al formato del cuadro, que paradójicamente —por muy estereotipadas y anónimas que sean— se convirtieron en la firma de Wool. El «all over» de Wool es duro; con el aluminio del fondo y el color esmaltado frío, parece estar muy lejos de lo que se considera una pintura. Sus obras han dado pie a interpretaciones muy contrarias, pero sin embargo acertadas. Por un lado, tanto los motivos como las letras forman modelos puros, se convierten en ornamentos y superficies compuestas. Quieren ser la negación definitiva de pinturas, que encuentran su clímax en conceptos («RIOT», «RUN», «DOG») y terminan en frases fragmentadas y palabras («THE SHOW I SOVER»). Por otro lado se rompe la fría negativa: a través de la impresión desigual de los modelos o de los contornos de las letras goteando, que a pesar de su codificación siguen proporcionando un mensaje: «TRBL» (trouble). Lo que carecía de significado se sobrecarga, tanto en el concepto como en la ornamentación. La obra de Wool influyó durante mucho tiempo por su distancia reflejada, con la que asumió al mismo tiempo temas de la calle y el fin de la pintura. En las obras más recientes, con gruesas capas de pintura —frecuentemente maniacas— aparecen perturbaciones calculadas. Los gestos artísticos, los temas pictóricos y los nombres comunes de sus títulos se convierten en la contrapartida del conocimiento racional. S.T.

RUND
OGRU
NDOG
RUN

THESHOWISOV
ERTHEAUDIEN
CEGETUPTOLE
AVETHEIRSEA
TSTIMETOCOL
LECTTHEIRCO
ATSANDGOHOM
ETHEYTURNAR
OUNDNOMOREC
OATSANDNOMO
REHOME

01 UNTITLED, 1990.
Alkyd, acrílico sobre aluminio,
275 x 183 cm.
02 UNTITLED, 1990/91.
Esmalte sobre aluminio,
274 x 183 cm.
03 UNTITLED, 1990.
Esmalte sobre aluminio,
274 x 183 cm.

01   02

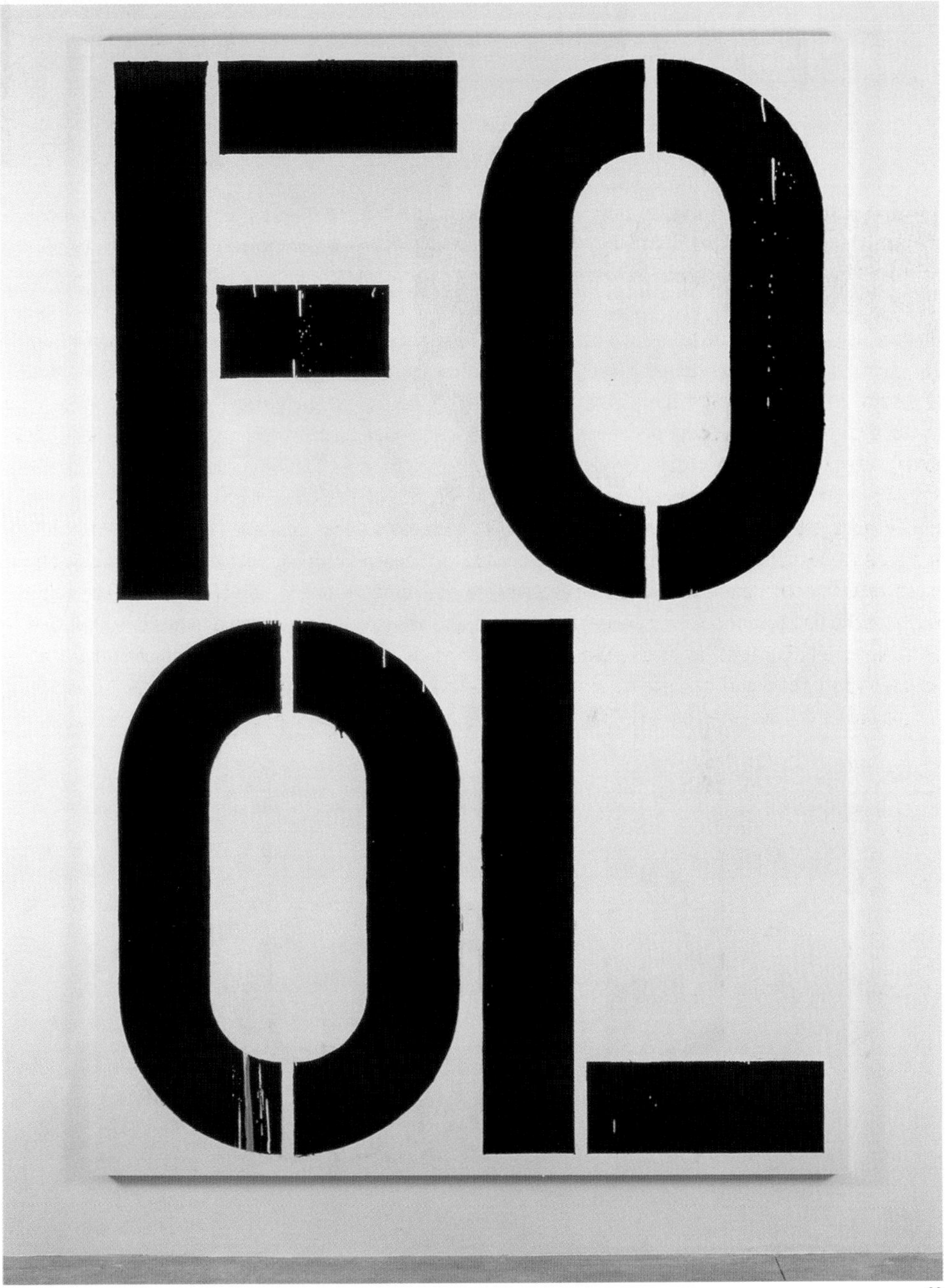

ANDREA ZITTEL

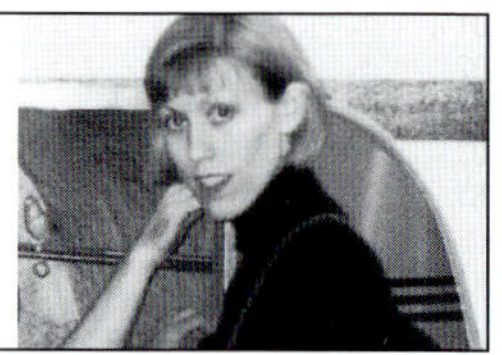

1965 Escondido (California), EE UU / reside y trabaja en Altadena (California), EE UU

«Deseo enseñar a la gente que es posible convertirse en su propio experto, intentar crear sus propios experimentos y comprender el mundo de su propia manera»

A comienzos de los años noventa, Andrea Zittel creó «A to Z Administrative Service», una empresa de servicios que introduce productos a intervalos regulares y que los ofrece para el uso individual. Lo objetos de Zittel se supone que han de funcionar, ser útiles y estar al servicio de la vida diaria. De este modo, son todo lo contrario a lo que tradicionalmente se piensa que es una obra de arte; además, no se puede decir que sean bellos ni se les puede considerar siquiera como diseño. Surgen como fruto de un impulso artístico —en cierto modo desde el exterior—, como reacción al diseño del presente, lo define de nuevo e intenta mejorarlo. Así «A–Z Production» comenzó con la «unidad de vivienda», reducida a 4 m^2, pero que funciona perfectamente; Zittel organizó en esa unidad, primero las estrecheces de su propia vivienda, pero que luego se presentó en exposiciones en diferentes variantes, como producto comercial («A–Z Comfort Work», «A–Z Selected Sleeping Arrangements»). Los diseños prácticos y puritanos de Zittel, en los que todo tiene su función, recuerdan las utopías sociales de las vanguardias clásicas, su idea de optimizarlo todo y sus promesas de felicidad. Ella misma habla de un «pequeño núcleo de perfección», cuya experiencia puede parecer a los compradores actuales un experimento consciente. Ultimamente ha cambiado su enfoque: en la documenta X de 1997, presentó una caravana de forma esférica, que puede equiparse al

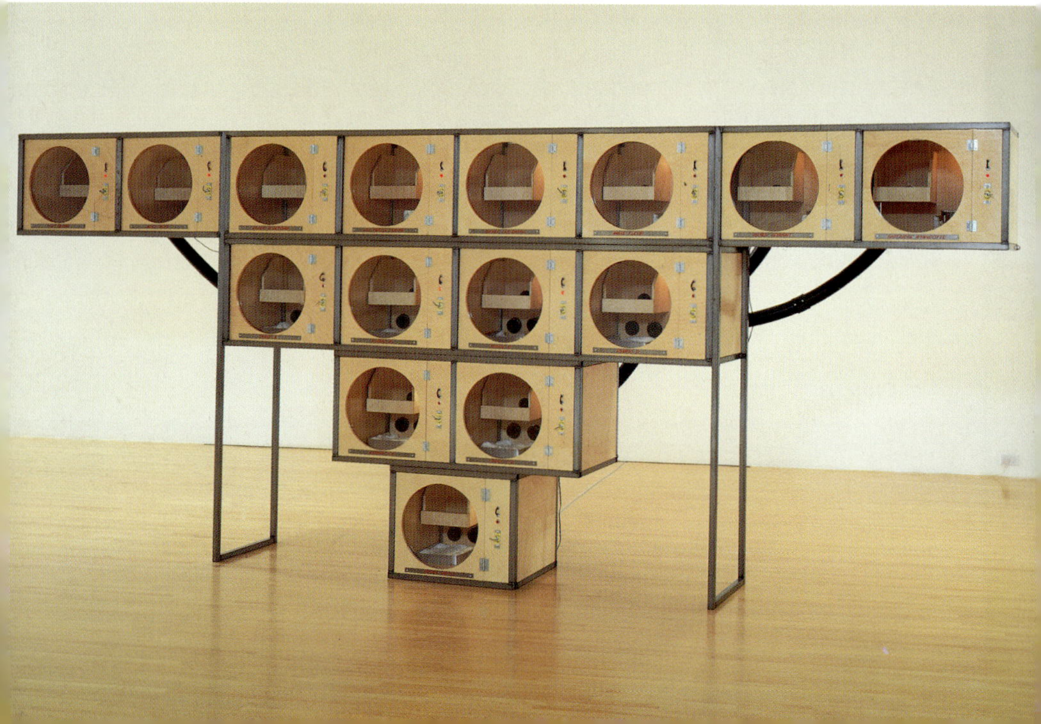

01 A–Z BREEDING UNIT FOR AVERAGING EIGHT BREEDS, 1993. Acero, madera, vidrio y electrónica, 183 x 434 x 46 cm.
02 A–Z DESERTED ISLANDS I–X, 1997. 10 islas, fibra de vidrio, madera, plástico, cámara de flotación, asiento de vinilo, logotipo de vinilo, cada uno de aprox. 91 x 229 x 229 cm . Vista de la instalación al aire libre, escultura. Projekte in Münster 1997, Münster, Alemania, 1997.
03 DE IZQUIERDA A DERECHA: A–Z ESCAPE VEHICLE CUSTOMIZED BY ANDREA ZITTEL; A–Z ESCAPE VEHICLE OWNED AND CUSTOMIZED BY ANDREA ROSEN; A–Z ESCAPE VEHICLE OWNED AND CUSTOMIZED BY ROBERT SHIFFLER, todos de 1996. 152 x 102 x 213 cm cada uno (sin ruedas); ruedas de aprox. 5 cm; soportes: acero, aislante, madera, vidrio; interiores: materiales diversos. Vista de la instalación «Andrea Zittel: A–Z Escape Vehicles», Andrea Rosen Gallery, Nueva York, EE UU, 1996.

gusto de cada uno, en calidad de espacios de evasión («Escape Vehicles»). Con ocasión de «Escultura. Proyectos para Münster» presentó, también en 1997, islas flotantes, de un blanco brillante que —similares a los nostálgicos columpios de Hollywood— ya no son un diseño práctico, sino modelos puros de la añoranza.   S.T.

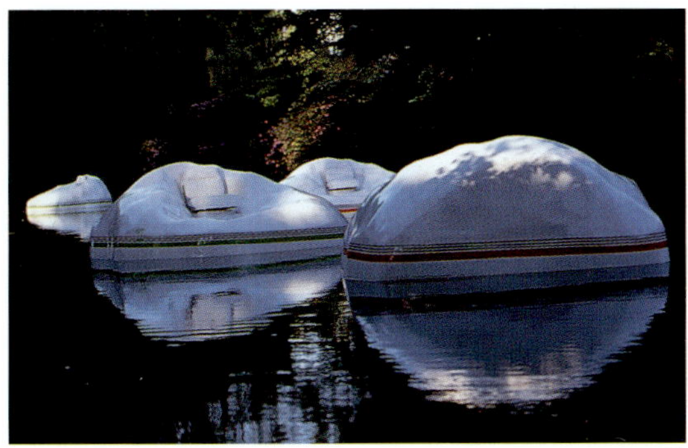

02

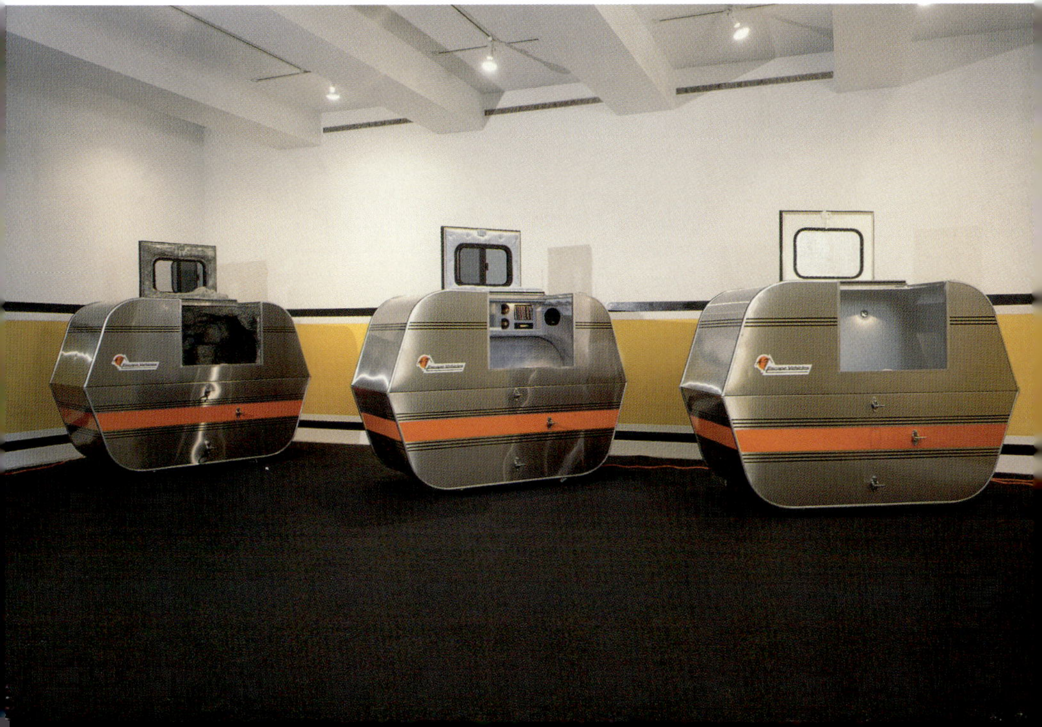

HEIMO ZOBERNIG

1958 Mauthen, Austria / reside y trabaja en Viena, Austria

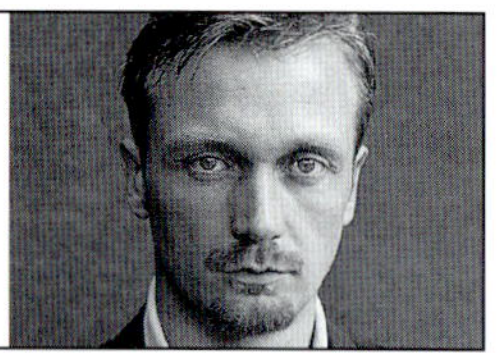

Un aspecto esencial en la obra de Heimo Zobernig es el análisis de la presentación del arte y su relación con la formación de teorías. Sus pinturas, esculturas, vídeos, performances e injerencias arquitectónicas se basan sobre un plan claramente establecido, pero en la realización también se guían por las condiciones espaciales o de otro tipo. Frecuentemente, en los objetos de Zobernig se observan aún huellas de su génesis. Esto es digno de mención pues sus trabajos a menudo presentan similitudes formales con los del arte minimal. Con su consciente descuido en la fabricación, Zobernig niega el aura de sublimidad. A ello hay que añadir que gran parte de sus trabajos —más allá de su presencia escultural, autónoma a primera vista— suelen tener una función. Algunos de sus objetos realizados con materiales económicos como papel, cartón, yeso, contrachapado, hormigón o poliestireno, están previstos como piezas de mobiliario y constituyen también el setting para una interacción social. Su aportación artística a la documenta X fue el diseño de una de las naves, en la que se organizó la serie de conferencias «100 días 100 invitados»: diseñó un podio bajo y carteles con los nombres de los participantes. Además situó monitores en la sala, alojó todas las demás instalaciones técnicas en un contenedor estándar y encargó los asientos a su colega Franz West. Para «Escultura. Proyectos para Münster 1997», Zobernig trabajó con elementos gráficos. Asimismo, introdujo —como es frecuente en su trabajo— el carácter de artículos de uso corriente en un diálogo con sus propiedades genuinamente artísticas.

Y. D.

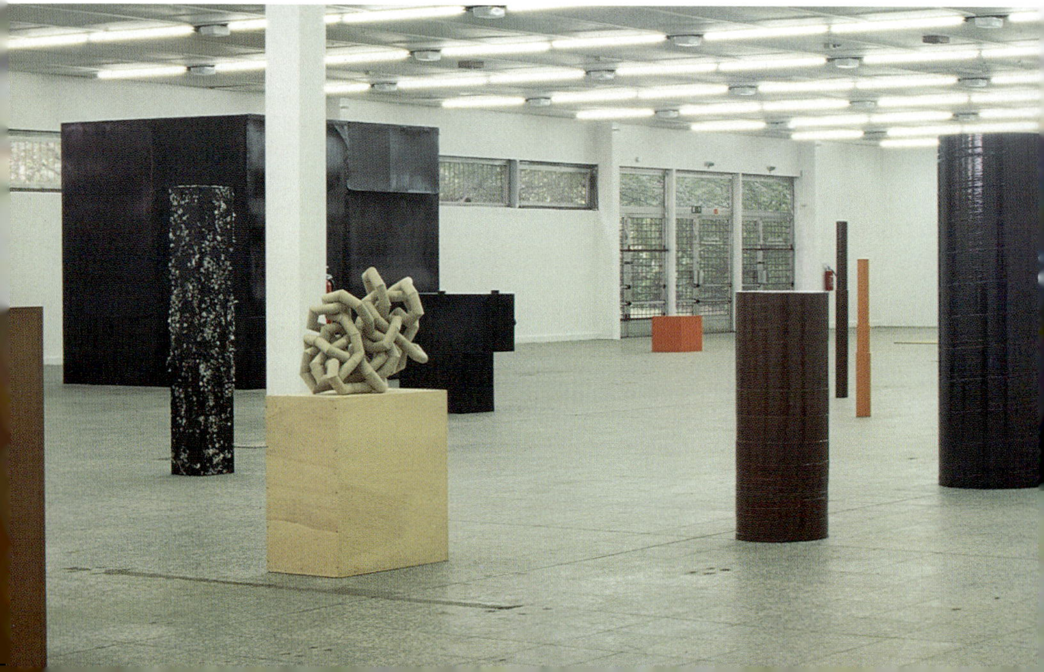

01 INSTALLATION VIEW, INIT-Kunst-Halle Berlin, Berlín, Alemania, 1998.
02 UNTITLED, 1994. Acrílico sobre lienzo, 124 x 118 cm. **03 UNTITLED,** 1989. Óleo sobre lienzo, 150 x 150 cm.

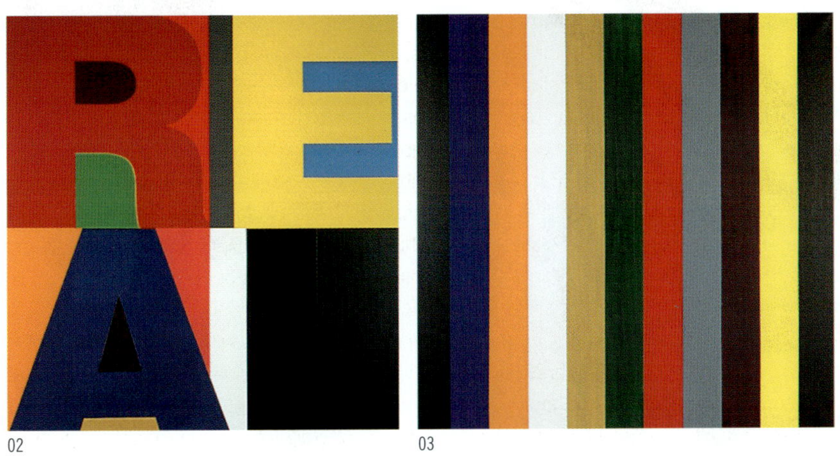

02

03

◄ 01

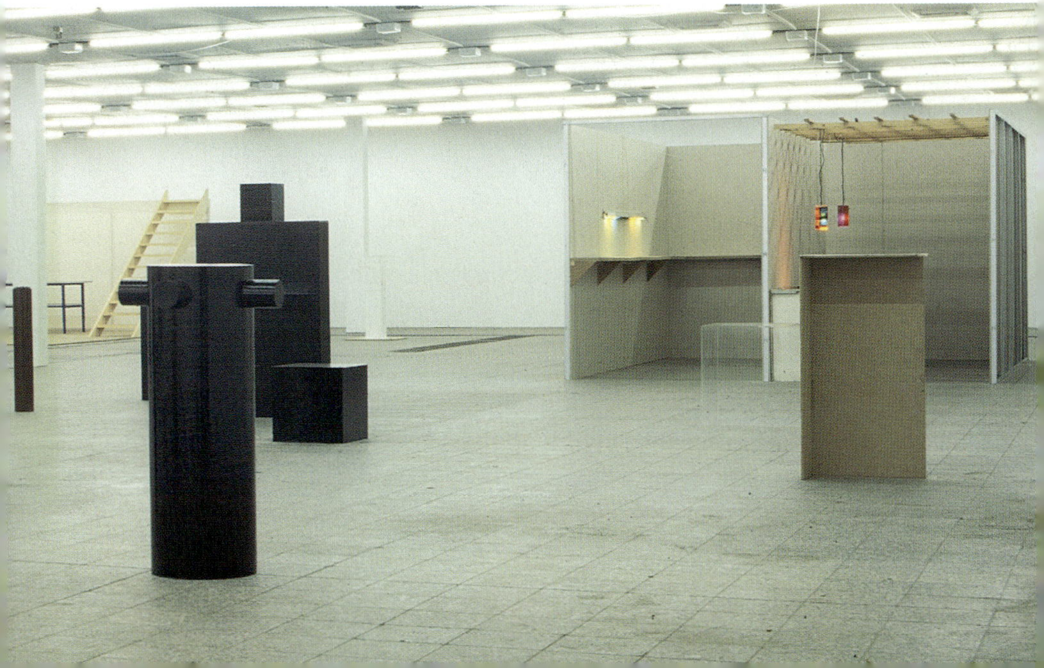

APPENDIX

GLOSSARY *GLOSARIO*

ANIMACIÓN POR ORDENADOR Maquetas tridimensionales en apariencia, creadas en el ordenador, por las que el usuario «camina» o que puede observar desde diferentes perspectivas; figuras virtuales que se mueven en pantalla. Figuras generadas en el ordenador. **APPROPIATION ART** El Appropiation Art extrae objetos, imágenes y textos de su contexto cultural y los traslada, sin modificarlos, a otro. De este modo adquieren un nuevo significado. **ARTE AUTORREFERE** Arte que se remite, exclusivamente, a sus propiedades formales, por lo que rechaza cualquier carácter de reproducción. **ARTE CONCEPTUAL** El arte conceptual surge en los años sesenta y concede el papel predominante a la idea por la cual los objetos ilustran o traducen. Frecuentemente, esta idea se presenta sólo con textos o anotaciones; la traducción concreta al objeto se considera como algo secundario e incluso a veces se omite. **ARTE CONTEXTUAL** El arte contextual critica el negocio del arte y sus instituciones: revela estructuras de poder y pregunta por la función política de los mecanismos de distribución y de las formas de exposición. Para exponer esa crítica se emplean diferentes medios de expresión artística: performance, instalación o arte de objetos. **ARTE DIGITAL** Arte con los recursos que ofrecen los Nuevos Medios como el ordenador o Internet. **ARTE INTERACTIVO** Obras de arte que cuentan con la influencia inmediata del observador; en la mayoría de los casos, esa influencia se facilita con la ayuda de un ordenador. **ARTE MINIMAL** Corriente artística de los años sesenta, que redujo las esculturas y los cuadros a formas básicas claras y que las puso en una relación concreta con el espacio y con el observador. **ARTE DE OBJETOS** Forman parte de éste todas las obras de arte que integran materiales ya existentes o que constan completamente de éstos (cfr. Ready-made). **ASSEMBLAGE** Cuadro tridimensional de diferentes materiales, en la mayoría de los casos tomados de la vida diaria. **AURA** El aura es la irradiación que hace que una persona o una obra de arte sea digna de veneración. Las personas o las obras de arte que tiene aura están sublimadas y cercanas al mismo tiempo; ejercen fascinación por su carácter único. **AUTONOMÍA** Estado de entera independencia. Para el arte, la autonomía exime de la necesidad de subordinarse a otros fines ajenos al arte. **BODY ART** Arte que trata el cuerpo humano, haciéndolo objeto de performances, esculturas o trabajos en vídeo. **CAMP** Las personas o los objetos cuya imagen está exageradamente estilizada, son camp. Su admiración desemboca en un culto por lo artificioso, irónico y al mismo tiempo cargado de emoción. **CATÁLOGO RAZONADO** Catálogo comentado de las obras de un artista, que pretende ser completo. **CIBACHROME** Copia en papel, en color, de una diapositiva; en la mayoría de los casos, de grandes dimensiones. **CÓDIGO** Sistema de signos que sirve de base para la comunicación y para transmitir información. **COMISARIO** de una exposición. El comisario es el que se ocupa de definir los criterios de la exposición y de seleccionar a los artistas. **CORRECCIÓN POLÍTICA** Postura comprometida, especialmente influyente en Estados Unidos, que pretende elevar los estándares morales de la vida pública. Exige sobre todo un trato justo con las minorías sociales (discriminación positiva). **C-PRINT** Un colour-print es la copia en papel, en color, de un negativo fotográfico. **CROSSOVER** Con el crossover se traspasan los límites que existen entre el arte y el arte popular —y entre las diferentes culturas—, al tiempo que se incluye la música, el diseño, el folclore, etc. en el trabajo artístico. **CULTURA POPULAR** La cultura popular se expresa en la difusión en masa de bienes de todos los ámbitos de la cultura: de la moda, de la música, del deporte y del

GLOSSARY *GLOSARIO*

cine. A comienzos de los años sesenta, la cultura popular hizo su entrada en el mundo del arte de la mano del arte pop. **DECONSTRUCCIÓN** La deconstrucción es una forma de interpretación que considera una obra de arte no como una unidad, sino como un tejido abierto y complejo compuesto por los más diversos elementos formales y materiales. En la deconstrucción se desvelan esos elementos, sus funciones y sus contraposiciones. **ECLECTICISMO** El método usual en la postmodernidad, que se caracteriza por citar extensamente estilos (históricos) y obras de otros autores. **ENTROPÍA** Este concepto originario de la termodinámica significa en ésta la medida del desorden de un sistema. La completa entropía se habría alcanzado cuando el sistema se hubiera disuelto en el caos. Análogamente, la entropía es la medida de la incertidumbre existente en un mensaje. En este caso, el punto final sería un rumor sin significado. **ENVIRONMENT** Un espacio, interior o exterior, diseñado completamente por el artista, que integra al observador en el acontecimiento estético. **ESTEREOTIPO** Imagen o idea aceptada comúnmente por un grupo o sociedad. **ESTRUCTURALISMO** El estructuralismo analiza sistemáticamente el significado de los signos. El objetivo del estructuralismo es estudiar las reglas a las que están sometidos diversos sistemas de signos. El estructuralismo considera e interpreta las lenguas y otras manifestaciones culturales como sistemas de signos. **ESTUDIOS CULTURALES** Nueva corriente en las ciencias culturales angloamericanas, dedicada al estudio del arte popular. Concede especial atención a la influencia de la raza, de la pertenencia a una clase y del sexo de la persona sobre las expresiones culturales. **FENOMENOLOGÍA** Movimiento filosófico que estudia cómo aparece la realidad exterior al hombre. **FICCIÓN** Una imagen o una historia es una ficción cuando se basa en la libre invención. **FOTOFIJA** Fotograma de un filme traspasado a una foto. **GENDER SURFING** Un juego desconcertante con los papeles de los sexos, que tiene como objetivo superar sus límites divirtiéndose. **HAPPENING** Acción artística en presencia de público, que suele integrarse en ella. **HETEROGENEIDAD** Contraposición incompatible **HIGH AND LOW (HI‹N›LO)** Temática en la que la cultura trivial (Low Art) influye sobre el arte moderno (High Art). El término se remonta a una exposición organizada por Kirk Varnedoe en el Museum of Modern Art de Nueva York en 1990. **HÍBRIDO** De distinta naturaleza, mezclado, no clasificable inequívocamente. **ICONOS** Imágenes o personas a las se que da culto. **ICONOGRAFÍA** Lenguaje pictórico o formal, típico de un determinado contexto cultural, por ejemplo la iconografía de la publicidad, de las películas del oeste, de la arquitectura postmoderna, etc. **ICONOLOGÍA** Ciencia que interpreta una obra de arte basándose en su iconografía. **INSTALACIÓN** Una obra de arte que integra el espacio de exposición como componente estética. **LABOR SOCIAL** En este sentido, el arte se considera como una prestación de servicio que se plantea fines socio-políticos. **LOCALIZACIÓN** Lugar en que se celebra una actividad, exposición, etc. **MANGA** Historietas y películas de dibujos animados, la literatura popular más extendida en Japón, que se produce y consume en grandes cantidades en dicho país. **MEMENTO MORI** Acontecimiento u objeto que recuerda la muerte. **MIXED MEDIA** Mezcla de diferentes medios, materiales y técnicas en la producción de una obra de arte. **MONTAJE** Ajuste de elementos o secuencias gráficas en fotografía, cine y vídeo. **MÚLTIPLE** En los años sesenta se desarrolló una postura crítica respecto al concepto clásico de la obra de arte: en lugar de un único original se produjeron obras de arte con una tirada elevada, es decir, en forma de múltiples. De este modo se pretendía que el arte abandonara los museos y las galerías, a fin de que un mayor número de personas tuviera acceso a él. **MUNDIALIZACIÓN** Significa que los procesos económicos o culturales tienen cada vez más consecuencias en todo el mundo. **NARRACIÓN** Género empleado en el arte, en el cine y en la literatura. **NEO-GEO** Tendencia en la pintura de los años ochenta, que opera de un modo extremadamente objetivo, con dibujos geométricos y composiciones de color. **NEW AGE** Movimiento esotérico que cree en el comienzo de una nueva era. **OP ART** Movimiento artístico de los años sesenta; sus representantes experimentaron sobre el efecto visual de líneas, superficies y colores, componiendo dibujos que producen ilusiones ópticas. **PERFORMANCE** Trabajo artístico que se presenta al público en forma de acción (teatral). Las primeras performances se celebraron en los años sesenta, en el seno del movimiento «Fluxus», que buscaba un concepto ampliado del arte. **PHOTOSHOP** Programa de ordenador que permite transformar material gráfico. **POSTESTRUCTURALISMO** Mientras que el estructuralismo considera un conjunto de datos como una estructura o sistema cerrado, el postestructuralismo piensa que los sistemas de signos son siempre dinámicos y abiertos al cambio (cfr. Estructuralismo). **POST HUMAN** Temática centrada en la influencia que ejercen sobre el cuerpo humano las nuevas tecnologías —informática, ingeniería genética, etc.— y la sociedad de los medios de comunicación. Post Human fue el título de una exposición organizada por Jeffrey Deitch en 1992. **POSTMODERNIDAD** A diferencia del proyecto moderno, la postmodernidad considera imposibles las grandes utopías. Acepta la realidad como una dimensión fragmentada y la identidad personal como una dimensión inestable, debido a una serie de factores culturales. La postmodernidad aboga por un juego irónico con la propia identidad y por una sociedad liberal. **READY-MADE** Un ready-made es un objeto de uso común al que una mínima intervención del artista convierte en obra de arte y lo expone como tal. El concepto se remonta al artista francés Marcel Duchamp, quien presentó los primeros ready-mades en 1913, en Nueva York, p. ej. un urinario usual en el comercio o un secador de botellas. **REALIDAD VIRTUAL** Mundo artificial creado en el ordenador (cfr. animación por ordenador). **REPRESENTACIÓN** Imagen de una persona, de un objeto o de un estado que sustituye a la realidad. **SEMÁNTICA** Estudio del significado de los signos lingüísticos. **SIMULACRO** Una «ficción» tan seductora que consigue sustituir a la realidad. **TRANSCENDENCIA** En la filosofía y en la religión, la transcendencia es el concepto que declara lo que supera la percepción humana normal. En la experiencia extraordinaria de la transcendencia se traspasan los límites de la conciencia. **TRASH TRASH** —originariamente «cacharro»— es la depreciación irónica de las normas estéticas y de la calidad. **URBANISMO** Reflexiones sobre las actividades urbanísticas y la convivencia en las ciudades. **WHITE CUBE** Término empleado para referirse a la sala de exposiciones neutra, blanca, que en el arte moderno sustituye a anteriores formas de presentación (por ejemplo, colgando las obras unas junto a otras sobre papeles pintados). El White Cube desea facilitar la percepción concentrada y sin trabas de la obra de arte. **YOUNG BRITISH ARTISTS (YBA)** Grupo de jóvenes artistas británicos que, desde comienzos de los años noventa, está haciendo furor con su arte de objetos y de vídeo, inspirado en la cultura popular.

PHOTO CREDITS
CRÉDITOS FOTOGRÁFICOS

Unless otherwise specified, copyright on the works reproduced lies with the respective artists. **ACKERMANN,** Franz: Portrait: © Albrecht Fuchs, Cologne; 01: © Albrecht Fuchs, Cologne; Courtesy Neuer Aachener Kunstverein, Aachen, Germany; 02: Courtesy neugerriemschneider, Berlin **AHTILA,** Eija-Liisa: 01–02: © VG Bild-Kunst, Bonn, Germany, 2001; © Crystal Eye Ltd., Helsinki, Finland; Courtesy Klemens Gasser & Tanja Grunert Inc., New York **ALTHOFF,** Kai: 01: Courtesy Galerie NEU, Berlin; 02: Photo: Lothar Schnepf, Cologne; Collection of Daniel Buchholz, Cologne **ARAKI,** Nobuyoshi: 01–02: © Nobuyoshi Araki and © Jens Rathmann, Hamburg **BARNEY,** Matthew: 01–03: Courtesy Barbara Gladstone Gallery, New York; 01: Photo: Michael James O'Brien; © 1994 Matthew Barney; 02: Photo: Michael James O'Brien; © 1997 Matthew Barney; 03: Larry Lame **BEECROFT,** Vanessa: Portrait: Photo: Armin Lanke; 01–02: Courtesy Deitch Projects, New York; 01: Photo: Vanessa Beecroft **BONIN,** Cosima von: 01–03: Courtesy Galerie Christian Nagel, Cologne; 01: Photo: J. Brasille; 03: © Andrea Stappert, Berlin **BULLOCH,** Angela: 01: Photo: Mancia/Bodmer; © FBM studio, Zurich; Courtesy Galerie Hauser & Wirth 2, Zurich; Collection of Südwest LB, Stuttgart, Germany, Michael Trier, Cologne, Migros Museum für Gegenwartskunst Zürich, Zurich **CATTELAN,** Maurizio: 01: Photo: Maranzano; Courtesy Minini, Brescia, Italy; 02: © Roman Mensing; Courtesy Westfälisches Landesmuseum, Münster, Germany **CHAPMAN,** Jake & Dinos: 01, 03: Courtesy Victoria Miro Gallery, London; 02: Photo © Stephen White; Boros Collection **CURRIN,** John: Portrait: Courtesy Andrea Rosen Gallery, New York; 01–02: Courtesy Andrea Rosen Gallery, New York; 01: Photo: Marc Domage/Tutti; 02: Photo: Fred Scruton **DELVOYE,** Wim: 01: Collection Delfina, London; 04: Collection of Museum of Sculpture Middelheim, Antwerp **DEMAND,** Thomas: Portrait: © Christian Borchert; 01–02: © VG Bild-Kunst, Bonn, Germany, 2001; Courtesy Victoria Miro Gallery, London; 01: © Thomas Demand 1997; 02: © Thomas Demand 1994 **DIJKSTRA,** Rineke: Portrait: Photo: Paul Andriesse, Amsterdam; Courtesy Galerie Paul Andriesse, Amsterdam; 01–07: Courtesy Galerie Paul Andriesse, Amsterdam **DION,** Mark: Portrait: Photo: Georg Kargl, Vienna, 1994; Courtesy Georg Kargl, Vienna; 01–03: Courtesy American Fine Arts, Co., Colin de Land Fine Art, New York **EDMIER,** Keith: 01–02: Courtesy Friedrich Petzel Gallery, New York **ELIASSON,** Olafur: 01–04: Courtesy Kunsthalle Basel, Basle; 05: Photo: Ingrid Nilsson; © Malmö Museer, Malmö, Sweden; Courtesy Tanya Bonakdar Gallery, New York **EMIN,** Tracey: Portrait: Photo: Johnnie Shand-Kydd; Courtesy Jay Jopling, London; 01–02 Photo: Stephen White; Courtesy Jay Jopling, London; **FLEURY,** Sylvie: 01: Courtesy Galerie Mehdi Chouakri, Berlin, and Migros Museum für Gegenwartskunst Zürich, Zurich; 02: © Stefan Rötheli, Zurich; Courtesy Bob van Orsouw Gallery, Zurich, Galerie Mehdi Chouakri, Berlin, and Migros Museum für Gegenwartskunst Zürich, Zurich **FÖRG,** Günther: Portrait: Courtesy Galerie Max Hetzler, Berlin; 01: Courtesy Galerie Max Hetzler, Berlin; Private collection, Cologne; 02: Photo: Rudolf Nagel **FRITSCH,** Katharina: 01–02: © VG Bild-Kunst, Bonn, Germany, 2001; 01–02: Courtesy Matthew Marks Gallery, New York; 01: Photo: Nic Tenwiggenhorn, Düsseldorf; 02: Photo: Nic Tenwiggenhorn, Düsseldorf; Dauerleihgabe der Dresdner Bank, Frankfurt/M., an das Museum für Moderne Kunst, Frankfurt/M. **GENZKEN,** Isa: 01–02: Courtesy Galerie Daniel Buchholz, Cologne; 01: Photo: Werner Kaligofsky; 02: Burda Collection, Baden-Baden, Germany **GILLICK,** Liam: Portrait: Courtesy Robert Prime, London; 01: Courtesy Schipper & Krome, Berlin; 02: Sammlung FER **GOLDIN,** Nan: Portrait: © Christine Fenzl; 01–03: © Nan Goldin, New York; 04: Courtesy Matthew Marks Gallery, New York **GONZALEZ-TORRES,** Felix: Portrait: David Seidner © 1994; Courtesy Andrea Rosen Gallery, New York; 01–04: Courtesy Andrea Rosen Gallery, New York; 01: Exhibition by EV + A Administration; 02: Photo: Peter Muscato; 03: Photo: Cal Kowal; 04: Photo: Stefan Rohner **GORDON,** Douglas: Portrait: Photo: Martijn Van Nieuwenhuyzen, Amsterdam; Courtesy Lisson Gallery, London; 01–04: Courtesy Lisson Gallery, London; 01: Collection of Centre Georges Pompidou, Paris; 02: Photo: Heidi Kosaniuk, Glasgow, Scotland; 03: Photo: Marcus Leith; 04: Photo: Cary Markerink, Amsterdam; Collection of Stedelijk Museum, Amsterdam **GURSKY,** Andreas: Portrait: Photo: Wiebke Langefeld; © Kunstmuseum Wolfsburg, Wolfsburg, Germany; 01–02: © VG Bild-Kunst, Bonn, Germany, 2001; Courtesy Monika Sprüth Galerie, Cologne **HALLEY,** Peter: Portrait: © Vittorio Santoro, Zurich; 01, 03: Courtesy Jablonka Galerie, Cologne **HEROLD,** Georg: Portrait: © Rudi Bergmann; 01–02: © VG Bild-Kunst, Bonn, Germany, 2001; 01: Photo: E.P. Prokop; 02: Photo: Uwe H. Seyl **HILL,** Gary: Portrait: Photo: Marine Hugonnier; Courtesy Donald Young Gallery, Chicago; 01–03: Courtesy Donald Young Gallery, Chicago; 03: Photo: Mark B. McLoughlin **HÖFER,** Candida: Portrait: Photo: Ralph Müller; 01–02: © VG Bild-Kunst, Bonn, Germany, 2001; **HÖLLER,** Carsten: Portrait: Photo: Curtis Anderson; 01–04: © VG Bild-Kunst, Bonn, Germany, 2001; 01: Photo: Matthias Herrmann, Vienna; Courtesy Schipper & Krome, Berlin; 02: Courtesy Schipper & Krome, Berlin; 03: Courtesy Air de Paris, Paris; Collection of Eileen and Michael Cohen, New York **HOLZER,** Jenny: Portrait: Photo: John Deane; 01–02: © VG Bild-Kunst, Bonn, Germany, 2001; Courtesy of Jenny Holzer Studio, New York; © 1998 by Jenny Holzer; 01: Photo: David Heald; 02: Photo: Hans-Dieter Kluge; © Förderkreis der Leipziger, Leipzig, Germany **HORN,** Roni: Portrait: © Kurt Wyss, Basle; 01–02: Courtesy Jablonka Galerie, Cologne **HUME,** Gary: Portrait: © Justin Westover, London; Courtesy Jay Jopling, London; 01–04: Photo: Stephen White; Courtesy Jay Jopling, London **HUYGHE,** Pierre: Portrait: Photo: Laurent Godin; © Galerie Roger Pailhas, Marseille; 01–02: Courtesy Galerie Roger Pailhas, Marseille, France; 01: Collection of Musée d'Art Moderne de la Ville de Paris, Paris **JAKOBSEN,** Henrik Plenge: 01–03: Courtesy of Galleri Nicolai Wallner, Copenhagen, Denmark; 01: Photo: Henrik Plenge Jakobsen **KELLEY,** Mike: Portrait: Photo: Fredrik Nilson; 01: Courtesy of the artist and Metro Pictures, New York; 02: Courtesy Jablonka Galerie, Cologne **KIPPENBERGER,** Martin: Portrait: © Elfie Semotan, Vienna; 01–02: © The Estate of Martin Kippenberger; Courtesy Galerie Gisela Capitain, Cologne; 02: Private collection **KOONS,** Jeff: 01–02: © Jeff Koons; All photographs are courtesy of the artist **KRUGER,** Barbara: 01: Photo © Zindman/Fremont; Courtesy Mary Boone Gallery, New York; 02: Courtesy Galerie Monika Sprüth, Cologne; 03: Photo: Tom Powel; Courtesy Deitch Projects, New York **LAND,** Peter: 01–04: Courtesy of Galleri Nicolai Wallner, Copenhagen, Denmark **LAWLER,** Louise: 01–02, 04: Courtesy of the artist and Metro Pictures, New York; 03, 05: Courtesy Galerie Monika Sprüth, Cologne **LEONARD,** Zoe: Portrait: Photo: © Jack Louth, 1997; Courtesy Paula Cooper Gallery, New York; 01–02: Photo: Markus Tollhopf; 03–04: Courtesy Galerie Gisela Capitain, Cologne **VAN LIESHOUT,** Atelier: Portrait: Photo: D.J. Wooldrik; © 1998, c/o Beeldrecht Amstelveen; 01–03: © VG Bild-Kunst, Bonn, Germany, 2001; © 1998, c/o Beeldrecht Amstelveen; Courtesy Fons Welters Gallery, Amsterdam 01: Photo: D.J. Wooldrik & van Lieshout; CAST Collection, Tilburg; 02: Photo: D.J. Wooldrik; CAST Collection, Tilburg, The Netherlands; 03: Photo: D.J. Wooldrik **LOCKHART,** Sharon: 01–02: Courtesy neugerriemschneider, Berlin **LUCAS,** Sarah: Portrait: © the Artist; Courtesy Sadie Coles HQ, London; 01–03: © the Artist; Courtesy Sadie Coles HQ, London **MAJERUS,** Michel: Portrait: © Albrecht

Fuchs, Cologne; 01: Courtesy neugerriemschneider, Berlin; 02: Courtesy Kunsthalle Basel, Basle **MCCARTHY,** Paul: 01–06: Courtesy of the artist and Luhring Augustine Gallery, New York **MOFFATT,** Tracey: Portrait: © Tracey Moffatt; 01–02: Courtesy Paul Morris Gallery, New York **MORI,** Mariko: Portrait: Courtesy of Deitch Projects, New York; 01–03: Courtesy of Deitch Projects, New York **OEHLEN,** Albert: 01–02: Courtesy Galerie Max Hetzler, Berlin; Private collection, Cologne **OROZCO,** Gabriel: 01–02: Courtesy Marian Goodman Gallery, New York **OURSLER,** Tony: Portrait: Photo: Brad Wilson; Courtesy of the artist and Metro Pictures, New York; 01: © Matthias J. Meyer, Munich; Sammlung Goetz, Munich; 02: Courtesy of the artist and Metro Pictures, New York **PARDO,** Jorge: 01: Courtesy Museum Boijmans Van Beuningen, Rotterdam, The Netherlands; 02: Photo: Joe Ziolkowski; Photo © Museum of Contemporary Art, Chicago; Courtesy Museum of Contemporary Art, Chicago; 03: © Albrecht Fuchs, Cologne; Courtesy neugerriemschneider, Berlin **PARRENO,** Philippe: Portrait: © Anna-Lena Vanew; 01–03: Courtesy Schipper & Krome, Berlin; 01: Sandretto Rerebaudengo Collection, Turin, Italy; 02: Prime Collection, London; 03: Private collection, Cologne **PERNICE,** Manfred: 01–07: Courtesy Galerie NEU, Berlin **PETERMAN,** Dan: 01–03: Courtesy Andrea Rosen Gallery, New York; 02–03: Photo: Orcutt & Van Der Putten **PETTIBON,** Raymond: Portrait: Photo: Catherine Opie; Courtesy Regen Projects, Los Angeles; 01–08: Courtesy Regen Projects, Los Angeles; 01–02, 05: Courtesy Georg Kargl, Vienna **PEYTON,** Elizabeth: Portrait: © Albrecht Fuchs, Cologne; 01–03: Courtesy Gavin Brown's enterprise, New York, and neugerriemschneider, Berlin **PIPPIN,** Steven: 01–02: Courtesy Gavin Brown's enterprise, New York **PRINA,** Stephen: Portrait: Photo: Sharon Lockhardt, 1997; 01–02: Courtesy of the artist and Friedrich Petzel Gallery, New York **PRINCE,** Richard: 01–05: Courtesy Barbara Gladstone Gallery, New York **RAY,** Charles: 01: Courtesy Galerie Metropol (Georg Kargl, Christian Meyer), Vienna, and Feature Inc., New York; 02: Courtesy Feature Inc., New York; 03: Courtesy of the artist **REHBERGER,** Tobias: Portrait: © Albrecht Fuchs, Cologne; 01–02: Photo: Jens Ziehe, Berlin; Courtesy neugerriemschneider, Berlin **RHOADES,** Jason: Portrait: © Sabine Wunderlin; Courtesy David Zwirner, New York; 01–02: Courtesy David Zwirner, New York **RIST,** Pipilotti: Portrait: Photo: Nicolas Faure, Meyrin; 01–03: Courtesy Galerie Hauser & Wirth, Zurich; 02: Photo: Rist; © Pipilotti Rist; 03: Photo: Rist; Courtesy of Luhring Augustine Gallery, New York **ROCKENSCHAUB,** Gerwald: Portrait: Photo: Günther Parth; 01: Photo: Gerhard Koller, Vienna; Courtesy Georg Kargl, Vienna; 02–03: Courtesy Galerie Mehdi Chouakri, Berlin; 03: Photo: Jens Ziehe, Berlin **RUFF,** Thomas: Portrait: Courtesy Johnen & Schöttle, Cologne; 01–02: © VG Bild-Kunst, Bonn, Germany, 2001; 01: © Stephen White, London; The Saatchi Collection London, London; 02: Courtesy Johnen & Schöttle, Cologne **SCHNEIDER,** Gregor: Portrait: Photo: Gregor Schneider, Mönchengladbach/Rheydt, Germany; 01–03: © VG Bild-Kunst, Bonn, Germany, 2001; 01, 03: Photo: Gregor Schneider, Mönchengladbach/Rheydt; 02: Photo and ©: Wonge Bergmann, Frankfurt/M. **SHERMAN,** Cindy: Portrait: © Photo: David Seidner, 1990; Courtesy of the artist and Metro Pictures, New York; 01–02: Courtesy of the artist and Metro Pictures, New York **SLOMINSKI,** Andreas: 01: Photo: Volker Döhne, Krefeld, Germany; 05: Photo: Andreas Slominski **STRUTH,** Thomas: Portrait: © 1995 by Raphael Hartmann; Courtesy Galerie Max Hetzler, Berlin; 01–03: Courtesy Galerie Max Hetzler, Berlin **TAYLOR-WOOD,** Sam: Portrait: Photo: Johnnie Shand-Kydd; Courtesy Jay Jopling, London; 01–02: Courtesy Jay Jopling, London; 03: Photo: Alexander Troehler, Zurich **THATER,** Diana: Portrait: © Roman Mensing; 01–02: Courtesy David Zwirner, New York; 02: Photo: Roman Mensing; Courtesy Westfälisches Landesmuseum, Germany **TILLMANS,** Wolfgang: Portrait: Photo: Jochen Klein **TIRAVANIJA,** Rirkrit: Portrait: © Albrecht Fuchs, Cologne; 01: © Roman Mensing; Courtesy Westfälisches Landesmuseum, Münster, Germany; 02–04: Courtesy neugerriemschneider, Berlin **TROCKEL,** Rosemarie: 01–02: © VG Bild-Kunst, Bonn, Germany, 2001; Courtesy Monika Sprüth Galerie, Cologne **TUYMANS,** Luc: Portrait: Photo: Frank Demaegd; 01: Photo courtesy: Zeno X Gallery, Antwerp; Private collection; 02: Photo: Felix Tirry; Courtesy Zeno X Gallery, Antwerp, Belgium; Collection of De Pont, Tilburg, The Netherlands **WALL,** Jeff: 01: David Pincus Collection, Philadelphia; 03: Collection of the Tate Gallery, London **WEARING,** Gillian: Portrait: Photo: Johnnie Shand-Kydd; Courtesy Maureen Paley/Interim Art, London; 01–05: Courtesy Maureen Paley/Interim Art, London **WEST,** Franz: Portrait: © Jens Preusse, Vienna; 01–02: Courtesy David Zwirner, New York; 03: Courtesy Kunsthalle Basel, Basle **WILLIAMS,** Christopher: Portrait: Photo: D. Ingres; 01–02: Courtesy Galerie Gisela Capitain, Cologne **WILSON,** Jane and Louise: Portrait: © Wolfgang Neeb, Hamburg; Courtesy Kunstverein Hannover, Hanover, Germany; 01: Courtesy Chisenhale Gallery, London/Kunstmuseum Wolfsburg, Wolfsburg, Germany; Collection of the artists; 02: Courtesy Lisson Gallery, London **WOOL,** Christopher: Portrait: © Albrecht Fuchs, Cologne; 01: Courtesy Galerie Max Hetzler, Berlin; 02–03: Courtesy of the artist and Luhring Augustine Gallery, New York **ZITTEL,** Andrea: Portrait: Courtesy Andrea Rosen Gallery, New York; 01–03: Courtesy Andrea Rosen Gallery, New York; 01: Photo: Paula Goldman; Collection of The Museum of Contemporary Art, Los Angeles; Gift of Donatella and Jay Chiat; 03: Photo: Orcutt & Van Der Putten **ZOBERNIG,** Heimo: Portrait: Photo: Monika Zobernig; 01–03: © VG Bild-Kunst, Bonn, Germany, 2001; 01: Photo: Jens Ziehe, Berlin; Courtesy INIT-Kunst-Halle, Berlin; 02–03: Courtesy Galerie Christian Nagel, Cologne

BIOGRAPHICAL NOTES ON THE AUTHORS

LARS BANG LARSEN / L. B. L. (nació en 1972): estudió Literatura e Historia del Arte; vive y trabaja en Copenhague; crítico de arte y comisario de la Danish Contemporary Art Foundation.

CHRISTOPH BLASE / C. B. (nació en 1956): estudió Ciencias de la Información en Múnich; vive y trabaja en Berlín; periodista especializado en arte; publica en *Frankfurter Allgemeine Zeitung, Kunst-Bulletin, Focus,* etc.; editor de la página de Internet «Blitz Review» (http://blitzreview.thing.at).

YILMAZ DZIEWIOR / Y. D. (nació en 1964): estudió Historia del Arte; vive y trabaja en Colonia; crítico de arte y comisario de exposiciones; publica en *Artforum, Texte zur Kunst, neue bildende kunst,* etc.

JEAN-MICHEL RIBETTES / J. M. R. (nació en 1951): estudió Lingüística y Jurisprudencia; vive y trabaja en París; psicoanalista, crítico de arte y comisario de exposiciones; profesor en la École Nationale des Arts Appliqués de Duperré (París).

RAIMAR STANGE / R. S. (nació en 1960): estudió Filosofía, Literatura y Periodismo; vive y trabaja en Hannover y Berlín; crítico de arte y comisario de exposiciones; publica en *Kunst-Bulletin, Flash-Art, neue bildende kunst, Artist,* etc.

SUSANNE TITZ / S. T. (nació en 1964): estudió Historia del Arte, Historia, Filología y Literatura; desde 1997 es directora del Neuer Aachener Kunstverein; ha organizado seminarios sobre el desarrollo del arte y sobre la teoría del arte desde los años sesenta.

JAN VERWOERT / J. V. (nació en 1972): cursó la carrera de Estudios Culturales y de Filosofía en Hildesheim y Londres; trabaja como crítico del arte; publica en *Springerin, Parkett, neue bildende kunst,* etc.

ASTRID WEGE / A. W. (nació en 1965): cursó la carrera de Estudios Culturales en Hildesheim; desde 1995 es editora de *Texte zur Kunst;* publica en *Artis, Flash Art, documents, Texte zur Kunst,* etc.

IMPRINT

© 2002 **TASCHEN GMBH**
Hohenzollernring 53, D–50672 Köln
www.taschen.com
© **FOR THE ILLUSTRATIONS** by Eija-Liisa Ahtila, Thomas
Demand, Katharina Fritsch, Andreas Gursky, Georg Herold,
Carsten Höller, Jenny Holzer, Joep van Lieshout, Thomas Ruff,
Gregor Schneider, Rosemarie Trockel, Heimo Zobernig: VG
Bild-Kunst, Bonn, 2001
TEXTS Lars Bang Larsen, Christoph Blase, Yilmaz Dziewior,
Jean-Michel Ribettes, Raimar Stange, Susanne Titz,
Jan Verwoert, Astrid Wege
DESIGN Andy Disl **PRODUCTION** Ute Wachendorf
EDITORIAL COORDINATION Kathrin Murr
COVER DESIGN BY Angelika Taschen and Claudia Frey
SPANISCH TRANSLATION P.L. Green

Printed in Italy
ISBN 3-8228-5522-7

"Buy them all and add some pleasure to your life."

Art Now
Eds. Burkhard Riemschneider,
Uta Grosenick

Atget's Paris
Ed. Hans Christian Adam

Best of Bizarre
Ed. Eric Kroll

Bizarro Postcards
Ed. Jim Heimann

Karl Blossfeldt
Ed. Hans Christian Adam

California, Here I Come
Vintage California Graphics
Ed. Jim Heimann

Chairs
Charlotte & Peter Fiell

Classic Rock Covers
Michael Ochs

Description of Egypt
Ed. Gilles Néret

Design of the 20th Century
Charlotte & Peter Fiell

Dessous
Lingerie as Erotic Weapon
Gilles Néret

Eccentric Style
Ed. Angelika Taschen

Encyclopaedia Anatomica
Museo La Specola
Florence

Erotica 17th–18th Century
From Rembrandt to Fragonard
Gilles Néret

Erotica 19th Century
From Courbet to Gauguin
Gilles Néret

Erotica 20th Century, Vol. I
From Rodin to Picasso
Gilles Néret

Erotica 20th Century, Vol. II
From Dalí to Crumb
Gilles Néret

The Garden at Eichstätt
Basilius Besler

Future Perfect
Vintage Futuristic Graphics
Ed. Jim Heimann

Indian Style
Ed. Angelika Taschen

Kitchen Kitsch
Vintage Food Graphics
Ed. Jim Heimann

London Style
Ed. Angelika Taschen

Male Nudes
David Leddick

Man Ray
Ed. Manfred Heiting

Mexicana
Vintage Mexican Graphics
Ed. Jim Heimann

Native Americans
Edward S. Curtis
Ed. Hans Christian Adam

15th Century Paintings
Rose-Marie and Rainer Hagen

16th Century Paintings
Rose-Marie and Rainer Hagen

Paris-Hollywood.
Serge Jacques
Ed. Gilles Néret

Photo Icons, Vol. I
Hans-Michael Koetzle

Photo Icons, Vol. II
Hans-Michael Koetzle

20th Century Photography
Museum Ludwig Cologne

Pin-Ups
Ed. Burkhard Riemschneider

Giovanni Battista Piranesi
Luigi Ficacci

Redouté's Roses
Pierre-Joseph Redouté

Robots and Spaceships
Ed. Teruhisa Kitahara

Seaside Style
Ed. Angelika Taschen

Eric Stanton
Reunion in Ropes & Other Stories
Ed. Burkhard Riemschneider

Eric Stanton
She Dominates All & Other
Stories
Ed. Burkhard Riemschneider

Tattoos
Ed. Henk Schiffmacher

Edward Weston
Ed. Manfred Heiting

www.taschen.com

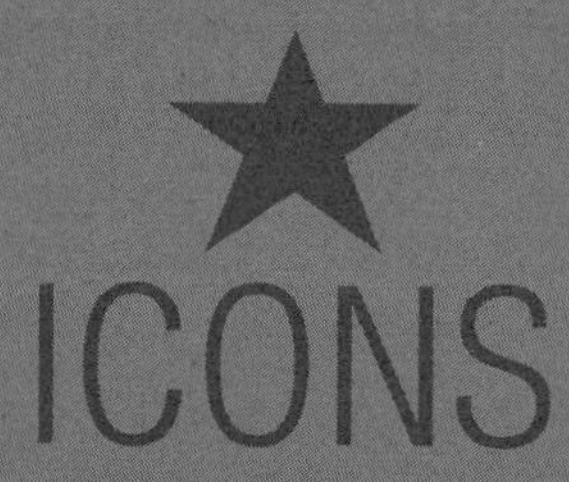

ICONS